"十四五"国家重点出版物出版

丛书主编　杨蕙馨　| 制造业高质量发展与企业成

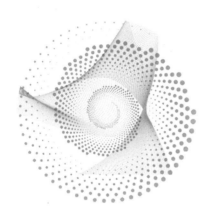

创新驱动与中国制造业价值链攀升研究

杨蕙馨　等著

Research on Innovation-driven Development and
Global Value Chains Upgrading
of China's Manufacturing Industries

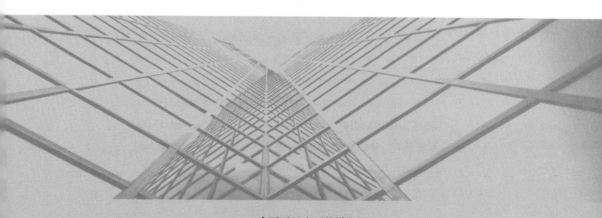

中国财经出版传媒集团

经济科学出版社
Economic Science Press

图书在版编目（CIP）数据

创新驱动与中国制造业价值链攀升研究/杨蕙馨等
著 . -- 北京：经济科学出版社，2023.4
（制造业高质量发展与企业成长丛书）
ISBN 978 - 7 - 5218 - 4742 - 0

Ⅰ.①创…　Ⅱ.①杨…　Ⅲ.①制造工业 - 工业发展 -
研究 - 中国　Ⅳ.①F426.4

中国国家版本馆 CIP 数据核字（2023）第 076771 号

责任编辑：陈赫男
责任校对：隗立娜
责任印制：范　艳

创新驱动与中国制造业价值链攀升研究

杨蕙馨　等著

经济科学出版社出版、发行　新华书店经销
社址：北京市海淀区阜成路甲 28 号　邮编：100142
总编部电话：010 - 88191217　发行部电话：010 - 88191522
网址：www. esp. com. cn
电子邮箱：esp@ esp. com. cn
天猫网店：经济科学出版社旗舰店
网址：http://jjkxcbs. tmall. com
北京季蜂印刷有限公司印装
787 × 1092　16 开　21.5 印张　375000 字
2023 年 7 月第 1 版　2023 年 7 月第 1 次印刷
ISBN 978 - 7 - 5218 - 4742 - 0　定价：88.00 元
（图书出现印装问题，本社负责调换。电话：010 - 88191545）
（版权所有　侵权必究　打击盗版　举报热线：010 - 88191661
QQ：2242791300　营销中心电话：010 - 88191537
电子邮箱：dbts@ esp. com. cn）

　　本书受到国家哲学社会科学基金重点项目"创新驱动我国制造业迈向全球价值链中高端研究"（项目批准号：18AJY011）、国家哲学社会科学基金重大招标项目"'两业'融合推动中国制造业高质量发展研究"（项目批准号：20&ZD083）、教育部创新团队"产业组织与企业成长"（项目批准号：IRT_17R67）、山东大学人文社科创新团队的资助。

| 总　序 |

　　2017 年，党的十九大报告做出了中国经济已由高速增长阶段转向高质量发展阶段的重大判断，并再次明确指出要"加快建设制造强国"。同年，中央经济工作会议强调，"要推进中国制造向中国创造转变、中国速度向中国质量转变、制造大国向制造强国转变"。2018 年，中央经济工作会议在确定次年重点工作安排时，将"推动制造业高质量发展"列为首要任务，并强调"要推动先进制造业和现代服务业深度融合，坚定不移建设制造强国"。2019 年，《政府工作报告》进一步明确，围绕推动制造业高质量发展，强化工业基础和技术创新能力，促进先进制造业和现代服务业融合发展，加快建设制造强国。2020 年，《政府工作报告》再次明确要支持制造业高质量发展。《中华人民共和国国民经济和社会发展第十四个五年规划和 2035 年远景目标纲要》、2020 年召开的中央经济工作会议一致强调，以推动高质量发展为主题、促进制造业高质量发展、以高质量发展为"十四五"开好局。2022 年，党的二十大报告指出要推进新型工业化，加快建设制造强国。由此可见，新形势下推动制造业高质量发展是十分必要和紧迫的。

　　制造业是立国之本、兴国之器、强国之基，是一个国家综合实力和国际竞争力的直观体现。改革开放 40 多年来，中国制造业从小到大、从少到多、从内到外，已经建成了门类齐全、独立完整、实力雄厚的现代制造体系，产出规模跃居世界第一，开放水平逐渐提升,创新能力大幅增强,新业态新模式不断涌现,走过了发达国家几百年的工业化历程。然而,我们必须清醒地认识到,中国虽然是制造业大国,但还不是制造业强国,面临着包括产品同质化、产能过剩、在全球价值链上处于中低端位置等突出问题。与此同时,中国经济发展的外部环境也正发生深刻变化,在全球范围内单边主义、保护主义盛行以及新冠肺炎疫情、俄乌战争等因素的影响下,制造业的发展基础和演变逻辑已经出现了裂变。鉴于此,本丛书着力研究制造业高质量发展以及制造企业的成长问题,为制造业高质量发展以及制造企业成长贡献智慧。

杨蕙馨

2022 年 12 月于泉城济南

目 录
CONTENTS

第 1 章

导 论

1.1　研究缘起

1.1.1　研究背景

2020 年初暴发的新冠肺炎疫情，成为全世界未曾预料到的最大"黑天鹅"。我国积极应对疫情，采取居家隔离等方式阻止疫情传播。随着国内疫情的好转，复工复产与常态化抗击疫情成为重要工作。然而，复工复产也遇到诸多阻力。其中，很重要的一个原因是疫情在全球的广泛传播，加速了全球价值链（global value chains）重构。从短期看，疫情通过生产、消费、贸易和政策等多维度冲击全球价值链分工（戴翔，2020），导致实体经济领域全球生产网络遭受严重破坏，甚至出现逆全球化的发展态势。在此百年不遇的重大疫情灾害面前，我国制造业在迈向全球价值链中高端的历史进程中面临最为严重的挑战与机遇，我国制造业路在何方？此时此刻考察创新驱动我国制造业迈向全球价值链中高端不仅是制造业高质量发展的必然选择，也是制造业突破重大疫情冲击、增强经济抗风险能力的必然选择，更是践行人类命运共同体的经济基础，具有极为重要的理论意义与实践价值。

改革开放以来，我国实现了前所未有的经济增长奇迹，制造业作为国民经济的重要组成部门，也经历了从自主发展向不断融入全球价值链的转变过程。遗憾的是，我国制造业主要是通过嵌入全球价值链而非主导全球价值链参与国际分工，长期嵌入在全球价值链的低附加值环节，从事零部件、加工制造、装配制造等，获取较低的附加值，面临日益严峻的挤压局面。面对复杂的国内国际经济环境，中国庞大制造业体系如何实现高质量发展的顶层设计问题，如何有效推动我国制造业迈向全球价值链中高端，成为理论研究和实践进展中的重大命题。

从我国经济发展的历史脉络和政策脉络看，创新驱动是我国经济现代化和实现"两个一百年"奋斗目标的必然选择。2012年，党的十八大报告明确提出，科技创新是提高社会生产力和综合国力的战略支撑，必须摆在国家发展全局的核心位置。2015年3月，《中共中央 国务院关于深化体制机制改革加快实施创新驱动发展战略的若干意见》指出，要加快实施创新驱动发展战略。由此，创新驱动提升到国家战略层面高度。2016年5月，中共中央、国务院发布的《国家创新驱动发展战略纲要》明确提出，到2020年进入创新型国家行列，到2030年跻身创新型国家前列，到2050年建成世界科技创新强国，成为世界主要科学中心和创新高地。2017年10月召开的党的十九大再次旗帜鲜明地提出要坚定实施创新驱动发展战略，这是我国迈入新时代的重大战略选择，成为促进由要素驱动向创新驱动、推动产业结构转型升级、转变经济增长方式的重要逻辑与现实选择。新时代创新驱动的内涵不断延伸，从单一的技术创新扩充为包含科技创新、产业创新、制度创新、产品创新、组织创新、管理创新的系统工程，创新驱动已经成为引领我国经济发展和产业结构转型升级的"牛鼻子"。站在新的历史发展阶段，高质量发展成为制造业的主旋律。在新的历史发展时期，党中央深刻把握经济发展规律，创新性地提出了新发展理念，并从供给侧结构性改革和需求侧管理的双重视角对"如何改革"进行了总体布局。

2020年9月1日，习近平总书记根据对国内国际形势的判断，提出加快形成以"国内大循环为主体、国内国际双循环相互促进"的新发展格局①。这是根据我国发展阶段、国际国内环境与条件变化做出的高瞻远瞩的战略决策。在新的发展格局下，我国制造业不能以放弃制造转向研发、设计、品牌的空心化发展模式来实现价值链位置的提升。超越制造业传统比较优势，形成和发挥以创新驱动为核心的内生比较优势，才能真正实现我国制造业迈向全球价值链中高端。同时，以信息技术为基础，以智能化、数字化、服务化、定制化和开放性为特征的制造业新时代的来临，为我国实现这一目标创造了前提，也为深入研究创新驱动我国制造业迈向全球价值链中高端提供了现实基础。

---

① 习近平主持召开中央全面深化改革委员会第十五次会议强调：推动更深层次改革实行更高水平开放，为构建新发展格局提供强大动力［EB/OL］. http://www.gov.cn/xinwen/2020-09/01/content_5539118.htm.

1.1.2　研究意义

第一，本书立足新的发展格局，构建创新驱动我国制造业迈向全球价值链中高端的分析框架，推进相关理论研究的创新。本书研究在已有理论和成果的基础上，以信息技术为基础，面向智能化、数字化、服务化、定制化和开放性为特征的制造业新时代背景，为创新驱动我国制造业迈向全球价值链中高端提出理论体系和政策参考。本书旨在对我国制造业迈向全球价值链中高端进行前瞻性的特征判断，并在此基础上着重探究技术创新对我国制造业迈向全球价值链中高端的作用机理，在预测新的技术趋势、市场趋势的前提下，重新理解以企业技术创新为核心的创新驱动，重新认识全球价值链中高端，讨论从企业到产业再到价值链的技术创新驱动传导过程，针对制造业企业如何通过技术创新实现全球价值链位置攀升给出机理解答，并从我国制造业不均衡发展的实际出发，区分出不同情景下制造业通过技术创新迈向价值链中高端的产业间差异，探索我国制造业迈向全球价值链中高端的特色路径。

第二，本书通过实证分析系统把握我国制造业在全球价值链中的位置演变趋势，以及与之相适应的比较优势的变化、存在的问题，为创新驱动我国制造业迈向全球价值链中高端的战略选择提供实践依据和具体指导，突出本书研究在实践应用方面的价值。为实现理论创新与实践发展的统一，落实创新驱动我国制造业迈向全球价值链中高端的目标，需要全面分析我国制造业在全球价值链中的位置演变趋势、创新发展的阶段、比较优势的变化等现实，考察制造业向全球价值链攀升的制约因素，在总体框架以及主要方面、重点领域和关键环节为创新驱动我国制造业迈向全球价值链中高端提供实践指导。同时，通过对显示面板制造业、动力电池制造业、集成电路制造业、轨道交通装备制造业、电信设备制造业和电动汽车制造业的典型案例分析，在这些领域革新原有生产方式、突破资源环境制约、推动制造业集群式发展，通过"创新驱动嵌入升级"和"创新驱动构建新链"实现我国制造业迈向全球价值链中高端的目标。

第三，本书面向新时代背景和新的发展格局，为创新驱动我国制造业迈向全球价值链中高端提供立体多元的政策保障体系，实现研究在服务决策方面的价值。基于创新驱动我国制造业迈向全球价值链中高端的理论和实证研究，适应新时代背景，从突破关键共性技术、加快市场适应性技术创新、引领业态模式创新、推动体制机制创新等方面提供政策建议和措施对策，实现"创新驱动嵌入升级"和"创新驱动构建新链"。在基础环境营造上，着眼于全球视角，强化市场主体的核心地位，以市场化手段促进创新要素的高效配置，推动我国制造业迈向全球价值链中高端。

1.2 研究思路、主要内容与研究方法

1.2.1 研究思路

从全球范围看，世界经济与技术革命正处于深度变革的发展阶段，全球经济发展所面临的问题需要技术体系重整和再构获取新突破，我国在经济增长方式转向以创新驱动为主导的过程中，在全球价值链中的位置需要在更高层次上谋求新的突破，不仅是获取更高的附加值，而是保障我国产业链、供应链的安全可控。先发国家或地区以持续性、多方位创新优势来确保在全球价值链中的系统集成者地位，掌控全球分工体系的发展演变格局。对于后发国家或地区来讲，在新的国际分工格局和全球价值链的重构阶段，能否抓住产业全球调整和分化的战略机遇、掌握未来发展主动权，在新一轮国际竞争与博弈中将得到检验，这也是事关国家命运和民族前途的大事。

从目前参与全球价值链的现状来看，我国主要是通过嵌入而非主导全球价值链来参与国际分工，长期处于价值链的低端，只能获取较低的附加值，在全球价值链位置演变过程中面临着"高不成、低不就"的双重挤压。一方面，随着我国劳动力和资源禀赋形成的比较优势逐渐减弱，一些低端生产制造、加工环节正在向国外转移，造成"低不就"的局面；另一方面，我国在迈向全球价值链中高端的进程中，面临着欧美发达国家已有价值链优势的围追堵截。这是需要直面的我国参与全球价值链的现实。超越传统比较优势，形成和发挥以创新驱动为核心的内生比较优势，打造我国企业的竞争优势，结合新时代背景和新发展格局确定发展路径、提供系统解决方案、制定和实施调整战略，才能最终实现我国制造业迈向全球价值链中高端的目标。

综上所述，我们需要清醒地认识到：第一，在新时代背景下，抓住制造业全球价值链所面临革新、调整、分化与重构的战略机遇，进而引导全球价值链的发展尤为迫切；第二，构建良性的发展新机制是实现创新驱动我国制造业迈向全球价值链中高端的根本之基；第三，直面当前我国制造业在全球价值链中"高不成、低不就"的双重挤压现实，寻求解决之道，是创新驱动我国制造业迈向全球价值链中高端的突破口。鉴于此，本书形成以现实重大问题为导向的

总体研究思路。

本书从系统把握我国制造业在全球价值链的位置及其演变趋势出发，改变传统比较优势进而形成和发挥以创新驱动为核心的内生比较优势，通过"创新驱动嵌入升级"和"创新驱动构建新链"两条路径并驾齐驱，切实发挥创新驱动的作用，推动我国制造业迈向全球价值链的中高端。具体来讲：第一，分析我国制造业在全球价值链分工中传统比较优势丧失所导致的双重挤压现状，以及新时代背景下创新要素与我国制造业全球价值链位置的匹配性；第二，深入探讨创新驱动我国制造业迈向全球价值链中高端的机理，重点讨论以技术创新为核心的内生比较优势的形成和以制度创新为补充的外部环境调整，如何合理配置创新要素，实现"低端攀升"和"高要成就"（以下简称"低攀高就"）；第三，创新驱动我国制造业迈向全球价值链中高端的路径研究，探讨"嵌入升级"路径技术创新能力的积累、基础条件和核心技术领域突破，"构建新链"路径的动力源泉、产业发展现状、制度加速和实现障碍；第四，通过对创新驱动我国制造业迈向全球价值链中高端的案例进行分析，力求发现不同产业内部创新驱动与全球价值链攀升的差异性路径，全方位总结路径形成的原因和路径演化的影响因素，进而能够提供精准的政策建议和实践依据；第五，分别从突破关键共性技术、加快市场适应性技术创新、引领业态模式创新、推动体制机制创新等方面提供政策建议和对策措施，实现"创新驱动嵌入升级"和"创新驱动构建新链"，持续推进我国制造业迈向全球价值链的中高端。

1.2.2　主要内容

研究的主要内容包括五个方面，如图 1 - 1 所示。

1. 创新驱动与我国制造业全球价值链位置攀升匹配性分析

改革开放之初，我国通过"三来一补"，即"来料加工、来样加工、来件装配和补偿贸易"，以及引进外商直接投资（foreign direct investment，FDI）逐步参与到全球价值链中，仰仗的是我国廉价劳动力和资源禀赋所带来的传统比较优势，参与的自然是全球价值链的低附加值环节。可以说，我国最初嵌入全球价值链低附加值环节是跨国公司对低成本的追求和我国传统比较优势相适应导致的，双方是自愿互利的。

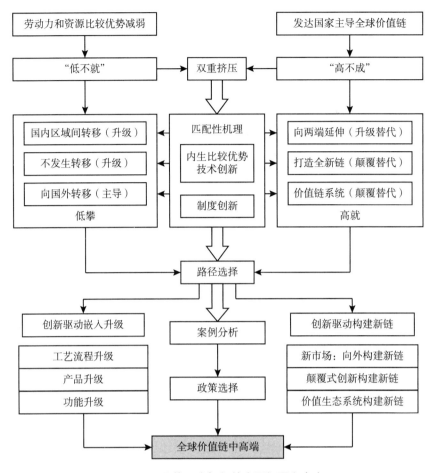

图 1-1　总体研究框架的主要问题和内容

资料来源：笔者绘制。

随着我国加入世界贸易组织（World Trade Organization，WTO）和技术进步、资本投入的不断累积，我国凭借制造业的规模优势逐步成长为世界工厂。其间，资本投入带来的生产效率和资源配置效率不断提升，"干中学"促进了我国企业的知识积累，一些企业在不断模仿创新的过程中形成了初步的创新能力，有些企业甚至在世界市场上开始崭露头角。显然，传统比较优势持续发力、日益增强的资本和技术带来的比较优势与我国在全球价值链中的位置攀升基本上是相适应的。

当前，在信息技术发展基础上，全球制造业面临着以智能化、数字化、服务化、定制化和开放性为特征的新时代的挑战，尤其是移动通信技术（"4G"

"5G"）的快速发展和应用，全面改变了信息传播的方式和速度，"互联网＋""物联网""新经济""人工智能"等成为新时代的热词，正深刻改变着原有的创新模式、生产模式和商业模式。而此时，我国传统的比较优势正逐步丧失，制造业亟须突破在全球价值链中"高不成、低不就"的困局，由依赖传统比较优势转向以创新驱动为核心的内生比较优势，从而驱动我国以更高水平参与全球价值链竞争，进而实现向全球价值链中高端的位置攀升。

论证创新驱动与我国制造业在全球价值链中位置变化的匹配性正是基于上述背景提出的重要论题。我国制造业在全球价值链中的位置演变过程中，恰恰是与不同阶段、不同比较优势匹配的结果，当前我国制造业迈向全球价值链中高端需要与内生比较优势相匹配，但积累的创新要素是否能够承担起相应重任，或者在哪些方面还存在着难以适应或匹配的问题，形成的原因是什么，这是研究创新驱动我国制造业迈向全球价值链中高端首先要解决的问题。

2. 创新驱动我国制造业迈向全球价值链中高端的机理

我国通过"三来一补"与吸引外商直接投资嵌入全球价值链的过程，同时也是技术水平和创新能力不断得以提升的过程，全球价值链带来的技术扩散效应是我国技术进步的重要来源。随着嵌入程度的加强，我国制造业从技术引进走向模仿创新，进而实现自主创新发展，再到新时代背景和新发展格局下的开放式创新，以创新驱动为核心的内生比较优势正在逐步形成，如何强化内生比较优势并超越比较优势形成竞争优势，进而推动我国制造业迈向全球价值链中高端是摆在我们面前的现实问题，因此，必须弄清新时代技术创新与我国制造业迈向全球价值链中高端的内在机理。

新时代新的市场环境改变了技术创新的创新导向，以竞争为核心的技术创新向以用户为核心的技术创新转变、封闭式技术创新向开放式技术创新转变、延续性技术创新向交叉性融合性技术创新转变，这些新时代技术创新的新内涵、新特征，正在或者已经深刻改变创新的模式和方向。例如，"互联网＋"和创新要素的全球配置使得开放式创新成为可能，而开放式创新又要求与其相适应的应用场景、商业模式、制度环境等必须做出创新性改变。这是研究创新驱动我国制造业迈向全球价值链中高端的实践现实。再如，我国企业在"一带一路"倡议下"走出去"，通过对外直接投资（outward foreign direct investment，OFDI）尝试构建新的全球价值链时，绝不是将我国已有的产品、生产模式或商业模式简单地、低水平地复制到相应的国家或地区，而是将已经高度融合了"互联网＋""物联网""新经济""人工智能"等新时代特点的产品、生产模式或商业模式带到相应的国家或地区。由此，在剖析创新驱动我国制造业迈向全球价值链中高端的内在机理时，必须"代入"这些新时代背景。

探讨新时代背景下创新驱动我国制造业迈向全球价值链中高端的机理，就是要重新定义面向未来的我国制造业迈向全球价值链中高端，为我国制造业实现价值链中高端攀升指明方向。理顺创新驱动、竞争优势与全球价值链中高端之间的关系，改变基于比较优势的价值链环节定位的传统认知，寻求创新驱动我国制造业迈向全球价值链中高端的创新着力点。

3. 创新驱动我国制造业迈向全球价值链中高端的路径研究

嵌入已有全球价值链或构建新的全球价值链是我国企业参与全球价值链的重要路径或形式。创新驱动我国制造业迈向全球价值链中高端要以此为基础，通过"嵌入升级"和"构建新链"两条路径实现目标，需要基于我国制造业的现实状态和发展经验，以及我国制造业领域哪些产业具备通过哪一条路径迈向全球价值链中高端的可能和潜力。一方面借助"互联网""物联网""人工智能"等新兴技术实现要素利用效率和资源配置效率的提升；另一方面实现创新要素为我所用逐步过渡到为我所有，由模仿创新到自主创新再到开放式创新，打造升级后的先进制造业集群，有效实现制造业全球价值链"嵌入升级"或替代进而主导原有价值链的目标。

"嵌入升级"路径是我国制造业企业在自主创新的基础上主动出击，逐步进入国际分工的关键技术领域，摆脱被动嵌入的局面，向高技术、高价值环节移动。"构建新链"路径是我国制造业企业借助内需市场发展，打破已有的国际分工框架和秩序，形成新的、以国内循环为主体的价值链分工模式，构建我国企业主导的价值链分工体系，并从我国制造业价值链升级的起点、企业创新战略决策、两条路径间的相互作用关系三个方面入手，搭建理论框架，分析哪些因素影响创新驱动我国制造业全球价值链位置攀升的路径选择。从技术创新能力的积累、基础条件、核心技术领域突破等方面分析"嵌入升级"路径的具体表现，揭示我国企业如何在国内完善的产业体系和巨大的市场容量基础上，通过高强度的企业研发投入和逆周期投资积累技术创新能力，改变技术基础薄弱的现状，实现核心技术领域突破。针对"构建新链"路径，重点关注市场适应性技术创新、应用层面的颠覆性创新等具体创新形式以及新基建发展理念、制度驱动下的市场机会、国内国际双循环新发展格局等制度因素在其中发挥的重要作用，并分析了"构建新链"路径实现的障碍。

4. 创新驱动我国制造业迈向全球价值链中高端的案例分析

基于创新驱动我国制造业迈向全球价值链中高端的路径研究成果，本部分重点就"嵌入升级"和"构建新链"这两条路径，选择显示面板制造业、动力电池制造业、集成电路制造业、轨道交通装备制造业、电信设备制造业、电动汽车制造业等案例，探讨了我国制造业部分产业迈向全球价值链中高端的策略与路径，力求获得具有前瞻性与实际指导价值的结论。

通过案例研究，基于典型产业技术环境、技术创新策略、产业发展策略、制度环境和升级进程等方面的考察，提炼出制造业"嵌入升级"和"构建新链"两条路径的升级机制。技术更新换代较快、接近市场端的相关产业，如电动汽车、轨道交通、电信设备等产业能充分利用我国市场优势和制度红利，更适合并已经开始走从技术使用者到技术整合者或技术提供者的"构建新链"路径。技术路线相对稳定、技术环境具有高连续性、处于产业链条上游的相关产业，如显示面板、动力电池、集成电路等产业更多地需要技术累积和技术升级，倾向于走从技术传递者到技术整合者或技术提供者的"嵌入升级"路径。通过对我国典型制造业产业迈向全球价值链中高端过程的路径与机制进行分析，为其他产业的技术升级与链条升级以及我国现代产业体系构筑提供理论指导。

5. 创新驱动我国制造业迈向全球价值链中高端的政策选择

创新驱动我国制造业迈向全球价值链中高端并非易事，而是一项系统工程和复杂工程，涉及经济社会的方方面面，深入经济体的各个层次，既需要高屋建瓴地把握全球价值链演变趋势和创新趋势，借鉴先进国家和地区已有的实践与政策经验，也要深入理解我国制造业迈向全球价值链中高端受到的"双重挤压"现实性制约因素和"新时代背景"提出的新要求。因此，本书研究需要进行科学合理的、操作性强的、面向实践的顶层设计，提出适合我国实践需要的战略选择，推动我国制造业迈向全球价值链中高端的综合实践。

创新驱动我国制造业迈向全球价值链中高端战略选择的基本理念在于：制定和实施创新驱动我国制造业迈向全球价值链中高端的战略与目标规划，促进加快摆脱"高不成、低不就"的困境，及时走向以技术创新为基本要素、以市场实际需求为导向的产业发展机制，以更加开放的心态嵌入或主导全球价值链，强化我国制造业企业在全球价值链中高附加值的位置，形成以市场机制为基础的政府与各市场主体的有效合作机制。政策主要包含四个方面的内容，分别是突破关键共性技术、加快市场适应性技术创新、引领业态模式创新、推动体制机制创新。具体而言，突破关键共性技术包含引领优势产业的技术创新方向，重点突破支柱性产业的"卡脖子"技术，超前布局新兴产业共性技术创新；加快市场适应性技术创新则需要分别针对制造业低端、中高端、新兴领域的适应性技术创新；引领业态模式创新则需要推动制造业业态模式的创新突破，推动产业链协同创新，打造产业创新生态系统；推动体制机制创新则需要充分发挥新型举国体制的激励作用，依托管理创新的机制赋能，并且充分做好政策协同保障措施。

1.2.3 研究方法

根据研究需要，本书主要采用了文献分析与理论研究相结合、调查研究与实证方法相结合、专家咨询与类比归纳相结合、比较研究与历史分析、案例研究等方法，具体运用如下。

1. 文献分析与理论研究相结合

对新时代、创新驱动、全球价值链、价值链攀升、价值链替代等相关领域，涉及创新驱动我国制造业迈向全球价值链中高端的研究，进行多领域的理论与研究文献的梳理、评价和把握。强化创新驱动我国制造业迈向全球价值链中高端的理论和方法研究的应用，打通创新驱动与制造业迈向全球价值链中高端间的"任督二脉"（即"创新驱动嵌入升级"和"创新驱动构建新链"），破解"高不成、低不就"困局，实现"低攀高就"，总结和提炼出支撑创新驱动我国制造业迈向全球价值链中高端的体制和机制创新的多元要素，提出双重挤压与新时代背景下创新驱动我国制造业迈向全球价值链中高端的分析框架，明确新时代背景下创新驱动我国制造业迈向全球价值链中高端的新道路。

2. 调查研究与实证方法相结合

通过对领域内的专家、企业、行业协会及政府部门的访谈、问卷等方式进行实际调研，对我国制造业在全球价值链的位置、比较优势和创新要素的演变趋势，以及我国制造业全球价值链位置进行分析，从实际出发讨论以信息技术为基础，以智能化、数字化、服务化、定制化和开放性为特征的制造业新时代对我国制造业迈向全球价值链中高端的影响和改变。根据掌握的历史资料和统计数据，对我国制造业不同产业在全球价值链的位置和创新要素进行科学评价，利用计量模型实证研究创新驱动我国制造业迈向全球价值链中高端存在的问题和制约因素。还利用计量模型，使用我国制造业产业数据，验证技术创新与制度创新驱动作用的产业差异，为不同制造业产业迈向全球价值链中高端找到差异化的创新着力点。

3. 专家咨询与类比归纳相结合

将专家咨询贯穿于研究的每一个环节，通过咨询领域内的知名专家学者、参与学术会议与学者交流讨论、拜访政府管理部门工作者等方式，多维度了解与本书研究相关的前沿研究与实践，不断修正研究成果。同时，通过资料查阅、类似资料的综合对比归纳，不断提炼研究的理论内涵与实践价值，进而提出具有针对性与时代性的研究结论和对策建议。

4. 比较研究与历史分析

本书研究过程中采用比较研究与历史分析的方法，包括我国与发达国家参与全球价值链战略与策略历史经验的比较研究，与发达国家典型产业、典型跨国公司主导或参与全球价值链的路径选择和位置演变趋势进行全方位比较研究，为创新驱动我国制造业迈向全球价值链中高端的战略选择和政策设计提供经验借鉴。

5. 案例研究

相比于大规模统计抽样调查方法，案例研究适合观察企业的纵向变革，通过"解剖麻雀"管窥制造业发展动向。由于新时代背景下许多现象的出现暂时无法形成大规模数据，但这些现象却昭示着未来创新驱动我国制造业迈向全球价值链的未来趋势和发展方向，针对某一类现象或者某家典型企业进行案例研究就显得尤为重要。因此，本书结合新时代背景，对制造业重点领域进行专题性、案例性的研究分析，以确保研究成果更具针对性和前瞻性。

1.3 研究的创新点

第一，从产业发展视角考察创新驱动与制造业在全球价值链中位置变化的匹配性，进而提出具有可操作的行动指南和方向。已有对制造业迈向全球价值链中高端升级过程的研究，多从价值链环节的升级入手，主要考察了从加工、组装、制造等低附加值环节向高附加值环节的演进过程。其中，我国制造业在全球价值链中的嵌入位置、增值能力以及如何攀升成为研究焦点，已有研究提供的思路对策多为"方向性"指导，如面向"微笑曲线"两端高附加值环节攀升、向价值增值高的高端延伸等。本书结合研究优势和研究积累，从制造业内部考察创新驱动与我国制造业全球价值链位置变化的适应性，从创新驱动的视角建立起两者互动的内在逻辑关系，提出切实可操作的制造业迈向全球价值链中高端的行动指南和方向。这种从产业发展视角进行的研究是本书研究价值的独具特色之处。

第二，将创新驱动作为一种有效促进制造业迈向全球价值链中高端的机制，系统归纳出从"比较优势"向"以创新驱动为核心的内生比较优势"转变的我国制造业迈向全球价值链中高端发展逻辑，进而在开放条件下整合全球资源，持续创新并获得制造业竞争优势。具体表现为技术创新驱动通过"企业—产业—价值链"的传导过程推进我国制造业全球价值链的位置攀升，从创新依托内生比较优势与互动学习规律发生于微观企业，到因创新扩散和创新溢出而导致的产业整体效率提升，再到一国产业将比较优势转化为竞争优势赢得全球价值链国际竞争。并且，技术创新驱动我国制造业全球价值链位置攀升是在开放产品市场和要素市场条件下的动态过程，要素市场的要素稀缺性以及产品市场的需求不确定性是制约我国制造业通过技术创新创造更高价值增加值的关键因素。这也是本书研究价值的独到之处和创新之处。

第三，基于典型产业技术环境、技术创新策略、产业发展策略、制度环境和升级进程等方面的考察，提炼出制造业"嵌入升级"和"构建新链"两条升级路径。通过剖析电动汽车、轨道交通、电信设备等处于产业链下游的相关产业和显示面板、动力电池、集成电路等处于产业链中上游的相关产业的案例，阐释了技术与市场环境、研发与创新策略、市场与投资策略等因素在"嵌入升级"和"构建新链"两条路径中发挥的作用，形成创新驱动我国制造业价值链升级的路径选择理论框架，为不同产业因地制宜地选择创新驱动下的全球价值链升级路径提供了实践指导。

第四，以我国制造业迈向全球价值链中高端为目标导向，构建包含关键共性技术突破、市场适应性技术创新、业态模式创新和体制机制创新"四力合一"的政策体系。创新驱动需要立足要素、企业、产业和区域创新能力发展的基本事实，立足我国创新能力的比较优势和劣势，根据不同制造业创新能力的差异，兼顾未来制造业发展趋势，通过创新驱动我国制造业迈向全球价值链中高端。鉴于制造业迈向全球价值链中高端面临发展时序的选择，本书提出了"四力合一"的政策体系，其中关键共性技术突破是"牛鼻子"、市场适应性技术创新是"厚基础"、业态模式创新是"路线图"、体制机制创新是"主心骨"。这是本书研究价值的另一独到之处和创新所在。

第 2 章
学术史梳理及研究动态

2.1 创新驱动的研究进展

近年来，有关创新驱动的相关研究不断深入，高水平研究成果呈现爆发式增长态势，理论成果不断契合实践进展。从已有研究文献看，主要从以下四个方面进行学术史梳理与文献综述。

2.1.1 创新驱动的内涵

1. 创新的本质

熊彼特早在 1912 年就提出"创新"的概念体系，认为创新是创造性毁灭过程，并不断促进经济结构革新，建立"一种新的生产函数"获取潜在利润。创造新产品、采用新生产方法、拓展新市场、控制上游供应、再造组织形态成为创新的 5 种具体形式。随着创新对促进经济增长、社会进步的重要贡献被进一步发掘，大学、企业和政府等参与者之间的协同创新关系集合成为创新联盟的标准形态，创新实现了从知识创新、技术创新走向知识与技术创新成果转化的发展阶段（洪银兴，2010）。创新本质上是一项复杂的系统工程，包括资本、制度、组织、企业家等要素的合理配置与组合形态（江小涓，2005；庄子银，2007；郑英隆，2009；黄泰岩，2010；刘志彪，2011；洪银兴，2012；温军和冯根福，2012）。从创新的目的和效果看，创新是新发明第一次引入商业中的全过程，从而形成企业自主知识产权的关键技术（洪银兴，2013），这也强调创新的应有之义是对知识的创造、转化和应用，逐步从新思想的形成走向研究开发、试制和制造，并最终实现商业化的全过程。从创新的核心看，创新是突破资源要素瓶颈的过程，在引进模仿创新的基础上实现再创新、多元性集成创新以及原始创新（胡海鹏等，2019）。李四维等（2020）认为创新是一个复杂系统，包含了创新环境、创新投入、创新产出和创新绩效四个方面，从而对我国区域创新进行定量考察。王昌森和董文静（2021）认为创新是多元主体对其掌握的自然资源、人力资源、科技资源与资本资源等资源禀赋的重新整合和结构优化。张双才和刘松林（2021）认为创新的目的在于市场效果的提升，手段在于创造新事物。总之，创新逐步从单一概念走向复合概念，逐步从理论研究与探讨走向实践运用。

2. 创新驱动是生产要素的新组合

2012 年，党的十八大报告所提出的创新驱动发展战略，创新驱动的内涵极为丰富，包含原始创新、集成创新和引进消化吸收再创新的能力。2017 年，党的十九大报告进一步确认了创新驱动发展战略取得的丰硕成果，"天宫""蛟龙""天眼"等重大科技成果相继问世，印证了创新是引领发展的第一动力。除此之外，"创新"与"数据"构成新时代全新的生产要素逐步明确。2020 年，在《中共中央 国家务关于构建更加完善的要素市场化配置体制机制的意见》中，明确提出了完善要素市场化配置，并创新性地提出了技术要素市场与数据要素市场，明晰了创新与数据的要素市场地位。

创新驱动就是利用知识、技术、企业组织制度和商业模式等要素对现有资本、劳动力、物质资源进行新组合（洪银兴，2011）。随后，洪银兴（2013）在考察了制度创新后，认为创新驱动是依靠知识资本、人力资本和激励创新制度等无形要素来实现要素的新组合，知识创新和技术创新的协同创新成为标准形态。创新对应的是"学习或模仿"，创新驱动是区别于模仿和学习驱动而言的发展方式，其本质是人才驱动和生产率驱动，逐步扬弃"后发优势"并转向主要依靠内生比较优势的动态发展过程。根据创新驱动发展的实现程度，对创新驱动发展进行评价，可以划分为创新发展和全面发展两个阶段。前者主要表示知识产权制度创新、知识产权与产业融合度评价（李黎明等，2019），而后者主要突出创新、协调、绿色、开放、共享五个角度的评价，这是创新驱动的最终目的（霍国庆等，2017）。创新驱动定义为将新的生产要素和生产条件形成"新组合"，即将高新技术应用到生产体系中，驱动制造业发展（张双才和刘松林，2021）。

3. 创新驱动的本质是生产效率提升

创新驱动最早可以追溯到迈克尔·波特对国家经济发展的四个阶段的划分

（要素驱动阶段、投资驱动阶段、创新驱动阶段和财富驱动阶段），他较早提出了创新驱动经济发展观。《全球竞争力报告》也相应给出了创新驱动阶段的标准是"人均 GDP 大于 17000 美元"，此时创新成为推动经济增长的主要动力，显然，若以此标准衡量，目前我国经济发展仍然处于由投资驱动、要素驱动为主向创新驱动为主的转换时期。尹德志（2013）认为创新驱动是指依靠科学技术的创新带来效益，形成主要依靠自主设计、研究和发明，知识的生产和创造，通过科技创新提高发展质量的道路（刘志彪，2011）。创新驱动发展是指将创新作为经济发展的主要动力，使经济发展方式转向依靠知识、技术与劳动力提升（王海燕和郑秀梅，2017）。从创新绩效的视角看，创新驱动是指主要依靠科学技术的创新带来效益，科技进步对经济增长的贡献率大幅提升（胡婷婷和文道贵，2013；李四维等，2020），效率型经济成为创新驱动的本质特征。张秀峰等（2020）采用创新驱动的视角考察了国家高新区出口转化绩效，明确提出了研发创新效率和综合效率的观点。李四维等（2020）在对创新驱动的考察中发现，创新驱动的重要内涵之一就是创新成效，分别从新产品销售收入、高技术产品出口额和单位 GDP 能耗等方面进行刻画，创新驱动的本质依然是其所带来的生产效率提升效应。

4. 创新驱动内涵不断延伸

早期研究中认为创新驱动等同于科技创新、技术创新，因此技术创新几乎构成创新驱动的全部内涵。随着创新驱动概念的内涵不断延伸，创新驱动已成为"科技创新、产业创新、制度创新、产品创新、组织创新、管理创新"等多方面的系统工程（任保平，2013；王海兵和杨蕙馨，2016；杨蕙馨和王军，2016）。若是将创新驱动理解成技术创新则大大缩小了其概念内涵，创新驱动并不仅是"技术"层面的突破发展，更是"战略"层面的系统工程构建。当然，随着国家在战略与政策层面对创新驱动的重视程度不断提升，近年来，学界研究中出现一定程度的"泛化"现象，即将创新驱动看成一个无所不包的"篮子"，任何经济发展的变迁、组织形态的变化都理解成为创新驱动，这就导致了创新驱动的概念、内涵、外延出现无限放大的倾向。创新驱动成为研究各领域的重要理论支撑（宋德勇等，2020；裴耀琳和郭淑芬，2020；王公博，2020）。以技术创新驱动推动制度创新驱动，同时以制度创新驱动拉动技术创新驱动，是实现制造业创新驱动提升的协同推进力（刘思明等，2019）。

本书研究认为，创新驱动是依靠创新要素（主要是技术创新）和制度创新（包括制度环境）实现要素合理配置和高效利用的过程，创新驱动的本质是生产效率不断提升的动态发展过程，创新驱动主要包括技术创新和制度创新两大体系。

2.1.2 创新驱动：技术创新

1. 技术创新的来源与方式

技术创新构成创新驱动的关键，是驱动发展的核心动力源（霍国庆等，2017）。已有研究中科技创新（洪银兴，2011）、知识创新（徐瑞平等，2005；李延朋，2014）均表达了类似的含义。技术创新的源头是分工带来的生产经验累积，并进一步向技术改进、新技术开发渐进式演变，生产中的"干中学"和知识经验的积累成为技术创新的主要来源。总之，企业家精神和"工匠精神"成为提高技术创新以及技术创新效率的有效渠道。已有研究中对技术外溢效应的研究成为焦点，尤其是 FDI 技术外溢，南北半球国家之间的技术差距对发展中国家技术创新的影响。

傅晓霞和吴利学（2013）构建了包含国内技术研发和国外技术引进的知识生产函数，探讨了赶超国家技术创新的决定机制，研究认为模仿创新是发展中国家技术创新的最优选择，并且当两个国家技术差距较小时，模仿创新将会走向原始创新。技术模仿创新是否构成发展中国家的可行路径，存在不同的观点。认可模仿创新的观点基于"技术外溢效应"和"低创新成本"两方面的考虑，通过模仿创新能够以最低的经济成本实现技术创新梯次演进的发展过程，并且能够有效降低技术研发风险，加快缩短与发达国家之间的技术差距。例如，叶红雨等（2017）、许晓芹等（2019）、陈培如和冼国明（2020）证明了我国 OFDI 具有明显的逆向技术溢出效应，提高我国技术创新能力的有效方式是研发资本和人力资本投入。持反对意见的学者认为模仿创新不利于建立独立自主的技术创新研发体系（郭玉晶等，2016；王爱民和李子联，2018），并且从技术模仿走向技术创新的路径并不明确，会受到专利保护制度等壁垒的影响。同时，容易导致国内本土企业的"短视"问题，落入低水平技术模仿的陷阱并形成路径依赖。

2. 技术创新的影响因素

已有研究从多角度研究技术创新的影响。如企业视角的技术创新，研究发现公司治理结构（冯根福和温军，2008；鲁桐和党印，2014；钱燕等，2019；

林素燕和赖逸璇，2019）、企业间合作（周贵川等，2014；吴宁等，2016；吴陈锐，2018）、企业性质（温军和冯根福，2012；程虹和林丽梅，2018；侯婧等，2019；曹思未等，2019；罗福凯等，2019；马红和侯贵生，2019）、企业政治关系（杜俊枢和郭毅，2015；陈金波，2020）、创业投资（周莉和许佳慧，2020）等因素会影响技术创新；技术创新具有高投入、高风险的特征，中小企业的经营能力和融资约束等经营性、财务性状况也构成重要约束条件。现有研究设计了一种评价经济变量重要性的贡献度指标，通过分析有关中国企业技术创新影响因素的实证文献，对提炼出的主要影响因素的相对重要性再次进行实证分析，结果显示，决定中国企业技术创新的关键内部因素为企业规模，关键外部因素为地区金融发展水平、产业结构和产权保护水平（冯根福等，2021）。在企业性质视角下，较多研究考察了不同性质企业对技术创新效率的影响，其中典型研究是国有企业和民营企业的技术创新效率是否存在差异性，普遍观点认为国有企业创新效率存在严重的损失（吴延兵，2012）。

近年来，在探讨技术创新的影响因素中，逐步从微观的企业层面过渡到国家（地区）层面。极为重要的一部分文献分析了基础设施建设对技术创新的影响。例如，宗刚和张雪薇（2020）实证考察了高铁开通对技术创新存在显著的促进作用，持有一致观点的还有刘芳（2019）、卞元超等（2019）的研究；与此呼应的研究是市场分割对技术创新的影响，普遍观点认为要素市场分割降低了市场一体化程度，进而降低了技术创新效率。从环境规制的视角看，环境规制在长期能够显著促进地区发明专利数量增加，并且对地区实用新型发明专利数量有明显的提升作用，因此会对技术创新产生显著影响（李思慧和徐保昌，2020）。已有研究考察营商环境改善对企业技术创新的影响，发现构建亲清新型政商关系，完善知识产权保护制度并加强知识产权的运用，营造更加公开透明快捷高效的营商环境，并且通过国际贸易变动和受教育程度两个机制影响企业技术创新，能够显著改善我国营商环境，进而促进企业技术创新（王智新等，2021）。

3. 技术创新水平测量

技术创新水平测量主要采用以下几种方式：第一种是通过创新投入衡量，包含 R&D 投入、科技人员投入、科研经费等指标测算。第二种方式采用技术创新结果衡量，包含专利申请、科研论文、新产品销售占比等指标。第三种则是采用创新绩效衡量，侧重技术创新的投入产出比例，如人均科研投入、人均科研产出。第四种则是以全要素生产率为主要指标的测算方式（王海兵和杨蕙馨，2016），将技术创新为核心的创新驱动转化为全要素生产率（total factor productivity，TFP）水平。一种观点认为我国创新驱动不断跃升，发展水平不断提升，部分文献利用增长核算法测算获得 1979～1998 年我国全要素生产率年均增长 2.32%。李苏苏等（2020）采用五种插补方法，得出在我国 1999～2013 年间制造业全要素增长率由 1.75 增长到 3.10，且呈现稳步增长的态势。与此观点相似的还有杨汝岱（2015）、王兵和杨欣怡（2019）、尹向飞和欧阳峣（2019）等的研究成果。另一种观点认为我国创新驱动水平不高，全要素生产率和技术进步年均增长率为负（王海兵和杨蕙馨，2016；许永洪等，2020），两种观点争论的焦点是有关物质资本和人力资本的测算问题。省级层面甚至包含市级层面（刘秉镰和李清彬，2009）全要素生产率的测算不可避免的冲突和矛盾是构建地区生产函数的理论依据是否可信以及对全要素生产率理解上的偏差。近年来，相关研究偏向于从微观企业层面的研究，着重考察不同性质企业的全要素生产率（鲁晓东和连玉君，2012；程惠芳和陆嘉俊，2014；王杰和刘斌，2014；杨汝岱，2015）。制造业技术创新体现了以知识创造、产品设计和生产工艺为核心的科技创新，因此有研究用创新资源指标、知识创新指标、产品创新指标和工艺创新指标等来表征制造业技术创新（杨浩昌等，2021）。有研究以"多元主体协同互助"的视角测度创新驱动发展能力，该多元主体选择企业、大学与科研机构、创客与众创空间、政府、金融服务机构、中介服务机构、市场、用户等作为创新要素，并将多元主体协同互助模型分为支持层面、研究层面和应用层面三个维度进行测度（王昌森和董文静，2021）。

4. 技术创新产业和区域表现

第一，产业创新。产业创新是国家（地区）竞争优势所在（洪银兴，2013），表现为高技术产业创新向中低技术产业转移扩散，进而通过产业间的技术外溢推动中低技术产业资源配置和 TFP 的提升（王伟光等，2015）。产业创新的最新研究成果集中于创新链和产业链的融合过程，由产业链和产业集群的发展带来创新成果沿着产业链和产业集群转移、外溢。围绕产业链部署创新链，能够有效促进高新技术产业的发展（孔祥年，2019）。洪银兴（2019）指出，推动我国产业向全球价值链中高端发展，关键在于围绕产业链部署创新链，把科技创新真正落实到产业发展上。创新链和集聚创新成为产业创新的两种表现形式，其中创新链依附于产业链，随着产业之间的关联，促进形成创新链；集聚创新则推动传统产业集群向战略性新兴产业集群转变（张敬文等，2018；欧光军等，2018）。

第二，区域创新、外溢效应影响下的区域创新发展。新工业地理分析框架、新经济地理分析框架考察了区域邻近对创新外溢的影响，从创新外溢的空间距离视角看，溢出效应随着地理距离增加而呈现衰减的变动趋势。在考察经济合作与发展组织（Organization for Economic Co-operation and Development，OECD）成员国具体溢出效应时发现，国家与国家之间的距离增加 1200 千米，技术创新扩散就会减少 50%。博塔日亚和乔瓦尼（Bottazzia and Giovanni，2003）的研究也支持这一结论，并且分析得出欧洲创新外溢的距离为 300 千米。国内研究中，符淼（2009）的研究发现，我国创新外溢距离在 800 千米以内为密集区域，创新外溢主要集中在相邻的一到两个省域范围内。李婧等（2010）的研究也持有相同观点，区域创新存在显著的正向空间相关性，创新的大量收益是通过"外溢"的形式流向非创新主体（余泳泽和刘大勇，2013），因此创新外溢带来的报酬递增成为推动经济持续增长的原因。尤其是随着信息网络技术的爆发式增长，促进创新的外溢效应大幅提升。对于区域创新集聚与不平衡现象，王淑英等（2019）运用空间杜宾模型，基于 30 个省份面板数据检验发现，我国的创新活动存在一定的空间集聚效应，即某一地区的创新能力会影响其周边地区，但是影响程度会随着距离的扩大而减弱。我国区域创新存在的显著特征是创新投入与创新产出在空间上的集聚现象（魏守华和吴贵生，2008），企业主体创新能力的客观差异是导致创新要素不平衡以及集聚的原因。由于区域创新体系不完善，导致区域创新存在较为严重的不均衡问题，高科技人才、科技金融、高端技术等创新资源出现"高端流出低端流入"的"抽水机"现象，中西部地区创新活力不能得到有效激发（魏江，2010）。东部和沿海地区容易形成创新活动的密集带，这种现象被进一步总结成为"沿海—内陆"梯级格局（樊杰和刘汉初，2016）。兰海霞和赵雪雁（2020）发现，创新效率随着"东—中—西"地区的变化由集中到分散，并且逐渐弱化。我国制造业的创新驱动力不仅存在区域间差异，区域内部也存在差异，由此提出我国在促进各区域制造业创新驱动发展的过程中，要以技术创新为基础，优化创新驱动发展要素组合，完善相关的创新政策和科技体制，加大创新资源的投入与工艺创新的力度，推动制造业技术创新驱动力协调发展（杨浩昌等，2021；王昌森和董文静，2021）。

5. 我国技术创新的发展实践

我国技术创新实践存在较多困难和问题，归纳起来包含技术创新起步晚、创新投入水平低、高水平原创性成果少、技术创新面临不均衡现象突出等一系列问题。企业的技术创新多为应用性试验，而基础性研发投入强度较低，创新动力不足；重大原始创新能力更多以政府规划领导下的科研院所、高校系统和领军型企业为主导，广大中小微企业在技术创新中的投入水平低、技术创新能力较弱。随着"互联网＋"深入发展，以"BATH"（百度、阿里巴巴、腾讯、华为）为主导的企业成为技术创新的新型主体，例如，2016 年华为研发费用达到 764 亿元，占同期销售收入的 14.6%[①]；相较而言，2016 年我国研发投入为 1.54 万亿元，广东省研究经费投入为 2035 亿元，仅华为的研发费用就占据全国研发总投入的 4.96%，占广东省的 37.54%。仅三年之后，2019 年华为的研发费用达到 1317 亿元，占全年销售收入的 15.3%，成为推动华为创新发展的资金保障[②]；同期，2019 年国家自然科学基金对面上项目、青年科学基金项目、重点项目等十个项目类型的 41752 项进行资助，资助直接费用为 213 亿元[③]，资助总额仅为华为研发费用的 17.54%，这也印证了高新技术企业在技术创新发展的征途中日益成为主力军。

华为公司的创新发展历程刻画了我国制造业企业在融入全球分工与价值体系中，不断依靠技术创新获得发展动能的发展之路。华为公司在成立之初，并没有强大的技术研发能力，而是嵌入电信设备的经营代理业务，虽然代理业务的风险很小，但是并不能获得自主发展的能力，因此仅经过 3 年的销售代理业务，华为就决定走上电信设备的自主创新之路。1992 年，由华为研发的第一个产品——HJD48 小型模拟空分式用户交换机进入市场并获得普遍赞誉，在此基础上华为推动自主创新步伐，逐步推出 JK1000、C&C08 等自主创新产品。进入 21 世纪以来，华为在累积了技术基础与强大的研发创新人才之后，逐步从低端、边缘性产品研发走向高端产品的研发之路，相继开发同步数字体系（synchronous digital hierarchy，SDH）光网络、接入网、智能网、信令网、电信

---

① 华为投资控股有限公司 2016 年年度报告［EB/OL］. https：//www. huawei. com/ - /media/COR-PORATE/PDF/annual - report/AnnualReport2016_cn. pdf？ la = zh.

② 华为投资控股有限公司 2019 年年度报告［EB/OL］. https：//www - file. huawei. com/ - /media/corporate/pdf/annual - report/annual_report_2019_cn. pdf.

③ 国家自然科学基金委员会 2019 年度工作报告［EB/OL］. https：//www. nsfc. gov. cn/publish/por-tal0/ndbg/2019/.

级互联网（Internet）接入服务器等产品，并在路由器、移动通信等领域获得了强大的领先优势。

从华为的创新驱动发展个案中可以看出：第一，自主创新是很多制造业企业都意识到的问题，但是需要战略与战术层面获得较好执行，华为在技术创新能力处于较弱水平时，并没有切入竞争激烈的市场，而是从边缘产品、边缘技术、边缘市场入手，在满足缝隙市场中获得技术研发能力的提升。第二，华为的技术创新之路并没有受到产业外因素的干扰，尤其是改革开放以来，产业发展经历了"以市场换技术""房地产繁荣"的两次巨大诱惑，很多制造业企业为了推动企业做大做强，没有做到坚守自主创新与心无旁骛地发展，导致技术创新并非持之以恒的过程，并未形成强大的创新驱动能力。第三，实时推动多元化战略。多元化战略是很多制造业企业为了降低经营风险、提升企业价值的选择，但是没有建立在核心技术、核心能力之上的多元化只会降低核心竞争力。华为在通信领域中凭借庞大的技术实力，推行从服务企业转向服务消费者的"双轮"驱动发展战略，凭借强大的研发能力与创新能力构筑专利"护城河"，形成了领先的发展优势。

2.1.3 创新驱动：制度创新

制度创新源自制度经济学和创新理论，芝加哥学派的诺斯和戴维斯（Noce and Davis）认为制度创新指"能够使创新者获得追加或额外利益的、对现存政治经济制度的变革"，制度作为经济发展的内生变量，也具有一般商品的供给和需求，制度创新就是制度的供给和需求在动态变化中达到均衡的过程。制度创新主要存在诱致性制度变迁和强制性制度变迁，诱致性制度变迁指的是现行制度安排的变更或替代，制度供给从不均衡向均衡的渐进式调整；强制性制度变迁则是通过命令和法律的强制性手段的制度安排过程。制度经济学派的观点认为：制度与制度创新构成经济发展的决定性因素。从实践发展看，1978年以来取得的巨大经济成就与"改革开放"的重大制度创新密切相关（毛伟，2020），从农村家庭联产承包责任制开始，逐步扩展到市场领域的价格改革和国有企业改革，再到社会主义市场经济体制的建立与完善，成为驱动经济发展的制度动能。党的十九届四中全会将按劳分配为主体、多种分配方式并存和社会主义市场经济体制上升为社会主义基本经济制度，是党的重大理论创新，并且在实践中使制度优势转化为治理优势（洪银兴，2020）。再如，2013年以来我国不断推动自由贸易区建设，成为扩大开放的重大制度创新，郑展鹏等

（2019）对我国 11 个自由贸易试验区进行实地调查研究发现，自由贸易试验区制度创新的认识误区主要集中于其核心功能、与国际自贸区的关系、与国外自贸园区的关系、与国内经济功能区的关系、吸引企业的手段等方面。杨浩昌等（2021）认为制造业制度创新是通过规则的变更，推动制造业企业员工将生产行为转化成更具创新性价值形态的过程。因此，要不断推进创新型人才的培养，提供"人尽其才"的外部环境，这是实现产学研合作的重要基础（柳香如和邬丽萍，2021）。

从制度创新与科技创新的关系看，制度创新的发动者是政府，核心是国家治理创新，制度创新构成创新驱动的前提和保障，可推动形成有利于创新发展的体制机制（陈劲，2013）。制度创新需要市场创新和政府创新的有机结合，如发展科技金融构成市场创新的一种，而政府创新则表现为政府提供创新投入。因为创新成果具有外溢性和公共性，所以需要政府引导或者投资（洪银兴，2013）。以构建国家创新网络、全球创新网络为支撑，实施差别化的创新驱动战略，总结起来，政府主要采用创新和研发补贴（陆国庆等，2014；沈琼和王少朋，2019）、税收制度（严成樑和胡志国，2013）、产权保护安排（郭春野和庄子银，2012；邵传林和徐立新，2015），以提高全要素生产率和创新效率。实证检验的确验证了制度环境完善的省份能够带来企业整体自主创新能力的提升（康志勇和张杰，2010），通过优化整体制度环境也能够增加创新效率，这也证实了制度创新对促进技术创新的重要作用。

2.1.4　我国创新驱动发展阶段

1. 创新驱动的探索阶段（1978～2000 年）

改革开放以来，确立了以经济建设为中心的发展主线，对创新、创新要素、创新驱动的研究也在实践中不断酝酿。邓小平同志在改革开放初期就充分认识到"赶上世界先进水平"应以"科学和教育"为抓手。1988 年 9 月，邓小平同志根据科学技术发展现状和趋势，从马克思主义基本原理"科学技术是生产力"出发，提出了"科学技术是第一生产力"的论述[①]，充分体现了马克思主义生产力理论和科学观。其后，江泽民同志更是指出"科学技术是第一生

---

① 新中国档案：邓小平提出科学技术是第一生产力 [EB/OL]. http：//www. gov. cn/test/2009 - 10/10/content_1435113. htm.

产力，而且是先进生产力的集中体现和主要标志"。[①] 党的十四大提出，"必须把经济建设转移到依靠科技进步和提高劳动者素质的轨道上来"，科技进步成为推动经济增长的核心要素不断得到深入认识。这一时期，党和国家以及各级政府抓创新驱动工作更多聚焦在"技术"层面，侧重于技术创新、科技创新对经济增长的贡献，实践中创新的主要形式是模仿创新。

从经济发展实践看，科技创新在经济增长中起到的作用越发重要，但是，仍没有改变以要素驱动为核心的粗放型经济增长特征。我国确立的外向型经济发展方式，充分发挥资源优势，人口红利的充分释放促进经济高速增长，规模效应、配置效率提高成为促进经济增长的核心，经济增长面临巨大的资源环境压力，劳动力成本的提高使我国庞大的加工、组装以及制造环节优势逐步降低，面临国际市场"两端挤压"的局面。尤其是 20 世纪 90 年代中期，美国麻省理工学院的保罗·克鲁格曼（Paul Krugman）教授从全要素生产率的视角对东南亚国家经济增长奇迹进行研究，发现经济高速增长并不是由科学技术和劳动生产率带来的，进而得出"东南亚无奇迹"的结论。1997 年亚洲金融危机的爆发，暴露出东南亚高速增长国家增长方式所存在的问题，也激起学界对要素驱动、创新驱动的经济增长贡献的研究高潮。这一阶段，我国的经济发展方式依然是要素驱动型，但是对创新驱动的认识也处于不断发展的探索阶段。

2. 创新驱动的全面发展阶段（2001 ~ 2011 年）

进入 21 世纪以来，无论是政界、学术界还是企业界，对创新驱动的认识都在不断深化。从政府对创新的支持政策看，创新要素尤其是创新效率、创新绩效成为政府考察的重点。学术研究也从单一的技术创新评价走向创新能力综合评价，由考察研发投入、专利成果等外延式指标转向创新绩效、创新效率、TFP 等内涵式指标。

创新要素对促进经济增长的作用不断提升，主要以先进技术为蓝本，通过"市场换技术"，推动模仿创新、消化吸收再创新的渐进式发展过程。但是，经济发展仍然以要素驱动为主，2000 ~ 2010 年我国依然面临严重的要素驱动和投资驱动路径依赖，投资年均增长率达到 20% 以上，进出口贸易额年均增长 16% 左右（樊杰和刘汉初，2016）。尤其是 2008 年国际金融危机以来，我国发展面临增长速度换挡期、结构调整阵痛期、前期刺激政策消化期"三期叠

---

① 江泽民在庆祝建党 80 周年大会上发表重要讲话［EB/OL］. https：//www.cctv.com/special/777/3/52342. html.

加"，深层次、结构性矛盾不断凸显，由此提出创新驱动发展道路，创新驱动不断加快。

3. 创新驱动的系统集成阶段（2012～2018 年）

2012 年以来，我国经济发展思路出现重大调整，《中共中央关于制定国民经济和社会发展第十二个五年规划的建议》提出，我国要加快建设创新型国家。在《中华人民共和国国民经济和社会发展第十三个五年规划纲要》中明确提出"创新是引领发展的第一动力"，该纲要阐明了"理论创新、制度创新、科技创新、文化创新"等全方位创新贯穿党和国家的一切工作。并且在纲要的第二章节完整地提出了"实施创新驱动发展战略"。党的十八届五中全会提出"创新、协调、绿色、开放、共享"的新发展理念，"更多依靠科技进步、劳动者素质提高、管理创新驱动"，创新驱动成为实现经济发展战略性调整的关键驱动力量。党的十八大、十九大报告持续提到创新驱动发展战略，丰富创新驱动发展战略的顶层设计，为实践进展提供总纲领、总目标。创新、创新驱动正式成为重大发展理念和战略指导经济发展，促进由要素驱动向创新驱动转变成为国家地区层面、产业层面、企业个人层面的发展导向。

在创新驱动的系统集成阶段，创新驱动不同于技术创新，而是包含科技创新、产品创新、组织创新、管理创新、制度创新的有机整体，这也属于复合创新、协同创新、集成创新的发展新时期。创新驱动也由自主创新走向协同创新和开放式创新。创新连接也由单一的技术外溢走向创新链、集聚创新甚至是创新网络，经济发展从主要依靠要素投入驱动向主要依靠创新驱动转变。

4. 创新驱动赋能高质量发展阶段（2019 年至今）

2019 年以来，创新驱动蔚然成风。创新驱动也不仅是制造业企业层面的技术创新活动，而是演变成为经济社会全面革新的力量，其中一个极具代表性的创新驱动变革领域是数字经济。数字经济的发展离不开技术层面的创新，更离不开社会层面的应用。2019 年以来，创新驱动成为赋能高质量发展的重要力量，尤其是新冠肺炎疫情的冲击，加速了传统动能的变革与新动能的生成。疫情的冲击导致部分产业加速整合，如航空业、餐饮业和旅游业，导致传统产业的优胜劣汰和创新发展。其中，以数字经济为主的"在线化"服务成为重要方向。2020 年，国家发展改革委等 13 个部门联合出台的支持新业态新模式健康发展的文件中指出，数字经济助推经济发展质量变革、效率变革和动力变革，需要推动"融合化在线教育、互联网医疗、便捷化线上办公、数字化治理、产业平台化发展生态、传统企业数字化转型、虚拟产业园和产业集群、基于新技术的无人经济，培育新个体经济支持自主就业、发展微经济鼓励副业创新、探索多点执业、共享生活、生产资料共享、数据要素流通"等新业态新模式的发展①。

2.2 全球价值链的研究进展

从全球产业间分工、产品分工走向产品内分工，以跨国公司为主导、以"大区域分散、小区域集聚"为主要发展特征的全球价值链分析框架构成考察国际贸易参与国价值获取的重要基础。各国凭借竞争优势和内生比较优势，通过全球价值链连接形成一种相互竞争、相互依赖、相互促进、共同发展的全球化经济网络。有关全球价值链的研究成果不断深化，立足于已有研究进展，主要从以下七个方面进行梳理。

2.2.1 全球价值链的概念与内涵

全球价值链是从全球范围内考察产品从概念、设计、生产、销售直至消费这一价值不断增值的过程，或者说为实现商品或服务价值而连接生产、销售、回收处理等过程的全球性跨企业网络组织，它的兴起改变了世界商品和服务生产的组织形式。全球价值链涵盖所有参与者和生产销售活动的组织及其价值、利润的分配（张辉，2004），以跨国公司为主导的厂商在全球范围内进行产品价值链环节的生产布局，使得以产品为界限的国家专业化分工转变为一种产品的生产环节和工序的专业化分工，相关研究也被称为全球价值链分工（曹明福和李树民，2005）、垂直专业化分工、要素分工（张二震，2005）和产品内分工（intra-product specialization）（卢锋，2004）等多种概念，虽然叫法不同，但是基本上均表示相同的含义。

价值链升级体现在为了获得更多的经济租而从低附加值环节向高附加值环节攀升，已有研究多从全球价值链自身演进描述全球价值链及其升级。随着人工智能、"5G"、物联网等新技术的应用将会颠覆制造业价值创造和价值获取模式，也会深刻影响制造业迈向全球价值链中高端的内涵和表现。因此，本书

---

① 国家发展改革委. 关于支持新业态新模式健康发展激活消费市场带动扩大就业的意见 [EB/OL]. https：//www. ndrc. gov. cn/xxgk/zcfb/tz/202007/t20200715_1233793. html.

认为，新时代制造业迈向全球价值链中高端是整合了研发、设计、营销的全球价值链制造环节的隆起，是制造业向服务环节的迈进，是生产效率的改进和制造流程的信息化、数据化和智能化。

2.2.2　全球价值链发展历程与趋势

1. 依据比较优势建立国际化分工发展阶段

工业革命推动形成工业强国，依据比较优势理论建立的国际化大分工，即使一国产品生产均处于绝对劣势的条件中，也能够通过贸易"扬长避短"，从而带来贸易利得和福利增进。赫克歇尔和俄林（Heckscher and Ohlin）考察要素禀赋对要素价格的影响，认为生产具有要素禀赋优势的产品成为国际化分工贸易的主要形式。依据比较优势构建的国际分工体系，比较优势的来源是资源禀赋、规模经济、区位等因素，国际化分工仍然是以产品间的分工为主导形态。在全球化背景下，世界各国参与全球化发展，在各个生产环节产生了千丝万缕的联系，国际化分工的利益主体越来越复杂且多样化，国际贸易的利益界限越来越模糊，参与全球化的各国在生产中形成了"你中有我，我中有你"的利益风险共同体，形成了跨国公司主导的全球价值链分工体系（史本叶和王晓娟，2021）。

2. 根据内生比较优势建立的产品内分工阶段

20 世纪 90 年代以来，以产品内分工为主要形态的全球价值链分工和贸易体系成为促进全球一体化、各国融入全球生产网络的主要模式。经济全球化背景下，国际生产活动很难用产品的最终出口国准确描述该产品的国别属性（郝凤霞和张璘，2016），由此，基于比较优势的国际分工组织形式呈现全球供应链和全球商品链特征。全球化已经演进到"功能一体化和国际分工的协调"阶段（Gereffi，1994），导致商品生产断裂，生产过程分散到全球多个国家（地区），并在特定的生产环节从事专业化生产和垂直专业化分工。从国际视角看，特定产业的价值活动具有较强的区位集中特征，在较小的地理范围内形成产业集群，由此导致全球经济一体化和具体产业分散化的双重特征不断强化。全球供应链的组织基础是产品生产的物料清单，根据各项物料来源、加工、装配在全球范围内进行供应商选择和系统集成，霍普金斯和沃勒斯坦因（Hopkins and Wallerstein，1986）认为全球商品链是一个劳动的网络和生产过程，最终凝结为一项完成的商品，因此，全球商品链研究的重点是分析从原料获取到劳动、分配、运输、分配直至消费的每个节点是如何被社会关系所影响的过程。与此观点一致的是产品内分工的概念体系，产品生产过程所包含的工序和区段在空间内的分散（卢锋，2004）。

在实证检验层面，李建军等（2019）研究了从丝绸之路经济带沿线国家检验产品内分工对发展中国家全球价值链攀升的影响，结果显示参与产品内分工对丝绸之路经济带沿线国家全球价值链攀升具有显著促进作用，但是产品内分工也通过人力资本"挤出效应"和制度质量"弱化效应"对发展中国家全球价值链攀升形成了阻碍。陈颂和卢晨（2019）采用数据包络分析（data envelopment analysis，DEA）方法的松弛变量（slacks-based measure，SBM）方向性距离函数模型和世界投入产出数据考察了参与国际产品内分工对我国工业行业环境技术效率的影响，结果表明以中间品进口和中间品出口两种方式参与全球价值链分工都会对行业环境技术效率产生显著的正向影响，快速融入全球价值链分工体系是促进国内工业转型升级和低碳经济发展的重要动力，但是这种正向影响主要源于对技术效率的改进。夏秋（2020）采用两步系统广义矩估计法（generalized method of moments，GMM）考察了产品内分工视角下制造业服务化对出口二元边际的影响，研究发现产品内分工加强了服务化对价格边际的积极影响，弱化了服务化对数量边际的不利作用，但对服务化与扩展边际关系的影响并不显著。齐兰和王姗（2018）采用胡梅尔斯 – 石井 – 易（Hummels – Ishii – Yi，HIY）方法测度我国高端装备制造业的产品内分工程度，结果表明 2002 年以来我国高端装备制造业的产品内分工程度和地位有所提高。但是产品内分工参与率低于制造业总体水平和装备制造业总体水平，从产品内分工地位来看，我国高端装备制造并不"高端"，而是以低质量垂直产业内贸易为主。

3. 从关注产品生产到重视价值增值的发展阶段

产业组织形态从垂直一体化向垂直解体和网络化演进，在分析全球商品链基础上逐步形成全球价值链学说体系。格里菲（Gereffi，1999）考察了不同价值增值部分商品链的内部结构关系，研究发现发达国家主导控制商品链的重要结论，并逐步发展建立起全球价值链理论体系和概念框架（Gereffi，2003）。将价值链从企业内部扩展至企业间、产业间、国家间，直至生产过程的本质——价值创造过程，由此在全球价值链中，各参与主体在价值增值方面的贡献直接决定了其在产业链条中的地位，也决定了所在国家的产业竞争力。

已有研究多从跨国投资产出、中间品关联、增加值关联等视角评估我国产业嵌入全球价值链的位置和演变趋势，总的看来，我国产业与美国、日本、韩国、德国等的产业关联度较强，融入全球价值链的渠道有产出供给和投入需求两种（程大中，2015）。但是，不可否认的事实是，发展中国家在融入全球价值链中面临全球价值链低端被俘获风险，价值链攀升面临较大壁垒，损害创新能力提升和经济持续增长（Schmitz，2004；Gereffi et al.，2005）。相关实证检验证实了我国本土企业在融入全球价值链中被俘获（张杰和郑文平，2017），导致制造业在国际分工中地位偏低（胡昭玲和宋佳，2013），高技术产业虽然有所提升，但是和发达国家比较而言，仍存在较大差距（杨高举和周俊子，2012）。还有一种观点认为，发展中国家通过"进口中学习""出口中学习""干中学"，实现生产效率提升和价值链攀升（Amiti et al.，2014；焦勇和杨蕙馨，2020），同时，"后发优势"的促进效应较为短暂，不利于在全球价值链中高端获得持久发展动能。

近年来，全球价值链的演变呈现出三个显著特征：一是各国纷纷主动融入全球价值链，以竞争优势和内生比较优势构成各国融入全球价值链的主流，带来全球资源深度整合，全球价值链在经济中的地位显著提升，由此形成世界制造取代单一国家制造。二是全球价值链碎片化趋势日益显著，全球价值链的增值环节不断深化、细化，并分散于世界各国，要素配置离散化程度不断提升，制造业产业集群成为重要载体和形式。三是从全球价值链向新产业生态系统转变，即以竞争、创新为逻辑的全球价值链产品内分工向协作、创新为逻辑的新产业生态系统群落间和群落内分工转变（王海兵和杨蕙馨，2014）。

4. 逆全球化、产业链脱钩与价值链断裂的发展阶段

近期，随着美国霸权思想不断凸显，逆全球化导致中美贸易摩擦不断加剧，叠加了新冠肺炎重大疫情的外部冲击，导致了全球贸易与全球合作态势出现困境，全球贸易遭受重创，逆全球化的挑战日益凸显。2020 年全球货物贸易额同比下降 5.6%，这是自 2008 年国际金融危机以来货物贸易的最大同比降幅。相对于货物贸易，服务贸易受疫情打击更为严重，全年同比下降 15.4%，这是 1990 年以来的最大降幅。① 根据我国海关总署发布的资料显示：2019 年中美贸易额为 5412.2 亿美元，同比下降 14.6%；2020 年 1～2 月，中美贸易

---

① The International Trade Statistics Yearbook（2020）[EB/OL]. https：//comtradeapi. un. org/files/v1/app/publicationfiles/2020/VolI2020. pdf.

额为 605.7 亿美元，同比下降 20.9%①。全球经济增速放缓进一步带来贸易的持续低迷，全球贸易所遵循的"消费国—生产国—资源国"大循环链条变得越发不可持续，国际贸易环境所面临的不确定性持续增加（余振等，2018）。自主创新成为发展中国家突破"低端锁定"、实现向全球价值中高端攀升的重要方式，但是这种攀升过程导致我国与发达国家的全球价值链发生利益重叠，进而引发激烈的贸易冲突（何宇等，2020）。中国与美国的国际分工格局并不局限于两个国家的边界，对世界各国的经济利益也有深远影响，因此导致贸易摩擦呈现以中美为中心向周边贸易伙伴辐射的格局和特点（史本叶和王晓娟，2021）。随着中美贸易摩擦日趋白热化，叠加全球新冠肺炎重大突发疫情，带来全球价值链断裂的可能性不断提升，威胁到现有的产品内分工体系（刘志彪和陈柳，2020）。

我国已经深度嵌入全球分工体系与价值链的各个环节，一方面为全球价值链做出较大贡献，另一方面也较为依赖全球价值链。习近平总书记指出，"逐步形成以国内大循环为主体、国内国际双循环相互促进的新发展格局"②。我国国内的产业链韧性提升，不受外部干扰，保持较为完整的产业发展体系成为维护经济稳健发展的重要基础。全球价值链断裂最为严重的领域是战略性新兴产业，其特点是具有高技术密集度的产业类型。例如，在"5G"通信、芯片等领域存在激烈竞争。其中，2016~2018 年，美国商务部陆续对中兴公司做出出口限制、销售禁令等一系列制裁方案，禁止中兴购买美国企业的敏感产品，导致了中兴在"5G"通信等领域面临主要经营活动停止，随后通过巨额罚款、改组董事会等手段换回解除禁令。而对于华为等拥有更多技术储备、更快的"5G"发展势头的企业，美国商务部为了把控"5G"全球价值链的主导权，仍然通过超常规手段遏制华为发展，掐断了华为的芯片供应链，禁止华为使用美国技术的设备。我国基于出口导向战略的全球价值链依附性嵌入模式造成了内需和出口之间的结构性背离，因此依靠强大的国内有效需求构建内需主导型全球价值链成为重要路径，并且拥有自生能力、强调动态竞争、重视大国优势和较长的产业链延伸成为内需主导型全球价值链的重要特征（凌永辉和刘志彪，2020）。中国在全球价值链分工中参与度和位置逐渐提升，同时加强与

---

① 海关统计数据在线查询平台，http：//43.248.49.97/.

② 习近平：在企业家座谈会上的讲话［EB/OL］.http：//www.gov.cn/xinwen/2020-07/21/content_5528791.htm.

世界各国贸易伙伴的联系，积极寻找国际经济合作，从而更好地发挥全球价值链的"润滑剂"作用（余振等，2018）。新冠肺炎疫情影响下，全球价值链的实质性结构发生调整，导致全球价值链呈现出整体规模萎缩、本土化增强、区域化加强、数字化转型加快和世界主要大国对中国实施价值链拆解五大典型特征（余南平，2020）。经济全球化导致产业内分工更加碎片化，任何一个环节受到冲击，都会通过价值链传递到链条上的其他环节，没有一个国家可以完全不受到影响和冲击。逆全球化的行为具有牵一发而动全身的特性，这种行为的破坏性极大，会不断抬高经济体之间的贸易壁垒与成本，削减整体福利，破坏现有的经济格局，导致全球价值链的断裂（王晓萍等，2021）。

总之，从全球价值链演化发展的历程看，近期全球贸易遭受重创，尤其是高技术密集的新兴领域的全球格局面临解构，并且政府通过强制性规制手段施加影响。但是，从长远发展的角度看，全球价值链与贸易格局并不会改变。以下几个原因可以支持这一判断：一是全球经济发展水平的差异性、产业结构的差异性导致了某些产业或生产环节被固定在某些地区生产，既定的全球价值链和贸易网络并没有发生根本性的改变，随着全球经济的持续向前发展，带来全球价值链的发展与全球贸易的提升。二是地区之间要素丰裕程度的差异性是遵循 H－O 贸易理论的基石，不同国家之间所存在的要素密集度的差异性导致了同一件产品在不同国家生产存在成本的差异性，那么全球范围内的分工合作构成多赢的必然选择。对于我国而言，虽然说我们的产业工人工资水平不断上升，但是熟练的产业工人、完善的配套设施、成熟而又健全的产业体系使我国具有其他国家无可比拟的优势基础，因此在全球贸易遭受重创的较短时期看来，这些优势基础构成我国持续融入全球价值链并不断向中高端演进的重要基础与战略资产。三是规模经济是全球分工的重要原因之一，对于我国这一超大规模市场而言，将很多面向消费者的制造工序布局在我国，无疑是众多跨国公司的理性选择。

2.2.3　全球价值链的实现基础与动力机制

1. 实现基础

全球价值链分工的理论基础就是比较优势和规模经济优势。参与国都能从全球价值链分工中获取"分工利益"，但是"贸易利益"的分配则涉及对全球价值链分工体系的支配能力，因此不平衡的贸易利益分配会导致"贸易失衡"

现象（王孝松和田思远，2020），甚至出现"贸易利益"为负值的情况（曹明福和李树民，2005）。并且，贸易利益最终体现在企业的"核心能力"和"关键资源"控制上，从而实现企业竞争到价值链竞争的转变。从新经济地理学的视野看，全球价值链涵盖产业社区的全球网络连接，而连接的基础则是专业化分工的优势，由此带来生产全球化和价值链片段化趋势，并形成大区域离散而小区域集聚的特征（崔焕金和洪华喜，2005），需要拥有内生比较优势才能够加入全球价值链，从事具体工艺和环节的生产活动。21世纪全球化进入资源深度整合时期，产业在全球的转移并不是无序的，而是建立在全球价值链的主导之下，由此导致国际竞争、合作模式、风险传导机制的变迁（史本叶和王晓娟，2021）。

2. 动力机制

全球价值链的驱动模式主要有两种：生产者驱动（producer-driven）（如新能源汽车）和需求者驱动（buyer-driven）（如智能手机）。生产者驱动指生产者投资形成的全球生产垂直分工体系，具有技术优势的跨国公司成为驱动主体，并且在价值链中处于高附加值环节并主导价值链，装备制造、飞机制造大多是生产者驱动。例如，波音公司777飞机由300万个零部件组成，分别来自全球17个国家的900多家供应商，波音公司在全球范围内主导价值链并获得高额附加值。从资本性质看，生产者驱动主要以产业资本为动力，看重R&D、生产工艺改进、产品更新、通过产业垂直一体化强化规模效应（吕文栋等，2005）。需求者驱动则是依托庞大的市场需求水平，在全球范围内组织跨国商品生产和流通网络。服装、食品、家具等劳动密集型产业多表现为需求者驱动。例如，跨国零售巨头沃尔玛、家乐福，通过全球采购和销售渠道，获得价值链主导权。需求者驱动主要以商业资本为动力，看重市场营销、销售渠道获得范围经济（吕文栋等，2005）。吕延方和崔兴华（2020）在考察全球价值链嵌入子系统和生态环境子系统的关系时，发现生产者驱动型产业的协调度相对平稳，购买者驱动型产业的协调度波动相对较大。孙宁华和张翔（2020）发现，企业在面临生产者驱动和需求者驱动的全球价值链中的策略存在明显差异，对于前者，提升服务质量、构建价值网络、推进技术商业化成为企业占据价值链高端的重要方式；对于后者，制定客户价值主张、调整盈利模式、优化关键流程成为企业实现价值链攀升的可行路径。

3. 我国制造业嵌入全球价值链的动力机制

生产环节与生产工序的碎片化促成了全球价值链分工体系的形成，我国凭借丰裕廉价的劳动力资源迅速融入全球价值链，在"干中学"中累积技术、经验、诀窍，实现了从技术引进、学习模仿到自主创新的发展路径，创造了瞩目的增长奇迹，并实现了全球价值链的嵌入、升级与攀升。构成我国制造业嵌入全球价值链的主要动力包括：其一，人口红利，主要是劳动力成本优势和市场规模优势；其二，制度优势，政府的制度设计鼓励出口导向，促进 FDI 和 OFDI 的发展；其三，体制优势，政府对社会经济行为的协调力很强，国家意志能够得到很好贯彻；其四，环境承载，土地供给宽松，环境对生产的负外部性耐受力。总之，我国制造业嵌入全球价值链的根本动力在于通过发挥要素禀赋优势从国际合作网络中获取异质性知识（技术、经验、渠道等）。对于核心环节，一是亟须通过新型举国体制弥补我国制造业在全球价值链核心环节的空缺，使中国在国际合作与竞争中有更多的机会。二是劳动密集型行业主要依赖廉价的劳动力成本，积极融入价值链的过程中，要通过提高劳动者素质和产品工艺创新突破依赖廉价劳动力成本的优势瓶颈。三是技术密集型行业要加强技术研发和产品创新，提高技术水平（赵冉冉和闫东升，2021）。

2.2.4　全球价值链升级模式

全球价值链升级包含过程（工艺流程）升级（process upgrading）、产品升级（product upgrading）、功能升级（functional upgrading）、链条升级（inter-sectoral upgrading）四种方式。第一种是过程（工艺流程）升级，竞争优势来源于参与者较低的生产成本、运输成本，引入工艺流程新的组织方式，提升价值链环节的生产效率。第二种是产品升级，参与者通过引进、研发新产品、新品牌，改进现有产品生产效率并实现产品质量提升。第三种是功能升级，参与者通过组合价值链的优势环节或战略环节，专注价值链某个或某几个环节，走向设计和营销等利润丰厚的环节并获得该产业价值链的治理权。第四种是链条升级，参与者从原有价值链向具有更高价值量的价值链跨越，带来价值链收益水平的整体提升。总之，全球价值链中企业实现从原始设备制造商（original equipment manufacturer，OEM）、原始设计制造商（original design manufacturer，ODM）和自创品牌（original brand manufacturer，OBM）的升级过程，从附属于价值链向主导价值链的转变。

2.2.5　全球价值链的治理

价值链的治理存在公司治理、集群治理和全球价值链治理三种层次，权力是价值链治理的关键因素，构成企业竞争优势的来源。全球价值链的价值环节属于分开的连接，具有所有权属性和空间结构属性，因此全球价值链的治理问题就构成了研究焦点。早期研究中认为全球价值链治理存在三种典型模式：一是网络治理。具有互补能力的企业之间相互利用、分享核心能力，以产品为纽带实现平等合作的关系。二是准层级治理。全球价值链中其他企业被某一家主导企业高度控制，主导企业制定其他参与者不得不遵守的规则。三是层级治理。以跨国公司以及分支机构之间的关系为典型代表，主导企业对全球价值链上的某些运行环节采取直接的股权控制（Humphrey and Schmitz，2002）。格里菲（2003）又在此基础上提出市场型、模块型、关系型、领导型和层级型五种价值链治理模型，其内部权力不平等分配程度和内部协调要求依次提高，其中，模块型、关系型和领导型都属于网络型，学术界认为应采用冗余而不是回流以增强全球价值链的稳健性和弹性，从而防止全球价值链的突然断裂（Gereffi，2020）。

全球价值链治理的目的是获取"经济租"（Kaplinsky and Morris，2003），因此考察影响全球价值链治理的影响因素成为重要研究方向。研究发现，市场透明度、搜寻成本、市场发展的不确定性、市场结构、制度框架条件、资本密集度和资本成本、消费需求成为影响全球价值链治理的外部因素（Altenburg，2006）。在国内研究中，一般认为消费环节、文化习俗、质量标准、环保标准、劳工标准、政府政策、国际规则也构成全球价值链治理的外部影响因素。尤其是人文氛围对全球价值链治理存在重要影响，故而熟人型治理模式成为全球价值链治理的重要模式（潘豪，2010）。余南平（2020）认为，人工智能环境下"主导等级企业"价值链模式的出现将重塑未来的全球价值链，人工智能作为国家间博弈的决定性力量不仅嵌入大国博弈的竞争过程中，而且还将引发全球价值链重塑风险，其竞争结果可能带来部分国家的"超越式"发展。

近年来，越来越多的证据表明跨国公司处于全球价值链治理的核心。跨国公司在追求利润最大化和成本最小化决策中，寻求全球范围内的最佳要素配置模式，无论是买方驱动还是卖方驱动的全球价值链，跨国公司都成为全球价值链治理的主体。从社会网络角度看，跨国公司成为全球价值链的重要节点，通过示范作用和社会网络连接推动形成稳定的社会关系网络，聚集价值链上游或者下游企业，并且在全球价值链价值等级体系中通过治理占据高附加值的核心环节。

2.2.6　全球价值链与产业集群

1. 全球价值链中产业集群形成

马歇尔在英国工业生产地理集聚的事实基础上提出"产业区"理论，其后进一步演化成为"新产业区"学派、"新的产业空间"学派、"产业集群"学派和"创新系统"学派，主要从经济学、管理学、社会学、行为生态学等多种视角研究产业集群的重要贡献。麦卡恩等（McCann et al.，2002）认为集群存在三种形式：第一种是企业之间没有内在联系而形成的块状经济（agglomeration）；第二种是企业之间的某种前后向关联所形成的产业集群；第三种是企业之间存在的某种社会网络，形成创新系统（马中东和宁朝山，2020；曾祥炎和成鹏飞，2019），大区域分散、小区域集聚成为全球价值链的鲜明特征。国际产业转移由产业结构的梯度转移转向全球价值链的梯度转移，地方产业集群是全球价值链片段化（fragment）的结果，最终发展轨迹或提升路径也应该是沿着全球价值链逐步完成，产业集群成为融入全球价值链的途径。产业集群不再是封闭的系统，集群产业融入全球产业链，全球产业分工带来产业组织的全球裂变整合。国家和地区国际竞争优势的关键基础是产业竞争优势，而产业竞争优势又来自彼此相关的集群（Porter，1998）。相关实证检验证实了这一结论，例如陈启斐等（2018）研究发现，主动参与全球附加值贸易，可以显著地带动我国内陆地区的产业集群升级。

2. 形成机理

第一，规模经济和范围经济优势。专业化产业集聚所形成的"产业区"，通过专业化分工协作网络共享辅助性服务和要素市场，推动形成"小而精专 + 网络化"的连接关系，形成灵活的生产协作方式，带来产品生产成本下降和竞争力提升。全球价值链中，具有"权力"的跨国公司在全球范围内配置价值增值环节和片段，而区域特定要素丰富是推动形成产业集群并加入全球价值链的重要基础。

第二，集体学习和技术溢出带来协同效应。产业集聚的鲜明特征是地理临近性，从而容易形成紧密联系、相互依赖的生态体系，加速知识流动和经验积累的过程。

第三，社会文化和制度认同。基于血缘、地缘和业缘的非正式联系，带动形成特定产业集群，并基于竞争优势和内生比较优势基础，加入全球价值链相关环节。

2.2.7 发展中国家价值链升级壁垒与中国路径

1. 发展中国家价值链升级壁垒

发达国家主导全球价值链的治理能力，因此发达国家的主导企业占据价值链的核心环节，并根据成本优势等原则将非战略性环节转移给发展中国家。例如，美国的知名品牌商往往提出产品构想以及设计理念，并将生产环节外包给劳动力资源更为丰裕的发展中国家，发展中国家为了嵌入全球生产网络，被"锁定"在低技术和低附加值环节，面临升级壁垒（刘志彪和张杰，2009；钱方明，2013）。低端锁定的表面原因是大规模专用性沉淀资本，使得发展中国家很难走出"路径依赖"陷阱，更为深刻的原因是企业自身创新能力的缺失，导致企业向高端环节攀升时遇到了技术壁垒（Schmitz and Knorringa，2000）。改革开放以来，我国充分利用资源禀赋和人口红利优势在产品生产加工、组装、制造等环节形成比较优势（蔡昉，2013），嵌入发达国家主导的全球价值链低端环节。即使是部分领先企业通过 OFDI 收购海外业务，如联想收购 IBM 的 PC 事业部，也仅实现了低端环节的全球资源整合，仍然处于全球价值链的低端环节和低附加值环节，并没有获得全球价值链治理权力的提升。从全球失衡的角度看，上游供给的前向参与正向影响了全球失衡，而下游需求的后向参与负向影响了全球失衡，因此不同的参与方式对全球失衡具有异质性影响（魏如青等，2020），并且全球价值链分工参与深浅复杂程度成为全球失衡的重要原因。

2. 中国路径

全球价值链的跃迁与重构成为我国制造业向高端突破的途径。第一种是"嵌入升级"。通过"干中学"和"组织演替"（organizational succession）提高已控制价值链环节的价值获取能力并沿着全球价值链升级，调整嵌入位置环节和组织方式，实现集群升级，改善企业的心智模式，构建企业的市场势力，培育国内需求市场（郝凤霞和张璘，2016），并面向"战略性环节"延伸，向价值链两端升级。中间产品也是"嵌入升级"的重要领域（郑江淮和郑玉，2020），中间产品生产领域所构筑的低成本比较优势成为中国路径的支撑，推动我国融入全球价值链并向更高附加值环节攀升，打破"低端锁定"的诅咒。对于发展中国家来说，在全球化加速分化的今天，发展中国家应当进一步融入全球价值链，避免与全球化脱钩。发展中国家要走自主创新之路，尽早摆脱对发达国家技术的依赖（史本叶和王晓娟，2021）。另外，中国等发展中国家企业与更低成本要素密集的发展中国家共建全球价值链，带来"全球价值链式发展红利"的良性循环（Gereffi，2014）。第二种是"构建新链"。新一轮技术革命为全球经贸格局的调整以及全球价值链重构新机遇（史本叶和王晓娟，2021），新链的构建不可避免地受到现有价值链治理者的偏见，因为它可能会威胁到已有的利益格局。那么，打造以合作、互利互惠为基础的全球价值链成为突破传统桎梏、打造共建共享共赢价值链的重要基础。例如，"一带一路"国际合作机制对推动我国制造业迈向全球价值链中高端具有重要促进作用，我国更多承担价值链中的高附加值环节。"一带一路"全球价值链在提升包容性发展、收入分配公平性、区域间平衡发展和国际经济治理重构等方面创造了重要价值（马涛和陈曦，2020），包含国际公共产品的构建有利于最大限度地实现参与者的多方利益。

2020 年初，新冠肺炎疫情在全球扩散，全球价值链与生产网络受到严重打击，新冠肺炎疫情的扩散对我国在全球价值链参与程度以及长度上造成影响，研究发现，我国参与全球价值链的程度不断上升，国内生产长度也不断提升成为下一步的演化趋势（孟祺，2020）。因此，提升价值链安全、推动国内产业转移、提升国内生产长度成为应对之策。

2.3　创新驱动全球价值链演进的研究进展

在创新制度的支撑下，逐步实现从"后发优势"向"先发优势"的转变，创新驱动有利于我国从技术标准的遵循者走向技术标准制定者，有利于我国实现从全球价值链跟随者到引领者的转变（刘志彪，2011）。通过梳理相关研究发现，较多学者研究了我国制造业全球价值链攀升对创新驱动的影响、作用机理、表现形式、路径和政策建议，但是创新驱动作为我国面向新时代的重要战略决策，其对我国制造业迈向全球价值链中高端产生何种影响成为研究中较为薄弱的领域。结合已有研究基础，主要从以下五个方面进行学术史梳理与文献综述。

2.3.1 创新驱动全球价值链演进的表现形态与动力

1. 技术创新对全球价值链演进影响

（1）国内视角。技术创新决定企业的核心竞争力和国家长期增长潜力（Acemoglu et al.，2012），孙泗泉和叶琪（2015）认为技术创新从动力维、要素维、创新维3个维度推动制造业转型升级，从而构成价值链攀升的动力来源。郑江淮和郑玉（2020）提出中间产品视角下的创新驱动全球价值链攀升机制，新兴经济大国丰裕的劳动力资源带来低成本比较优势，从而充分对接发达经济体中低端中间产品外包，充分发挥国内生产体系带来的规模经济与范围经济，推动中间产品的创新过程，引发国内产业发展的技能偏向性技术进步以及国外产业关联的知识溢出与研发合作，推动着我国向全球价值链高端持续攀升的动态演进。焦勇和杨蕙馨（2020）尝试从技术范式演变视角考察技术创新推动我国制造业向全球价值链中高端攀升的机制，随着我国制造业经历"技术—经济范式阶段、技术—社会范式阶段、信息技术范式阶段、智能技术范式阶段"，带动我国制造业在全球价值链中发生"嵌入升级—构建新链—嵌入升级—构建新链……"的动态演变，因此技术创新对我国制造业全球价值链位置攀升存在非线性影响。一个国家的自主创新水平提高，那么其全球价值链地位也会相应提升，从技术创新角度看，汉弗莱和施米茨（Humphrey and Schmitz，2000，2002）提出的发展中国家的全球价值链攀升路径为"流程升级—产品升级—功能升级—链条升级"。全球价值链升级的内生动力是技术创新，技术创新显著促进经济增长，一个国家自主创新水平的提高，能够提高制造业劳动生产效率、增强比较优势、提高产品竞争力、加快产品升级。此外，一个国家通过自主创新能够改良原来的工艺并研制出新产品，不仅可以降低企业的成本，增加超额利润，而且可以实现制造业的功能升级，产生规模效应，摆脱"低端锁定"，实现制造业价值链升级。与此同时，一个国家提升创新水平有利于提高其产品的竞争力，进而增加市场需求，增加出口需求，使其能够积极融入全球价值链的发展中，由全球产业链低端向中高端不断迈进，最终实现全球价值链升级（屠年松和龚凯翔，2021）。

一个有趣的案例是考察人工智能对我国企业参与全球价值链分工的影响。人工智能是高技术密集、高创新驱动的典型代表，人工智能代表了国家（地区）的核心竞争力，人工智能技术发展与大国技术竞争将会对全球价值链产生颠覆性影响（余南平，2020）。吕越等（2020）的研究发现，人工智能显著促进了我国企业参与全球价值链分工，并且这种影响主要集中在加工贸易企业，进一步研究发现，人工智能对价值链参与的影响渠道有两个：一是人工智能能够有效实现对低端生产环节的替代，从而降低企业成本；二是人工智能可提高企业的生产率，进而增强企业的竞争力。

（2）国际视角。参与国际垂直专业化分工有利于技术创新，有效推动我国传统制造业转型升级（曾繁华等，2015），或者依靠技术进步深入全球分工体系，进而推动实体制造业的整体升级（黄光灿等，2019）。具体而言，东道国可以充分学习发达国家的经验，通过技术外溢实现产业结构的升级。另外，技术溢出会对价值链内外企业的技术创新带来一定程度的影响（周任重，2018）。对技术外溢对本土企业的创新能力是否有提升作用也存在不同观点，有研究认为技术外溢通过学习效应、技术扩散、技术学习、技术再创新对本土企业创新活动具有积极作用（冼国明和严兵，2005）；也有大量研究表明技术外溢会导致本土企业的技术依赖，不利于本土企业创新能力的提升（刘志彪和张杰，2007）。进一步对 FDI 的前向关联和后向关联深入研究，结果发现技术引进有利于下游企业创新能力提升，不利于上游企业创新能力提升。因此，加强与全球制造业第二梯队国家的价值链融合，深化与亚洲发展中国家的产业合作成为我国制造业迈向全球价值链中高端的重要路径过程（杨建龙和李军，2020）。郑江淮和郑玉（2020）通过研究提出新兴经济大国中间产品创新驱动全球价值链攀升的机制与路径，即利用低成本的比较优势获取发达经济体中低端中间产品外包，通过国内生产体系的规模经济与范围经济引致国内中间产品的创新，从而推动实现进口替代，进而引发技能偏向性技术进步以及来自发达经济体的知识溢出与研发合作，通过这种机制推动我国向全球价值链高端持续攀升。

2. 制度创新对全球价值链演进的影响

现有文献中从制度创新角度考察对全球价值链的影响的文献并不多见。从有限的文献中可以归纳出制度创新对全球价值链演进的影响主要存在两条路径：一是"制度创新→技术创新→全球价值链"的间接传导机制。制度创新是技术创新的前提，通过制度创新能够更好地推动技术创新，进而有利于全球价值链演进。二是"制度创新→全球价值链"的直接传导机制。例如，"一带一路"国际合作机制就是一种典型的制度创新，能够有效引导"一带一路"

沿线国家的资源、技术、产业优化组合，有利于自主构建以互利互惠为基础的全球价值链。胡大立和朱嘉蔚（2020）从"政策感知"视角考察了政策感知对代工企业全球价值链攀升影响的作用机理，结果印证了政策感知是促进代工企业全球价值链攀升行为驱动的重要因素。制度创新不全指颠覆式的制度、体系，也包含已有制度和模式的完善，日趋完善的营商环境就是制度创新的一个体现。戴翔（2020）依据世界银行发布的历年营商环境报告与经济合作与发展组织投入产出表（Organization for Economic Co-operation and Development Inter - Country Input - Output Tables，OECD - ICIO）数据，从理论阐释和计量检验的双重视角得出：营商环境优化的确对价值链分工地位具有显著正向作用，并且正向作用不仅来自营商环境优化的直接效应，还通过价值链迁移、创新活动激发、贸易条件改善等中介作用形成间接效应，因此打造国际一流营商环境对促进我国攀升全球价值链具有重要支撑作用。

2.3.2 创新驱动全球价值链演进的主体

1. 跨国公司

跨国公司成为连接国内价值链和全球价值链的纽带（闫云凤，2021），也是技术创新最为活跃的主体。跨国公司创新驱动对东道国融入全球价值链存在两种效应，分别是"梯次升级"观和"低端锁定"观。"梯次升级"观认为，跨国公司的技术外溢效应会显著提升东道国技术创新能力（Lopez and Yadav，2010），并且逐步实现从工艺创新升级、产品创新升级、功能创新升级向链条升级的梯次过程。"低端锁定"观认为跨国公司超强的研发能力能够有效构筑创新壁垒，通过全球价值链治理使发展中国家被俘获于低附加值环节。例如，跨国公司通过缩短生产设备或关键零配件的技术"淘汰"周期，限制发展中国家先进制造业的发展空间，最终使发展中国家落入"代工依赖→自主创新能力缺失→全球价值链低端→代工依赖……"的低端循环路径（Perez - Aleman and Sandilands，2008）。跨国公司还可以通过知识产权保护制度、实施行业技术标准以及专利丛林策略获得竞争优势，削弱发展中国家本土企业的模仿性技术创新学习能力和自主创新能力（Pietrobelli and Saliola，2008），阻碍了发展中国家通过创新驱动走向全球价值链中高端的通道。从实证检验结果看，内资企业相比外资企业处于全球价值链更上游的位置，国内和国际生产链变长，产业间联系日益紧密；外资企业的纯国内和传统贸易生产链长度非常接近于1，外资消费对国内生产链的拉动作用较小，说明外资企业撤出我国、逆全球化的趋势较为明显。

2. 本土企业

知识外溢和学习效应构成本土企业创新驱动全球价值链演进的主要动因。一是知识和技术要素在不同产业间的自由流动，会发挥全球价值链地位提升对制造业各产业部门所产生的知识外溢效应，进而能够降低制造业不同产业部门创新水平的差距，促进制造业高质量发展（杨以文等，2020）。二是建立在技术差距下，本土企业具有可视化的学习对象，从而进行深度和高层次的模仿创新，这种学习的好处是事前已经知晓创新的目的、创新的方向，更为重要的是知道创新路径是可以实现的，从而大大降低创新失败的可能性。本土汽车工业在技术吸收和技术学习层次、方向和速度上虽然无法有效学习和吸收外国技术（路风和封凯栋，2004），但是可以通过模仿创新获得巨大的发展空间。这种学习并不是个案，从国内企业的发展实践看，大批企业通过模仿学习与自主创新摆脱路径依赖，并在全球价值链治理中获取一定话语权。典型的案例是华为从路由器、交换机等低端产品生产起步，逐步实现基础技术累积并大力推动创新发展，实现价值链的位置攀升。

3. 政府

在创新驱动全球价值链演进中，政府处于创新政策制定者、制度创新主体的核心地位，政府推动制度创新为技术创新提供温床，并且通过影响技术创新带来全球价值链演进。国家干预对创新起到重要的推动作用，甚至在国家创新系统具有核心作用（Keith，2000）。例如，中国通过集聚资源办大事，具有重大战略性的原始创新均是由政府组织实施，再如"两弹一星""长征""嫦娥""天宫"等一大批重大航空航天项目，再如北斗卫星导航系统、天眼 FAST、"奋斗者"号全海深载人潜水器等超级工程，政府成为创新的组织者与实施者。当然，制度创新也存在"最适区间"，若是制度创新大大超前于已有的技术基础，也即生产方式超过生产力的发展，也将会产生阻碍作用。因此，"最适区间"制度创新是引导社会资源优化配置，为创新效率高、综合效率好的制造业企业获取更广阔的发展空间提供良好保障，可推动企业向全球价值链高端演进。尤其是面对重大突发事件，新型举国体制依然能够发挥极为重要的促进作用。

2.3.3 产业集群发展与创新驱动全球价值链演进

经过改革开放四十多年的发展，长三角地区在若干产业领域已具备世界级的产能优势，在通向世界级产业集群的路径中，需要培养造就一批产业龙头企业、产业配套企业和专业化集群。在实证检验层次中，李雪和吴福象（2020）利用 2003～2016 年长江经济带 11 个省市的数据，研究发现高技术产业集聚程度与高技能劳动力存在正向匹配关系，长江经济带不同区域产业布局已经出现利润率分化。东部地区纺织服装、计算机、通信和其他电子设备制造业已处于生命周期成熟阶段，应该向中西部地区进行转移；中西部地区计算机、通信和其他电子设备制造业生命周期已经到来；对于医药制造业等高技能匹配产业，东部地区正处于生命周期早期阶段。简晓彬和陈伟博（2019）考察了徐州工程机械产业集群，研究发现知识技术的外部学习引进和内部学习再创新是装备制造业集群式创新学习机制形成的主要途径。张冀新和王怡晖（2019）以 70 个创新型产业集群为基础，采用三阶段 DEA 方法测度产业集群创新效率，结果表明战略性新兴产业技术效率前三位依次是新能源产业、新一代信息技术产业、新材料产业，而节能环保产业技术效率最低。从产业集群政策的视角看，首批国家创新型产业集群政策的实施显著促进了区域创新能力提升（田颖等，2019）。

从知识和创新系统入手，加强集群内部企业及相关机构间合作网络和社会网络联系，寻找合适方式嵌入全球价值链与升级过程（龚双红，2009）。潘利（2007）基于链网互动视角研究，探讨了"创新网络陷阱"和"全球价值链陷阱"，提出产业集群要积极嵌入全球价值链，构建和完善集群创新网络。产业集群发展构成全球价值链生产环节的"片段"，成为各国充分发挥内生比较优势、融入全球价值链并实现高端攀升的基础。俞国军等（2020）提出了"技术—关系—市场"的集群韧性理论框架，研究结论对以外部技术创新为核心的区域韧性构成挑战，认为内部技术创新也是区域韧性的重要来源。李飞星和胡振华（2020）认为"企业家才能"和"文化认同"策略是传统产业集群企业获取区域价值链（regional value chains）市场势力并成功充当国际主导企业的关键因素，发展中国家的企业可立足以文化认同为基础的区域价值链市场势力塑造与传递机制来驱动价值链延伸。总之，产业集群既是创新驱动的载体，也是驱动全球价值链攀升的重要载体。产业集群不仅具有很高的产业集聚程度，同时其背后也是创新的充分集聚，共同构成创新驱动全球价值链攀升发展的事实。

2.3.4　创新链与全球价值链互动

创新链的概念在 20 世纪末被提出，现已成为创新管理领域的前沿热点。开放式创新时代，企业难以单独依靠自身力量实现创新，需要构建有效的创新链或积极参与现有创新链中，整合多方的创新要素实现协同创新（杨忠等，2019）。史璐璐和江旭（2020）从过程性的视角建立了包括创新链构建、运作和结果的整合性分析框架，从创新链阶段设定、参与主体特征、链间协作、运作模式、节点衔接和创新链绩效几个方面对已有研究进行评述。围绕产业链部署创新链、围绕创新链布局产业链，构成产业和创新生态内在循环发展的关键（任志宽，2020）。杨忠等（2019）认为创新链的核心内涵包含"市场需求为导向、价值创造和价值增值、多个创新主体、整合创新资源"四个方面，结构演变体现出网络化、阶段化、平台化、线性化与非线性化共存的特征。

从创新链和产业链互动的角度看，洪银兴（2019）认为全球价值链中高端攀升的突破口是围绕产业链部署创新链，关键是在相应的产业链环节上创新处于国际前沿的核心技术位置。张其仔和许明（2020）基于联合国商品贸易统计数据库探讨我国参与全球价值链的发展趋势及其对创新链和产业链的影响，研究发现现阶段我国出口贸易已形成"创新密集型行业主导、区域生产型和劳动密集型行业为辅"的基本格局，我国经济要实现高质量发展的突破口在于通过实现创新链与产业链的双螺旋跨越，重点围绕"5G"、航空航天、生物医药等产业部署创新链。我国制造业的融入位置处于全球创新链的中下游，并且随着我国内需市场的扩张和经济结构的转型，下游化趋势日趋显著。在下游化的过程中，我国制造业企业完成了由低端技术供给者向技术资源整合者的转型；在上游通用性技术（general purpose technologies）领域，我国制造业企业仍然处于追赶者的角色（李传超和杨蕙馨，2020）。丁雪和杨忠（2020）以 1995～2018 年的创新链相关文献为样本进行知识图谱可视化分析，研究结果表明创新链研究关注点经历了从产业、创新链到产业链再到创新的转移。

2.3.5　全球创新网络与全球价值链演进

全球创新网络最早来源于 1991 年提出的"创新者网络"（networks of innovators），包含区域创新网络和企业创新网络两个层次。区域创新网络指"地方创新主体在合作与交流基础上形成的相对稳定系统"，如硅谷、中关村等。企业创新网络则是"技术创新过程中围绕企业形成的合作关系的总体结构"，核心企业成为研究焦点。在区域创新网络和创新链的基础上，逐步演化形成全球创新网络（global innovation network），建立在经济全球化背景下企业从封闭创新走向开放式创新（Chesbrough，2003）的模式，开放式创新成为全球创新网络的基础，无论是外部还是内部获得有价值的创意同等重要，因此全球创新网络使创新活动突破地理限制，跨国公司的研发活动不再局限于本国母公司，而是在全球布局研发中心，实现创新资源的全球整合。全球价值链发展趋势是进一步将创新潜力在研发、制造、销售各环节显性化，经济行为主体通过创新网络进行充分的信息交流，参与创新网络的各个创新主体开展创新并获得收益（Storper，1992）。因此，对于现阶段我国制造业而言，国内创新体系和全球创新网络的对接，有利于提升我国制造业全球价值链地位攀升（杨以文等，2020）。

全球创新网络嵌入国家创新环境中，受到政治、经济、文化、法律等因素的影响。全球创新网络更加注重创新资源的使用权而非所有权，将创新资源视为不受空间限制的动态资源，从而改变了创新资源的独占、竞争属性，并且通过新产业生态系统的连接方式促进创新过程和创新成果的高效利用。全球创新网络中，企业可以低成本、低风险利用全球知识资源，加快推动原始创新、集成创新和引进消化吸收再创新，加快本土企业迈向全球价值链中高端。创新驱动成为推动面向全球价值链中高端演进的重要基础，而随着全球创新网络的形成和逐步完善，全球价值链治理模式从科层级走向网络级，从以竞争为主走向以协同发展为主，从跨国公司主导的全球生产分工向平台核心型企业主导的新产业生态系统转变。

2.4 文献述评

综合现有文献对创新驱动、全球价值链以及两者相互关系的研究成果看，相关领域经过多年的发展和沉淀，已经形成了丰富而又翔实的研究体系，具有较为扎实的研究基础，并对我国制造业发展及其在全球价值链中位置的逐步提升发挥了一定作用。这些研究对指导创新驱动战略发展，推动我国制造业迈向全球价值链中高端起到极为重要的理论支撑与实践根基作用。但是，现有研究中并没有充分考虑新冠肺炎疫情冲击对"创新驱动全球价值链演进"的影响，全新的"双循环"格局视角下的研究也不多见，这些是本书需要探讨并力求所有突破的领域。现有研究仍然处于"片段化"的发展态势，在创新驱动和全球价值链集成研究中，也多从全球价值链的视角考察我国创新驱动的影响，为促进创新驱动又好又快发展提供了解决方案。然而，我国在从要素驱动向创新驱动的转型发展过程中，如何通过创新驱动制造业迈向全球价值链中高端，无论是理论上还是实践应用中都急需系统研究并提出解决方案。创新驱动我国制造业迈向全球价值链中高端的现实重大问题呼唤形成研究体系，这也构成本书的出发点和归宿点。根据已有研究，需进一步探讨、发展与突破的空间包含以下四个方面。

2.4.1 创新驱动与我国制造业全球价值链位置攀升的匹配性分析

我国制造业在全球价值链中的位置变化是与制造业发展水平、竞争力水平直接相关的，归根结底表现为与内生比较优势的匹配性。不同的制造业创新驱动、创新要素的既有水平与发展态势存在差异性，在迈向全球价值链中也面临嵌入位置、增值能力、价值链治理等不同维度的制约，也即创新驱动的异质性直接导致制造业迈向全球价值链位置及其演变的不同。如何基于已有的发展演变过程，并结合我国制造业创新要素变动和我国制造业全球价值链位置变动情况，从多种角度提出创新驱动与我国制造业全球价值链位置攀升的匹配性，这是本书研究探讨的重要内容之一。

2.4.2 创新驱动我国制造业迈向全球价值链中高端的机理分析

探讨创新驱动对制造业迈向全球价值链中高端的研究还未形成体系，并且从理论层面进行深入探讨的研究尚不多见。我国制造业由技术引进、技术学习、模仿创新走向自主创新的动态演变过程，尤其是伴随着信息技术（尤其是互联网技术）的突飞猛进，互联网、物联网、新经济、"互联网＋"等发展深刻影响创新模式和方向，创新驱动不断深化的根本力量来自"内生比较优势"。如何从创新驱动发展一般规律入手，并结合新时代的经济特征，提出创新驱动我国制造业迈向全球价值链中高端的分析框架、理论模型、演变机理，这些构成本书的理论基础与出发点。

2.4.3 我国制造业迈向全球价值链中高端的路径选择

从我国制造业及其企业的实践观察，伴随着我国制造业内生比较优势不断提升，推动"嵌入升级"、向全球价值链中高端迈进成为主流观点。在我国制造业现有技术地位的基础上，从演化路径、动力源泉、制度加速、产业支撑、实现障碍等多个方面考察在"嵌入升级"和"构建新链"路径中，创新如何驱动我国制造业迈向全球价值链中高端，并且考察哪些产业应该在嵌入全球价值链中高端中不断巩固和提升竞争优势，而哪些产业能够引领构建全球产业链，从而系统考察"嵌入升级"和"构建新链"两种方案的模式、发展路径，可为深化我国制造业迈向全球价值链中高端提供多种可行路径支撑。

2.4.4　创新驱动我国制造业迈向全球价值链中高端的政策选择

在弄清创新驱动与我国制造业全球价值链位置攀升的匹配性、创新驱动我国制造业迈向全球价值链中高端的机理分析、路径选择之后，还需要高度凝练创新驱动我国制造业迈向全球价值链中高端的政策体系，构建内在协调、行之有效的政策。

2.5　本章小结

结合中国经济与制造业发展及世界制造业变化趋势，通过系统梳理相关研究发展脉络，分别从创新驱动、全球价值链、创新驱动全球价值链演进三个方面对相关研究的学术史和研究动态进行梳理和评述，同时对已有相关代表性成果及观点做出科学、客观、中肯的分析评价，提出有待进一步发展的方向，包含创新驱动与我国制造业全球价值链位置攀升的匹配性分析、机理分析、路径选择和政策选择。

其中，创新驱动的研究进展分别从创新驱动的内涵、技术创新、制度创新、我国创新驱动发展阶段四个角度开展；全球价值链的研究进展则包含概念与内涵、发展历程与趋势、实现基础与动力机制、全球价值链升级模式、全球价值链治理、全球价值链与产业集群、发展中国家价值链升级壁垒与中国路径七个方面。创新驱动全球价值链演进则包含表现形态与动力、主体、产业集群与创新驱动全球价值链演进、创新链与全球价值链互动、全球创新网络与全球价值链演进五个维度。

第3章
创新驱动与我国制造业全球价值链位置攀升匹配性分析

自 1949 年新中国成立以来，我国经济发展已从"一穷二白"过渡到工业化后期阶段。自 1978 年改革开放起，我国制造业凭借廉价劳动力和资源禀赋等比较优势，积极参与全球分工，位于全球价值链加工、组装等低附加值环节，基本完成了工业化任务。随着中国经济步入工业化后期，我国制造业研发经费、人力资本等创新要素不断累积，内生比较优势显现，逐步向全球价值链中高端攀升。在工业化不同阶段，我国制造业全球价值链位置与创新要素的增量和存量相适配。因此，精确统计、分析我国制造业创新要素和制造业全球价值链位置变动趋势、匹配状况以及存在的问题是本书研究的起点。

3.1 我国制造业创新要素变动状况

在全球分工体系下，制造业生产要素主要包括国内外的劳动、资本、技术等。其中，技术作为创新要素的核心变量，可以通过研发人员与经费内部支出①等投入指标，或新产品销售收入、专利申请数等产出指标进行刻画。各种要素使用和配置效率决定了我国企业或产业的国际竞争力。工业化初期，我国制造业主要依靠廉价低技能劳动力和丰富的自然资源禀赋，创新要素相对稀缺且投入较少，与我国制造业处于低附加值环节的状态相匹配。历经改革开放

---

① 按照国家统计局、国家发展和改革委员会编的《工业企业科技活动统计年鉴》统计分类，研发经费分为内部支出和外部支出。其中，研发经费内部支出是指报告期企业用于内部开展 R&D 活动的实际支出，研发经费外部支出指报告期企业委托外单位或与外单位合作进行 R&D 活动而拨给对方的经费。

40 余年与全面融入全球分工体系，我国制造业创新要素存量和增量持续增加，不断提高自身创新能力，驱动全球价值链位置渐进演变，但不同产业间也存在异质性。从细分产业层面看，不同细分产业创新要素的投入、规模和结构存在较大差异，导致不同产业创新能力和附加值创造能力存在较大差异。我国制造业中许多细分产业已处于全球价值链的中高端。例如，高铁和核电等产业。本书从制造业整体、产业要素密集度①、二位数制造业、国外创新要素输出状况详细分析我国制造业创新要素的演变趋势和创新能力现状，寻找我国制造业"大而不强"的内在原因，为提升我国制造业创新能力和培育新的竞争优势提供实践与数据支撑。

3.1.1　制造业整体创新要素变动状况

从制造业整体看，2000～2015 年，虽然劳动力成本上升，但我国人口红利优势并未完全丧失。投资是拉动制造业发展的主要驱动力之一。FDI 受世界经济周期和金融危机的影响较大，但中国市场依然对外资具有极大吸引力。2011 年后，我国更加注重研发投入以提升自身技术水平，同时减少对外源性技术的依赖度，内生比较优势开始呈现。具体而言，如图 3 - 1 所示，产业用工人数总体呈波动上升趋势，自 2014 年之后稍微下滑。资本、FDI、研发人员与经费内部支出、新产品开发经费支出与销售收入、专利申请数和发明专利各项指标总体呈波动上升趋势。其中，FDI 波动幅度最大。2005年、2008 年和 2011 年前后，FDI 分别出现明显降幅。研发人员与经费内部支出、新产品开发经费支出与销售收入、专利申请数和发明专利数量于2011 年前后急速拉升。在不同时间节点，引进技术、消化吸收、购买国内技术及技术改造各项经费支出则出现不同程度的波动下降。其中引进技术、消化吸收、购买国内技术和技术改造各项经费支出分别于 2011 年、2011

---

①　产业要素密集度用于描述生产资料数量和劳动力数量之间的比例。借鉴国内学者研究，将其分为劳动密集型、资本密集型和技术密集型三类（周951起等，2014；聂玲等，2014；马野青等，2017）。这里的产业分类标准参考《中国工业统计年鉴》，其中，劳动密集型产业主要包括：纺织业，纺织服装、服饰业，皮革、毛皮、羽毛及其制品和制鞋业，木材加工和木、竹、藤、棕、草制品业，家具制造业；资本密集型产业主要包括：农副食品加工业，食品制造业，酒、饮料和制茶制造业，烟草制品业，造纸和纸制品业，印刷和记录媒介复制业，文教、工美、体育和娱乐用品制造业，石油、煤炭及其他燃料加工业，橡胶和塑料制品业，非金属矿物制品业，黑色金属冶炼和压延加工业，有色金属冶炼和压延加工业，金属制品业；技术密集型产业主要包括：化学原料和化学制品制造业，医药制造业，化学纤维制造业，通用设备制造业，专用设备制造业，交通运输设备制造业，电气机械和器材制造业，计算机、通信和其他电子设备制造业，仪器仪表制造业。

年、2013 年与 2011 年左右出现较大幅度下降。

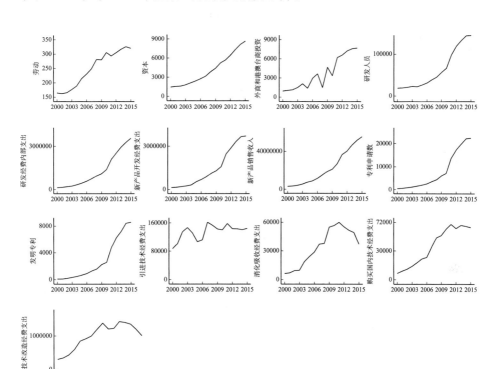

图 3 - 1　2000 ~ 2015 年制造业整体创新要素变动

资料来源：相关年份《中国工业统计年鉴》《工业企业科技活动统计年鉴》。

3.1.2　不同要素密集型产业创新要素变动状况

　　劳动密集型产业受劳动成本上升冲击较大。资本、FDI、研发人员与经费内部支出、新产品开发经费支出与销售收入、专利申请数及发明专利的数量不断增大。其中，FDI 流入受国际大环境影响较大。后期下降趋势突出的指标包括引进技术、消化吸收、购买国内技术及技术改造各项经费支出。具体而言，如图 3 - 2 所示，产业用工人数自 2008 年呈波动下降趋势。产业用工人数下降凸显我国劳动成本上升，人口红利逐渐丧失的典型事实。而总体波动上升趋势明显的指标有资本、FDI、研发人员与经费内部支出、新产品开发经费支出与销售收入、专利申请数及发明专利。其中 FDI 波动幅度最大。在 2000 ~ 2015 年整个时间段内，2005 年、2008 年和 2011 年前后，FDI 分别出现极小值。研发人员与经费内部支出、新产品开发经费支出与销售收入、专利申请数及发明专利于 2011 年前后急速拉升。引进技术、消化吸收、购买国内技术和技术改造各项经费支出分别于 2003 年、2011 年、2014 年与 2012 年左右出现大幅度下降，但波动幅度有所差异。

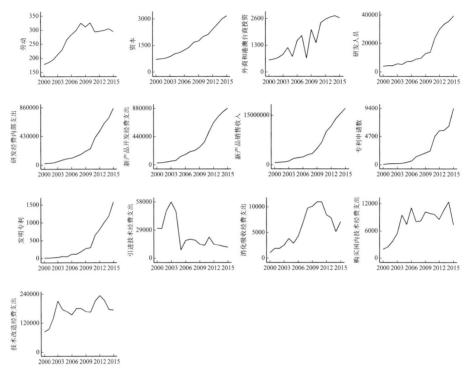

图 3 - 2　2000 ~ 2015 年劳动密集型产业的创新要素投入变动状况

资料来源：相关年份《中国工业统计年鉴》《工业企业科技活动统计年鉴》。

在资本密集型产业中，上升趋势明显的指标包括劳动、资本、FDI、研发人员与经费内部支出、新产品开发经费支出与销售收入、专利申请数和发明专利，而下降趋势凸显的指标则涵盖引进技术、消化吸收、购买国内技术及技术改造各项经费支出。产业用工人数总体呈波动上升趋势，自 2014 年之后略微下滑（如图 3 - 3 所示）。在总体呈波动上升趋势的指标中，FDI 波动幅度最大。在 2000 ~ 2015 年整个时间段内，2005 年、2008 年和 2011 年前后，FDI 分别出现极小值。研发人员与经费内部支出、新产品开发经费支出与销售收入、专利申请数及发明专利于 2011 年前后急速拉升，且新产品开发经费支出与销售收入自 2014 年略微下降。引进技术、消化吸收、购买国内技术及技术改造各项经费支出分别于 2007 年、2009 年、2011 年与 2008 年左右出现大幅度下降，但波动幅度有所差异。

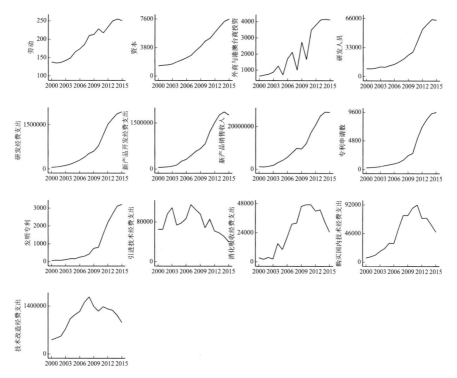

图 3 - 3　2000～2015 年资本密集型产业的创新要素投入变动状况

资料来源：相关年份《中国工业统计年鉴》《工业企业科技活动统计年鉴》。

在技术密集型产业的 13 个指标中，将近 80% 的指标上升趋势明显，只有消化吸收与技术改造两项经费支出后期下降趋势明显。如图 3 - 4 所示，产业用工人数、资本、FDI、研发人员与经费内部支出、新产品开发经费支出与销售收入、专利申请与发明数、引进技术及购买国内技术两项经费支出各项指标总体呈波动上升趋势。其中劳动投入和专利申请数自 2014 年之后稍微下滑。FDI 和引进技术经费支出波动幅度最大。在 2005 年、2008 年和 2011 年前后，FDI 分别出现极小值。而在 2006 年和 2009 年前后，引进技术经费支出存在极小值。研发人员与经费内部支出、新产品开发经费支出、专利申请数和发明专利于 2010 年前后急速拉升。在特定时间节点，消化吸收和技术改造两项经费支出则出现不同程度的波动下降，二者分别于 2011 年左右出现较大幅度下降。

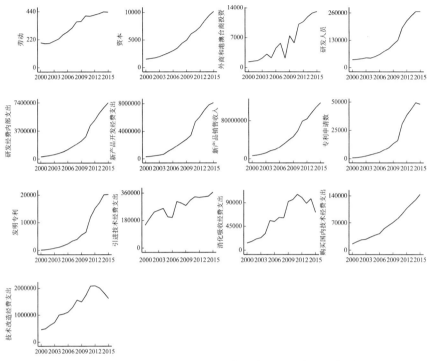

图 3 - 4　2000～2015 年技术密集型产业的创新要素投入变动状况

资料来源：相关年份《中国工业统计年鉴》《工业企业科技活动统计年鉴》。

综上所述，投入要素在不同要素密集型产业间呈现出明显差异。我国劳动力需求呈现结构性差异，表现为劳动力成本上升对劳动密集型产业冲击较大，但未对资本密集型、技术密集型产业造成明显影响。这意味着低技能劳动力工资上升推动企业生产成本上升，而高技能劳动力仍存在结构性供给不足的问题。除劳动投入指标外，劳动密集型和资本密集型产业其他生产要素的变动趋势大体一致。虽然我国技术密集型产业加大了自主研发投入，但仍有部分核心技术需要从国外引进。这也与我国制造业整体处于中、低附加值位置的事实相符。

3.1.3　二位数制造业创新要素变动状况

不同生产要素在制造业各具体产业间也存在明显差异。二位数的各个产业用工人数变动趋势大体分为三类：波动上升型、波动下降型和平稳型。这三种类型分别以计算机、通信和其他电子设备制造业，纺织业，烟草制品业为代表。各产业资本、FDI、研发人员与经费内部支出、新产品开发经费支出与销售收入、专利申请量、发明专利则大体分为波动上升和平稳上升两大类，分别以计算机、通信和其他电子设备制造业、纺织业为代表。各产业引进技术经费支出变化趋势大体分前期下降后期平稳（如化学原料和制品制造业）、波动上升（如交通运输设备制造业）、平稳（如农副食品加工业）三种类型。各产业消化吸收技术经费支出分为波动幅度较大和稳定型两大类，分别以交通运输设备制造业，纺织服装、服饰业为代表。各产业购买国内技术经费支出变动趋势分为前期平稳后期小幅度下降型（如电气机械和器材制造业）、先上升后下降型（如黑色金属冶炼和压延加工业）、波动上升型（如交通运输设备制造业）和平稳型（如纺织业）四大类。各产业技术改造经费支出变动趋势分为前期平稳后期小幅度下降、先上升后下降和平稳型三大类，分别以化学原料和化学制品制造业、交通运输设备制造业和金属制造业为代表。

如图 3 - 5 所示，从二位数的各产业①看，农副食品加工，皮革制品和制鞋，化学原料与制品，非金属矿物与金属制品，交通运输设备，电气机械和器材，计算机、通信和其他电子设备各制造产业用工人数相对较多，且总体呈波动上升趋势。其中交通运输设备等后面三大制造业的产业用工人数上升趋势最为明显。纺织服装、橡胶和塑料制品业、黑色金属冶炼和压延加工业、通用设备制造业分别于 2010 年、2008 年、2010 年和 2010 年左右出现较大幅度下降，但波动幅度有所不同。纺织服装业自 2011 年用工人数有所回升，但未超过之前年份的最大值。其他产业用工人数较为稳定，波动幅度不大。

---

① 为后续图中显示方便，统一使用阿拉伯数字代表二位数的各个产业：1—农副食品加工业，2—食品制造业，3—酒、饮料和精制茶制造业，4—烟草制品业，5—纺织业，6—纺织服装、服饰业，7—皮革、毛皮、羽毛及其制品和制鞋业，8—木材加工和木、竹、藤、棕、草制品业，9—家具制造业，10—造纸和纸制品业，11—印刷和记录媒介复制业，12—文教、工美、体育和娱乐用品制造业，13—石油、煤炭及其他燃料加工业，14—化学原料和化学制品制造业，15—医药制造业，16—化学纤维制造业，17—橡胶和塑料制品业，18—非金属矿物制品业，19—黑色金属冶炼和压延加工业，20—有色金属冶炼和压延加工业，21—金属制品业，22—通用设备制造业，23—专用设备制造业，24—交通运输设备制造业，25—电气机械和器材制造业，26—计算机、通信和其他电子设备制造业，27—仪器仪表制造业。

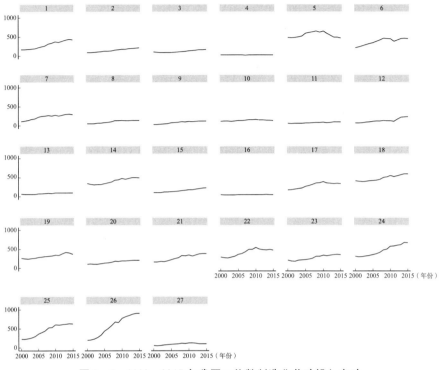

图 3 - 5   2000 ~ 2015 年我国二位数制造业劳动投入变动

资料来源：相关年份《中国工业统计年鉴》。

如图 3 - 6 所示，农副食品加工，石油、煤炭及其他燃料加工，化学原料与制品制造，非金属矿物制品，黑色金属冶炼和压延加工，有色金属冶炼和压延加工，通用设备制造，专用设备制造，交通运输设备制造，电气机械和器材制造，计算机、通信和其他电子设备制造各产业的资本投入相对较多，且总体呈波动上升趋势。其中化学原料与制品制造，非金属矿物制品，黑色金属冶炼和压延加工，交通运输设备制造，电气机械和器材制造，计算机、通信和其他电子设备制造各产业的资本投入上升趋势最为明显。其他产业资本投入呈平稳上升趋势，无较大幅度波动。

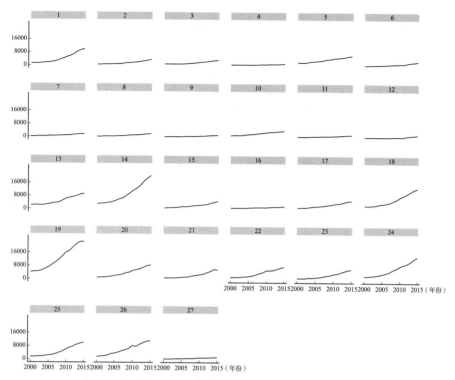

图 3 - 6　2000 ~ 2015 年我国二位数制造业资本投入变动

注：以 1999 年为基期，采用永续盘存法计算所得。资本存量 = 投资额 + (1 - 折旧率) × 前一期累积折旧。其中，以 1999 年的固定资产净值作为基期资本存量。借鉴陈诗一 (2011) 关于折旧率的计算方法，折旧率等于本年折旧除以上一期固定资产原值，同时选取固定资产原值之差序列确定当年投资额。

资料来源：相关年份《中国工业统计年鉴》。

　　如图 3 - 7 所示，化学原料与制品，通用与专用设备，交通运输设备，电气机械和器材，计算机、通信和其他电子设备各项制造产业的外商直接投资相对较多，且总体呈波动上升趋势。其中交通运输设备制造，计算机、通信和其他电子设备制造两大产业的外商直接投资波动幅度最大。在 2008 年、2010 年和 2013 年前后，交通运输设备制造业的外商直接投资分别出现极小值。而在 2009 年和 2011 前后，计算机、通信和其他电子设备制造业的外商直接投资分别出现极小值。其他产业外商直接投资呈平稳上升趋势，无较大幅度波动。

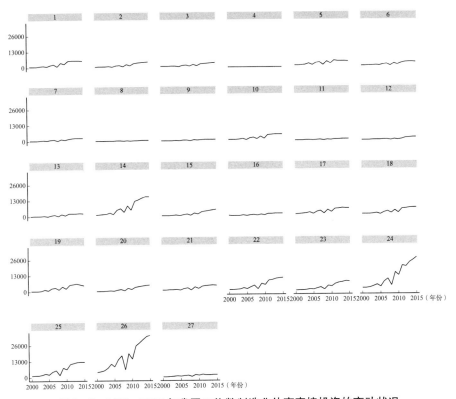

图 3 - 7 2000 ~ 2015 年我国二位数制造业外商直接投资的变动状况

注：采用外商投资和港澳台商投资工业企业资产合计衡量。
资料来源：相关年份《中国工业统计年鉴》。

如图 3 - 8 所示，化学原料与制品，医药，通用与专用设备，交通运输设备，电气机械和器材，计算机、通信和其他电子设备各项制造产业的研发人员相对较多，总体呈波动上升趋势，于 2011 年前后上升幅度较大。其他产业研发人员大体呈平稳上升趋势，无较大幅度波动。

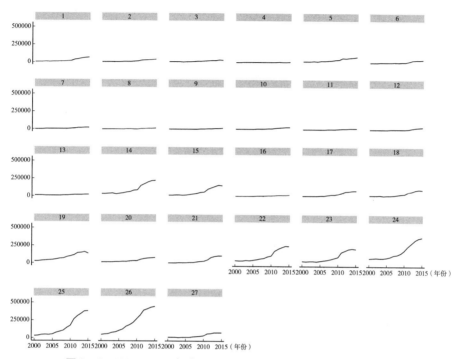

图 3 - 8　2000 ~ 2015 年我国二位数制造业研发人员投入变动状况

资料来源：相关年份《工业企业科技活动统计年鉴》。

　　如图 3 - 9 所示，化学原料与制品，通用与专业设备，交通运输设备，电气机械和器材，计算机、通信和其他电子设备各制造产业的研发经费内部支出相对较多，呈明显波动上升趋势。其中交通运输设备、电气机械和器材，计算机、通信和其他电子设备三大制造产业的研发经费内部支出上升幅度最大。在 2013 年之前，黑色金属冶炼和压延加工业研发经费内部支出出现较大幅度波动上升状态，而 2013 年之后呈下降趋势。其他产业研发经费内部支出大多呈平稳上升趋势，无较大幅度波动。

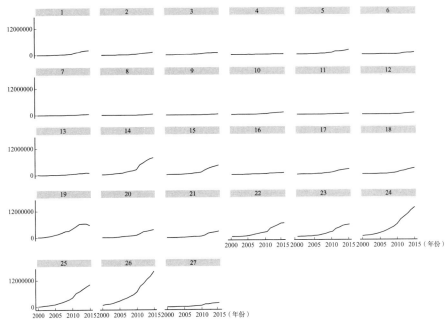

图 3 - 9　2000 ~ 2015 年我国二位数制造业研发经费内部支出变动状况

资料来源：相关年份《工业企业科技活动统计年鉴》。

　　如图 3 - 10 所示，化学原料与制品，通用与专用设备，交通运输设备，电气机械和器材，计算机、通信和其他电子设备各项制造产业的新产品开发经费支出相对较多，呈明显波动上升趋势，于 2010 年前后陡然增加。其中交通运输设备，电气机械和器材，计算机、通信和其他电子设备三大制造产业的新产品开发经费支出上升幅度最大。在 2013 年之前，黑色金属冶炼和压延加工业新产品开发经费支出较大幅度波动上升，而 2013 年之后呈下降趋势。其他产业大多呈平稳上升趋势，无较大幅度波动。如图 3 - 11 所示，新产品销售收入和新产品开发经费支出大体成正比，各产业变动状况与图 3 - 10 基本一致。

　　如图 3 - 12 所示，化学原料与制品，通用与专用设备，交通运输设备，电气机械和器材，计算机、通信和其他电子设备，仪器仪表各制造产业的专利申请数相对较多，呈明显波动上升趋势，于 2010 年前后陡然增加。其中交通运输设备，电气机械和器材，计算机、通信和其他电子设备三大制造产业的专利申请数上升幅度最大。其他产业专利申请数大多呈平稳上升趋势，无较大幅度波动。如图 3 - 13 所示，发明专利和专利申请数大体成正比，各产业变动状况与图 3 - 12 基本一致。

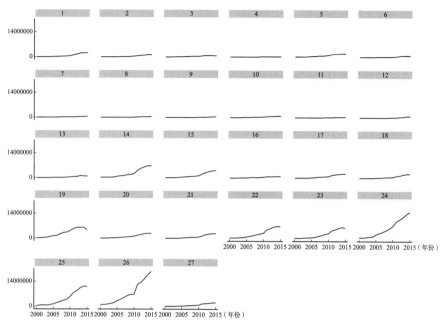

图 3 - 10　2000 ~ 2015 年我国二位数制造业新产品开发经费支出变动状况

资料来源：相关年份《工业企业科技活动统计年鉴》。

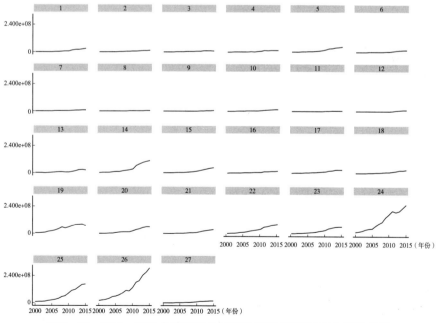

图 3 - 11　2000 ~ 2015 年我国二位数制造业新产品销售收入变动状况

资料来源：相关年份《工业企业科技活动统计年鉴》。

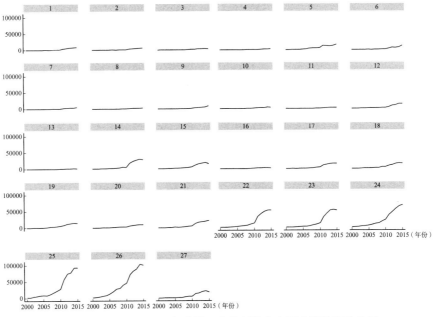

图 3 – 12   2000～2015 年我国二位数制造业专利申请数变动状况

资料来源：相关年份《工业企业科技活动统计年鉴》。

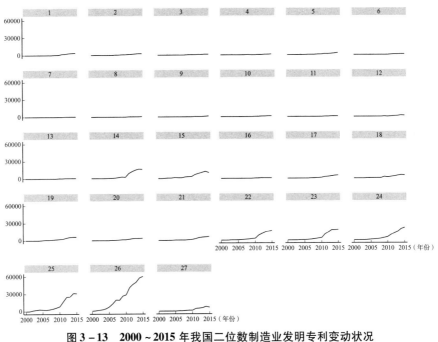

图 3 – 13   2000～2015 年我国二位数制造业发明专利变动状况

资料来源：相关年份《工业企业科技活动统计年鉴》。

　　如图 3 - 14 所示，酒、饮料和精制茶制造，纺织业，造纸和纸制品，化学纤维制造四大产业的引进技术经费支出分别于 2002 年、2003 年、2010 年和 2002 年急速下降后，变动趋势相对十分平稳。化学原料和化学制品制造，黑色与有色金属冶炼和压延加工，电气机械和器材制造，计算机、通信和其他电子设备制造各产业的引进技术经费支出波动幅度较大，分别于 2010 年、2008 年、2008 年、2011 年和 2008 年呈下降趋势。通用设备制造业和交通运输设备制造业引进技术经费支出呈波动上升趋势。其中，交通运输设备制造业引进技术经费支出上升趋势及波动幅度最为明显。其他产业引进技术经费支出十分平稳，无较大幅度波动。

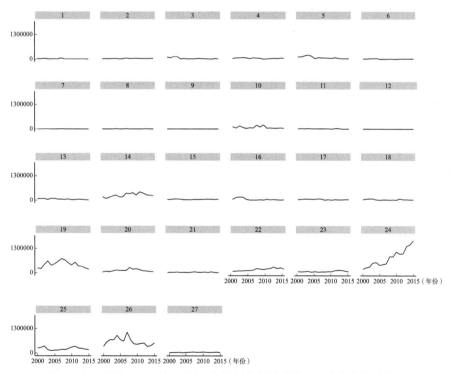

图 3 - 14　2000 ~ 2015 年我国二位数制造业引进技术经费支出变动状况

资料来源：相关年份《工业企业科技活动统计年鉴》。

如图 3-15 所示，石油、煤炭及其他燃料加工，化学原料与制品制造，黑色金属冶炼和压延加工，有色金属冶炼和压延加工，通用设备，交通运输设备，电气机械和器材，计算机、通信和其他电子设备各制造产业的消化吸收技术经费支出波动幅度相对较大，分别于 2012 年、2014 年、2011 年、2012 年、2013 年、2010 年、2005 年和 2012 年急速下降。其中，黑色金属冶炼和压延加工业、交通运输设备制造业消化吸收技术经费支出波动幅度最大。其他产业消化吸收技术经费支出十分平稳，无较大幅度波动。

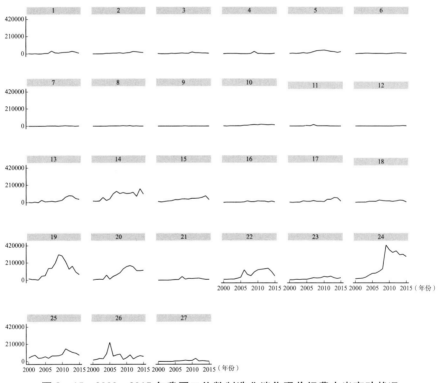

图 3-15 2000～2015 年我国二位数制造业消化吸收经费支出变动状况

资料来源：相关年份《工业企业科技活动统计年鉴》。

如图 3 – 16 所示，化学原料与制品制造、医药制造及电气机械和器材制造三大产业的购买国内技术经费支出于 2014 年左右小幅度下降。黑色金属冶炼和压延加工业购买国内技术经费支出波动幅度最为明显，在 2011 年前后出现大幅度下降。交通运输设备制造业，计算机、通信和其他电子设备制造业购买国内技术经费支出呈波动上升趋势。其中交通运输设备制造业购买国内技术经费支出增幅最为明显。计算机、通信和其他电子设备制造业购买国内技术经费支出于 2013 年前后急速拉升。其他产业购买国内技术经费支出处于低位，较为平稳。

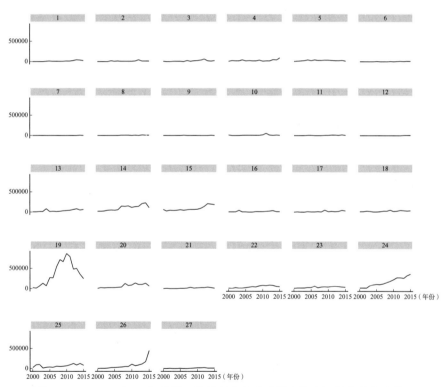

图 3 – 16　2000 ~ 2015 年我国二位数制造业购买国内技术经费支出变动状况

资料来源：相关年份《工业企业科技活动统计年鉴》。

如图 3 – 17 所示，石油、煤炭及其他燃料加工，化学原料与制品制造，有色金属冶炼和压延加工，通用与专用设备制造及电气机械和器材制造各产业的技术改造经费支出分别于 2008 年、2013 年、2008 年、2012 年、2012 年和 2012 年左右小幅度下降。黑色金属冶炼和压延加工业、交通运输设备制造业技术改造经费支出波动幅度最为明显，都于 2011 年前后出现大幅度下降。其他产业技术改造经费支出处于低位，较为平稳。

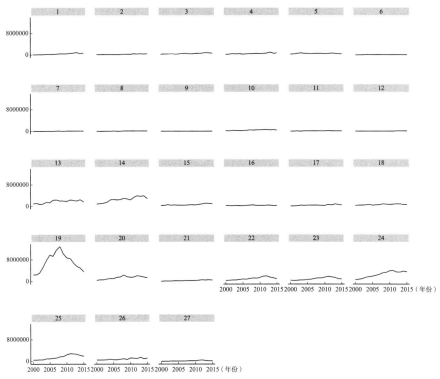

图 3 – 17　2000 ~ 2015 年我国二位数制造业技术改造经费支出变动状况
资料来源：相关年份《工业企业科技活动统计年鉴》。

3.1.4　制造业创新要素对外输出状况

早在 21 世纪初，我国制定"十五"计划时就大胆践行"走出去"战略，突出表现为鼓励和支持具备竞争优势的企业开展对外投资。从我国对外投资活动整体看，受中美贸易摩擦等国际环境影响，我国对外直接投资流量、制造业对外投资流量及对外投资并购支出于 2016 年前后出现"断崖式"下跌。我国对外直接投资存量和制造业对外投资存量受外部冲击较小，呈显著累积上升态势。具体而言，如图 3 - 18 所示，2016 年之前，我国对外直接投资流量呈直线上升态势，而 2016 年之后出现急速下跌状况。2014 年之前，制造业对外投资流量处于低位运行状态，并于 2012 年出现拐点。2014 年之后，制造业对外投资流量快速拉升，于 2016 年达到顶峰，而 2016 年之后急速下滑。2015 年之前，对外投资并购支出呈波动上升态势，而 2015 年后急速攀升，于 2016 年达到顶点，并在 2016 年之后急速下降。

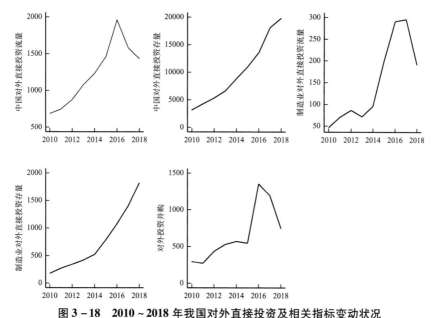

图 3 - 18　2010 ~ 2018 年我国对外直接投资及相关指标变动状况

资料来源：相关年份《中国对外直接投资统计公报》。

　　对不同国家对外输出创新生产要素在制造业各具体产业间也存在明显差异。二位数的各个产业 R&D 境外支出变动趋势大体分为五类：平稳型（如纺织业）、小幅度波动上升型（如通用设备制造业）、大幅度波动上升型（如电气机械和器材制造业）、小幅度波动下降型（如交通运输设备制造业）和大幅度波动下降后小幅度波动上升型（如计算机、通信和其他电子设备制造业）。各产业新产品出口分为平稳型（以交通运输设备制造为代表）、小幅度波动上升型（以电气机械和器材制造为代表）、大幅度波动上升型（以计算机、通信和其他电子设备制造为代表）。各产业专利境外授权分为平稳型（如电气机械和器材制造业）和大幅度波动上升型（如计算机、通信和其他电子设备制造业）两类。各产业专利境外注册分平稳型（以纺织业为代表）、小幅度波动上升型（以化学原料和化学制品制造为代表）、大幅度波动上升型（以计算机、通信和其他电子设备制造为代表）三类。

　　如图 3-19 所示，从二位数产业看，食品制造业、医药制造业、通用设备制造业、专用设备制造业 R&D 境外支出在样本观测期间呈小幅度上升趋势，而化学原料与制品制造、电气机械和器材制造两产业则相反。交通运输设备制造业的 R&D 境外支出在 2009~2011 年出现小幅度下降，而 2011 年后快速拉升，于 2014 年前后达到顶峰，经过小幅度回落后呈上升态势。计算机、通信和其他电子设备制造业于 2010 年大幅度下跌后呈小幅度回升趋势，但未超过 2010 年前的最大值。其他产业的 R&D 境外支出在 2009~2015 年期间无明显变化。

　　如图 3-20 所示，电气机械和器材制造业新产品出口在样本观测期内呈小幅度上升趋势。计算机、通信和其他电子设备制造业新产品出口在样本观测期内则呈大幅度上升趋势。其他产业新产品出口在 2009~2015 年十分平稳，无明显波动。各产业专利境外授权变动和新产品出口变动状况相似（见图 3-21）。

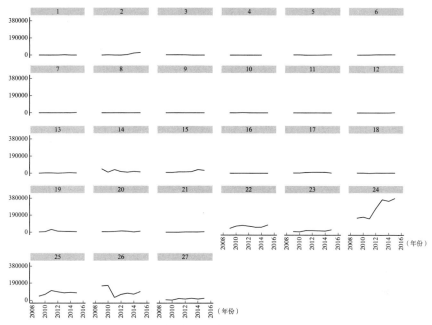

图 3 – 19　2009 ~ 2015 年我国制造业 R&D 经费境外支出变动状况

资料来源：相关年份《中国工业企业科技统计年鉴》。

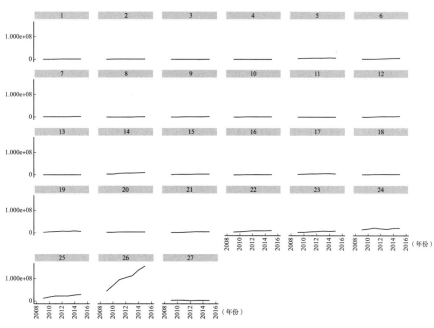

图 3 – 20　2009 ~ 2015 年我国制造业新产品出口变动状况

资料来源：相关年份《中国工业企业科技统计年鉴》。

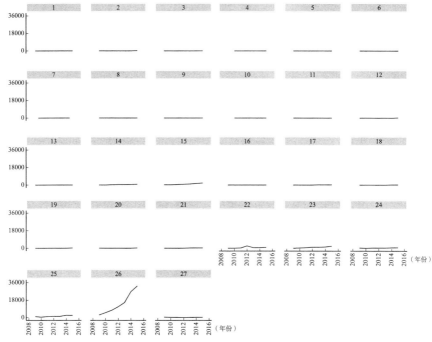

图 3 - 21　2009 ~ 2015 年我国制造业专利境外授权变动状况

资料来源：相关年份《中国工业企业科技统计年鉴》。

如图 3 - 22 所示，食品制造，酒、饮料和精制茶制造，文教、工美、体育和娱乐用品制造，化学原料与制品制造，医药制造，通用与专用设备制造各产业的专利境外注册在整个样本观测时间段内呈现小幅度波动上升态势。其他产业的专利境外注册在 2009 ~ 2015 年无明显变化。交通运输设备制造，电气机械和器材制造，计算机、通信和其他电子设备制造三大产业专利境外授权波动幅度相对较大，呈上升趋势。其中，在 2011 年和 2013 年前后，交通运输设备制造业专利境外注册出现极大值点。电气机械和器材制造业专利境外授权在 2011 年前先上升后下降，于 2014 年呈现快速上升态势。

自改革开放后，我国凭借要素禀赋比较优势积极参与全球分工，嵌入全球价值链。伴随产品内分工深化和中间产品贸易比重上升，全球价值链不断被"拉长""拉宽"，导致我国制造业价值链长度出现新变化。同时，随着我国创新要素增量和存量的双向提升，技术不断突破与创新使得我国制造业的全球价值链位置发生变动。

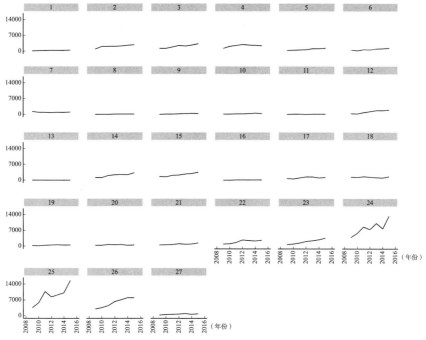

图 3 – 22　2009 ~ 2015 年我国制造业专利境外注册变动状况

资料来源：相关年份《中国工业企业科技统计年鉴》。

3.2　我国制造业全球价值链位置刻画及演变趋势

企业在国际市场中的位置由两部分组成：一是企业所在价值链环节上与其他企业相比较的技术、效率优势；二是与价值链其他环节企业相比较的技术、效率优势。在以往的价值链升级过程中，我国制造业以自身比较优势参与到特定生产环节，并通过模仿、学习，不断积累、强化自身比较优势，实现环节内市场位置的提升。但与发达国家相比，我国制造业企业参与的往往是中游装配、组装等劳动密集型环节或低附加值工序，核心环节、关键资源的缺失使得我国企业处于俘获型或层级型的治理结构中，被锁定在价值链低端（刘维林等，2012）。随着欧美等国提出再工业化战略并加大贸易保护力度，加之越南、印度等发展中国家利用低成本优势积极承接产业转移，我国制造业面临"双重挤压"，亟须改变过分依赖全球价值链低附加值环节的不利局面，向全球价值链中高端攀升。确定全球价值链中高端攀升路线的核心在于确定全球价值链中高端的区位以及我国制造业在全球价值链中的位置[①]，针对这些问题，这一部分在"微笑曲线"的基础上增加技术维度进行分析。

3.2.1 基于"微笑曲线"的全球价值链位置刻画[②]

"微笑曲线"是宏碁集团董事长施振荣在 1992 年提出的理论。若以横轴（X）表示企业产品生产链条的区位，纵轴（Y）表示从产品生产中获取的增加值（或者利润率）绘制曲线图，可以得到一条形如"微笑"的曲线，即在"研发—制造—营销"的生产链条上，增加值（利润）向两端集中，而中间制造的增加值和利润却逐渐下沉。长期以来，我国制造业凭借丰裕的劳动力要素和低廉的劳动力成本嵌入全球价值链的制造、装配环节，但囿于对国外核心技术和关键资源的依赖，价值攫取能力较弱。邢和德特尔特（Xing and Detert，2010）通过对苹果手机（iPhone）生产价值链的解剖分析发现，销售 100 美元的苹果手机，我国通过提供中间环节的组装和加工而获取的增加值不到 3.6 美元（占比为 3.6%），其余的增加值基本上被德国、日本、美国等国家获得。

针对全球价值链中高端的攀升路线，"微笑曲线"理论提供了一种简单直观的认识。首先，"微笑曲线"刻画了全球价值链中高端的所在。相较于我国制造业企业集中的中游装配、组装环节（参见图 3 - 23 中的环节 B），上游研发、设计环节（参见图 3 - 23 中的环节 A）以及下游营销、品牌环节（参见图 3 - 23 中的环节 C）具有更强的价值攫取能力，处于全球价值链中高端。刻画价值链区位的上游度（upstreamness，参见 Antras and Chor，2014；Fally，2012；Dietzenbacher and Romero，2007）被广泛地应用于刻画全球价值链位置的研究中（刘洪铎和曹瑜强，2016；董有德和唐云龙，2017；王岚和李宏艳，2015；王金亮，2014；马风涛，2015；鞠建东和余心玎，2014；等等），生产集中于中游装配、组装环节被认为是我国制造业价值俘获能力低的重要原因。

其次，根据"微笑曲线"，增值能力在价值链条中有规律地分布确保了企业迈向全球价值链中高端是一个逐渐积累的过程。在图 3 - 23 中，纵轴的增值

[①] 在前面的分析中，"位置"即厂商在价值链中所处的市场"位置"，国内研究中也有采用"位置"代表厂商在价值链条（或技术链条）中所处的具体生产区位。为了避免混淆，在这一部分的分析中，"位置"一词指的是企业基于其竞争优势在全球化分工中的价值攫取能力，即市场"位置"，用"区位"代表厂商在价值链条（或段阶链条）中所处的具体生产区位。

[②] 本小节部分内容已作为阶段性成果《全球价值链嵌入与技术创新——基于生产分解模型的分析》发表在《统计研究》2020 年第 10 期。

能力代表了企业的品牌、技术等竞争优势，也反映了该环节的进入门槛。在中间产品生产企业利用自身作为供应商（用户）的优势向下游最终产品生产企业（或上游研发型企业）转型的过程中，虽然进入门槛在不断提高，但企业的品牌、技术等竞争优势也在逐渐积累。倘若全球价值链中高端在价值链条中的分布是无规律的，那么企业在上游化/下游化的过程中，可能会在尚未建立品牌优势、创新能力不足的情况下面临过高的市场进入壁垒，难以完成企业角色的转型。

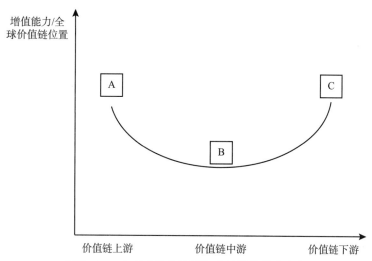

图 3 - 23　全球价值链不同环节的增值能力分布

资料来源：笔者绘制。

"微笑曲线"是一种经验性的总结，利用增加值贸易数据，国内外众多学者验证了全球价值链中的"微笑曲线"（Ye et al.，2015；倪红福，2016；潘文卿、李跟强，2018），研究表明大多数价值链条中的增值能力分布都体现出"微笑曲线"形状。在贸易数据之外，劳动生产率、企业生产率等指标也被用来验证"微笑曲线"的存在（高翔等，2019），但他们的研究结论表明，对价值链条而言"微笑曲线"不具有通用性，部分产业甚至表现出"武藏曲线"的特征[①]。"武藏曲线"与"微笑曲线"的不同之处在于强调精益制造，而不

---

① "武藏曲线"是 2004 年日本索尼中村研究所的所长中村末广所创。该研究所对日本的制造业进行调查发现，制造业的业务流程中，组装、制造阶段的流程有较高的利润，而零件、材料以及销售、服务的利润反而较低。

是传统的加工和装配，因此制造部门可以将下游服务、技术研发置于自身的生产过程中，提升产品的附加值。基于已有研究，这里借助基于前向关联的全球价值链参与度刻画企业在全球价值链中的增值能力，结合全球价值链上游度指标，验证全球价值链中的"微笑曲线"。

以我国制造业为研究对象，按照国际标准行业分类 ISIC rev4.0 对细分产业进行划分，并按照世界投入产出数据库（World Input – Output database，WIOD）的标准对相近产业进行加总，同时，考虑到数据的完整性和测度的准确性，将机械和设备的修理和安装这一细分产业进行剔除。基于此，最终所选取的二位数细分产业如表 3 – 1 所示。同时，参考戴翔（2015）按照要素密集特征对产业进行分类的标准，将上述产业划分为劳动密集型、资本密集型与技术密集型三大类。

表 3 – 1　　　　　　　　　　制造业细分产业列表

id	ISIC rev4.0 产业代码	产业名称	要素密集类型
1	C10 – C12	食品，饮料和烟草制品业	资本
2	C13 – C15	纺织品，服装和皮革制品业	劳动
3	C16	木材、木材制品及软木制品的制造（家具除外）、草编制品及编织材料物品业	劳动
4	C17	纸和纸制品业	资本
5	C18	记录媒介物的印刷及复制业	资本
6	C19	焦炭和精炼石油产品业	资本
7	C20	化学品及化学制品业	技术
8	C21	基本医药产品和医药制剂业	技术
9	C22	橡胶和塑料制品业	资本
10	C23	其他非金属矿物制品业	资本
11	C24	基本金属业	资本
12	C25	机械设备除外的金属制品业	资本
13	C26	计算机、电子产品和光学产品业	技术
14	C27	电力设备业	技术
15	C28	未另分类的机械和设备业	技术

续表

id	ISIC rev4.0 产业代码	产业名称	要素密集类型
16	C29	汽车、挂车和半挂车业	技术
17	C30	其他运输设备业	技术
18	C31 – C32	家具制造，其他制造业	劳动

注：该产业划分标准为国际标准行业分类（ISIC rev4.0），与 3.1 节的中国国民经济行业分类不同。由于产业名称较长无法在表中列示，后面均以 id 列中的阿拉伯数字代替。

资料来源：笔者整理。

1. 增值能力的刻画

全球价值链参与度指数从前向产业关联与后向产业关联的视角测度一国的产业参与全球价值链的程度，分别代表对下游产业的增加值贡献程度、对上游产业的增加值依赖程度。两者之间的相对变动趋势能够在一定程度上刻画出一国的产业在全球价值链中的区位演变趋势。前向全球价值链参与度呈上升趋势而后向全球价值链参与度呈下降趋势，则表明该产业更加积极地参与全球价值链上游的生产活动且相对增值能力有所提升。借鉴库普曼等（Koopman et al.，2011）对全球价值链位置指数的测算思想，将前向关联的全球价值链参与度与后向关联的全球价值链参与度的差值作为全球价值链位置的代理指标，同时包含了全球价值链区位与相对增值能力的双重含义。数据主要来自 WIOD 数据库和 UIBE_GVC Index 数据库（由对外经济贸易大学全球价值链研究院提供）。

其中，基于前向关联的全球价值链参与度（GVC_Par_f）是指一国产业部门隐含在中间产品出口中的国内增加值（在全球价值链生产活动中出口到下游）占一国产业部门总增加值的比例。王等（Wang et al.，2017b）通过分解一国产业层面增加值，测度了基于前向关联的全球价值链参与度，并根据参与全球价值链的复杂程度，将其分解为浅度和深度的参与度，具体如公式（3 – 1）所示。其中，$V\_GVC\_R^s$ 表示被进口国直接吸收的国内增加值，$V\_GVC\_D^s$ 代表返回出口国被吸收的国内增加值，$V\_GVC\_F^s$ 是间接被进口国吸收或重新出口到第三国的国内增加值，$\hat{V}^s X^s$ 为一国产业的总增加值。因此，将 $\dfrac{V\_GVC\_R^s}{\hat{V}^s X^s}$ 作为国内增加值仅跨境一次且不涉及跨境生产（直接被进口国消费）的参与度，也称为全球价值链浅度分工参与度；将 $\dfrac{V\_GVC\_D^s}{\hat{V}^s X^s}$ 和 $\dfrac{V\_GVC\_F^s}{\hat{V}^s X^s}$ 两者之和作为国内增加值跨境一次及以上且涉及跨境生产的参与度，也称为全球价值链深度分工参与度。前向参与度越高，表明一国产业对下游产业的增加值贡献程度越高。

$$GVC\_Par\_f = \frac{V\_GVC^s}{\hat{V}^s X^s} = \frac{V\_GVC\_R^s}{\hat{V}^s X^s} + \frac{V\_GVC\_D^s}{\hat{V}^s X^s} + \frac{V\_GVC\_F^s}{\hat{V}^s X^s} \qquad (3-1)$$

基于后向关联的 GVC 参与度（GVC_Par_b）是指上游产业的增加值（在参与 GVC 活动过程中进口）占一国产业部门最终产品的比例。王等（Wang et al.，2017b）通过分解一国一产业的最终产品，测度了基于后向关联的全球价值链参与度，并根据跨境次数的多少，将全球价值链参与度划分为浅度和深度的参与度，具体测算方式如公式（3-2）所示。其中，$Y\_GVC\_R^s$ 为直接被吸收的进口国增加值，$Y\_GVC\_D^s$ 为间接被吸收的本国增加值，$Y\_GVC\_F^s$ 为间接被吸收的第三国增加值，Y^s 为最终产品。因此，$\frac{Y\_GVC\_R^s}{Y^s}$ 为浅度参与度，而 $\frac{Y\_GVC\_D^s}{Y^s} + \frac{Y\_GVC\_F^s}{Y^s}$ 为深度参与度。后向参与度越高，表明一国产业对上游产业的增加值依赖程度越高。

$$GVC\_Par\_b = \frac{Y\_GVC^s}{Y^s} = \frac{Y\_GVC\_R^s}{Y^s} + \frac{Y\_GVC\_D^s}{Y^s} + \frac{Y\_GVC\_F^s}{Y^s} \qquad (3-2)$$

基于增加值视角，虽然我国制造业整体对下游产业的增加值贡献程度要低于对上游产业的增加值依赖程度，但随着前者呈波动上升趋势，两者的差距逐渐缩小，相对增值能力有所改善。其中，计算机、电子产品和光学产品制造业这一技术密集型产业对下游产业贡献程度最高，且逐渐减少了对上游的依赖程度；纺织品、服装和皮革制品制造业这一劳动密集型产业从以对上游依赖为主转化为以对下游贡献为主的相对增值能力；而焦炭和精炼石油产品制造这一资本密集型产业对上游的依赖程度大于对下游的贡献程度且不断恶化。

具体来讲，我国制造业整体在国际分工中的前向参与程度近年来逐年增强，对下游的贡献程度增大，更积极地参与全球价值链的高附加值环节，相对增值能力有所提升。由图 3-24 可知，我国制造业后向参与度始终高于前向参与度，在 2000~2014 年均呈"M"型波动上升的演变趋势，年均增长率分别为 0.35% 与 1.75%。自中国加入 WTO 之后，前向与后向参与度迅速提升，分别至 2006 年、2007 年到达顶峰，随后呈下降趋势，并于 2009 年之后分别呈波动上升与下降的趋势，前后向参与度差值逐年缩小。可以看出，我国制造业整体对上游产业的增加值依赖程度要高于对下游产业的增加值贡献程度，但两者差距在逐渐缩小。制造业各个细分产业的全球价值链参与度存在异质性，计算机、电子和光学产品制造业对上游产业增加值依赖程度较高且呈波动下降态势，对下游产业增加值贡献程度最高且逐年波动上升，积极参与全球价值链的高附加值环节；纺织品、服装和皮革制品制造业对下游产业贡献程度显著上升且已超过对上游产业的依赖程度，增值能力显著提升。如图 3 – 25 所示，从全球价值链参与度的大小来看，相对而言，食品、饮料和烟草制品制造业的前向与后向参与度最低，总体处于 0.10 以下；而计算机、电子和光学产品制造业的前向与后向参与度最高，总体处于 0.20 以上；其他制造业产业处于中间水平；除橡胶和塑料制品制造以外，大多数产业后向参与度都要高于前向参与度。从动态演变趋势的角度看，劳动密集型产业的前向与后向参与度分别呈波动上升与波动下降的演变趋势，其中，纺织品、服装和皮革制品制造业最为明显，其前后向参与度的差值由负逐渐变为正，表明从以对上游产业增加值依赖为主转化为对下游产业的增加值贡献为主。资本密集型产业中，大部分产业的前向与后向参与度的演变趋势基本保持一致；而焦炭和精炼石油产品制造分别呈波动下降与波动上升的反向演变趋势，前后向参与度的差值为负且波动性扩大，表明该产业对上游产业增加值的依赖程度超过对下游的贡献程度且逐年加

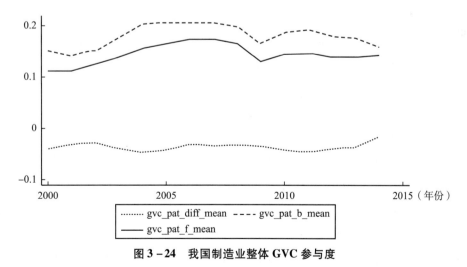

图 3 – 24　我国制造业整体 GVC 参与度

资料来源：笔者根据对外经济贸易大学全球价值链研究院 UIBE_GVC Index 数据库相关数据整理。

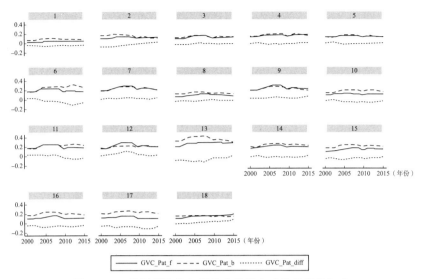

图 3 – 25   我国制造业各细分产业的全球价值链参与度

注：图中标号 1～18 所对应的细分产业具体如表 3 – 1 所示，下同。

资料来源：笔者根据对外经济贸易大学全球价值链研究院 UIBE_GVC Index 数据库相关数据整理。

剧。大部分技术密集型产业的前向与后向参与度的演变趋势基本保持一致；而计算机、电子产品和光学产品制造业的前向参与度呈波动上升趋势，后向参与度呈先上升后下降的波动下降演变趋势，值得关注的是，从 2012 年开始该产业的前向与后向参与度分别呈明显的上升与下降趋势，前后向参与度差值逐渐缩小，表明逐渐参与全球价值链高附加值环节且相对增值能力呈上升趋势。

2. 全球价值链相对上游度的刻画

借鉴全球价值链研究中的相对上游度概念刻画产业在价值链条中的区位，全球价值链相对上游度可以通过全球价值链长度计算得到。现有测算研究中，基于迪特森巴等（Dietzenbacher et al.，2005）提出的平均传递步长（APL），法利（Fally，2012）从生产阶段数、生产到最终需求距离的角度出发，分别定义了下游度和上游度。随后，安特拉等（Antras et al.，2012）也根据产品部门到所有最终需求端的距离测度上游度，且其测算结果与法利是一致的。但基于 APL 的测度方式存在以下缺陷：分别根据上游度与下游度测度的研究结果不一致，缺乏稳健性；美国的生产长度变短这一结论与经济直觉不符；基于 APL 测度的生产长度会随着产业细分程度的改变而改变。库普曼等（Koopman et al.，2011）所构建的 GVC – position 指数，根据前向与后向参与程度的对比反映一国产业接近上下游度的程度，且增加值分解中未剥离重复计算部分，可靠性较低。为弥补上述缺陷，王等（Wang et al.，2017a）重新定义平均生产长度，即在序贯生产过程中生产要素创造的增加值被计算为总产出的平均次数，借助累计的总产出与相应价值链中增加值的比值，测算生产长度。同时，基于库普曼等（2014）和王等（2013）出口增加值的分解方法，王等（2017a）将生产长度分解为纯国内部分、传统贸易部分以及全球价值链部分，从而进一步定义全球价值链生产长度。考虑到单独选择上游度和下游度衡量一国产业全球价值链区位的结果会出现不一致的情况，王等（2017a）借助基于前向关联的生产长度与基于后向关联的生产长度的比值测度全球价值链相对上游度这一相对指标，用于表征全球价值链区位，可以有效避免"全球价值链区位测度悖论"[①]。相较而言，这一测度方式是目前最新且难度最大的方法，能够更为精准地表征全球价值链区位。但是，现在所有基于投入产出模型测算出的区位与真实经济中生产链的情况不是完全等同的，这是普遍存在且一直难以攻克的缺陷。

上述学者测算研究中所用的数据主要涉及世界投入产出（WIOD）数据库、经济合作与发展组织（OECD）数据库、全球贸易增加值（TIVA）数据库及 UIBE_GVC Index 数据库等多个数据库。比较而言，相较于其他数据库，WIOD 数据库的世界投入产出表时间跨度较长且具有连续性，包含了所有制造业产业，更能够为研究提供基础数据支持。而 UIBE_GVC Index 数据库以全球价值链核算代表性研究成果为基础，在考虑与国际贸易核算和国民经济核算的标准统一的前提下，借助当下比较成熟的测算方法，在原始世界投入产出表的基础上加工而成的派生数据库，能够为研究提供更为匹配的指标数据。因此，本书同时选取 WIOD 数据库和对外经济贸易大学全球价值链研究院 UIBE_GVC Index 数据库作为主要数据来源。变量的具体测算方式、经济含义以及分析结果如下。

关于全球价值链区位（GVC_Postion）的测度，王等（2017b）基于增加值角度，利用产业增加值及其相对应的总产出，测算了产业 GVC‐Position 指数。该指数是一个相对的测度指标，兼顾上游度与下游度，具体测算如公式（3‐3）所示。其中，PLv_GVC^s 表示基于前向产业关联的生产长度，也被称为上游度，

表示一国产业距离最终需求端的平均生产长度；而 PLy_GVC^s 为基于后向产业关联的生产长度，也被称为下游度，表示一国产业距离初始投入（增加值来源）端的平均生产长度；两者的比值即为 GVC 相对上游度，表征着一国产业在全球价值链中的区位。因此，GVC_Positon 指数越大，表明该国产业处于全球价值链相对上游区位，反之，则处于全球价值链相对下游区位。

$$GVC\_Position = \frac{PLv\_GVC^s}{\left[PLy\_GVC^s \right]'} \qquad (3-3)$$

我国制造业整体距离增加值来源端的生产长度及其增长幅度要大于距离最终需求端的生产长度，处于相对下游的区位。具体来看，图 3-26 刻画了基于前向与后向关联的生产长度及其动态演变趋势。我国制造业整体的后向生产长度始终大于前向生产长度，两者均呈波动上升的态势，年均增长率分别为 0.82%、0.49%，表明我国制造业的下游度及其增长幅度要高于上游度，位于相对下游的区位。各个细分产业全球价值链生产长度及其演变趋势呈异质性。其中，食品、饮料和烟草制品，纸和纸制品，焦炭和精炼石油产品，化学品及化学制品，基本金属制造五大制造产业的上游度大于下游度，处于相对上游的区位，表明其在全球价值链分工中扮演着资源提供者的角色；而其他产业，尤其是基础医药产品和医药制剂制造，家具制造、其他制造两大产业的上游度低于下游度，因此处于相对下游的区位，表明其更接近于最终需求端。同时，从动态视角看，技术密集型产业中的基础医药产品和医药制剂制造，电力设备制造，汽车、拖车和半挂车制造，以及劳动密集型产业中的家具制造、其他制造各产业的上游度变化趋势并不明显，而下游度却呈显著的上升趋势，表明随着时间的推移上述产业向全球价值链下游移动。相反，资本密集型产业中的食品、饮料和烟草制品制造，焦炭和精炼石油产品制造及基本金属制造三大产业的上游度上升幅度明显大于下游度，表明随着时间的推移，上述产业向全球价值链的上游移动。其他产业的上游度与下游度均呈波动上升的态势，且上升幅度大体一致，其在全球价值链中的区位变化情况，可根据下面的相对上游度指数进行精确判断。

通过前向生产长度和后向生产长度的比值，能够得到我国制造业的相对上游度指标。从整体看，资本密集型制造业处于全球价值链相对上游的区位且逐年呈波动上升的态势，而技术密集型制造业和劳动密集型制造业的相对上游度分别处于较低和最低状态，且逐年呈波动下降的趋势。如果同时考虑纯国内生产、传统贸易生产以及全球价值链生产活动，技术密集型产业中的计算机、电子产品和光学产品制造业从 2008 年起相对上游度有所提升。

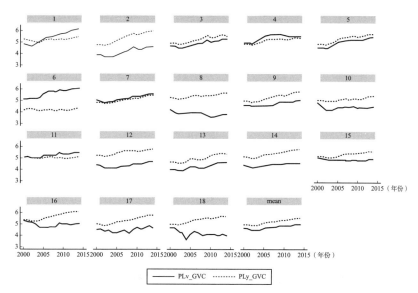

图 3 - 26　我国制造业基于前向（后向）产业关联的生产长度

资料来源：笔者根据对外经济贸易大学全球价值链研究院 UIBE_GVC Index 数据库相关数据整理。

　　具体来看，我国制造业整体处于全球价值链中下游的区位，且逐年波动向下移动。由图 3 - 27 可知，虽然在 2000 ~ 2014 年相对上游度在 0.90 ~ 0.95 区间内呈波动下降的趋势，但下降幅度非常小，年均仅下降 0.28%。各细分产业的全球价值链区位存在异质性，图 3 - 28 表明，相较于其他产业，相对上游度较高的产业为焦炭和精炼石油产品制造业；食品、饮料和烟草制品，纸和纸制品，基础金属制品，化学品及化学制品各项制造业均处于相对中游的区位；其他产业处于相对下游的区位，尤其是基本医药产品和医药制剂业，纺织品、服装和皮革制品业，家具制造、其他制造业。从动态演变趋势的角度看，资本密集型产业中的食品、饮料和烟草制品制造业，焦炭和精炼石油产品制造业，以及基础金属制造业，其相对上游度的年均增长率分别为 1.48%、0.89% 和 0.38%，表明随着时间的推移上述产业向全球价值链的上游移动；相反，技术密集型产业中的基础医药产品和医药制剂，电力设备，未另分类的机械设备，汽车、拖车和半挂车，其他运输设备，资本密集型产业中的其他非金属矿物制品，以及劳动密集型产业中的家具制造、其他制造各产业的全球价值链相对上游度呈波动下降趋势，分别年均下降 1.28%、0.50%、1.05%、1.28%、

0.75%、1.13%和2.06%，表明随着时间的推移上述产业向全球价值链的下游移动；其他产业全球价值链相对上游度的变化不明显。

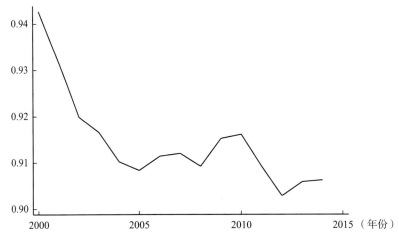

图3-27 我国制造业整体的全球价值链相对上游度

资料来源：笔者根据对外经济贸易大学全球价值链研究院 UIBE_GVC Index 数据库相关数据整理。

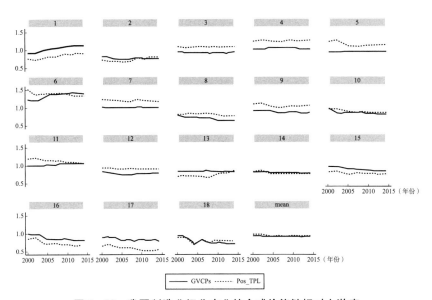

图3-28 我国制造业细分产业的全球价值链相对上游度

资料来源：笔者根据对外经济贸易大学全球价值链研究院 UIBE_GVC Index 数据库相关数据整理。

　　此外，通过对比基于总生产长度的相对上游度与基于全球价值链生产长度的相对上游度的变化趋势发现，两者存在一定的差异，尤其是计算机、电子产品和光学产品制造业，其基于全球价值链生产长度的相对上游度的变动并不明显，而其基于总生产长度的相对上游度从 2008 年开始呈显著上升的趋势。究其原因，基于全球价值链的生产长度只关注一国产业在跨国生产共享活动中的相对上游度，而总生产长度涉及一国产业的整体活动，包括纯国内生产、传统贸易生产以及全球价值链生产活动，我国计算机、电子产品和光学产品制造业前向关联的国内生产长度与传统贸易生产长度的增长幅度较大。

3. "微笑曲线"的刻画

　　在绘制"微笑曲线"的过程中，选取特定产业为目标，纵轴采用基于前向关联的全球价值链参与度，即所考察产业对目标产业的增加值占目标产业最终产品的比例，代表所考察产业产出在以目标产业为最终市场的价值链条中的重要程度和增值能力。横轴采用所考察产业的上游度，即所考察产业产出距离目标产业最终产出的距离。由此，可以分析增值能力在价值链条中的分布是否服从"微笑曲线"，呈现出"两端高，中间低"的"U"型关系。以中国、美国为例，大多数产业所处的价值链条都表现出"微笑曲线"的特征。通过图 3 - 29（a）、（c）可以看出，在以纺织品、服装和皮革制品制造为目标产业的价值链条中，其他产业的增值能力呈现出"两端高，中间低"的格局。相较于价值链两端，中游制造产业的价值攫取能力偏低。其他产业的结果也呈现出类似的趋势，这里不再赘述。

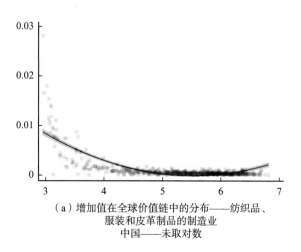

（a）增加值在全球价值链中的分布——纺织品、
服装和皮革制品的制造业
中国——未取对数

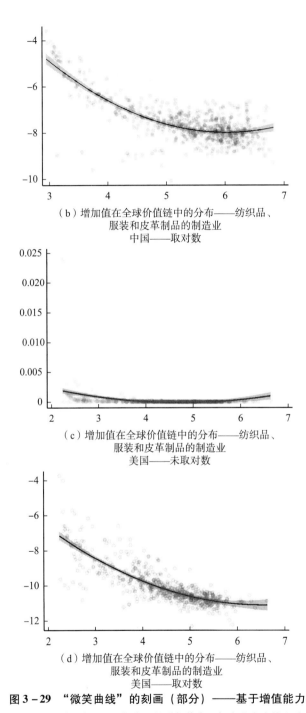

（b）增加值在全球价值链中的分布——纺织品、
服装和皮革制品的制造业
中国——取对数

（c）增加值在全球价值链中的分布——纺织品、
服装和皮革制品的制造业
美国——未取对数

（d）增加值在全球价值链中的分布——纺织品、
服装和皮革制品的制造业
美国——取对数

图 3 - 29　"微笑曲线"的刻画（部分）——基于增值能力

注：纵轴的增值能力采用其他产业对目标产业的增加值占目标产业产出的比重，横轴为其他产业相较于目标产业的上游度，这里仅选取纺织品、服装和皮革制品的制造业作为目标产业，其他产业的表现与之类似。

资料来源：对外经贸大学的 WIOD 数据库。

但这一结果可能是由于统计误差带来的错误判断。具体而言，一方面，随着被考察产业的上游度提升，它所生产的中间产品要经过多次转运、再加工才能最终到达最终市场，上游中间产品的运输成本和相关的交易成本要高于下游中间产品，因此，产业间联系强度必然会随产业间生产距离的增加而减弱，最终接近于 0；另一方面，随着被考察产业上游度的提升，它的增加值计算存在更大的误差。在投入产出关系中，若 B 产业直接向 A 产业提供中间产品，则它的增加值取决于 A 产业对 B 产业的直接消耗；若 B 产业先将中间产品投入 C 产业，经 C 产业再加工后投入 A 产业。利用里昂惕夫逆矩阵，B 产业投入 A 产业的中间产品取决于 A 产业对 C 产业的直接消耗和 C 产业对 B 产业的直接消耗，但这样的计算仅仅是一种近似，相关的误差会随着上游度的增加被放大。

综合以上两方面的因素，当上游度上升时，基于前向关联的全球价值链参与度的误差更大，偏离已有趋势，会夸大或缩小产业间的联系强度。当联系强度接近于 0 时，误差带来的夸大尤其明显，表现出随着上游度提升而上升的趋势。在对基于前向关联的全球价值链参与度取对数后，重新审视增值能力与上游度之间的关系。通过图 3-29 可以发现，"微笑曲线"不复存在，随着上游度的提升，基于前向关联的全球价值链参与度下降，这仅仅是运输成本和相关交易成本上升的结果，并不能作为刻画不同环节全球价值链位置的依据。

3.2.2　加入技术维度的部门划分

"微笑曲线"将生产过程划分为上游、中游和下游三部分，并基于此判断哪些环节处于全球价值链中高端。"微笑曲线"成立的前提是特定生产环节的产品提供者也是相关技术、知识的提供者。现实中，随着全球化分工细化到研发、设计领域，频繁的技术授权、转让使得企业创新更具开放性，知识资源的流动性大大提高，不再依赖于具体生产环节，而是作为一种战略性资源广泛地分散于全球价值链各个环节。技术研发和产品生产的分离意味着通过参与全球价值链分工嵌入高技术产品生产过程并不等于企业获取核心技术，已有的全球价值链升级逻辑不再适用于全球价值链中高端的攀升。近年中美贸易摩擦以及美国对华为的制裁也提醒我们，我国制造业已经度过了通过被动式的模仿学习和"干中学"提升自身生产效率的阶段，真正制约我国制造业转型升级的是核心技术的缺失。

企业所提供产品（如最终产品、中间产品、原材料等）并不能完全体现企业在技术层面的差异，考虑到技术市场的存在，知识资源的流动性降低了知识对特定生产环节的依赖，当上游环节中的技术研发（见图 3 – 30 中的 A1）和下游环节中的市场品牌（见图 3 – 30 中的 C1）可以由其他环节的厂商（如 B）来扮演时，基于产品维度计算的上游度无法完全反映企业在全球价值链中的位置，需要结合技术维度的差异加以分析。

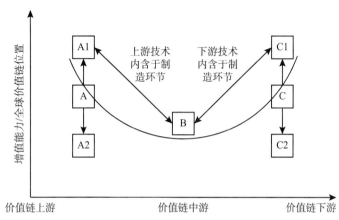

图 3 – 30　全球价值链不同环节的增值能力分布

资料来源：笔者绘制。

　　在加入了技术维度后，企业的角色变得更加多样化（见图 3 – 31）。为了方便区分，将从技术维度分析的生产链条称为"技术链条"，将从产品维度分析的生产链条称为"产品链条"。价值的攫取不仅取决于企业在产品链条中的位置，还取决于企业在技术链条中的位置。在这一框架下，企业的升级路径更加多样化，既包括产品维度的上游化、下游化过程，也包括企业在技术维度的转型升级。在二维图中无法翻越的高门槛，在三维图中可能不复存在。我国制造业企业进军核心技术领域中的障碍可以从另一个角度来理解，以华为的升级受阻为例，我国半导体产业在创新升级的路径中并未能积累足够的技术储备和创新能力就来到了核心技术领域的外围，过高的门槛限制了我国企业未来的发展。在美国对华为的制裁中，谷歌、ARM、台积电等公司的断供对于华为的影响巨大，但我国相关领域的半导体企业并未能够给予华为足够的支持，这也暴露了我国半导体产业整体上的落后状态。

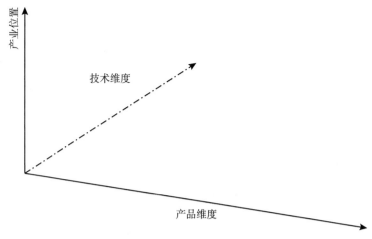

图 3 – 31　基于产品维度和技术维度的创新系统

资料来源：笔者绘制。

借鉴卡斯特拉齐（Castellacci，2008）的分类方法，将价值链分工体系视为创新系统进行分析，产品维度的分析以上游度作为标尺，并借助于技术通用性指标（generality index）刻画参与者在技术维度的特征[①]。

1. 技术维度的刻画

此处通过测度专利的技术通用性指标，并汇总到产业层面，刻画产业在技术链条中的区位。

通过分析引用专利的产业分布能够得到被引用专利的通用性水平。专利被引用的范围越广，意味着通用性水平越高，越逼近于技术链条的上游。从专利层面看，可以采用公式 $G_i = 1 - \sum \beta_{ij}^2$ 测度技术的通用性，其中，β_{ij} 表示属于 j 产业专利在引用 i 专利的其他专利中的占比。

上述计算公式容易夸大技术的通用性水平，表现为被引用数量越大，误差越大。为此，参考欧洲专利局提供的标准，采用以下计算公式：

---

① 这里对技术维度的刻画与卡斯特拉齐（2008）的研究有所不同。具体而言，卡斯特拉齐（2008）将技术维度的异质性理解为技术能力的高低，若仅考虑产业层面差异，这样的理解是可行的。但价值链分工不仅包括产业间的分工，还包括产业内不同国家间的分工，在同一产业内部，即使面对相同的技术研究内容，发展中国家也会表现出较低的技术能力，这样的技术差距与企业所处的位置无关，可以通过时间的积累和自主研发的投入逐渐抹平，这并不是本章研究所关心的内容。同样是芯片生产企业，不能因为台积电和中芯国际的技术水平差距较大就将两者视为不同类型的企业。

$$G_i = 1 - \sum_j \left(\frac{1}{N} \sum_i \beta_{ij} \right)^2 \qquad (3-4)$$

其中，i、j 分别代表引用专利和引用专利所属的小类，β_{ij} 代表 i 专利 j 小类中小组分类占全部引用专利小组分类的比重，N 代表仅考虑 5 年内的专利引用关系的被引用次数。为了避免通用性指标计算过程中的误差将被引用次数加入分母中。

在产业层面，尤太等（Youtie et al.，2008）、哈尔和特拉坦伯格（Hall and Trajtenberg，2004）等利用这一指标分析了信息通信技术（ICT）、医药、计算机等特定技术领域的技术通用性，确定这些技术领域在整体技术体系中的区位；全球专利数据库（Worldwide Patent Statistical Database，PATSTAT）中也将技术通用性指标在国家层面加总，考量一国整体的技术通用性水平。在这些研究的基础上，将专利的通用性水平分国家加总至产业层面，刻画产业层面技术维度的差异，整体通用性水平越高，说明该产业应用的技术更偏向于通用性技术，处于技术链条的上游。

此处专利样本数据主要根据欧洲专利局的 PATSTAT 数据库相关数据进行整理。为了便于计算专利的通用性水平并加总到产业层面，采用了 PATSTAT 数据库中的 TLS201_APPLN、TLS207_PERS_APPLN 等 6 个子集中的相关数据。子集对专利的基本情况、互相引用数据、国际专利分类（IPC）下的技术特征、基于欧洲标准产业分类（NACE）下的技术特征等数据进行了分类整理。

其中，TLS207_PERS_APPLN 虽然提供了专利申请人和发明人的居住地信息，但部分数据存在缺失，尤其是中国专利局和日本专利局的数据缺失情况较为严重（缺失率均在 90% 以上）。为了解决这一问题，这里采用了两种方法补充居住地信息的缺失。

第一，借助同一申请人/发明人在欧美专利局的申请过程中使用的个人信息补全中日专利局相关的数据缺失。具体而言，在 PATSTAT 中，中国、日本专利局的专利申请中虽然没有居住地信息，但有专利申请人/发明人的名称信息，考虑到申请人和发明人会在不同的专利局申请专利，利用同一申请人/发明人在其他专利局登记的居住地信息能够补充一部分中国和日本专利局的申请人和发明人的国别信息。实际操作过程中，专利申请者在申请过程中填写的申请人名称不一定规范，如华为公司可能写成 HUAWEI TECHNOLOGIES CO.，

LTD，也可能写成 HUAWEI TECHNOLOGIES CO&LTD[①]，为了解决这一问题，借鉴马格曼等（Magerman et al.，2006）的方法，将申请人和发明人的姓名一致化（harmonization），避免申请人填写过程中的写法不一致或者常见拼写错误带来的误差。

第二，将已知国别信息的申请人/发明人名称拆解成单词，根据单词的国别属性识别申请人和发明人的居住地信息。具体而言，ningxia、beijing 这样的词汇只会出现在中国企业的命名过程中；kabushiki、kyoto 这样的词汇只会出现在日本企业的命名过程中。根据申请人/发明人名称和对应的国别能够得到一个巨大的信息库，在此基础之上，通过分析每个单词在国别间的分布，将 95% 的概率属于同一国别且出现频率超过 9 次的单词视为关键词，并利用这些关键词识别其他没有国别信息的申请人/发明人[②]。

由此，共识别了 PATSTAT 数据库中 85.6% 的申请人和发明人，确定了 85.4% 专利的国别信息，其中在中国专利局申请的发明专利数量达到 7769475 件，与国家专利局公布的数据（10234458 件，截至 2018 年）相比，涵盖了 75% 以上的发明专利。

在专利引用数据的基础上，计算了专利的通用性水平并加总至产业，通过图 3-32 可以看出，相较于其他国家，我国技术的通用性水平自 2004 年以来持续下降，尤其是在 2008 年以来落后于世界平均水平，且差距越来越明显，说明我国制造业研发所涉及的技术领域正逐渐由全球价值链的中游向全球价值链的下游移动，在专用性技术和特定生产领域的专业技术方面已经在全球化分工体系中占据了一席之地，但在通用性技术、突破性创新等上游领域进展较少。

具体到产业层面，整体来看，我国企业处于技术链条的下游，嵌入区位在近年来持续向技术使用移动。与其他国家的同产业比较，大多数产业都处于技术链条中下游，在这些产业中，我国企业所使用技术的通用性水平低于世界平均水平（见表 3-2），是技术的使用者，而非创造者。仅有金属制品，计算机、电子产品和光学产品，汽车、挂车和半挂车，其他运输设备等技术密集产业例外，但这些产业的嵌入区位呈现出明显的下游化趋势（见图 3-33）。通过参与国际分工，我国企业能够利用来自国外的通用型技术，实现渐进式创

---

① 中日专利局的专利申请为中文，在欧专局汇总的过程中被翻译为英文，但这一问题仍然存在。
② 若申请人/发明人的名称中出现属于不同国家的关键词，则视为不能识别。

新，开发应用性技术，并在引进、学习国外技术的过程中逐渐向技术链条下游移动。除了纺织品、服装和皮革制品，木材、木材制品及软木制品的制造（家具除外）、草编制品及编织材料物品，其他非金属矿物制品各项制造业外，其余产业都呈现出由技术链条上游向技术链条下游移动的趋势。

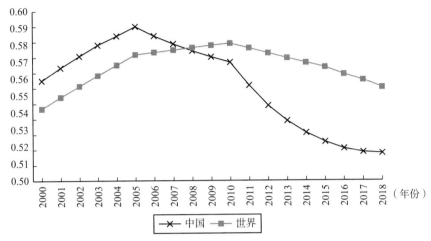

图 3 - 32　我国制造业整体的技术链条上游度

资料来源：PASTAT 数据库，经笔者计算并整理。

表 3 - 2 　　　　　　**我国制造业的技术链条上游度——细分产业**

id	ISIC rev4.0 产业代码	产业名称	上游度
1	C10 - C12	食品，饮料和烟草制品业	0.88
2	C13 - C15	纺织品，服装和皮革制品业	0.93
3	C16	木材、木材制品及软木制品的制造（家具除外）、草编制品及编织材料物品业	0.99
4	C17	纸和纸制品业	0.98
5	C18	记录媒介物的印刷及复制业	0.99
6	C19	焦炭和精炼石油产品业	1.00
7	C20	化学品及化学制品业	0.94
8	C21	基本医药产品和医药制剂业	0.96
9	C22	橡胶和塑料制品业	0.94

续表

id	ISIC rev4.0 产业代码	产业名称	上游度
10	C23	其他非金属矿物制品业	0.90
11	C24	基本金属业	0.96
12	C25	机械设备除外的金属制品业	1.01
13	C26	计算机、电子产品和光学产品业	1.01
14	C27	电力设备业	0.98
15	C28	未另分类的机械和设备业	0.99
16	C29	汽车、挂车和半挂车业	1.03
17	C30	其他运输设备业	1.01
18	C31－C32	家具制造，其他制造业	1.02

资料来源：PASTAT 数据库，经笔者计算并整理，上游度数据采用我国制造业细分产业与其他国家同产业通用性水平的比值。

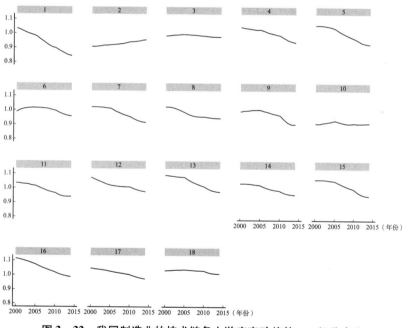

图 3 - 33　我国制造业的技术链条上游度变动趋势——细分产业

资料来源：PASTAT 数据库，经笔者计算并整理。

2. 五部门角色划分

在考虑技术维度和产品维度的情形下，全球价值链中的不同产业扮演着不同角色，有的产业处于技术链条和产品链条的上游，所使用的通用性技术，为其他产业提供技术支持和中间产品。广泛地影响着其他产业的技术创新过程，将这些产业称为"以技术提供为主的产业部门"（以下简称"技术提供部门"）（见图3－34）。从细分产业来看，记录媒介物的印刷及复制，化学品及化学制品制造，其他非金属矿物制品制造等产业中的企业都属于这一范畴（见图3－35），与大学、研究所等机构联系密切，通常有自己的实验室或专业研发机构，在基础研发领域涉猎更多，能够改变已有的技术范式，为相关技术领域提供未来发展的框架和空间，并通过技术咨询和授权、提供关键中间产品等方式为其他产业中的企业提供技术支持。在全球化的过程中，越来越多的上游高技术企业，尤其是通用性技术的拥有者，通过改变已有的商业模式，由提供产品转变为提供知识服务。企业通过技术授权等方式，能够克服地理距离等现实障碍，规避下游市场的竞争和经营风险，最大化自身技术优势带来的经济效益。

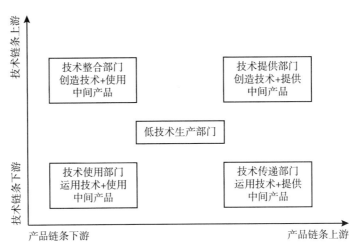

图3－34　基于技术维度和产品维度的五部门角色划分

资料来源：笔者绘制。

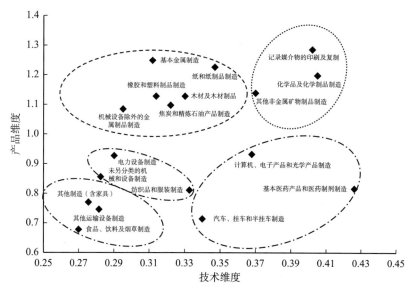

图 3 – 35　制造业细分产业在全球价值链中的部门属性

注：由于研究对象是我国制造业，这里仅考虑了制造业细分产业的情形。产业在产品维度的上游度取各国该产业的上游度（pos）的平均值，技术维度的上游度取世界范围内该产业中引用次数大于 0 的专利的平均通用性水平。

处于技术链条的下游和产品链条的下游的产业，将来自其他产业的中间产品和知识服务整合为符合消费者需求的产品或服务，相关企业在价值链条中的角色以技术使用为主，将这些产业称为"以技术使用为主的产业部门"（以下简称"技术使用部门"）（见图 3 – 34）。代表性产业包括食品、饮料和烟草制造，其他运输设备制造、其他制造（含家具）等（见图 3 – 35）。所使用的技术集中于特定产品领域，技术的通用性水平较低，并不能为其他技术领域中的研发活动提供助力。部门内的企业在基础研究和尖端技术方面的研发投入较少，与外部研究机构的联系不甚紧密，竞争优势主要体现在自身生产过程中积累的专业性知识和对消费市场的深入了解，通过对上游知识的再组合或再利用，将已有的技术范式、通用性技术延伸到特定需求领域，创造出适合自身生产领域的技术。

相较于技术提供部门和技术使用部门，还有一些产业处于技术链条和产品链条的中游，既没有上游的基础研究优势，也不像技术使用部门那样深入了解消费市场，相关企业的职能以简单装配、组装工作为主，技术储备较少，通过廉价的劳动力成本与其他企业进行竞争。将这些产业称为"以低技术生产为主的产业部门"，简称"低技术生产部门"（见图 3 – 34）。典型的产业如未另分类的机械和设备制造、电力设备制造、纺织品和服装制造等（见图 3 - 35）。

上述三部门的划分与"微笑曲线"中研发设计环节、装配生产环节和品牌营销环节的分类类似，技术链条上游企业同样也是产品链条上游企业。在产品链条中，上游企业提供的产品如高分子材料、化学制品等广泛地被应用于各种下游生产领域，相应的技术对下游创新的影响更加广泛。但这并不意味着技术链条上游企业等同于产品链条上游企业，一方面，随着国际上垂直专业化分工细化到研发、设计环节，企业可以在尚未掌握核心技术的情形下，依赖外部的知识支持进入产品链条的上游；另一方面，技术链条上游企业可以将上游产品或服务外包给下游企业，避免生产过程中的经营风险。

创新所需的市场环境与生产所需的市场环境存在矛盾，技术链条上游企业处于产品链条上游并非一个有效的结构安排。技术链条上游企业更多地接触到突破性创新，创新机会较多，小企业在创新过程中发挥的作用更显著，技术范式的改变会带来市场中大量的企业进入或退出。而产品链条上游则要求企业能够实现大规模生产，稳定高效地为下游提供中间产品。两种模式的冲突导致低效，将具体生产任务外包给技术链条下游的厂商能够提升全球价值链的整体生产效率。接收这些生产任务的企业是中间产品提供者，但位于技术链条下游，将来自技术链条上游的知识技术转化为中间产品，扩散到其他领域，在全球价值链中发挥着提升生产效率的功能。这些企业主要分布于的金属制品，焦炭和精炼石油产品，木材、木材制品及软木制品，橡胶和塑料制品等制造产业（见图 3 - 35）。将这些产业称为"以技术传递为主的产业部门"（以下简称"技术传递部门"）（见图 3 - 34）。

在上述四部门的分析中，技术提供部门创造新的技术范式，技术传递部门将技术转化为中间产品，技术使用部门将来自上游的产品和技术集成为最终的消费品，全球价值链表现为一个技术驱动的系统。但需求驱动在创新过程中同样重要。当市场需求变化时，除了具体的下游技术外，技术范式也需要做出相应调整。在上述四部门构成的全球价值链中，需求变化传递到技术提供部门的路径为："技术使用部门→技术传递部门→技术提供部门"。这带来了两方面的问题：一是环节多、传递效率较低，技术提供部门不能迅速地响应市场需求；二是处于产品上游的技术应用范围较广，受限于创新的系统复杂性，不可能对所有的需求变动进行响应。在全球价值链中还存在一些处于技术链条上游和产品链条下游的企业，这些企业的存在能够有效地解决上述问题。一方面，企业直接将上游技术运用于最终产品的制造过程中，基于需求整合创新资源，减少了需求到技术的传导环节，提升系统整体对需求变动的响应能力；另一方面，技术整合部门集中于制药、电子通信设备等高新技术领域，引导消费者的消费习惯，在特定领域获得成功后，推广至整个创新系统。相关产业的角色以技术整合为主，发挥着提升创新效率的功能。典型的产业如计算机、电子产品和光学产品，汽车、挂车和半挂车，基本医药产品和医药制剂等制造产业（见图 3-35）。将这些产业称为"以技术整合为主的产业部门"（以下简称"技术整合部门"）（见图 3-34）。

3. 不同部门的技术特征①

不同产业的技术维度和产品维度差异决定了它们在全球价值链中的位置及所属部门，通过分析区位接近的产业的技术特征能够反推不同部门的技术特征。这一部分借鉴卡斯特拉齐（2008）、彭纳德（Peneder，2010）的研究方法，利用欧盟提供的涵盖不同国家、不同产业的企业创新调查数据（community innovation survey，CIS），刻画不同部门在创新机会（opportunity）、创新独占性（appropropriability）、创新累积性（cumulativeness）等方面的整体表现。

不考虑低技术生产部门的技术特征，并以各国各产业在技术链条的平均上游度（G = 0.0877）和在产品链条的平均上游度（pos = 0.9603）为界，将不同产业分为四个部门。其中，技术提供部门对应 G > 0.0877 且 pos > 0.9603 的部分；技术整合部门对应 G > 0.0877 且 pos < 0.9603 的部分；技术传递部门对应 G < 0.0877 且 pos > 0.9603 的部分；技术使用部门对应 G < 0.0877 且 pos < 0.9603 的部分。

数据来自第九次企业创新调查，涵盖了 2012~2014 年 34 个欧盟国家的企业，由于不含有中国企业的数据，因此不能通过这一数据直接判断我国制造业的技术特征，而是利用这些数据确定全球价值链中不同部门的技术特征，然后根据我国制造业在全球价值链中的位置推断其技术特征。

创新机会（opportunity）。在创新机会较多的产业，企业更愿意把资源投入创新活动中。这里主要通过企业研发投入和企业研发产出两个方面来分析，针对研发投入，采用了（经常）进行内部研发的企业占比（in-house R&D activities）、研发投入占销售额的比例（R&D/tournover）等指标；针对研发产出，采用了创新性企业占比（innovative enterprises）、有专利授权行为的企业占比

---

① 本节部分内容已作为阶段性成果《技术通用性、全球价值链嵌入与国际知识流》发表在《南方经济》2020 年第 2 期。

（enterprises that licensed out or sold a patent, industrial design right, copyright or trademark to another enterprise, university or research institute）、申请专利或商标的企业占比（applied for a patent, a european utility model or that registered an industrial design right or a trademark）等指标。

通过表3-3可以看出，虽然同处于产品链条的上游，技术使用部门和技术整合部门的创新机会差别较大。类似地，技术传递部门和技术提供部门之间也有类似的差别。相较于技术使用部门和技术传递部门，处于技术链条上游的技术整合部门和技术提供部门的研发意愿、研发投入更强，取得了更多的创新成果。

表3-3 四部门创新机会比较

项目	技术使用部门	技术传递部门	技术整合部门	技术提供部门
进行内部研发的企业占比	0.470	0.436	0.709	0.667
经常进行内部研发的企业占比	0.248	0.227	0.439	0.385
研发投入占销售额的比例	0.455	0.470	0.664	0.614
创新型企业占比	0.021	0.015	0.059	0.035
有专利授权行为的企业占比	0.021	0.012	0.032	0.029
申请专利或商标的企业占比	0.198	0.118	0.320	0.222

资料来源：EuroStat 数据库的 Community Innovation Survey 数据。

在技术链条的下游，技术传递部门和技术使用部门均是运用已有技术的角色，但相较于技术传递部门，技术使用部门处于产品生产的下游，能够更多地接触到需求驱动的技术创新，并通过提升品牌价值、生产服务化等差异化竞争策略提升自身的创新产出，在相近的创新投入下，取得更多的创新产出。这样的区别仅仅体现在创新产出层面，不会使得技术使用部门将更多的资源投入创新领域，因为技术链条下游仅仅是对上游技术的再组合或再利用，创新机会受制于上游技术，故未在投入方面表现出明显的差异。在技术链条的上游，相较于技术提供部门，技术整合部门对消费市场的熟悉以及品牌、市场优势为其带来了更高的创新效率，也帮助它将更多的资源投入研发领域。

创新独占性（appropropriability）。创新的独占性反映了企业保护自身知识技术的手段和强度。较强的技术独占性意味着较弱的知识外部性（Levin et al.，1987）。为了分析创新的独占性手段，这里采用了著作权、产品复杂性、商标、领先者优势、发明专利、设计专利、实用新型专利、商业秘密等独占性手段对于企业创新的重要性程度以及企业使用相应独占性手段的比例。由于很多企业，尤其是生产性企业，未接触过特定的独占性手段，这里在计算独占性手段对于企业创新的重要性程度时，仅考虑采用过特定独占性手段的企业。例如，发明专利的重要性取决于进行发明专利申请企业中重视发明专利的企业的比例，用重视发明专利的企业占比（enterprises considering patent highly effective）除以进行发明专利申请的企业占比（enterprises that use patent as a method）能够得到发明专利对于创新者的重要程度。

通过表3-4可以看出，无论是著作权、商标、专利等知识产权方式，还是商业秘密、领先者优势、产品复杂性等产品策略，使用频率均呈现出"技术整合部门＞技术提供部门＞技术使用部门＞技术传递部门"的规律。企业实施独占性手段是为了保护其在市场中的技术机会，技术机会多的部门也对应了更多的独占性手段。但由于知识的外溢性，企业实施的独占性手段并不一定有经济效率，因此，企业间合作、交流较多的产业，不见得是独占性行为少的产业，企业对于独占性手段效果的主观评估更有说服力。

表3-4　　　　　　　　　　　四部门创新独占性手段比较

独占性手段	著作权		产品复杂性		商标		领先者优势	
	重要性程度	使用企业占比	重要性程度	使用企业占比	重要性程度	使用企业占比	重要性程度	使用企业占比
技术使用部门	0.271	0.212	0.284	0.559	**0.359**	0.450	0.433	0.591
技术传递部门	**0.394**	0.154	0.293	0.538	0.309	0.313	0.406	0.525
技术整合部门	0.186	0.409	0.392	0.748	0.330	0.510	**0.545**	0.763
技术提供部门	0.231	0.371	**0.393**	0.699	0.324	0.487	0.512	0.744

续表

独占性手段	发明专利		设计专利		商业秘密		实用新型专利	
	重要性程度	使用企业占比	重要性程度	使用企业占比	重要性程度	使用企业占比	重要性程度	使用企业占比
技术使用部门	0.337	0.312	**0.301**	0.301	0.281	0.405	**0.297**	0.230
技术传递部门	0.307	0.247	0.229	0.235	0.325	0.376	0.136	0.138
技术整合部门	0.344	0.604	0.178	0.376	0.300	0.746	0.202	0.576
技术提供部门	**0.417**	0.494	0.179	0.339	**0.352**	0.691	0.246	0.464

资料来源：EuroStat 数据库的 Community Innovation Survey 数据。第九次企业创新调查未提供上述题项，故用第八次企业创新调查（2010～2012 年）的数据代替。

对于接近消费端的技术使用部门而言，商标、设计专利、实用新型专利等手段对企业创新更为重要。在下游激烈的产品竞争环境下，为了满足消费者需求，技术使用部门将更多的精力放在新产品的研发上，借助于上游成熟的技术范式，创造出符合消费者需求的产品。企业所采用的技术并非前沿，通过发明专利、商业秘密等方式并不能让企业获得竞争优势；所处的技术领域也决定了创新本身并不复杂，即使处于市场领先区位，也很容易被其他企业模仿、赶超。在这些创新独占性手段之外，企业倾向于通过商标、设计专利、实用新型专利等手段保证自身产品权益不受侵害，创造攫取超额收益的窗口期。

与技术使用部门类似，技术传递部门也是在上游技术的基础上进行创新，提供广泛应用于各行各业的中间产品，并且由于接触不到下游需求，产品同质化现象更加严重，产品复杂度和领先者优势对于企业的发展意义不大。此外，产品的同质性还意味着企业难以通过品牌、商标的方式提升自身的附加值，独占性手段仅仅是针对使用软件、产品设计方案等著作权或设计专利的保护。

技术整合部门和技术提供部门的创新着眼于尖端技术突破，产品技术含量更高，企业也倾向于生产更加复杂的产品来占领市场，获得竞争优势。单纯依赖商标、设计专利等优势并不能提升企业的市场位置。

同样是创造新的技术，技术整合部门通过将不同的技术整合在一起，创造新的产品和需求，并在这一过程中，更新所使用的技术，市场中的领先位置能够加深消费者对企业品牌的认同；而技术提供部门则是专精于某一特定的尖端技术，借助这一技术生产使用过程中的壁垒构建自身的竞争优势，独家技术是这些企业的立命之本。因此，技术整合部门的领先者优势能够帮助企业持续地处于市场前列，技术提供部门则通过申请专利、保守商业秘密等方式保护自身的技术优势不被其他厂商模仿、学习。

综上所述，技术链条下游的技术传递部门和技术使用部门面临着更加同质化的市场竞争，更倾向于著作权、商标、外观专利等更加具体的独占性手段；而技术链条上游的技术整合部门和技术提供部门生产的产品技术门槛更高，无须通过制度性的独占性手段来避免竞争，商业秘密、领先者优势、产品复杂性等产品策略发挥着更重要的作用。整体来看，技术链条上游的技术独占性低于技术链条下游，创新具有更强的外部性。

创新累积性（cumulativeness）。创新的累积性意味着新的研究在已有技术、知识的基础上开展，创新表现为一个渐进式的过程。创新的累积性可以通过两种方式来刻画：第一种是创新方式，累积性创新意味着对已有技术、产品的修改、更新，而不是推出新的产品或技术；第二种是创新路径，累积性意味着企业创新过程中对自身掌握的技术借鉴更多，而不是与其他企业合作创新。这里采用了自主研发的企业占比和企业通过更新已有产品获得销售收入的占比。其中，自主研发的企业占比的计算方法为自主研发企业数量（enterprises that developed product and/or process innovation by itself）除以自主研发企业与合作研发企业（enterprises that developed product and/or process innovation with others）的数量之和；企业通过更新已有产品获得销售收入（turnover from unchanged or marginally modified products）占比的计算中，分母为已有产品（更新）销售收入和新产品销售收入（turnover from new or significantly improved products only new to the firm/new to market）之和。

相较于技术链条的上游，下游的技术使用部门和技术传递部门更依赖自主研发，自身所掌握的技术对于未来的研发至关重要，通过更新已有产品获得的收入更多，创新过程具有更显著的累积性特征和路径依赖特征。而技术整合部门和技术提供部门则更倚重外部创新网络完成创新，新产品销售收入所占比重高于技术链条下游的企业（见表 3 - 5）。

表 3 - 5　　　　　　　　　　四部门创新累积性比较

项目	自主研发的企业占比（生产型企业）	自主研发的企业占比（研发型企业）	新产品销售收入（企业/市场层面）	已有产品（更新）销售收入
技术使用部门	0.758	0.654	0.310	0.690
技术传递部门	0.720	0.650	0.234	0.766
技术整合部门	0.706	0.623	0.354	0.646
技术提供部门	0.602	0.606	0.311	0.689

资料来源：EuroStat 数据库的 Community Innovation Survey 数据。

表 3 - 6 表明，处于技术链条下游的技术使用部门和技术传递部门创新机会少，有着较高的创新独占性和累积性，符合熊彼特创新理论中的第二类技术特征（mark Ⅱ regime）。在这些产业，创新行为集中于龙头企业，市场结构僵化，进入退出企业较少，创新活动有着明显的层级化特征。处于技术链条上游的技术提供部门和技术整合部门创新机会多，有着较低的创新独占性和累积性，符合熊彼特创新理论中的第一类技术特征（mark Ⅰ regime）。这些产业中的创新行为分散，小企业也能参与其中，企业进入退出市场的行为较多，创新带来技术范式变革的同时，也为小企业提供更多的发展机会。不同的创新模式意味着不同的技术积累内容和不同的创新活动格局，从技术链条下游向上游的转型不仅需要企业内部研发决策的转型，还需要产业层面技术的更新换代和创新环境的改变。

表 3 - 6　　　　　　　　　　四部门技术特征比较

项目	技术使用部门	技术传递部门	技术整合部门	技术提供部门
创新机会	较少	少	多	较多
创新独占性	较高	高	较低	低
创新累积性	高	高	低	低

资料来源：笔者绘制。

3.2.3　基于技术维度和产品维度的全球价值链位置刻画[①]

考虑到技术维度和产品维度的差异，不同的部门在国际分工中发挥的作用不同，决定了它们在全球价值链中的不同位置。此时，全球价值链可以视为一个"创新—生产系统"，价值增值可以视为创新的应用过程，市场位置既表现为企业的价值攫取能力，也表现为企业的创新能力。这一部分在 PATSTAT 专利引用数据的基础上，利用专利被引用频率和增值能力在技术和产品两个维度上的分布，分析不同部门的市场位置。其中，专利被引用频率体现企业的创新能力，增值能力体现企业的价值攫取能力。

1. 全球价值链中的两条"微笑曲线"

在"微笑曲线"理论中，相较于中游装配、制造企业，产品链条中的上游和下游企业掌握关键技术或市场渠道，具有更高的系统重要性。这样的逻辑在技术使用部门、低技术生产部门、技术提供部门的三部门分析中同样成立。此外，技术整合部门提升创新效率，技术传递部门提升技术运用效率，两者的系统重要性也高于低技术生产部门，具有更高的位置。综合来看，在技术维度和产品维度构成的二维平面中，低技术生产部门的企业的市场位置最低，无论从"技术使用部门→低技术生产部门→技术提供部门"的路径（路径1）来看，还是从"技术传递部门→低技术生产部门→技术整合部门"的路径（路径2）来看，企业市场位置在全球价值链中的分布都呈现出"微笑曲线"的特征（见图 3 - 36）。

为了区分上述两条路径，将产品链条上游度作为自变量对技术链条上游度进行回归 [见式（3 - 5）]，将技术链条上游度分解为随产品链条上游度变化的部分 y 和未解释部分 e，前者对应路径1，后者对应路径2（见图 3 - 36），并分析 y 和 e 对产业位置的影响。

$$G_{itg,jth} = \alpha_0 + \alpha_1 \times pos_{itg,jth} + \alpha_2 \times dummy_{nace} + e_{itg,jth} \qquad (3-5)$$

其中，$G_{itg,jth}$ 代表技术链条上游度，$pos_{itg,jth}$ 代表产品链条上游度。$dummy_{nace}$ 为虚拟变量，代表按产业划分的局部市场。

---

① 本小节部分内容已作为阶段性成果《技术通用性、全球创新链嵌入与国际知识流》发表在《南方经济》2020 年第 2 期。

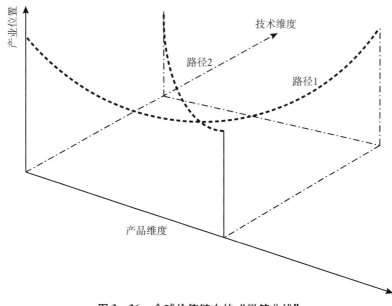

图 3 - 36   全球价值链中的"微笑曲线"

资料来源：笔者绘制。

　　两条路径划分成立的前提在于技术链条上游度与产品链条上游度呈正相关关系。比较技术链条上游度与产品链条上游度可以发现（见图 3 - 37），两者具有一致性，全球价值链中创造技术范式的企业更容易成为中间产品的提供者，但通过比较图 3 - 37 中拟合曲线斜率的差异可以看出，这种一致性在近年来逐渐弱化。随着信息技术发展，技术传播、应用的范围和方式有了极大的革新，借助外部知识实现产品生产和技术革新的模式越来越普遍，技术传递部门和技术整合部门在全球价值链的作用日益凸显。

　　这里的研究对象是"创新—生产系统"，这一系统以技术的创造和应用为产出，创新是技术的创造过程，生产可以视为技术的应用过程。从创新能力的角度来看，企业在全球价值链中的位置表现为对其他国家、产业的知识流出，具体计算指标为专利引用频率。从增值系统的角度来看，企业在全球价值链中的位置表现为其价值攫取能力，具体计算指标为增值能力。

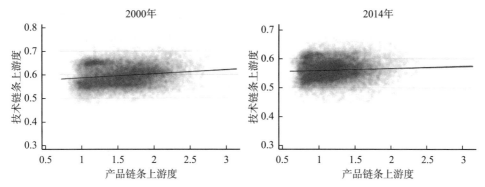

图 3 - 37　技术链条上游度与产品链条上游度的相关性（2005 年和 2014 年）

资料来源：产品链条上游度和技术链条上游度分别采用对外经贸价值链数据库和 PATSTAT 中的数据，经整理后得到。

知识流强度可以通过专利间的相互引用频率刻画。参考胡和杰夫（Hu and Jaffe，2001）的相关研究，对地区间或产业间的知识流，利用专利引用的频率予以刻画，具体测度公式如下：

$$c_{t,ig,jh} = \frac{C_{t,ig,jh}}{NN_{t,ig,jh}} = \frac{C_{t,ig,jh}}{N_{t,ig} \sum_{\theta \in (0,t)} N_{\theta,jh}} \qquad (3-6)$$

其中，$c_{t,ig,jh}$ 为 t 期 i 国 g 产业的专利对 j 国 h 产业专利引用的数量，代表局部市场中，全球价值链中其他部门（技术提供部门、技术整合部门等）对最终产品需求方（i 国 g 产业）的知识输出；$NN_{t,ig,jh}$ 代表所有可能发生的引用数量。

但是，引用并不等同于知识流，单纯的产业集聚也能导致引用发生。在 IPC 分类的基础之上，借鉴汤普森和福克斯 - 肯（Thompson and Fox - Kean，2005）、费舍尔等（Fischer et al.，2009）、格里菲思等（Griffith et al.，2011）关于设置对照组的思想，将地区间专利引用的频率改写为[①]：

$$c_{t,ig,jh} = \frac{C_{t,ig,jh}}{NN_{t,ig,jh}} = \frac{C_{t,ig,jh}}{\sum_k (N_{t,igk} \sum_{\theta \in (0,t)} N_{\theta,jhk})} \qquad (3-7)$$

其中，$N_{t,igk}$ 表示 i 国 g 产业 t 期隶属于 k 分类申请专利的数量；$\sum_{\theta \in (0,t)} N_{\theta,jhk}$ 表示 j 国 h 产业 t 期隶属于 k 分类累计申请专利的数量，而两者的乘积代表在 t 期 k 分类中 i 国 g 产业对 j 国 h 产业的引用基数。将所有 IPC 分类加总后，得

---

① 在汇总计算过程中，为了和引用基数保持一致，仅考虑专利间同一分类内的专利引用。

到相同 IPC 分类中，t 期 i 国 g 产业对 j 国 h 产业引用基数。考虑到在 IPC 分类体系中，一个专利通常对应多个 IPC 分类，因此在计算引用基数时，将对应多个 IPC 分类的专利被视为多个单独的专利，并利用 PATSTAT 提供的专利隶属于每个产业的权重，仅取权重最大的产业作为专利对应的产业。在具体回归过程中，为了避免极值点的影响，对 $c_{t,ig,jh}$ 取对数。

知识流强度受到技术相近性、引用间隔等多种因素的影响。卡巴莱罗和杰夫（Caballero and Jaffe，1993）构建了一个非线性双指数知识流模型用于刻画不同主体间的知识流动格局，如下所示：

$$p_{igt,jhs} = \alpha(i,j,g,h) \times (1 + \gamma \times prox_{igt,jhs}) \times f(L) \qquad (3-8)$$

其中，$p_{igt,jhs}$ 代表 t 期 i 国 g 产业与 s 期 j 国 h 产业间的知识流强度，$prox_{igt,jhs}$ 代表技术相近性，$\alpha(i,j,g,h)$ 代表特定的国家、产业组合，L 代表引用间隔。考虑 t 期 i 国 g 产业对 j 国 h 产业所有专利的引用，式（3-8）可以转化为式（3-9）。

$$p_{t,ig,jh} = \alpha(i,j,g,h) \times (1 + \gamma \times prox_{t,ig,jh}) \times \sum_L f(L) \qquad (3-9)$$

在此基础上，国内外学者进一步将距离、文化、制度等因素加入模型，考察这些因素对于国际上知识流的影响。如式（3-10）所示：

$$p_{t,ig,jh} = \alpha(D_{ij}, lan_{ij}, \cdots) \times (1 + \gamma \times prox_{t,ig,jh}) \times \sum_L f(L) \qquad (3-10)$$

其中，D_{ij} 代表地理距离，lan_{ij} 代表语言因素。

由于现实中实际发生引用的样本数量远远少于潜在的产业间引用关系，使得产业间的引用频率存在大量 0 的值，会产生样本选择偏差问题。为处理样本选择偏差问题，采用赫克曼（Heckman）两阶段分析法，一阶段研究是否发生知识流动，二阶段则在式（3-10）的基础上研究影响知识流强度的各种因素[1]。利用二值 Probit 模型来分析是否发生知识流动，回归方程如下：

$$\begin{aligned} Probit(YN_{t,ig,jh}) = {} & \alpha_0 + \alpha_1 N_{t,ig} + \alpha_2 \sum_{\theta \in (0,t)} N_{\theta,jh} + \alpha_3 D_{ij} + \alpha_4 lan_{ij} + \alpha_5 T_{t,ig,jh} \\ & + \alpha_6 \Delta G_{t,ig,jh} + \alpha_7 y_{t,ig,jh} + \alpha_8 y_{t,ig,jh}^2 + \alpha_9 e_{t,ig,jh} + \alpha_{10} tra_{t,ig,jh} \end{aligned}$$

$$(3-11)$$

其中，$Probit(YN_{t,ig,jh})$ 代表 t 期 i 国 g 产业与 j 国 h 产业是否发生专利引用概率，$N_{t,ig}$ 和 $\sum_{\theta \in (0,t)} N_{\theta,jh}$ 分别代表 t 期相同技术领域内，知识流出方和知识流入

---

[1] 不考虑引用间隔的影响，仅计算 T 时期产业间的全部引用，$\sum_L f(L)$ 可以视为常数。

方属于同一技术领域的专利数量，表示产业间的技术相似性程度。二者的增加会提升产业间专利引用的次数和基数。从整体看，两者对引用频率的影响是不确定的，但会直接影响专利引用的发生与否。D_{ij} 表示地理距离；lan_{ij} 是虚拟变量，即两国语言相同则取 1，不同则取 0；$T_{t,ig,jh}$ 为双方的技术差距；$y_{t,ig,jh}$ 代表路径 1 中的上游度，针对可能存在的 "U" 型关系，这里还加入了 $y_{t,ig,jh}$ 的平方项；$e_{t,ig,jh}$ 代表对路径 1 的偏离程度；$tra_{t,ig,jh}$ 代表双方之间的贸易强度。

在此基础之上，计算逆米尔斯比率，并将逆米尔斯比率 $\lambda_{t,ig,jh}$ 代入第二阶段的回归过程中的式（3-11），分析 $y_{ig,jh,t}$ 和 $e_{ig,jh,t}$ 对知识流强度的影响。

$$Probit(YN_{t,ig,jh}) = \alpha_0 + \alpha_1 N_{t,ig} + \alpha_2 \sum_{\theta \in (0,t)} N_{\theta,jh} + \alpha_3 D_{ij} + \alpha_4 lan_{ij} + \alpha_5 T_{t,ig,jh}$$
$$+ \alpha_6 \Delta G_{t,ig,jh} + \alpha_7 y_{t,ig,jh} + \alpha_8 y_{t,ig,jh}^2 + \alpha_9 e_{t,ig,jh} + \alpha_{10} tra_{t,ig,jh}$$
$$+ \alpha_{11} \lambda_{t,ig,jh} \tag{3-12}$$

在二阶段回归中，采用的增值能力为进口国最终产品中出口国增值所占的比重，即前向产业关联，但这一指标本身可能受到产业规模、国家体量的影响，并不等于出口国的增值能力，因此，这里选取两国间的后向产业关联作为参照，通过前后向产业关联的比值体现出口国在进口国市场中的增值能力。

考虑到贸易关系不存在大量 0 值的问题，这里不再使用一阶段模型处理样本选择偏差，直接采用二阶段模型分析区位对 GVC_C_{ij} 的影响即可。由于语言、距离等因素对前后产业关联的影响是对称的，这里不再考虑这些变量，新的回归模型如下：

$$GVC\_C_{ig,jh,t} = \alpha_0 + \alpha_1 \times y_{ig,jh,t} + \alpha_2 \times y_{ig,jh,t}^2 + \alpha_3 \times e_{ig,jh,t} + \alpha_4 \times control_{ij} \tag{3-13}$$

$$GVC\_C_{ij} = \frac{GVC\_Par\_f_{ij}}{GVC\_Par\_b_{ij}} \tag{3-14}$$

其中，GVC_C_{ij} 代表 i 产业对 j 产业的增值能力，$GVC\_Par\_f_{ij}$ 代表 j 产业最终产品中 i 产业价值增值占比，$GVC\_Par\_b_{ij}$ 代表 i 产业最终产品中 j 产业价值增值占比，两者相比能够体现 i 产业在 $i \sim j$ 产业间的贸易关系中的位置，比值越高，说明 i 产业的主导位置越强；比值越低，说明 j 产业的主导位置越强。

2. 全球价值链位置在两条"微笑曲线"中的分布

第一，基于知识流强度的全球价值链位置分布。

通过表 3-7 可以看出，在二阶段回归过程中逆米尔斯比率显著为正，表示样本确实存在选择偏差。不论是 2014 年还是 2001 年，在路径 1 中，产业间的知识引用频率呈现先下降后上升的 "U" 型关系, 说明技术使用部门和技术提供部门在全球价值链中的位置都要高于低技术生产部门。进一步分析其他年份的情况, 发现这一维度的 "微笑曲线" 是稳定而可信的 (见表 3 - 8)。

表 3 - 7 基于知识流强度的回归结果

项目	回归 1	回归 2	回归 3	回归 4
语言因素	0. 320 ***	0. 405 ***	0. 377 ***	0. 389 ***
技术差距	- 1. 335 ***	- 0. 493 ***	- 0. 529 ***	- 0. 468 ***
地理距离	2. 65e - 05 ***	4. 00e - 05 ***	3. 80e - 05 ***	4. 17e - 05 ***
文化相近性	0. 177 ***	0. 113 **	0. 105 **	0. 098 **
贸易强度	44. 841 ***	42. 664 ***	20. 500 ***	69. 688 ***
e	4. 886 ***	- 0. 207	13. 040 ***	0. 146
y	- 288. 984 ***	- 227. 297 ***	- 279. 294 ***	- 210. 220 ***
y^2	235. 635 ***	201. 475 ***	254. 191 ***	183. 775 ***
其他控制变量	国家、产业	国家、产业	国家、产业	国家、产业
常数项	81. 742 ***	57. 146 ***	68. 454 ***	59. 953 ***
年份	2000	2014	2014	2014
逆米尔斯比率	0. 767 ***	0. 665 ***	0. 493 ***	0. 677 ***
R	0. 5291	0. 6121	0. 5935	0. 6319
样本量	18899	19569	7586	11983
组数	288346	283560	—	—

注: *** 代表 1% 的显著水平, ** 代表 5% 的显著水平, * 代表 10% 的显著水平。
资料来源: 笔者计算并整理。

表 3 - 8 不同年份基于知识流强度的 "微笑曲线" 的验证情况

年份	y	y^2	e	
			残差值为正的样本 (技术整合部门)	残差值为负的样本 (技术传递部门)
2000	- 288. 984 ***	235. 635 ***	11. 209 ***	5. 197 ***
2001	- 328. 967 ***	262. 107 ***	15. 406 ***	2. 547 ***
2002	- 309. 420 ***	247. 604 ***	12. 501 ***	2. 404 ***
2003	- 390. 746 ***	310. 410 ***	15. 854 ***	0. 813

续表

年份	y	y^2	e 残差值为正的样本（技术整合部门）	e 残差值为负的样本（技术传递部门）
2004	− 388. 530 ***	308. 394 ***	16. 531 ***	0. 692
2005	− 235. 249 ***	185. 438 ***	17. 505 ***	1. 147 *
2006	− 267. 962 ***	220. 844 ***	15. 270 ***	0. 138
2007	− 248. 099 ***	205. 331 ***	16. 283 ***	0. 431
2008	− 227. 497 ***	187. 527 ***	15. 383 ***	0. 292
2009	− 173. 142 ***	141. 799 ***	16. 228 ***	− 1. 243 *
2010	− 191. 849 ***	158. 158 ***	15. 364 ***	1. 257 **
2011	− 152. 815 ***	132. 334 ***	6. 882 ***	1. 380 **
2012	− 166. 755 ***	145. 688 ***	9. 696 ***	− 0. 137
2013	− 208. 331 ***	183. 077 ***	7. 932 ***	− 0. 680
2014	− 227. 297 ***	201. 475 ***	13. 040 ***	0. 146

注：*** 代表 1% 的显著水平，** 代表 5% 的显著水平，* 代表 10% 的显著水平。
资料来源：笔者计算并整理。

　　分析路径 2 对引用频率的影响可以发现，在 2000 年，技术整合部门和技术传递部门的位置明显高于低技术生产部门，但在 2014 年，这一维度的"微笑曲线"不复存在。进一步单独分析技术整合部门和技术传递部门的情况，取式（3 - 5）回归中残差项为负的样本进行回归，相较于路径 1 中的样本，这些产业在技术链条中的上游度更低，是技术传递部门，通过表 3 - 8 可以看出，这些产业仅在 2000 年、2001 年、2002 年、2010 年、2011 年等少数年份呈现出市场位置高于低技术生产部门的趋势，在其他年份并未体现出与低技术生产部门的明显差异。技术传递部门的技术特征决定了其创新机会少于技术提供部门，在新的技术范式被技术链条上游创造以后，技术传递部门并不能快速地将其应用于生产过程中，而是当新的技术范式完全体现出其经济价值时才选择跟进，此时，技术传递部门的创新才会发挥其作用。

　　相比之下，技术整合部门的位置显著高于低技术生产部门，为关联企业持续地提供着技术支持。

针对这一结果的稳健性，这里用两种方式进行检验：第一种是替换主要自变量，用基于全球价值链活动口径计算的生产长度替换基于全部贸易活动口径计算的产品链条上游度，用技术引用的广泛性替代技术被引用的广泛性作为通用性水平的测度，基本结论并未发生变化；第二种是改变计量方法，将公式（3–5）中的 $G_{itg,jth}$ 和 $pos_{itg,jth}$ 调换，$pos_{itg,jth}$ 作为因变量，$G_{itg,jth}$ 作为自变量，在此基础之上计算 y 和 e，结论也未发生变化。

相较于低技术生产部门，技术提供部门、技术整合部门、技术使用部门都表现出更高的位置，受制于技术传递部门创新机会少、技术扩散速度慢的情况，技术传递部门的技术更新相对滞后，仅在部分年份显示出对低技术生产部门的技术优势。

第二，基于增值能力的全球价值链位置分布。

与知识流强度相比，增值能力在全球价值链中的分布也呈现出类似的格局（见表3–9）。在路径1中，增值能力的分布呈现出明显的"U"型，在2000～2014年的任意年份，这一结果都成立。在路径2中，"U"型曲线不再显著，进一步拆分样本可以发现，技术传递部门的增值能力只有在部分年份高于低技术生产部门（见表3–10）。

表3–9　　　　　　　　　　　基于增值能力的回归结果

项目	回归1	回归2	回归3	回归4
e	1.204***	1.675***	4.380***	0.136
y	−735.358***	−743.541***	−678.319***	−809.054***
y^2	595.316***	638.860***	582.329***	696.352***
其他控制				
常数项	231.213***	221.295***	192.549***	235.839***
年份	2000	2014	2014	2014
R	0.8168	0.7691	0.7523	0.7920
样本量	288346	283560	144500	139060

注：***代表1%的显著水平，**代表5%的显著水平，*代表10%的显著水平。
资料来源：笔者计算并整理。

表 3 - 10　　　　　不同年份基于增值能力的"微笑曲线"的验证情况

年份	y	y²	e	
			残差值为正的样本（技术整合部门）	残差值为负的样本（技术传递部门）
2000	- 735. 358 ***	595. 316 ***	1. 203 ***	2. 011 ***
2001	- 702. 898 ***	555. 835 ***	2. 026 ***	0. 248 **
2002	- 769. 192 ***	609. 647 ***	2. 205 ***	- 0. 179
2003	- 784. 21 ***	616. 161 ***	0. 960 ***	- 0. 232 *
2004	- 820. 098 ***	642. 829 ***	2. 409 ***	- 0. 342 ***
2005	- 827. 915 ***	646. 782 ***	1. 863 ***	0. 428 ***
2006	- 759. 556 ***	620. 654 ***	3. 056 ***	0. 744 ***
2007	- 768. 727 ***	627. 535 ***	4. 094 ***	0. 966 ***
2008	- 787. 526 ***	643. 123 ***	3. 013 ***	- 0. 628 ***
2009	- 727. 245 ***	592. 428 ***	3. 784 ***	0. 763 ***
2010	- 757. 002 ***	617. 955 ***	2. 127 ***	1. 621 ***
2011	- 752. 012 ***	644. 811 ***	5. 451 ***	1. 347 ***
2012	- 727. 330 ***	623. 257 ***	4. 425 ***	1. 556 ***
2013	- 710. 482 ***	611. 840 ***	3. 758 ***	0. 047
2014	- 743. 541 ***	638. 860 ***	4. 380 ***	0. 136

注：*** 代表 1% 的显著水平，** 代表 5% 的显著水平，* 代表 10% 的显著水平。
资料来源：笔者计算并整理。

3.2.4　我国制造业全球价值链整体位置分析

21 世纪以来，随着全球价值链参与程度的提升，我国制造业企业在国际分工中市场位置的攀升主要体现在通过参与全球价值链特定生产环节逐渐积累生产中所需的技术。我国企业的全球价值链位置攀升伴随着我国制造业在全球分工体系中的角色单一化，是在充分利用全球分工体系的基础上发挥自身效率优势的结果，而不是逐渐向全球分工体系的核心进发，扮演更重要的角色。角色单一化的问题制约了我国企业未来的技术进步路径和发展空间。在全球价值链低端环节的成功不等于我国制造业的成功，只有在夯实低端环节优势的基础上，不断向全球价值链中高端环节迈进，才能真正提升我国制造业在国际分工中的核心竞争力。

1. 全球价值链整体位置比较

这里从显性比较优势、出口国内增加值率、专利数量和专利质量等多个方面分析我国制造业整体的全球价值链位置。根据显性比较优势和出口国内增加值率，我国制造业的全球价值链位置在近年来呈现出波动上升的趋势，且存在明显的产业间差异。部分技术密集型产业和部分资本密集型产业的全球价值链位置虽有上升趋势，但距离国际先进水平仍有差距，而劳动密集型产业全球价值链位置改善并不明显。从专利数量和专利质量的角度来看，我国制造业的全球价值链位置有了明显提升，并不存在明显的产业间差异。整体来看，我国制造业随着我国经济的发展不断向全球价值链中高端攀升。从细分产业来看，我国制造业技术创新能力的提升与价值攫取能力的提升并未呈现出协调发展的格局，这一现象的成因将在本章 3.3 节部分做进一步探讨。

显性比较优势指数（index of revealed comparative advantage，RCA）为基于产业部门前向联系计算的 r 国总出口中隐含的 i 产业增加值占 r 国出口中总国内增加值的比例，相对于所有国家（地区）出口中的 i 产业所创造的增加值占全球总出口国内增加值比例的比值：$RCA_i^r = \dfrac{dva\_f_i^r / \sum\limits_{i}^{n} dva\_f_i^r}{\sum\limits_{r}^{G} dva\_f_i^r / \sum\limits_{r}^{G} \sum\limits_{i}^{n} dva\_f_i^r}$。当显性比较优势指数大于 1 时表示 r 国 i 产业的出口具有显性比较优势，且该指标的值越大表明 r 国 i 产业与国际同类产业相比出口竞争优势越大；反之，当显性比较优势指数小于 1 时，表示 r 国 i 产业的出口具有显性的比较劣势。从显性比较优势出发，图 3 - 38 显示我国制造业整体的显性比较优势在 2000 ~ 2012 年呈波动上升的趋势，但于 2012 年以后有小幅度下降，年均增长率为 0.31%。其中，劳动密集型产业的显性比较优势一直居于高位，虽然从 2012 年开始出现波动下降，但总体上我国在这类产业仍然有着较强的出口竞争优势，通过劳动密集型制造业参与国际合作与竞争，依然是我国制造业的主要部分。在资本密集型产业领域，纸和纸制品业、其他非金属矿物制品制造、机械设备除外的金属制品制造等细分产业的显性比较优势呈现稳步上升的趋势，其他细分产业总体表现平稳。在技术密集型产业领域，我国的显性比较优势并不高，但呈稳步上升趋势。尽管我国在许多技术密集型产品生产上已经具备庞大的生产能力，甚至很多最终产品生产技术已经达到国际先进水平，而实际上许多高端技术和关键零部件等仍依赖进口，中高技术产品所卖非所得的现象尤为显著。

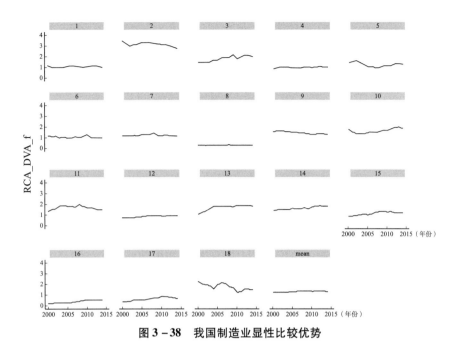

图 3 – 38　我国制造业显性比较优势

资料来源：笔者根据对外经济贸易大学全球价值链研究院 UIBE_GVC Index 数据库相关数据整理。

出口国内增加值率表征着一国产业在全球价值链中的增值能力，以一国产业国内增加值占总出口的比例作为代理指标。其中，国内增加值（DVA_G）包括被国外吸收的国内增加值（VAX_G）和返回并被本国吸收的国内增加值（RDV）。基于此，计算两种出口国内增加值率：$VAX\_ratio = VAX\_G/E$ 与 $DVA\_ratio = DVA\_G/E$，该指标值越高表明一国产业在全球价值链中的增值能力越高。从出口国内增加值率的角度看，如图 3 – 39 所示，我国制造业整体出口国内增加值率在 0.76 ~ 0.86 区间内呈"W"型演变趋势，从 2001 年起呈断崖式下降趋势并于 2007 年到达最低点，而后迅速上升并于 2009 年达到峰值，随后呈下降趋势，直到 2011 年再次回升并持续增长。在 2008 年前后，受到次贷危机的影响，国际贸易短期内出现波动，我国制造业企业的出口国内增加值率随着次贷危机的发生骤增，并随着次贷危机的结束骤降。排除掉次贷危机的影响，我国制造业的出口国内增加值率呈"U"型波动趋势，在嵌入全球价值链的初期依赖国外高技术中间品实现粗放式增长，并在后期逐渐实现国产化替代，降低对国外高技术中间品的依赖。其中，劳动密集型产业的出口增加值率相对较高且呈波动提升态势。相比之下，在部分资本密集型产业（如焦炭和精炼石油产品制造）和部分技术密集型产业（如计算机、电子产品和光学产品制造），我国企业所获取的国内增加值总额虽然相对较高，但其出口国内增加值率却相对较低，值得庆幸的是近年来呈波动上升的态势。由此可以看出，我国制造业虽然出口大量中高技术产品，但其主要以加工贸易方式嵌入在低附加值环节，反而在低技术产品出口中加工贸易占比较低进而获得相对较高的增加值能力，最终导致产业技术水平与增值能力的错配。

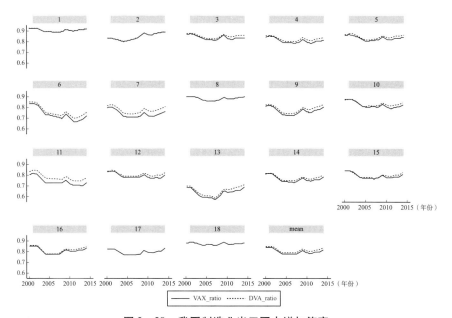

图 3 - 39　我国制造业出口国内增加值率

资料来源：笔者根据对外经济贸易大学全球价值链研究院 UIBE_GVC Index 数据库相关数据整理。

从技术层面来看，我国制造业的专利申请数量在 2000 年以来飞速增长（见图 3 - 40），在纺织品，木材、木材制品及软木制品的制造（家具除外），电力设备制造等细分产业领域，我国专利申请呈现爆发式增长的态势，在全球专利申请中的占比已经超过 40%。全球价值链参与为我国企业创造了获取技术的契机与动力，作为技术创新能力的一种重要表现，专利申请数量的增长为我国制造业全球价值链位置的提升创造了条件。但在计算机、电子产品和光学产品制造，汽车、挂车和半挂车制造，基本医药产品和医药制剂制造等产业，我国企业的专利申请数量增长幅度有限，技术积累距离世界先进水平仍有差距。这些产业虽然具有技术密集的特征，但我国企业的全球价值链参与仍集中于装配、组装等低技术环节，这些环节技术含量低，所使用的知识、技术大多未能具备申请专利的条件，因此这些产业的专利申请数量增长有限。

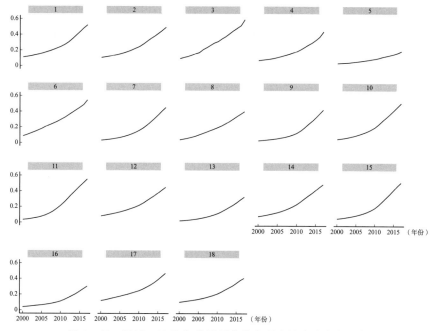

图 3 - 40　2000 ~ 2018 年我国制造业专利申请占比变化趋势

资料来源：PATSTAT 数据库，经笔者整理得到。曲线代表我国制造业细分产业专利申请数量占全球专利申请数量的比值。

当然，专利数量不能等同于技术能力，不同专利间的质量差距也是技术能力差距的重要表现形式。通过专利被引量（平均）、通用性水平和原创性水平可以发现，我国制造业的专利质量整体呈现上升趋势，但在 2010 年后呈现停滞甚至下降的趋势（见图 3 - 41）。这一结果有两种原因：一是我国企业逐渐提升所在环节的竞争优势；二是我国企业处于全球价值链低端环节的不利局面并未改善。在 2010 年以前，专利质量的上升主要依赖于所在环节的技术优势，在这一时期，我国企业积极嵌入全球化生产，并在相关领域将自身的成本优势转化为内生比较优势；2010 年之后，在外部需求持续低迷、内需市场持续扩张①的形势下，企业逐渐将生产重心向国内市场转移，由加工贸易向品牌商的转变，并采用技术授权、转让或技术咨询等方式向运用技术的下游创新者转型。专利质量的下降说明这样的发展方式存在瓶颈，并且存在路径依赖的问题。相较于技术研发，企业更倾向于应用现有成熟设计，对外部技术的依赖阻

---

① 2020 年 12 月召开的中央经济工作会议首次把扩大内需作为"战略基点"，保障和改善民生扩大内需市场，调整经济结构，拉动经济增长。

碍了我国制造业向全球价值链中高端攀升的过程。虽然我国企业在所处生产环节中逐渐走到了领先位置，但技术创新能力相较于同一价值链条中的其他环节仍有差距。

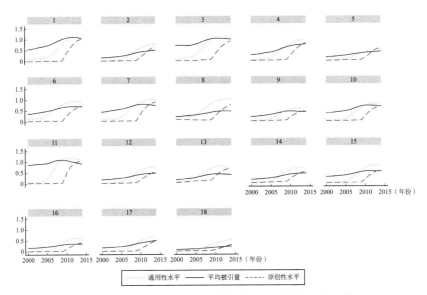

图3-41 2000~2018年我国制造业技术质量变化趋势

资料来源：PATSTAT数据库，经笔者整理得到。曲线分别代表我国制造业细分产业专利的平均被引量、通用性水平和原创性水平。

2. 我国制造业在全球价值链中的角色演进

廉价的劳动力和巨大的内需市场是我国制造业在国际竞争中的优势所在。借助廉价劳动力，我国制造业迅速嵌入装配、简单生产等全球价值链中的低技术生产部门；内需市场的扩张助力企业将生产重心向国内市场转移，同时在全球范围内搜寻生产所需的关键技术，成为全球价值链中的技术使用部门。在嵌入全球价值链的过程中，我国制造业逐渐放弃了自身在技术链条上游的角色，借鉴国外通用性技术和突破性创新，将研发投入集中于技术链条下游的应用型技术领域。通过技术维度和产品维度的分析，能够看出我国制造业在全球价值链中的角色演进趋势。相较于产品维度的变化，我国企业在技术维度的变化更加明显，通用性技术水平的下降意味着企业把更多的精力投入专业化的生产领域，相较于前期研发成本较高的通用性技术研发，我国企业倾向于通过技术授权、咨询等方式利用国外已有的知识资源，创造出适合自身生产领域的专业性技术，将已有的技术范式应用到特定需求领域或中间产品生产领域。2000～2014 年，我国制造业逐渐向技术链条下游移动，部分产业由技术整合部门和技术提供部门转向低技术生产部门、技术传递部门和技术使用部门（见图 3－42）。技术整合部门和技术提供部门的位置高于低技术生产部门、技术传递部门，能够更快地提升企业在创新系统中的位置和价值攫取能力，但前者的技术门槛远高于后者。考虑到低技术生产部门和技术传递部门在全球价值链中的边缘角色，我国制造业的全球价值链位置不升反降，生产资源和创新资源越发集中于自身优势所在的低端环节。当前我国企业积累的技术创新能力还不足以支撑其向技术链条上游的技术整合部门和技术提供部门转型。

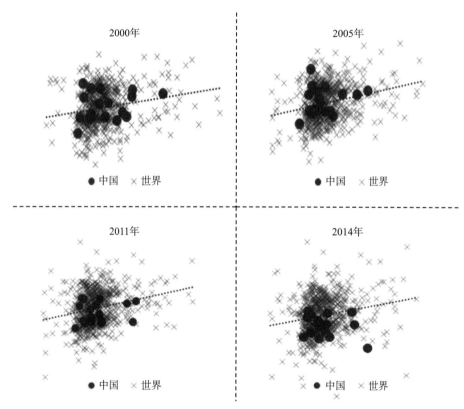

图 3－42　2000～2014 年我国制造业细分产业在全球价值链中的角色变化

　　资料来源：PATSTAT 数据库，经笔者整理得到。图中横轴为产品链条上游度，纵轴为技术链条上游度，原点代表产品链条/技术链条的下游。

从细分产业的角度来看，我国劳动密集型产业中纺织品，服装和皮革制品的制造，木材、木材制品及软木制品的制造的企业向技术链条上游移动，并在产品链条表现出类似的趋势，逐渐向全球价值链中的技术提供的角色转型。相比之下，在绝大多数技术密集型产业和资本密集型产业中，企业在技术维度和产品维度的变动趋势均出现了不同程度的背离。这些企业逐渐向技术链条下游移动，但所提供的产品仍以中间产品为主，尤其是在食品、饮料和烟草制品的制造，记录媒介物的印刷及复制，电力设备制造等细分产业，我国企业呈现出向技术传递部门转型的角色演变趋势。相比之下，在基本金属制造，机械设备除外的金属制品制造，汽车、挂车和半挂车制造，其他运输设备制造，家具制造、其他制造业五个产业，企业在技术维度和产品维度的变动趋势类似，均呈现下游化趋势，更多的企业借助于国内需求的扩张向技术使用部门转型（见图 3 - 43）。

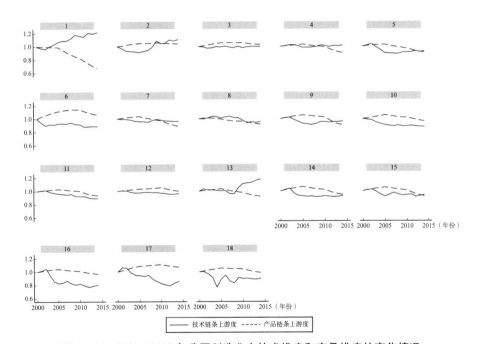

图 3 - 43 2000 ~ 2018 年我国制造业在技术维度和产品维度的变化情况

资料来源：PATSTAT 数据库，经笔者整理得到。曲线分别代表我国制造业细分产业的技术链条上游度和产品链条上游度，其中数据以 2001 年的数值为基准进行调整。

全球价值链中每个部门都是重要的，部门间的技术联系对于区域内的产业发展至关重要，因此，相较于传统价值链研究中的"升级"，这里的创新升级不是简单的一个由低效企业转变为高效企业的过程，而是在已有的技术基础上，系统不断扩展自身的技术边界，通过自主研发或者引进国外知识资源的形式，丰富区域内的创新参与者类型和创新模式的过程。我国制造业集中于技术链条的下游，虽然已经能够参与到高技术产品领域，但在技术层面仍然存在对外技术依赖的不利局面。我国制造业改变国际分工中不利局面、迈向全球价值链中高端的关键在于技术维度的升级，实现由技术链条下游向技术链条上游、由专用性技术向通用性技术、由技术运用向技术创造的转型过程。

综上所述，2000 年以来，我国制造业的整体全球价值链位置不断攀升，但这并非一个均衡发展的过程，存在两方面的问题：一是我国制造业技术创新能力的提升与价值攫取能力的提升并未呈现出协调发展的格局，技术积累未能完全转化为内生比较优势；二是我国制造业的全球价值链位置攀升与我国制造业在全球价值链中的角色演进不匹配，企业角色在技术维度的变化没有为其全球价值链位置攀升提供助力，反而存在抑制作用。究其原因，虽然技术创新是驱动我国制造业全球价值链位置攀升的核心动力，但两者的匹配与协调发展是有条件的。技术创新与我国制造业全球价值链位置匹配性究竟如何？在什么情况下能够实现两者的协调发展？这些问题将在本章 3.3 节做进一步深入的探讨。

3.3　技术创新与我国制造业全球价值链位置匹配性分析[①]

在全球价值链中，发达国家跨国公司以大量创新要素为支撑，凭借核心技术位于高附加值环节。显然，我国制造业在全球价值链中的位置与创新要素的多寡相匹配。创新要素的多寡很大程度上决定了产业创新驱动的绩效，而创新驱动集中表现为技术创新。一般来说，创新要素投入越多，技术创新空间越大，由此决定了价值链位置的高低。从已有研究看，技术创新既可以通过研发人员、研发内部经费支出等多重投入指标予以刻画，也可以从发明专利、新产品销售收入等产出指标予以描述，因此可以看作一个系统体系。全球价值链是跨国企业主导下的复杂生产网络体系，而全球价值链位置攀升是该系统中常见

---

① 本小节主要内容已作为阶段性成果《中国制造业技术进步与全球价值链位置攀升——基于耦合协调的视角》发表在《安徽大学学报（哲学社会科学版）》2020 年第 6 期。

的一种典型事实，亦受多种因素影响，同样可以看作一个子系统。基于系统视角，技术创新子系统和全球价值链位置攀升子系统相互影响，构成了一个"技术创新—全球价值链位置攀升"大系统。进一步考察，不难发现二者存在双向互动螺旋关系。技术创新是实现价值链位置攀升的核心动力，它决定了全球价值链位置攀升的方向与力度。全球价值链位置攀升则为技术创新提供成果转换与应用的市场空间，它影响技术创新的方向、速度和规模，内生地决定了技术创新（李焱和原毅军，2017）。基于此，本节引入耦合协调模型对二者互动螺旋关系进行深层次分析。

3.3.1 技术创新[①]与全球价值链位置攀升耦合协调模型

1. 技术创新与全球价值链位置攀升耦合模型

内部参量间相互协调促使系统从无序走向有序，且可采用耦合度测度协调作用的大小（吴大进，1990）。耦合是指一种相互依赖、协调与促进的动态关联关系，表示两个系统彼此影响并联合的现象。此处将技术创新子系统和全球价值链位置攀升子系统间的动态关联关系称为"技术创新—全球价值链位置攀升"耦合。通过测度系统耦合协调度，能够清晰刻画子系统间的动态关联关系，评判子系统间交互耦合演变趋势及协调运行状况，进而提出针对性建议。

首先要确定功效函数。设 X_{ij}（$i = 1, 2$；$j = 1, 2, \cdots, n$）表示第 i 个子系统的第 j 个指标的序参量，α_{ij}、β_{ij} 为系统稳定临界点序参量的上、下限值。标准化的功效系数 x_{ij} 则表示 X_{ij} 对系统的功效贡献值，反映指标达到目标的满意程度，且 $x_{ij} \in [0, 1]$，0 为最不满意，1 为最满意。功效系数 x_{ij} 的算式为：

$$x_{ij} = \begin{cases} (X_{ij} - \beta_{ij})/(\alpha_{ij} - \beta_{ij}), & x_{ij}\text{具有正功效} \\ (\alpha_{ij} - X_{ij})/(\alpha_{ij} - \beta_{ij}), & x_{ij}\text{具有负功效} \end{cases} \qquad (3-15)$$

采用集成方法可以计算系统内各个序参量对"技术创新—全球价值链位置攀升"系统的"总贡献"，即综合序参量 U。依据物理学中的容量耦合（capacitive coupling）概念及模型，系统耦合度值记为 C 且 $C \in [0, 1]$。设 U_1、

---

① 之所以用"技术创新"替代"技术进步"（杨蕙馨和田洪刚，2020），主要基于以下两点考虑：一是本书研究的"创新驱动"主要是指"技术创新"，因此有必要把前期已发表论文中的"技术进步"这一概念使用"技术创新"概念替代；"创新驱动"包含的其他方面的创新，如制度创新、组织创新、管理创新等在本书没有专门章节进行研究，在后续会进行重点研究。二是从已有研究看，"技术创新"可以分解为"技术进步效率""规模改进效率""综合生产效率"，因此它与"技术进步"相关性很高，可以在后续研究中适当扩展描述指标的基础上予以替代，以提高研究结论的准确性、可靠性。

U_2 分别表示技术创新子系统的综合序参量和全球价值链攀升子系统的综合序参量。x_{ij} 为序参量 j 对系统 i 的功效，λ_{ij}（为避免主观臆断，采用熵值法予以计算）为序参量对应的权重。借鉴廖重斌（1999）等学者的相关研究，将综合序参量 U_1、U_2 和系统耦合度 C 的函数表达式设定为：

$$U_i = \sum_{j=1}^{n} \lambda_{ij} x_{ij}, \ \sum_{j=1}^{n} \lambda_{ij} = 1, \ i = 1、2, \ C = 2 \cdot \sqrt{U_1 \times U_2} / (U_1 + U_2)$$

$$(3-16)$$

依据相关研究，"技术创新—全球价值链位置攀升"系统耦合可划分为六个阶段，如表 3-11 所示。

表 3 - 11   系统耦合阶段描述

阶段	特征描述
$C = 0$	子系统间无关联且无序发展，耦合度极小
$0 < C \leq 0.3$	耦合水平低
$0.3 < C < 0.5$	系统处于颉颃阶段
$0.5 \leq C < 0.8$	系统进入磨合阶段
$0.8 \leq C < 1$	系统处于高水平耦合阶段
$C = 1$	良性耦合共振且趋向新的有序结构

注：颉颃意指不相上下，互相抗衡。

2. 技术创新与全球价值链位置攀升协调模型

各子系统及其影响要素的差异会制约系统的动态演变。技术创新子系统和全球价值链位置攀升子系统通过相互协调、耦合互动实现二者同步快速发展。但是，在整个动态发展过程中，子系统间表现出交错、动态和不平衡的特性，因此，仅凭借耦合模型难以准确描述二者互动的整体功效与协调效应。为精准评判二者交错耦合的协调程度，构造"技术创新—全球价值链位置攀升"系统的协调度模型：

$$\begin{cases} D = \sqrt{C \times T} \\ T = aU_1 + bU_2 \end{cases} \qquad (3-17)$$

在式（3 - 17）中，D 表示协调度，C 代表耦合度，T 为"技术创新—全球价值链位置攀升"综合协调指数，反映了两子系统间的整体协同效应。其中，$T \in (0, 1)$ 以确保 $D \in (0, 1)$。U_1、U_2 分别表示技术创新子系统与全球价值链位置攀升子系统的综合序参量。a、b 为待定参数。协调度具体划分为以下四个阶段，如表 3 - 12 所示。

表 3 - 12 　　　　　　　　　　　系统协调度描述

阶段	状态描述
(0, 0.3]	低度协调
(0.3, 0.5]	中度协调
(0.5, 0.8]	高度协调
(0.8, 1)	极度协调

3.3.2 "技术创新—全球价值链位置攀升"系统评价指标体系选择

在已有研究基础上，依据"技术创新—全球价值链位置攀升"耦合协调系统的内涵及特征，按照科学性、整体性、层次性和可操作性等原则，建立技术创新子系统与全球价值链位置攀升子系统综合测度指标体系，如表 3 - 13 所示，此处从投入和产出两个维度刻画技术创新子系统。国内外学者通常采用专利数、新产品研发经费支出、研发投入、R&D 内部支出总额占地区生产总值的比重等指标衡量技术创新（黄清煌和高明，2016）。这里选取技术创新投入指标包括 R&D 人员（R&Dp）、R&D 经费内部经费支出（R&De）、新产品开发经费支出（newgood）、引进技术经费支出（intrte）、消化吸收经费支出（diste）、购买国内技术经费支出（buyte）、技术改造经费支出（trante）；技术创新产出指标主要包括新产品销售收入（ngoodr）、专利申请数（patent）、技术质量（TQ）。

表 3 - 13　　　　"技术创新—全球价值链位置攀升"系统指标体系

子系统	一级指标	二级指标	单位
技术创新系统	投入指标	R&D 人员（R&Dp） R&D 经费内部经费支出（R&De） 新产品开发经费支出（Newgood） 引进技术经费支出（Intrte） 消化吸收经费支出（Diste） 购买国内技术经费支出（Buyte） 技术改造经费支出（Trante）	人/全时当量 万元/年 万元/年 万元/年 万元/年 万元/年 万元/年
	产出指标	新产品销售收入（Ngoodr） 专利申请数（Patent） 技术质量（TQ）	万元/年 件/年 %
全球价值链位置攀升系统	攀升表征	全球价值链地位指数（GVCPs） 全球价值链参与度（GVCPat） 全球价值链长度（PGVCP） 技术链条位置（TCP）	% % % %
	影响因子	外商直接投资（FDI）	亿元/年

注：本表与前期已发表的阶段性成果《中国制造业技术进步与全球价值链位置攀升——基于耦合协调的视角》中表 3 的不同之处在于增加了"技术质量"和"技术链条位置"两个二级指标用于刻画"技术创新系统"和"全球价值链位置攀升系统"。主要原因有以下两点：一是"技术创新"替代"技术进步"的原因前文已在脚注中予以交代，此处不再赘述。从产出指标看，"技术质量"和"专利申请数"能够从"质量"与"数量"两个维度更为准确刻画技术创新。二是本章 3.2 节从技术链条位置视角考察了全球价值链位置的动态演变，因此有必要通过增加"技术链条位置"这一指标进一步全面描述"全球价值链位置攀升系统"。两个指标的增加进一步拓展和丰富了我们对技术创新与全球价值链位置攀升匹配性问题的研究。

资料来源：笔者整理而成。

　　类似地，从攀升表征和影响因子两个维度刻画全球价值链位置攀升子系统，并构建全球价值链位置攀升综合指标评价体系。其中，全球价值链位置攀升的表征可用全球价值链地位指数（GVCPs）、全球价值链参与度（GVCPat）、全球价值链长度（PGVCP）、技术链条位置（TCP）予以刻画。国内外学者主要采用显性比较优势指数（Balassa，1965）、VS 指数（Hummels et al.，2001）、全球价值链地位指数（Koopman et al.，2011）方法测度一国的全球价值链位置。王直等（2013，2017a，2017b）综合以上指数进行了扩展研究。基于王直等学者的研究成果，这里采用 UIBE_GVC index 中的全球价值链位置指数（GVCPs），刻画我国制造业全球价值链位置攀升状况。另外，全球价值链位置攀升与参与程度存在密切关联。李强和郑江淮（2013）研究发现国际分工参与度对制造业整体及资本、技术密集型产业价值链攀升具有正向影响。王直等（2017）从一国产业增加值视角，测度了基于前向联系的全球价值链参与度。UIBE_GVC Index 数据库中提供的全球价值链参与度（GVCPat）和全球价值链长度（PGVCP），可以较好反映全球价值链位置攀升状况。全球价值链位置攀升影响因子包括外商直接投资（FDI）。邱斌等（2007）认为 FDI 对内资企业存在正向溢出效应，但仍需依赖自主创新提高其利用率，改善自身在全球价值链中的位置。李强和郑江淮（2013）基于产品内分工视角，指出 FDI 对制造业整体及劳动密集型产业价值链攀升具有正向作用。这里选取我国制造业不同产业外商投资和港澳台商投资工业企业资产，考察其对全球价值链位置的影响。

3.3.3 制造业技术创新与其全球价值链位置攀升耦合协调实证分析

1. 数据来源与权重确定

第一，数据来源。考虑到指标数据的权威性、可得性和完整性，选取 2000～2014 年我国制造业 15 个产业①面板数据②为样本，对我国制造业技术创新子系统与全球价值链位置攀升子系统的耦合协调关系展开实证分析。样本数据主要来源于《中国工业统计年鉴》《工业企业科技活动统计年鉴》《中国科技统计年鉴》和对外经济贸易大学全球价值链（UIBE_GVC Index）数据库。

第二，计算功效值。鉴于各指标的上下限值尚无具体可靠的参考标准，且不同要素密集型产业存在明显差异，为此，将每个产业指标上下限均以同年同产业内指标最高值和最低值作为上下限值，从整体与分产业视角考察我国制造业的整体及分产业状况。另外，15 个指标取值大小和子系统提升均存在正相关关系，因此统一计算各指标正功效值。

---

① 产业要素密集度用于描述生产资料数量和劳动力数量之间的比例。借鉴国内学者研究，将产业分为劳动密集型、资本密集型和技术密集型三类。其中，劳动密集型产业主要包括：1 纺织、服装、皮革制品制造业，2 木材、木制品、软木制品制造业；资本密集型产业主要包括：3 食品、饮料、烟草制品制造业，4 纸和纸制品制造业，5 打印和录制媒体复制制造业，6 焦炭和精炼石油产品制造业，7 橡胶和塑料制品制造业，8 其他非金属矿物制品制造业，9 基础金属制造业，10 金属制品制造业；技术密集型产业主要包括：11 化学品及化学制品制造业，12 基础药物产品和药物制剂制造业，13 计算机、电子和光学产品制造业，14 电气设备制造业，15 机械设备制造业。

② 之所以选取 2000～2014 年的数据，一方面是因为全球价值链攀升系统指标主要来源于对外经济贸易大学全球价值链数据库，该数据库最新数据更新到 2014 年；另一方面，该数据能够较好揭示技术创新与全球价值链位置攀升的内在关系。

第三，计算协调度。当前，中国经济向高质量发展阶段过渡，强调利用内生比较优势促进技术创新，驱动制造业处于向中高端攀升的爬坡阶段。在新的历史机遇窗口期，制造业技术创新子系统与其全球价值链位置攀升子系统间的互动尤为重要。鉴于当前二者关系的战略定位，在测度协调度时将二者置于同等重要位置，即协调度中的参数 a、b 均取值为 0.5。

第四，计算权重。根据本书"技术创新—全球价值链位置攀升"系统指标体系，在熵值赋权法的计算过程中，指标数 p 统一取值为 15。同时，分别计算劳动、资本、技术三大要素密集型产业相应指标的权重，且样本数 n 依次为 2、8 和 5。

依据上述数据处理和权重测算步骤，分别得到我国制造业整体、劳动密集型产业、资本密集型产业和技术密集型产业"技术创新—全球价值链位置攀升"系统指标的权重（依次如表 3 - 15、表 3 - 18 ~ 表 3 - 20 所示）。

2. 制造业整体维度下的耦合协调分析

依据耦合协调度的测度方法，将历年制造业产业做平均处理，得到制造业整体 2000 ~ 2014 年的耦合度和协调度，如表 3 - 14a、表 3 - 14b 所示。按照时间维度，对制造业整体技术创新子系统和全球价值链位置攀升子系统的耦合协调状况予以对比分析。

从制造业整体看，平均意义上"技术创新—全球价值链位置攀升"耦合协调度表现为波动上升趋势。从 2000 年至 2014 年，制造业耦合度一直处于高水平耦合阶段。其中，由于 2008 年金融危机爆发，该年份制造业耦合度为样本观测区间内最低点。自 2011 年起，制造业协调度由中度协调转变为高度协调状态。综合以上分析容易知道，十五年间我国制造业技术创新和全球价值链位置攀升各自获得长足发展，但整体来看，二者发展并不协调且存在明显失衡。以上结果与中国改革开放后充分参与国际市场分工和竞争密切相关，而不同年份波动则可能与我国产业政策、复杂多变的国际形势、国家间贸易摩擦导致的耦合系统程度存在间歇性反复等内外因素有关。从十五年技术创新子系统平均贡献权重看（见表 3 - 15），制造业中各指标对技术创新子系统的贡献度主要依靠引进技术、R&D 经费、购买国内技术和技术改造各项经费支出。从全球价值链位置攀升子系统看，制造业中各指标对全球价值链位置攀升子系统的贡献度则主要依托技术链条位置和外商直接投资。从表 3 - 14a 数据看，当前制造业整体耦合协调度仍需要较长时间才能达到良性耦合共振且趋向新的有序结构的耦合度、极度协调阶段。从表 3 – 16 看，所有年份技术创新的综合序参量均低于全球价值链综合序参量，表明二者耦合协调发展程度不高的主要原因是技术创新相对滞后，不能为全球价值链位置攀升提供强劲动力。

3. 不同产业要素密集度维度下的耦合协调分析

按照熵值法测算的权重和耦合协调度的计算公式，将历年制造业不同要素密集度产业予以平均处理后得到制造业分要素密集型产业 2000 ~ 2014 年的耦合度和协调度，如表 3 – 17 所示。基于"产业横向"和"时间纵向"双向视角，对比分析技术创新子系统与全球价值链位置攀升子系统的耦合协调状况。

从测度结果看，自 2000 年以来，平均意义上三大要素密集型产业"技术创新—全球价值链位置攀升"耦合度呈现出明显的产业差异，具体表现为劳动密集型产业、资本密集型产业、技术密集型产业依次增强态势，且波动趋势也有所不同。其中，劳动密集型产业表现为先上升后下降并趋于稳定态势，整体上始终处于磨合阶段。资本密集型产业则表现为先降后升曲折发展轨迹，且自 2013 年由磨合阶段进入高水平耦合阶段。技术密集型产业表现为先降后升曲折发展状态，整体上始终处于高水平耦合阶段。以上变动趋势及耦合度数值变动状况表明在样本期间内，技术创新和全球价值链攀升均实现了快速发展，但劳动密集型产业发展速度最慢，资本密集型产业发展速度居中，技术密集型产业发展最快。自 2000 年以来，劳动、技术密集型产业"技术创新—全球价值链位置攀升"协调度整体上都处于高度协调阶段。资本密集型产业在 2008 年前后 7 年时间段内处于中度协调阶段，其他年份处于高度协调阶段。综合耦合度和协调度测算结果，并对比分析容易发现，技术密集型产业耦合协调关系最好，形成了相互促进、相互提升的协调发展局面，而资本密集型产业、劳动密集型产业失衡状况相对较为严重。对此，可以从以下三方面解释。

第一，促进产业发展的要素禀赋差异。自改革开放后，中国劳动密集型产业快速发展主要来源于"人口红利"，但路径依赖惯性致使劳动密集型产业长期处于全球价值链低技术水平生产环节且上升空间受阻，导致系统耦合度不高，协调失衡现象最为严重。在改革开放过程中，中国资本密集型产业快速发展得益于"制度红利"，能够持续吸引全球价值链链主跨国公司的大量资本流入。然而，从创新要素看，虽然技术创新研发人员等多项投入产出指标呈现明显上升趋势，但引进技术等各项经费支出下降趋势凸显，导致系统耦合度呈现波动上升趋势，且协调度存在一定失衡。在全球市场上，中国采用"市场换技术""干中学""加大高科技研发投入"等策略，提高了系统的耦合度与协调度。从该产业创新要素各项指标看，除消化吸收和技术改造两项经费支出后期呈下降趋势外，其他指标上升趋势都十分明显。从 15 个年份技术创新子系统平均贡献权重看（见表 3 - 18 ～ 表 3 - 20 中数据的年度平均值），由于劳动密集型产业只包含两个产业，经计算该产业各指标对技术创新子系统的贡献度无差异。资本密集型产业主要依赖于消化吸收、购买国内技术和技术改造三项经费支出。技术密集型产业则主要依靠技术质量和消化吸收技术经费支出。从全球价值链位置攀升子系统看，受产业数量限制和测度公式问题，劳动密集型产业中各指标经计算贡献度无明显差异。资本密集型产业则主要依靠全球价值链位置和技术链条位置。技术密集型产业主要依靠技术链条位置和外商直接投资。

第二，不同时期产业政策侧重点有所差异。在嵌入全球价值链分工体系后的样本期间内，政府产业政策不同，致使三大类型产业发展速度、规模存在较大差异。改革开放初期，中国劳动密集型产业通过"三来一补"等方式优先发展起来，在全球价值链加工组装环节形成良好互动。结合国家规划看，在"十五"期间，政府重点鼓励企业投资重工业和化学工业，促使资本密集型产业和技术密集型产业加大要素投入，向全球价值链中间品供应环节渗透，与全球价值链动态关联效应显著。在"十一五"期间，政府注重产业高级化和合理化，强调生产效率、生态效益，大力发展高新技术产业和生产性服务业，进一步推动技术密集型产业向全球价值链中高端攀升。从表 3 - 17 数据看，技术密集型产业的耦合度差异最小，差距整体集中在 0.10 以内；劳动密集型产业的耦合度差异居中，差距全部集中在 0.11 以内；资本密集型产业的耦合度差异最大，差距全部集中在 0.15 以内。

第三，承受外部环境因素的影响程度不同。自 2001 年中国加入世界贸易组织后，中国的出口、技术引进和利用外资均明显增加，促进了各不同要素类型产业的发展。从 2001 年至 2007 年，中国成功切入全球产业链分工体系，并逐步扩大规模，成为世界工厂和制造大国。2008 年金融危机后，中国大力发展先进制造和现代服务业，在全球制造业增加值中所占的份额显著

表 3 - 14a

制造业"技术创新—全球价值链位置攀升"系统的平均耦合度和协调度

项目	2000年	2001年	2002年	2003年	2004年	2005年	2006年	2007年	2008年	2009年	2010年	2011年	2012年	2013年	2014年
耦合度	0.883	0.863	0.858	0.856	0.857	0.844	0.838	0.827	0.804	0.825	0.834	0.851	0.880	0.889	0.900
协调度	0.492	0.472	0.473	0.470	0.473	0.452	0.474	0.471	0.474	0.489	0.490	0.512	0.531	0.531	0.535
耦合程度与协调程度	高水平耦合高度协调	高水平耦合中度协调	高水平耦合中度协调	高水平耦合中度协调	高水平耦合中度协调	高水平耦合中度协调	高水平耦合中度协调	高水平耦合中度协调	高水平耦合中度协调	高水平耦合中度协调	高水平耦合中度协调	高水平耦合高度协调	高水平耦合高度协调	高水平耦合高度协调	高水平耦合高度协调

资料来源：笔者计算并整理。

表 3 - 14b

制造业"技术进步—全球价值链位置攀升"系统的平均耦合度和协调度

项目	2000年	2001年	2002年	2003年	2004年	2005年	2006年	2007年	2008年	2009年	2010年	2011年	2012年	2013年	2014年
耦合度	0.789	0.771	0.772	0.777	0.783	0.757	0.762	0.777	0.752	0.775	0.766	0.781	0.799	0.801	0.804
协调度	0.519	0.496	0.491	0.485	0.493	0.461	0.470	0.475	0.476	0.487	0.490	0.506	0.517	0.514	0.517
耦合程度与协调程度	磨合阶段高度协调	磨合阶段中度协调	磨合阶段中度协调	磨合阶段中度协调	磨合阶段中度协调	磨合阶段中度协调	磨合阶段中度协调	磨合阶段中度协调	磨合阶段中度协调	磨合阶段中度协调	磨合阶段中度协调	磨合阶段高度协调	磨合阶段高度协调	高水平耦合高度协调	高水平耦合高度协调

注：（1）本表为前期已发表的阶段性成果《我国制造业技术进步与全球价值链位置攀升》中的表 5，用于和拓展研究结果表 3 - 14a 做对比分析。

（2）表 3 - 14a 与表 3 - 14b 计算结果存在差异的可能原因是：相较于原指标体系，加入"技术质量"和"技术链条位置"后，带来"技术创新—全球价值链位置攀升"系统中所占权重及标准化数据差较大（见表 3 - 15），最终导致耦合度和协调度的数值出现动态调整。但从变动趋势看，二者结论具有一致性，因此从侧面印证了结论的稳健性。

表 3 - 15　　制造业 "技术创新—全球价值链位置攀升" 系统权重

系统	二级指标	2000 年	2001 年	2002 年	2003 年	2004 年	2005 年	2006 年	2007 年	2008 年	2009 年	2010 年	2011 年	2012 年	2013 年	2014 年
技术创新	R&Dp	0.090	0.081	0.077	0.078	0.083	0.076	0.082	0.085	0.074	0.074	0.076	0.082	0.089	0.093	0.094
	R&De	0.104	0.112	0.115	0.102	0.103	0.091	0.093	0.091	0.084	0.084	0.082	0.086	0.091	0.095	0.095
	Intrte	0.073	0.083	0.079	0.088	0.135	0.110	0.108	0.121	0.114	0.100	0.108	0.101	0.125	0.109	0.115
	Diste	0.114	0.141	0.129	0.103	0.092	0.121	0.109	0.067	0.095	0.130	0.116	0.103	0.095	0.093	0.089
	Buyte	0.096	0.097	0.109	0.116	0.071	0.122	0.115	0.152	0.169	0.149	0.169	0.173	0.113	0.135	0.117
	Trante	0.104	0.090	0.086	0.111	0.124	0.142	0.128	0.129	0.129	0.124	0.107	0.105	0.104	0.093	0.091
	Newgood	0.109	0.116	0.119	0.107	0.108	0.085	0.087	0.087	0.085	0.088	0.085	0.092	0.098	0.100	0.104
	Ngoodr	0.135	0.129	0.124	0.122	0.116	0.100	0.100	0.093	0.092	0.089	0.090	0.092	0.096	0.096	0.101
	Patent	0.099	0.084	0.097	0.107	0.106	0.096	0.111	0.114	0.099	0.100	0.106	0.106	0.116	0.119	0.125
	TQ	0.075	0.067	0.065	0.065	0.063	0.059	0.066	0.063	0.061	0.063	0.061	0.061	0.074	0.069	0.069
全球价值链位置攀升	GVCPs	0.154	0.112	0.130	0.144	0.165	0.167	0.184	0.197	0.199	0.162	0.158	0.176	0.180	0.172	0.165
	GVCPat	0.115	0.106	0.102	0.097	0.098	0.096	0.109	0.114	0.120	0.154	0.138	0.145	0.143	0.147	0.143
	PGVC	0.115	0.150	0.161	0.171	0.160	0.168	0.163	0.159	0.150	0.119	0.108	0.114	0.116	0.115	0.111
	TCP	0.408	0.405	0.371	0.346	0.327	0.275	0.282	0.275	0.303	0.279	0.244	0.254	0.263	0.275	0.295
	FDI	0.208	0.227	0.236	0.242	0.250	0.293	0.261	0.255	0.228	0.285	0.351	0.310	0.298	0.291	0.286

资料来源：笔者计算并整理。

表 3 - 16　　平均制造业技术创新和全球价值链位置攀升综合序参量值

系统	2000 年	2001 年	2002 年	2003 年	2004 年	2005 年	2006 年	2007 年	2008 年	2009 年	2010 年	2011 年	2012 年	2013 年	2014 年
技术创新	0.243	0.217	0.228	0.224	0.227	0.197	0.212	0.202	0.199	0.210	0.219	0.240	0.277	0.278	0.290
全球价值链位置攀升	0.325	0.320	0.316	0.320	0.324	0.320	0.354	0.366	0.392	0.395	0.383	0.401	0.394	0.386	0.378

注：表 3 - 16 与前期已发表的阶段性成果《中国制造业技术进步与全球价值链位置攀升——基于耦合协调的视角》中表 6 存在差异的可能原因是："技术质量"在"技术创新系统"中占比较低，而"技术链条位置"在"全球价值链位置攀升系统"中所占权重较大（见表 3 - 16），导致两子系统综合序参量的数值结果出现动态调整。但从变动趋势看，二者结论同样具有一致性，因此从侧面印证了结论的稳健性。

资料来源：笔者计算并整理。

ント{⠀

表 3 - 17　"技术创新—全球价值链位置攀升"系统分要素平均耦合度和协调度

年份	劳动密集型产业			资本密集型产业			技术密集型产业		
	耦合度	协调度	耦合程度与协调程度	耦合度	协调度	耦合程度与协调程度	耦合度	协调度	耦合程度与协调程度
2000	0.702	0.590	磨合阶段、高度协调	0.814	0.526	高水平耦合、高度协调	0.949	0.613	高水平耦合、高度协调
2001	0.813	0.632	高水平耦合、高度协调	0.818	0.529	高水平耦合、高度协调	0.907	0.591	高水平耦合、高度协调
2002	0.813	0.632	高水平耦合、高度协调	0.799	0.514	磨合阶段、高度协调	0.945	0.605	高水平耦合、高度协调
2003	0.813	0.632	高水平耦合、高度协调	0.761	0.494	磨合阶段、中度协调	0.983	0.619	高水平耦合、高度协调
2004	0.702	0.590	磨合阶段、高度协调	0.776	0.502	磨合阶段、高度协调	0.955	0.606	高水平耦合、高度协调
2005	0.702	0.590	磨合阶段、高度协调	0.739	0.479	磨合阶段、中度协调	0.959	0.604	高水平耦合、高度协调
2006	0.702	0.590	磨合阶段、高度协调	0.723	0.465	磨合阶段、中度协调	0.914	0.606	高水平耦合、高度协调
2007	0.702	0.590	磨合阶段、高度协调	0.747	0.477	磨合阶段、中度协调	0.906	0.611	高水平耦合、高度协调
2008	0.702	0.590	磨合阶段、高度协调	0.700	0.460	磨合阶段、中度协调	0.904	0.614	高水平耦合、高度协调
2009	0.702	0.590	磨合阶段、高度协调	0.734	0.480	磨合阶段、中度协调	0.910	0.630	高水平耦合、高度协调
2010	0.702	0.590	磨合阶段、高度协调	0.712	0.473	磨合阶段、中度协调	0.856	0.627	高水平耦合、高度协调
2011	0.702	0.590	磨合阶段、高度协调	0.760	0.495	磨合阶段、中度协调	0.908	0.663	高水平耦合、高度协调
2012	0.702	0.590	磨合阶段、高度协调	0.791	0.504	磨合阶段、高度协调	0.937	0.667	高水平耦合、高度协调
2013	0.702	0.590	磨合阶段、高度协调	0.833	0.524	高水平耦合、高度协调	0.963	0.661	高水平耦合、高度协调
2014	0.702	0.590	磨合阶段、高度协调	0.850	0.536	高水平耦合、高度协调	0.959	0.655	高水平耦合、高度协调

注：表 3 - 17 与前期已发表的成果《中国制造业技术进步与全球价值链位置攀升——基于耦合协调的视角》中表 10 计算结果存在差异的可能原因是 由于 "技术质量" 和 "技术链条位置" 两指标在不同要素密集型产业间具有异质性，且二者分别在不同要素密集型产业的 "技术创新系统" 和 "全球价值链位置攀升系统" 中所占权重及标准化数据存在较大差异（见表 3 - 18、表 3 - 19 和表 3 - 20），导致耦合度和协调度的数值结果出现动态调整。

资料来源：笔者计算并整理而成。

表 3-18　劳动密集型制造业 "技术创新—全球价值链位置攀升" 系统权重

系统	二级指标	2000 年	2001 年	2002 年	2003 年	2004 年	2005 年	2006 年	2007 年	2008 年	2009 年	2010 年	2011 年	2012 年	2013 年	2014 年
技术创新	R&Dp	0.100	0.100	0.100	0.100	0.100	0.100	0.100	0.100	0.100	0.100	0.100	0.100	0.100	0.100	0.100
	R&De	0.100	0.100	0.100	0.100	0.100	0.100	0.100	0.100	0.100	0.100	0.100	0.100	0.100	0.100	0.100
	Intrte	0.100	0.100	0.100	0.100	0.100	0.100	0.100	0.100	0.100	0.100	0.100	0.100	0.100	0.100	0.100
	Diste	0.100	0.100	0.100	0.100	0.100	0.100	0.100	0.100	0.100	0.100	0.100	0.100	0.100	0.100	0.100
	Buyte	0.100	0.100	0.100	0.100	0.100	0.100	0.100	0.100	0.100	0.100	0.100	0.100	0.100	0.100	0.100
	Trante	0.100	0.100	0.100	0.100	0.100	0.100	0.100	0.100	0.100	0.100	0.100	0.100	0.100	0.100	0.100
	Newgood	0.100	0.100	0.100	0.100	0.100	0.100	0.100	0.100	0.100	0.100	0.100	0.100	0.100	0.100	0.100
	Ngoodr	0.100	0.100	0.100	0.100	0.100	0.100	0.100	0.100	0.100	0.100	0.100	0.100	0.100	0.100	0.100
	Patent	0.100	0.100	0.100	0.100	0.100	0.100	0.100	0.100	0.100	0.100	0.100	0.100	0.100	0.100	0.100
	TQ	0.100	0.100	0.100	0.100	0.100	0.100	0.100	0.100	0.100	0.100	0.100	0.100	0.100	0.100	0.100
全球价值链位置攀升	GVCPs	0.200	0.200	0.200	0.200	0.200	0.200	0.200	0.200	0.200	0.200	0.200	0.200	0.200	0.200	0.200
	GVCPat	0.200	0.200	0.200	0.200	0.200	0.200	0.200	0.200	0.200	0.200	0.200	0.200	0.200	0.200	0.200
	PGVC	0.200	0.200	0.200	0.200	0.200	0.200	0.200	0.200	0.200	0.200	0.200	0.200	0.200	0.200	0.200
	TCP	0.200	0.200	0.200	0.200	0.200	0.200	0.200	0.200	0.200	0.200	0.200	0.200	0.200	0.200	0.200
	FDI	0.200	0.200	0.200	0.200	0.200	0.200	0.200	0.200	0.200	0.200	0.200	0.200	0.200	0.200	0.200

资料来源：笔者计算并整理。

表 3-19　　资本密集型制造业 "技术创新—全球价值链位置攀升" 系统权重

指标	2000 年	2001 年	2002 年	2003 年	2004 年	2005 年	2006 年	2007 年	2008 年	2009 年	2010 年	2011 年	2012 年	2013 年	2014 年
R&Dp	0.092	0.090	0.092	0.078	0.085	0.071	0.073	0.072	0.056	0.062	0.062	0.062	0.069	0.081	0.080
R&De	0.086	0.084	0.105	0.106	0.099	0.094	0.091	0.098	0.087	0.085	0.085	0.085	0.090	0.097	0.094
Intrte	0.100	0.108	0.088	0.133	0.153	0.127	0.126	0.114	0.143	0.136	0.138	0.157	0.177	0.126	0.120
Diste	0.133	0.152	0.117	0.062	0.111	0.116	0.156	0.120	0.139	0.154	0.150	0.134	0.103	0.114	0.112
Buyte	0.088	0.088	0.137	0.162	0.096	0.178	0.161	0.177	0.174	0.160	0.188	0.182	0.177	0.187	0.186
Trante	0.155	0.144	0.134	0.140	0.143	0.147	0.129	0.130	0.133	0.130	0.115	0.115	0.111	0.109	0.108
New-good	0.070	0.081	0.095	0.096	0.105	0.076	0.073	0.085	0.080	0.086	0.085	0.081	0.083	0.085	0.088
Ngoodr	0.089	0.088	0.093	0.088	0.099	0.089	0.086	0.085	0.085	0.080	0.080	0.080	0.081	0.085	0.090
Patent	0.110	0.083	0.068	0.073	0.056	0.055	0.060	0.065	0.057	0.055	0.052	0.054	0.057	0.063	0.067
TQ	0.079	0.080	0.071	0.061	0.052	0.048	0.045	0.053	0.046	0.052	0.045	0.050	0.052	0.054	0.055
GVCPs	0.206	0.186	0.209	0.191	0.197	0.188	0.211	0.209	0.201	0.232	0.247	0.257	0.302	0.310	0.281
GVCPat	0.123	0.119	0.115	0.120	0.137	0.141	0.151	0.161	0.146	0.154	0.142	0.135	0.127	0.121	0.123
PGVC	0.143	0.143	0.180	0.172	0.186	0.171	0.201	0.194	0.183	0.215	0.224	0.241	0.189	0.174	0.178
TCP	0.354	0.335	0.307	0.315	0.292	0.287	0.265	0.290	0.309	0.244	0.217	0.211	0.222	0.233	0.264
FDI	0.173	0.217	0.190	0.203	0.188	0.214	0.172	0.147	0.161	0.155	0.171	0.156	0.159	0.163	0.153

资料来源：笔者计算并整理。

表 3 – 20　技术密集型制造业"技术创新—全球价值链位置攀升"系统权重

指标	2000年	2001年	2002年	2003年	2004年	2005年	2006年	2007年	2008年	2009年	2010年	2011年	2012年	2013年	2014年
R&Dp	0.091	0.076	0.064	0.065	0.073	0.074	0.073	0.083	0.085	0.085	0.094	0.095	0.095	0.088	0.087
R&De	0.105	0.121	0.099	0.088	0.083	0.080	0.080	0.074	0.070	0.075	0.076	0.078	0.076	0.072	0.071
Intrte	0.067	0.104	0.102	0.105	0.132	0.103	0.093	0.105	0.084	0.065	0.057	0.066	0.071	0.060	0.067
Diste	0.155	0.114	0.112	0.096	0.150	0.192	0.103	0.070	0.060	0.088	0.129	0.090	0.096	0.146	0.118
Buyte	0.086	0.109	0.088	0.108	0.058	0.052	0.106	0.109	0.165	0.129	0.095	0.085	0.060	0.104	0.081
Trante	0.083	0.083	0.144	0.114	0.100	0.102	0.092	0.086	0.077	0.103	0.068	0.104	0.121	0.092	0.140
New-good	0.089	0.086	0.094	0.093	0.092	0.079	0.077	0.082	0.078	0.085	0.076	0.092	0.088	0.081	0.084
Ngoodr	0.122	0.107	0.103	0.113	0.097	0.091	0.092	0.090	0.089	0.084	0.088	0.088	0.081	0.081	0.083
Patent	0.094	0.107	0.100	0.109	0.103	0.093	0.123	0.134	0.124	0.114	0.125	0.105	0.102	0.095	0.094
TQ	0.108	0.093	0.095	0.109	0.113	0.133	0.162	0.167	0.167	0.172	0.190	0.196	0.211	0.180	0.176
GVCPs	0.183	0.141	0.142	0.146	0.164	0.167	0.171	0.165	0.172	0.161	0.163	0.172	0.177	0.173	0.172
GVCPat	0.136	0.137	0.145	0.151	0.160	0.159	0.167	0.161	0.157	0.209	0.195	0.180	0.173	0.176	0.168
PGVC	0.175	0.248	0.241	0.257	0.234	0.196	0.202	0.221	0.215	0.173	0.155	0.160	0.164	0.166	0.164
TCP	0.308	0.274	0.254	0.224	0.219	0.224	0.244	0.249	0.260	0.274	0.286	0.293	0.288	0.287	0.293
FDI	0.197	0.200	0.218	0.221	0.223	0.254	0.215	0.205	0.196	0.183	0.201	0.195	0.197	0.198	0.203

资料来源：笔者计算并整理。

提高，成为全球产业链中的重要枢纽和制造大国。但在样本期间内，我国还不是"制造强国"，表现在许多核心技术、关键环节仍被发达国家跨国企业所垄断。从表 3 – 17 数据看，三类产业耦合协调度要达到良性耦合共振且趋向新的有序结构、极度协调阶段仍需要一定时间。从成因看，如表 3 – 21 所示，劳动密集型产业技术创新的综合序参量等于全球价值链综合序参量，这表明二者处于各自发展状态，无明显相互制约。资本密集型产业和技术密集型产业技术创新的综合序参量始终低于全球价值链综合序参量，这表明二者耦合协调发展程度不高的主要原因在于技术创新相对滞后，不能为全球价值链位置攀升提供强劲动力。

表 3 – 21　　　　平均分要素技术创新和全球价值链位置攀升综合序参量

年份	制造业技术创新综合序参量			全球价值链位置攀升综合序参量		
	劳动密集型	资本密集型	技术密集型	劳动密集型	资本密集型	技术密集型
2000	0.496	0.275	0.389	0.496	0.434	0.411
2001	0.496	0.268	0.363	0.496	0.446	0.419
2002	0.496	0.252	0.370	0.496	0.442	0.424
2003	0.496	0.236	0.390	0.496	0.448	0.422
2004	0.496	0.233	0.368	0.496	0.455	0.440
2005	0.496	0.207	0.359	0.496	0.451	0.444
2006	0.496	0.200	0.368	0.496	0.451	0.469
2007	0.496	0.200	0.381	0.496	0.457	0.474
2008	0.496	0.190	0.391	0.496	0.469	0.476
2009	0.496	0.203	0.427	0.496	0.478	0.475
2010	0.496	0.199	0.440	0.496	0.483	0.494
2011	0.496	0.215	0.489	0.496	0.480	0.504
2012	0.496	0.229	0.488	0.496	0.460	0.496
2013	0.496	0.253	0.452	0.496	0.452	0.489
2014	0.496	0.262	0.445	0.496	0.460	0.486

注：表 3 – 21 与前期已发表的阶段性成果"中国制造业技术进步与全球价值链位置攀升——基于耦合协调的视角"中表 11 计算结果存在差异的可能原因是：由于"技术质量"和"技术链条位置"两指标在不同要素密集型产业间具有异质性，且二者分别在不同要素密集型产业的"技术创新系统"和"全球价值链位置攀升系统"中所占权重及标准化数据存在较大差异（见表 3 – 18、表 3 – 19 和表 3 – 20），导致两子系统综合序参量的数值结果出现动态调整。

资料来源：笔者计算并整理而成。

4. 时间维度下耦合协调分析

鉴于不同要素密集度产业层面的分析难以有效反映产业内部的差异，因此，选取 2000 年和 2014 年两个时间节点，从时间纵向的角度进行对比分析，以准确把握不同要素密集型产业"技术创新—全球价值链位置攀升"耦合协调的时变性和产业结构变迁特征。

从 2000 年不同要素密集型各产业耦合协调状况看（见表 3 – 17），劳动密集型产业耦合度相对较低，资本密集型产业耦合度居中，技术密集型产业耦合度相对较好。整体形成了"系统耦合度由劳动密集—资本密集—技术密集逐步增强，协调度相差不大"的发展态势。这说明改革开放后，中国凭借廉价劳动力和制度红利嵌入全球价值链分工体系，使得各类型产业均获得不同程度发展，但也面临低"卡脖子"的"困境"。技术创新与全球价值链位置攀升相互促进协调带动的作用明显，但劳动密集型产业相比其他产业失衡状况较严重。从具体产业看，耦合度和协调度较为领先的产业视为领先组，包括食品、饮料和烟草制品，未另分类的机械和设备业，计算机、电子产品和光学产品三大制造业，而耦合度和协调度较为落后的产业视为落后组，具体包括打印和录制媒体复制，机械设备除外的金属制品业和木材、木材制品及软木制品的制造（家具除外）、草编制品及编织材料物品三大制造业。从耦合度和协调度看，领先组和落后组各自平均的耦合度比值为 0.75∶0.54，协调度比值为 0.50∶0.33。结合技术创新和全球价值链位置攀升的指标分析，领先组和落后组各自平均的专利量比值为 13∶1，全球价值链位置比值为 0.92∶0.91。这表明，不管是从不同要素密集型产业，还是从具体产业的真实情况看，耦合协调的强度与技术创新和全球价值链位置攀升二者自身发展水平存在正相关关系。

从 2014 年状况看，技术创新子系统与全球价值链位置攀升子系统的耦合度和协调度在不同要素密集型产业的分布状况与 2000 年基本一致，不同的是资本密集型产业和技术密集型产业均有小幅度提升。具体的耦合度和协调度都领先的产业包括基础金属，计算机、电子产品和光学产品，化学品及化学制品三大制造业，视为领先组。相较而言，耦合度和协调度均处于落后地位的产业包括记录媒介物的印刷及复制业、纸和纸制品、基本医药产品和医药制剂三大制造业，视为落后组。从耦合度和协调度看，领先组和落后组各自平均的耦合度之比为 0.99∶0.69，协调度之比为 0.85∶0.38。从技术创新和全球价值链位置攀升指标看，领先组和落后组各自平均的专利量比值为 531∶89，全球价链位置比值为 0.98∶0.88。从不同组别对比分析看，领先组和落后组"技术创新—全球价值链位置攀升"系统分别处于极度协调的高水平耦合阶段、中度协调的磨合发展阶段。耦合协调度与二者自身发展水平间正相关关系依然成立。

对比分析 2000 年和 2014 年的耦合协调度数据，不难发现"技术创新—全球价值链位置攀升"系统耦合与协调状况在不同产业间具有时变特征，耦合协调度产业分布规律整体上仍呈现"锁定"态势，且系统耦合协调的强度与二者自身发展水平始终呈正相关关系。

5. 技术密集型产业耦合协调度分析

通过对比分析不同要素密集型系统耦合协调度数据，不难发现技术密集型产业整体上领先于劳动密集型产业和资本密集型产业，且其产业内部的耦合协调度均值的差异性较小，尤其是 2014 年技术密集型产业耦合协调度表现更为突出。当前，中国经济发展步入高质量发展阶段，强调创新驱动迈向全球价值链中高端。因此，有必要对技术密集型产业的具体状况予以细致分析。依据表 3-22、表 3-23 所列技术密集型产业"技术创新—全球价值链位置攀升"系统耦合度和协调度，大致得出以下两点结论：

表 3-22　　　　　技术密集型各产业历年"技术创新—全球价值链

位置攀升"系统耦合度

产业	2000年	2001年	2002年	2003年	2004年	2005年	2006年	2007年	2008年	2009年	2010年	2011年	2012年	2013年	2014年
化学	0.957	0.909	0.942	0.989	0.945	0.947	0.960	0.978	0.978	0.990	0.969	0.982	0.985	0.978	0.993
药物	0.845	0.688	0.828	0.932	0.841	0.849	0.646	0.565	0.557	0.628	0.374	0.650	0.804	0.914	0.849
电子	0.993	0.990	0.998	0.996	0.994	0.999	0.997	1.000	1.000	0.990	0.997	0.994	0.990	0.987	0.992
电气	0.953	0.950	0.960	0.996	0.997	1.000	0.992	0.998	1.000	0.997	0.996	0.979	0.981	0.993	0.992
机械	0.995	0.997	0.998	1.000	0.998	0.999	0.976	0.992	0.984	0.945	0.944	0.933	0.926	0.941	0.970

注：表 3-22 与前期已发表的阶段性成果《中国制造业技术进步与全球价值链位置攀升——基于耦合协调的视角》中表 12 计算结果存在差异的可能原因是：由于"技术质量"和"技术链条位置"两指标在技术密集型产业间具有异质性，且二者分别在技术密集型产业的"技术创新系统"和"全球价值链位置攀升系统"中所占权重及标准化数据存在较大差异，导致耦合度的数值结果出现动态调整。

资料来源：笔者根据模型计算并整理。

表 3 – 23　　　　　技术密集型各产业历年"技术创新—全球价值链
位置攀升"系统协调度

产业	2000年	2001年	2002年	2003年	2004年	2005年	2006年	2007年	2008年	2009年	2010年	2011年	2012年	2013年	2014年
化学	0.697	0.649	0.675	0.761	0.705	0.703	0.761	0.802	0.835	0.828	0.785	0.833	0.839	0.814	0.852
药物	0.434	0.329	0.366	0.396	0.344	0.352	0.298	0.276	0.280	0.310	0.235	0.329	0.380	0.432	0.402
电子	0.691	0.725	0.732	0.753	0.811	0.831	0.787	0.795	0.781	0.776	0.817	0.793	0.776	0.758	0.770
电气	0.586	0.616	0.612	0.531	0.542	0.519	0.504	0.528	0.525	0.558	0.592	0.629	0.614	0.582	0.574
机械	0.655	0.634	0.642	0.651	0.629	0.617	0.681	0.654	0.649	0.680	0.708	0.730	0.728	0.717	0.678

注：表 3 – 23 与前期已发表的阶段性成果《中国制造业技术进步与全球价值链位置攀升——基于耦合协调的视角》中表 13 计算结果存在差异的可能原因前面已经说明过，此处不再赘述。

资料来源：笔者根据模型计算并整理。说明：化学代表化学品及化学制品业，医药代指基本医药产品和医药制剂业，电子代表计算机、电子产品和光学产品业，电气代表电力设备业，机械代表机械设备除外的金属制品业。表 3 – 24 同。

第一，"技术创新—全球价值链位置攀升"系统的耦合度具有一定规律性，但不同产业存在较大差异。如表 3 – 22 所示，2000 年只有基础药物产品和药物制剂制造业处于技术创新与全球价值链位置攀升耦合互动的磨合阶段，而其余四个产业均处于良性耦合共振且趋向于新的有序结构阶段。其中，高水平耦合度阶段的产业均值为 0.96。在样本期间内，技术创新和全球价值链位置攀升各自不断发展，各产业耦合度出现不同程度波动。从 2014 年情况看，五大产业均处于耦合互动的高水平阶段。从 2000 年至 2014 年变化趋势看，各产业耦合度变化趋势大体可划分为前期上升后期一定幅度下降型、先下降后波动上升型。其中，前期上升后期一定幅度下降型产业包括计算机、电子产品和光学产品，电力设备两大制造业；先下降后波动上升型产业包括基本医药产品和医药制剂，化学品及化学制品，机械设备除外的金属制品三大制造业。

第二，从耦合互动发展情况看，多数产业处于高度协调的状况，个别产业协调状况出现恶化。如表 3 – 23 所示，2000 年技术密集型产业各产业技术创新与全球价值链位置攀升的互动除基础药物产品和药物制剂制造业外，其他产业均处于高度协调。在 2014 年，化学品及化学制品、电力设备、机械设备除外的金属制品三大制造业仍处于高度协调状态，且各产业技术创新和全球价值链位置攀升协调度呈现小幅度上升趋势。相比 2000 年，化学品及化学制品制造业协调度，由高度协调转向极度协调阶段。相较 2000 年，基础药物产品和药物制剂制造业、电气设备制造业协调状况出现小幅度恶化。这表明，随着技术创新和全球价值链位置攀升的发展，协调度会呈现一定的变化，且协调度变化规律与耦合度基本一致。

前面已对整体层面技术密集型产业"技术创新—全球价值链位置攀升"耦合协调度失衡的原因进行过探讨。但考虑到，技术密集型各产业耦合协调失衡的原因存在一定差异，具体体现在各产业技术创新子系统和全球价值链位置攀升子系统综合序参量的相对大小有所不同（如表 3 - 24 所示）。

表 3 - 24　　　　　2014 年技术密集型各产业"技术创新—全球价值链
位置攀升"综合序参量值

项目	化学	药物	电子	电气	机械
技术创新	0.646	0.089	0.523	0.375	0.590
全球价值链位置攀升	0.817	0.290	0.672	0.290	0.358

注：表 3 - 24 与前期已发表的阶段性成果《中国制造业技术进步与全球价值链位置攀升——基于耦合协调的视角》中表 14 计算结果存在差异的可能原因是"技术质量"和"技术链条位置"分别在技术密集型产业"技术创新系统"与"全球价值链位置攀升系统"中所占权重及标准化数据存在差异，导致两系统综合序参量的数值结果出现动态调整。

资料来源：笔者根据模型计算并整理。

如表 3 - 24 所示，技术创新综合序参量值大于全球价值链位置攀升综合序参量值的产业包括电气设备、机械设备两大制造业。其中，机械设备制造业表现最为突出。这表明，这两大产业技术创新和全球价值链位置攀升互动发展不协调的主要原因在于全球价值链位置攀升发展程度不高，与当前技术水平不相匹配。这一结果为构建以中国为主的区域或全球价值链提供了数据经验支撑。相比之下，化学品及化学制品制造业等三个产业则表现为全球价值链位置攀升综合序参量值高于技术创新综合序参量值。这意味着化学品及化学制品制造业，基础药物产品和药物制剂制造业，计算机、电子和光学产品制造业技术创新和全球价值链位置攀升互动发展不协调的原因在于技术创新滞后于全球价值链位置攀升。因此，这些产业在形成技术创新和全球价值链位置攀升协调互动方面，应当更加侧重提升技术创新水平，而其他两个产业应更加侧重推动全球价值链位置攀升，通过二者适应性最佳匹配，逐渐形成技术创新和全球价值链位置攀升耦合互动的良性协调局面。

3.4 本章小结

本章在刻画创新要素投入变动与全球价值链位置演变的基础上，深入分析了我国制造业创新要素累积与全球价值链位置攀升的匹配性。

在全球分工体系下，劳动、资本、技术和国外直接投资等要素的配置效率决定了制造业的国际竞争力。从制造业整体看，2000～2015年，我国人口红利优势并没有因为劳动力成本的上升而完全丧失，且投资始终是拉动制造业发展的主要驱动力之一。2011年后，我国更加注重研发投入以提升自身技术水平，同时减少对外源性技术的依赖度，内生比较优势开始呈现。随着创新要素的不断累积，创新能力得以提升，进而推动我国制造业在全球价值链中的位置演变。从细分产业层面看，不同产业创新要素的投入、规模和结构存在异质性，导致不同产业具有差异化的创新能力和附加值创造能力。我国劳动力成本上升对劳动密集型产业冲击较大，但未对资本密集型、技术密集型产业造成明显影响。虽然我国技术密集型产业加大了自主研发投入，但仍有部分核心技术需要从国外引进。这也与我国制造业整体处于中、低附加值位置的事实相符。

基于全球价值链相对上游度和增值能力二维视角，研究发现：我国制造业整体处于相对下游的区位，而不同要素密集型产业存在异质性；虽然我国制造业整体对下游的增加值贡献程度低于对上游的增加值依赖程度，但随着前者的波动上升，两者差距逐渐缩小，相对增值能力得以提升，更积极地参与到全球价值链中高附加值环节。为进一步揭示我国制造业所处价值链条的分布特征，在产品维度的基础上引入技术维度。我国企业位于技术链条的下游，利用国外通用型技术实现渐进式创新，并在引进、学习国外技术的过程中逐渐向技术链条下游的应用技术领域移动。根据产品链条和技术链条的上下游区位，发现全球价值链中的不同细分产业扮演着不同的角色，并表现出不同的技术特征。其中，处于技术链条下游的技术使用部门和技术传递部门创新机会少，有着较高的创新独占性和累积性；处于技术链条上游的技术提供部门和技术整合部门创新机会多，有着较低的创新独占性和累积性。基于此，在技术维度和产品维度构成的二维平面中，企业市场位置在全球价值链中呈"微笑曲线"的分布特征。虽然我国制造业的全球价值链位置不断攀升，但因技术创新能力与价值攫取能力的不协调、在全球价值链中角色演进与位置攀升的不匹配等问题，在技术维度和产品维度尚未实现均衡发展。

　　在强调创新驱动我国制造业迈向全球价值链中高端的过程中，发挥并实现二者的耦合协调作用具有重要的理论意义与实践价值。从制造业整体、不同要素密集型产业和时间三个视角实证考察并分析 2000～2014 年制造业 15 个细分产业技术创新子系统与全球价值链位置攀升子系统的互动发展演变状况，研究表明：从制造业整体看，平均意义上制造业"技术创新—全球价值链位置攀升"耦合协调度整体呈稳固上升趋势，但技术创新相对滞后致使两子系统间耦合协调度不高。从不同要素密集型产业看，技术密集型产业耦合互动关系最佳，形成了相互促进、相互提升的协调发展局面，而资本密集型产业、劳动密集型产业失衡状况较为严重。从时间维度看，对比分析 2000 年和 2014 年指标不难发现，"技术创新—全球价值链位置攀升"系统耦合协调度的产业分布规律整体上呈"锁定"态势，且两子系统间耦合协调的强度与自身发展水平始终存在正相关关系。

第 **4** 章
创新驱动制造业迈向全球价值链中高端的机理

本章旨在对创新驱动我国制造业迈向全球价值链中高端的理论机理进行阐释，是本书的理论构建部分。全球价值链范式下创新驱动的核心内涵是技术创新。虽然国家创新体系、价值链上的国家间关系都是创新驱动的应有之义，但是，不可否认微观企业的技术创新始终是创新驱动的核心。在预测新的技术趋势、市场趋势的前提下，重新理解以企业技术创新为核心的创新驱动，重新认识全球价值链中高端，并根据新特征的判断，讨论从企业到产业再到价值链的技术创新驱动传导过程，针对制造业企业如何通过技术创新实现全球价值链位置攀升给出机理解答，并从我国制造业不均衡发展的实际出发，区分出不同情景下制造业通过技术创新迈向价值链中高端的产业间差异。本书认为，在良好的国家间关系与健全的国家创新体系下，企业调整技术创新战略以适应新的、不断发展的技术趋势与市场需求，通过"企业—产业—价值链"的传导过程，依靠技术创新驱动我国制造业全球价值链的位置攀升是可以实现的。

4.1 新时代技术创新与制造业全球价值链中高端的再认识

4.1.1 全球价值链范式下的创新驱动

1. 全球价值链与技术创新的互动影响

一方面，全球价值链为技术转让开辟了若干途径，参与全球价值链的本地企业或产业获得了更多技术创新机会。全球价值链不仅为本地企业和供应商提供进入新市场的机会，更为本地企业创造了获取新技术的可能（Pietrobelli and Rabelloti，2011）。全球价值链使得本地企业进入特定的生产网络，除了能促进企业内部的日常技术革新外，这些生产网络还使本地企业能够接触到新的商业实践、管理方法和组织技能。大量证据表明，当发展中国家的企业融入现有的贸易模式时，它们有足够的余地横向进入其他部门，纵向进入技术密集部门，或停留在同一部门（Cirera and Maloney，2017；Taglioni and Winkler，2016）。可见，参与全球价值链的本地企业与产业获得了更多接触新技术、新知识的机会，促使本地企业的技术创新活动更加活跃，提高本地企业与产业的技术创新能力和水平。

另一方面，技术创新改变了本地企业在全球价值链中的位置。汉弗莱和施米茨（Humphrey and Schmitz，2000）最早提出了企业在全球价值链中升级的基本模式，即过程升级（process upgrading）、产品升级（product upgrading）以及功能升级（functional upgrading）①。彼得罗贝利和拉贝罗迪（Pietrobelli and Rabelloti，2011）又增加了链间升级（inter-chain upgrading），或称为产业间升级（inter-industry upgrading），即企业运用新知识升级其产品进而进入新产业的相关价值链。严格地说，这些升级模式并不能与技术创新一一对应，也不符合技术升级的概念（Gehl Sampath and Vallejo，2018），但是，这些升级模式背后的驱动因素无一例外地指向技术创新。这就是说，企业技术创新推进了本地企业在全球价值链中的位置升级。全球价值链范式下的升级旨在揭示如何通过各种非制造活动，如设计、物流和配送等，以及诸如可变性、可靠性、响应性、灵活性和适应性等因素来创造价值。常言道"逆水行舟，不进则退"，当本地企业无法升级时，就可能面临落后，甚至在现有的全球价值链中面临被边缘化、被排斥的风险（Gibbon and Ponte，2005）。

2. 全球价值链范式下的创新驱动层级

与传统社会科学范式侧重将单个企业或单个国家作为分析单元不同，全球价值链范式（GVC approach）是一个基于多标量的框架（multi-scalar sector-based framework）。这是因为贸易联系超越了国家界限，全球价值链范式下的生产是通过跨国链（cross-national chains）整合的。全球价值链范式将全球、国家与企业进行了宏观、中观与微观的全面整合。因此，全球价值链范式下的

---

① 过程升级是指通过重组生产或使用更先进的技术更有效地将投入转化为产品。产品升级是指生产在市场上可以获得更高价格的复杂产品。功能升级是指从事价值链上的新功能，如设计、营销等。

创新驱动从大及小、从宏观至微观也区分为不同的层级，如图4-1所示。

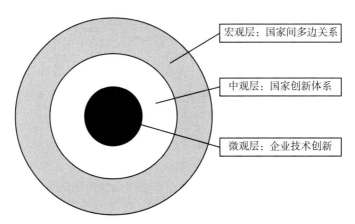

图4-1　全球价值链范式下的创新驱动层级

资料来源：笔者绘制。

第一，国家间的多边关系：全球价值链范式下创新驱动的宏观层级。全球价值链范式不仅以单个企业或国家作为分析单位，还将跨越国家边界的关系纳入研究视野。事实上，全球价值链上的权力关系已经超越了企业间交易产生的经济关系，国家间的贸易政策、国际组织的相关规则等都会直接改变全球价值链，因此，全球价值链是嵌入在复杂国家间政治关系中的特殊多边经济关系。权力等同于话语权，全球价值链上国家间的话语权代表了全球价值链上价值活动的终极合法性。发展中国家与发达国家在全球价值链上的权力关系是不对称的，发展中国家往往需要积极参与多边活动，加强应有权益，才能努力实现互利共赢。因此，贸易一体化地区对全球价值链领军企业更具吸引力，不仅是因为贸易一体化会带来贸易上的便利，更是因为一体化区域内国家间容易就价值链上的生产标准达成一致认知，交易成本的大大降低激励了领军企业的技术创新行为。但是，全球价值链上的多边关系具有一定的脆弱性，多边关系中任何一方的不确定性行为，都会影响到全球价值链的健康。所以，发展中国家谋求全球价值链位置攀升的前提条件是稳定的开放型经济体制以及稳定的国际政治经济关系。作为发展中大国，我国可以以更加建设性的姿态参与全球治理，推动制定实施更加符合我国国家核心利益的全球治理战略，为我国制造业全球价值链位置攀升创造良好的宏观环境。

第二，国家创新体系：全球价值链范式下创新驱动的中观层级。全球价值链研究在关注企业间关系、企业行为时必须充分考虑本地企业所处的制度环境（Coe et al.，2008）。地方创新系统在促进企业创新努力和增强其对企业价值链升级的影响方面发挥着重要作用（Pietrobelli and Saliola，2008）。国家创新体系是激发、培养人们的求知欲和探索精神、促进集体层面学习联系与学习能力形成的强大支持性制度。也就是说，国家创新体系通过外部制度环境的塑造，从扫清国家间、部门间知识流动障碍入手，为企业接触新技术、新知识创造条件，激发企业的学习行为。良好的制度环境促进了创新系统中的协作学习，使企业层面的技术变革和升级成为可能。支持性创新制度足够强大时，企业会受到足够强的正向创新激励。全球价值链范式下，来自不同国家、不同部门的企业在频繁互动中吸收、学习技术与知识，从而使国内部门获得技术升级和价值增加。成功的工业化国家的案例研究证明了这一点，李等（Lee et al.，2018）通过对韩国的研究发现，本地制度对本地企业利用并受益于全球价值链、促进出口拉动型增长发挥了重要作用。这些制度不仅规定了企业如何融入全球价值链并从中受益，还引导企业将所获得的学习收益应用在更广泛的产业中以获得溢出效益，同时引导企业从处于不利地位的价值链进入其他价值链的生产前沿。越来越多的研究证明，国家创新体系对企业的支持有助于增强制造业产业的价值增加（manufacturing value added，MVA），发展中国家薄弱的国家创新体系往往是其出口附加值增加与学习脱钩的主要原因（Pietrobelli and Rabelloti，2018）。可见，制度的力量在驱动本地企业或产业价值链升级中的作用不可小觑（Fagerberg and Srholec，2009）。

第三，企业技术创新：全球价值链范式下创新驱动的微观层级。即使是在全球价值链范式下，企业层面的创新努力仍然是创新驱动的核心。众所周知，从微观角度看，创新包括产品创新、过程创新、组织创新和市场创新四种类型。其中，产品创新与过程创新的核心内涵是技术创新；组织创新通常是生产管理模式的创新，如精益生产实践的引入等；市场创新往往与产品创新重叠，在大多数情况下是引进自己的品牌和产品线等。根据调查（De Marchi et al.，2016），有 82% 的全球价值链存在由产品创新和过程创新带来的经济效益提升，相比而言，组织创新与市场创新在全球价值链中的作用相对较低。因此，虽然组织创新、市场创新是微观层面企业创新的应有之义，但是，无可否认技术创新始终是创新的核心。莫里森等（Morrison et al.，2008）认为全球价值链研究应强调全球价值链企业间的联系在转移技术知识和促进创新方面的作用，考虑单个企业技术能力的获取，关注企业是否以及如何参与全球价值链创新的问题。可见，微观企业技术能力发展的内在过程对创新驱动制造业全球价值链位置升级起到增强或妨碍的关键作用。有证据表明，虽然发展中国家尚未带来产业前沿的重大技术革新，但是，有理由相信随着本土创新能力的提升，发展中国家未来可能会变成高创新者，这将对全球价值链产生深远影响（Lema et al.，2013）。

总之，从创新驱动的层级上看，依靠创新来驱动制造业全球价值链位置攀升，不只需要激发微观企业的创新热情、增强其创新能力，还需要相应的国家创新体系与国家间多边关系与之匹配。国家创新体系在一国范畴内为制造业通过创新改变全球价值链中的位置提供了制度环境，全球价值链上国家间多边关系则从更高层面上决定了一个国家制造业参与全球价值链的可能性，或者说本国制造业与其他国家制造业间的动态竞争总是在特定全球治理结构下进行的，国家间多边关系的构建为本国制造业参与全球价值链设定了行动框架。因此，创新驱动制造业全球价值链位置攀升是一个涉及企业、国家与跨国家关系的重大问题，本章致力于从微观角度即制造业企业技术创新层面深入探究创新驱动制造业全球价值链攀升的内在机制。值得强调的是，本书不是否认国家创新体系与国家间多边关系在创新驱动制造业全球价值链位置攀升中的关键作用，而是在假定国家创新体系与全球治理结构良好且外生给定的条件下，来阐释创新驱动的微观作用机理。因此，本章暂不对国家创新体系与全球价值链上的国家间多边关系进行过多阐述。

4.1.2　新时代的技术创新

创新驱动我国制造业迈向全球价值链中高端的根本在于技术创新，即以低的资源代价为前提，提高资源的使用效率，创造出新的先进的质量更高的最终产品。虽然技术创新是经济增长、产业结构优化升级不二动力的事实已经成为常识，但是新的市场环境改变了技术创新的创新导向与技术的演化路径，因此有必要重新认识新时代下的技术创新，发现技术创新的新内涵、新特征。

1. 从以竞争为核心的技术创新向以用户为核心的技术创新转变

波特的五力模型以企业为中心揭示了产业竞争中决定竞争范围与程度的五种力量，提出企业竞争的根本目的是获取竞争优势。在五力模型的竞争范式下，技术创新的目的就是通过构建技术壁垒形成并保护自身的竞争优势，降低其他在位厂商、潜在进入者以及替代者的竞争威胁，从供应商和购买者那里获得更多的讨价还价能力。因此，五力模型竞争范式下的技术创新是以竞争为核心的技术创新，技术创新的核心目的是在竞争中取胜，获得竞争优势。企业需要时刻关注在位厂商的技术创新行为、潜在进入者的技术跟随或创新以及替代者的新技术研发。购买者与供应商并不直接参与竞争导向的技术创新，只参与熊彼特租金的实现。技术创新剑指竞争，并不真正关心市场中的用户需求，创新的目的是获得更高的创新租金。

　　不同于竞争导向的技术创新，以用户为核心的技术创新将用户作为技术创新的起点与终点，即企业一切技术创新活动围绕用户需求进行，如图 4 - 2 所示。用户需求不仅直接决定了企业的技术创新方向，用户还往往直接参与企业的技术创新活动。互补者是最终产品用户价值的共同缔造者，企业与互补者之间的技术创新相互促进、相互协同。同样，与互补者的重要性相同，企业为满足用户需求所进行的所有创新需要得到供应商的配合，如果供应商因为提供新型配件的量小、利润低而拒绝合作，企业为用户提供新用户价值的创新可能就无法顺利实现。即便是竞争者也不再是竞争导向技术创新范式下的你死我活，而是形成"合作性竞争"的新型关系。为了满足市场、扩大市场规模或促进创新扩散，企业与竞争者往往构建起合作关系。可见，在用户导向的技术创新中，技术创新不是企业一方的事，是用户、互补者、企业、供应商与竞争者多方共同的事。为了提供新产品、新价值，技术创新由竞争导向下的直线关系转变为用户导向下的网络关系。企业技术创新在价值网络中进行，对企业而言，要采用新技术，必须考虑新技术对企业价值网络的影响，以及价值网络对于企业的约束。

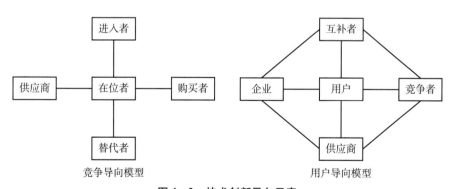

竞争导向模型　　　　　　　　　　　用户导向模型

图 4 - 2　技术创新导向示意

资料来源：笔者绘制。

2. 从封闭式技术创新向开放式技术创新转变

价值网络的每一个节点都参与企业技术创新，技术创新不再封闭在企业内部，恰恰相反，企业越来越意识到内部资源的有限性。开放式创新不仅仅是开放的用户创新，即用户参与企业的创新协作，更是开放的组织创新，也就是各个部门之间的障碍全部消除，资源流在研发、生产、销售以及其他部门之间自由流动，完全透明，业务没有国内国外之分，企业与外部市场的围墙全部推倒，供应商与用户成为企业业务过程的有机组成部分。开放式创新打破了企业的边界，企业拥有更加开放的心态与更加开放的眼界，面对的创新资源市场不再具有地域性，全球创新资源都在可被使用的范畴内。此时，新产品提供会经历一个从发掘用户需求到组织全球创新资源再到创造新用户价值的过程，在这一过程中"协同"随时随地出现，"共享"时时刻刻发生。

技术创新从单个企业的内部创新向供应链、价值网、生态系统一步一步过渡，从初始单个企业内部创新的封闭到创新生态系统的开放，参与到技术创新中的主体越来越丰富。供应链上下游企业、顾客、互补产品提供者以及高校科研院所等各个主体都在创新生态系统中占有一席之地。此时，制造业企业技术创新模式得到了多样化的发展，各种形式的创新联盟、创新合作层出不穷。与此同时，设计驱动的创新（design driven innovation）成为技术驱动的创新（technology driven innovation）的有益补充（Rindova et al.，2007），与技术驱动的创新产生产品或服务使用维度（utilitarian dimension）的实质性改变不同，设计驱动的创新改变了产品或服务的意义维度（meaning dimension）。特别是对设计密集型制造业产业而言，设计驱动的创新已经成为企业竞争的新趋势。

3. 从延续性技术创新向交叉性融合性技术创新转变

时至今日，AI、大数据、云计算已经成为第四次工业革命的核心技术，制造业在新兴信息技术的渗透与融合中悄悄改变着自己的面貌，一些新兴的融合产业更是如雨后春笋般层出不穷。伴随着第四次工业革命的爆发，制造业在"质"上实现了升级与发展。根据技术创新规律，技术进化的特性是"自创性"，即所有技术的产生，都源自以前的技术（布莱恩·阿瑟，2014）。技术的演进具有很强的路径依赖性，技术总是从已有技术中产生的，已有技术的组合使得新技术成为可能。随着技术的不断发展，已有技术的组合越复杂，技术体系本身的复杂性就越高。因此，技术创新会因为过高的复杂性限制了新技术组合的出现，也就是说，根据技术的演化规律，技术创新会出现迸发期与瓶颈期。计算机技术在第三次工业革命期间出现了技术成果的大量迸发，以互联网、物联网、人工智能、大数据、云计算技术为技术支点的第四次工业革命将迎来互联网、物联网、人工智能技术应用的大迸发。互联网、物联网、人工智能、大数据、云计算技术具有很强的交叉融合性，未来的制造业技术创新必将呈现出信息技术、脑科学、认知科学、人工智能等学科交叉融合的特征。因此，未来的制造业技术创新会在"借用"多学科知识中得到发展。交叉性融合性技术创新往往是推动制造业企业产品升级、功能升级和跨链或产业间升级的技术推动力。

4.1.3　新时代的制造业与制造业全球价值链

1. 新时代的制造业

我国制造业全球价值链攀升是在抓住产业变革新趋势下的位置攀升。制造业数字化、智能化、绿色化、服务化转型是新时代制造业发展的大趋势。制造业利用互联网、人工智能技术，将人与机器、机器与机器连接起来，实现智能化操作、智能化生产并提供绿色低碳、网络智能的产品与服务，我国制造业正在面对前所未有的"逆转"机遇。与第三次工业革命时我国制造业差不多落后百年的境遇不同，今天我们快速感知到了第四次工业革命的到来。OECD 报告指出①，2020 年的全球新冠肺炎疫情加速了制造业远程化、数字化的转型进程。越来越多的企业接受数字工具来帮助其实现远程工作，据 OECD 统计，2020 年在 OECD 成员中超过 1/3 的劳动力从事非标准化的弹性或在线工作，远程办公使制造业的业务活动维持在正常水平的 70% ~ 80%，虽然 OECD 成员遭受大量失业的经济重创，但是数字化、远程化的引入促使劳动生产率不降反升。因此，新时代我国制造业向全球价值链中高端攀升的过程，就是制造业业态向数字化、智能化、绿色化和服务化转变的过程。

数字化、智能化、绿色化、服务化转型后的制造业，将实现三个重要转变。一是突破传统工艺、工控手段对效率改进空间的限制。利用人工智能、大数据、云计算将专家经验（domain knowledge）显性化、规范化，工业大脑的形成让生产的稳定性大大提升，损耗大大降低。二是绿色低碳的创新设计推进制造业生产方式变革。现代信息技术、生物技术、新材料技术、新能源技术等

---

① OECD. 2020 年 OECD 数字经济展望［EB/OL］. http：//www.oecd.org/publications/oecd – digital – economy – outlook – 2020 – bb167041 – en. htm.

高新技术的创新设计应用带来资源的可循环利用，节能环保新设备、新工艺、新服务的介入改变了传统制造业"三高"的生产组织方式。三是追求"长尾效应"，从围绕用户的最佳实践中获利。一方面，目前大部分制造业发展演化到了分众市场或杂合市场的发展阶段（朱恒源和杨斌，2018），也就是产品的主流用户群体、规模、成长速度以及需求多样性处于持续的快速变化中。制造业不再像以往满足大众市场那样通过规模经济降低成本获得盈利，而是面对异质的需求，满足细分化甚至是个性化、自主化的用户需求。另一方面，制造业面对的价值空间从产品价值扩张至用户价值，制造业围绕用户提供用户所需的产品和服务较之只提供产品能够获得更多的盈利机会与用户满意度。

2. 新时代的制造业全球价值链

在制造业发生重大变革的同时，风云变幻的国际政治经济关系与区域经济的发展也在改变着制造业全球价值链。特别是 2020 年全球新冠肺炎疫情对全球价值链的重大冲击，以及近年来美国等发达国家对我国关键企业的恶意制裁，让全球价值链的安全比任何时候都更加受到关注。

第一，多极化的世界格局让全球生产网络与全球价值链变得既不可逆，又势必发生重大改变（斯蒂格利茨，2019）。不可否认，我们生活在国家间相互高度依存的世界，无法仅在自己国家内完成所有最终产品和服务的生产，虽然全球化与全球价值链存在负外部性，特别是近年来地缘政治、民粹主义的抬头，让全球价值链面临比以往更多的解链风险，但是全球化依然是一种不可逆的发展趋势。与此同时，世界正在发生迅速变化，以金砖五国为代表的新兴经济体蓬勃发展，打破了发达国家或国家集团占绝对优势地位的国际格局。因此，正如斯蒂格利茨所言"除非世界其他多国同意，否则美国脱离全球经济，将会有其他国家挺身而出填补这一角色，并将出现一个新的全球化"（斯蒂格利茨，2019）。换言之，共享繁荣的公平全球化规则可以弥补保护主义不能解决全球化产生外部性问题的不足。因此，制造业全球价值链不会因为个别国家的保护主义而消失，恰恰相反，全球价值链将进入新一轮的重组阶段，与以往不同的是，全球化将表现出多极特征，地缘政治、民粹主义的抬头将促使有限全球化的出现。面对外部事件对全球价值链的负面冲击，来自学术界的呼声是建议采用冗余而不是回流以增强全球价值链的稳健性和弹性，从而防止全球价值链的突然断裂（Gereffi，2020）。换言之，减少对一个或少数占主导地位的供应商的依赖会使得全球价值链更具韧性，而不是逆全球化地退出全球价值链（Bacchetta，2021）。这就意味着，在超级全球价值链解链的同时蕴藏着构建以我国为主的有限全球价值链的机会，不得不说，这是我国制造业遇到的一个绝佳"逆转"契机。

第二，我国出口导向型为主的制造业增长模式即将结束，全球价值链旧链的退出高潮即将来临。从 20 世纪 80 年代开始，我国依靠出口导向型制造业取得了巨大成功，通过嵌入以外国跨国公司为主的全球价值链中，获得了举世瞩目的经济增长。"十三五"时期以来，新环境决定了我国持续进行国内产业结构的转型升级与再平衡，日益增长的消费支出和服务业成为经济增长的新支点。与增速正在减弱的出口导向型制造业形成鲜明对比的是，满足消费升级后新产品、新服务旺盛需求的制造业如雨后春笋般蓬勃发展。由于受到技术创新水平的限制，我们还需要大量进口来满足国内市场对新产品、新服务的需求。这说明我国企业面对的制造业全球价值链，开始从满足国外市场需求转向满足国内市场需求，从发达市场转向新兴市场。因此，"双循环"是我国制造业的天然属性，与以往不同的是，外循环逐渐淡化出口导向的特性。我国制造业退出旧链的同时，开始了构建以我为主的全球价值链的新进程。特别是新冠肺炎疫情对全球价值链的冲击，拉开了新一轮主权经济对全球价值链主导权力追逐的帷幕。化危机为转机，具有韧性的我国制造业具有把握机会，顺势解构旧价值链，重构新价值链的可能。

第三，制造业全球价值链的分工形态发生改变，全球价值网络形成。全球价值链是全球生产网络的产物，是各国企业依据比较优势参与产业内、产品内贸易的国际合作结构。新时代的制造业变革改变了企业内部的价值链，一切围绕用户的战略导向促使研发设计与营销环节几乎合而为一，企业内部价值链从链变成了环。与此同时，大数据、分布式生产、柔性的智能制造等让制造环节的成本下降、资产专用性下降。更重要的是，设计、营销、安装、金融或其他增值服务等与制造业的最终产品变得密不可分，或者说，就是消费者获得的最终产品与服务的一部分，即一个企业的服务水平决定了其能否在全球价值链中占得一席之地。世界银行与世贸组织的报告显示（World Bank and World Trade Organization，2019），全球价值链的生产长度（即由初级投入到最终产品之间的平均生产阶段数）已经缩短，这表明跨国界的生产分享活动减少了，但在国界内的劳动分工可能在加深，这一趋势更加集中地体现在传统制造业的全球价值链中。与此相反，复杂技术产品的全球共创却越来越复杂，特别是在产品与服务之间的差别进一步消弭的情况下，复杂技术产品的价值创造将由众多厂商参与的全球价值网络来完成。因此，传统制造业全球价值链国界内价值网复杂程度的不断加深，为价值链参与企业降低对国界外价值网络的依赖提供了可能，而对于复杂技术产品而言，越来越紧密的全球价值共创的网络合作则成为新的趋势。事实上，扩大国际生产网络的网络规模，避免对一两个网络节点的过度依赖已经成为构建具有弹性的全球价值链的主要手段（Contractor，2021），换言之，鼓励跨国公司以多种方式实现供应链多元化，可以将组件和产品的来源分配到不同的国家，采用多地方组装（multilocal assembly）的混合形式，从而保持规模经济、合理成本和创新机会（Cuervo－Cazurra，2020）。随着制造业全球价值链演化为众多节点交叉的复杂合作网络集，我国制造业不可避免地要融入全球价值网络中。但是，从产业技术特征的差异来看，传统制造业与新兴复杂技术产品的全球价值网络构建存在一定差异。其中，随着传统制造业国界内价值网络复杂程度的不断加深，由国内价值网络形成对国外价值网络的部分替代。相反，复杂技术产品的全球价值网络将变得更加复杂，降低制造业全球价值链的对外依赖与提高价值链安全性变得更加困难。

第四，制造业全球价值链的空间形态发生改变，区域性价值链形成。如前所述，制造业企业转变为围绕用户为用户提供一体化解决方案的供应商，此时，市场响应速度远比低成本更重要。制造业厂商更愿意靠近用户并为用户提供更加富有柔性的产品与服务，分布式生产恰恰满足了厂商这一需求。在密切整合许多供应商的条件下，根据市场变化实时展开准时生产，远比从千里之外长途运输的产品更符合市场需求。为了接近用户、更好地理解用户，制造厂商会选择在最终市场布置生产环节，而放弃寻求劳动成本更低的传统全球分工模式，特别是在新兴市场消费增长势头迅猛的情况下。目前，亚洲地区、欧盟都形成了显著的区域性价值链效应，我国由于发展出较完善的本地价值链和垂直整合的产业格局，已经成为区域性价值链的重要一极。可以预测，随着"一带一路"倡议的进一步推进，以及区域全面经济伙伴关系协定（Regional Comprehensive Economic Partnership，RCEP）全面经济伙伴关系协定的签订，围绕我国形成的区域价值链的规模将愈加庞大。

4.1.4　新时代制造业全球价值链中高端的新特征

新时代制造业与制造业全球价值链发生了巨大改变，此时，制造业全球价值链中高端也表现出了新特征。

第一，制造业全球价值链中高端不再是"微笑曲线"的两端，而是整合了研发、设计、营销以及其他增值服务的全球价值链制造环节的隆起。换言之，功能升级（functional upgrading）是新时代制造业价值链升级的显著特征。产品与服务泾渭分明的条件下，专注于研发、营销的"虚拟制造"企业被认为是位于价值链的中高端，原因在于可以获得产品所包含的更多附加值。传统制造模式下，生产阶段与生产前（pre-production）或生产后（post-production）阶段在价值增加值之间的差距巨大，且价值高度集中于服务。但是，随着产品与服务的边界越来越模糊，产品逐渐成为服务的载体，为用户提供一体化解决方案成为企业创造用户价值的主要手段，制造环节与研发、设计、营销、安装、金融等服务环节紧紧地嵌套在一起。制造业企业可以从整合了研发、设计、营销以及其他增值服务的制造中实现获取更多产品附加值的目的。与美国"虚拟制造"的模式不同，我国制造业不能以放弃制造转向研发、设计、品牌的空心化发展模式来实现价值链位置的提升。因此，整合了研发、设计、营销以及其他增值服务的全球价值链制造环节的隆起是制造业迈向全球价值链中高端的静态特征。

根据一项对全球制造业企业近 20 年的长期调查（IMSS）显示，制造业企业竞争优先权（competitive priorities）正在从传统的低成本、高质量、交货周期短以及高柔性，不断扩展为可靠性、服务、创新、可持续性与责任性（Netland and Frick，2016）。其中，可靠性意在将交货速度与交货准确性予以区分，服务与创新分指服务化和技术创新对制造业企业竞争的价值，可持续性与责任性则是将环境绩效与社会责任纳入制造业企业战略意图的企业竞争方式。可见，制造业智能化、绿色化、服务化转型本身就是制造业迈向全球价值链中高端的途径。而从调查得到的制造业企业竞争优先权变化趋势看，质量和可靠性始终都是制造业企业最重要的竞争优先权。换言之，"质量第一"始终是制造业企业的第一要务，高质量发展无疑是我国制造业迈向全球价值链中高端必须完成的关键一环。

第二，企业在制造业全球价值网中的位置决定了企业获得的产品附加值的大小，价值网络之间的竞争则决定了谁能够处于全球价值链的中高端。由众多制造厂商参与的全球价值网络，谁能够在全球价值网中处于网络集中度高的位置，谁就可以获得更多的附加值。集中度高的位置并不等于企业处于领导或主导地位，以智能手机为例，价值网中除了主导厂商，操作系统或软件平台提供商也往往处于集中度高的位置，因此不是智能手机主导厂商的谷歌却可以获得高的附加值。网络集中度高的厂商拥有更多的资源配置与使用权限，更多地决定了价值网络为用户提供的核心价值。与此同时，因为全球价值链已经演化为众多节点交叉的复杂合作网络集，因此，价值网络之间的竞争结果决定了集中度高的制造厂商在全球价值链中的位置。由比较优势决定的全球分工网络，被由竞争优势决定的价值网络替代。换言之，能够被市场接受的为用户创造更多价值的价值网络拥有更高的附加值获取权，从竞争的角度看，那些在拥有竞争优势的价值网络中处于高集中度位置的厂商，将会处于全球价值链的中高端。制造业企业在拥有竞争优势的全球价值网中处于高集中度位置是制造业迈向全球价值链中高端的动态特征。

第三，摆脱关键技术对全球价值链的过度依赖，从技术传递者、技术使用者向技术整合者与技术提供者转变，是我国制造业迈向全球价值链中高端的技术维新特征。这一转变既是内生比较优势不断积累的结果，也是制造业在市场机制与技术体制下的主动选择。一方面，专用性知识的长期积累、消费市场的深入了解，以及全球流动的创新要素，为拥有技术创新基础的制造业完成技术整合者甚至是提供者身份的转变创造了良机。诚然，从根本上改变制造业对全球价值链的技术依赖对于我国大多数制造业而言还为时尚早，但是核心技术对全球价值链外部依赖的程度降低却是我国制造业迈向全球价值链中高端的关键指标。因此，从技术创新能力积累的角度看，我国制造业迈向全球价值链中高端的表现就是制造业技术创新能力的大幅提升。另一方面，新的国际环境正在加速我国制造业企业与科研院所向通用性技术、基础性技术的创新投入。时至今日，摆脱关键技术受制于人的被动局面，对更加安全的全球价值网络的重新构建，已经成为时代对全球价值链的新要求。当然，在这一主动选择的过程中，打破信息垄断，构建开放的、自由的要素市场依然是新技术产生的必要条件。突破现有技术体制的束缚不只是对创新投入的增加，更需要推进国家、区域、产业、企业创新系统的全方位演进。

第四，拥有高价值自主品牌、高技术创新能力的厂商数量大大增加是制造业迈向全球价值链中高端的群体特征。当制造业企业通过提升产品效能、改进生产效率、降低交易成本以及提供增值服务而为用户创造更多价值时，制造业企业就能够获得更多的附加值。制造业迈向全球价值链中高端可以表现为两个特征：自主品牌价值提升以及拥有自主知识产权的技术创新增多。因此，一批世界级先进制造业产业集群的形成是我国制造业迈向全球价值链中高端的主要特征之一。根据集群理论，由于知识溢出效应、虹吸效应、漏斗效应、低交易成本等原因，集群为群内企业带来了强经济正外部性，促进了群内企业的成长。因此，培育世界级先进制造业产业集群是制造业迈向全球价值链中高端的手段，而世界级集群的形成则是制造业处于全球价值链中高端的标志。区别于一般的产业集群，世界级先进制造业产业集群汇集了一批品牌价值高、技术创新能力强的领先厂商，与此同时，集群内形成了有利于创新资源自由流动与高效配置的资源配置机制，世界级产业集群将成为全球创新要素的集聚地。从目前我国制造业发展趋势来看，预期机械设备产业、计算机和电子产业、轨道交通装备与航空航天等领域有望形成世界级先进制造业产业集群。

4.2　技术创新驱动制造业全球价值链位置攀升的内在机理

产业是企业的集合概念，制造业迈向全球价值链中高端包含两个层面的内涵：厂商在"质"上的飞跃以及高质厂商在"量"上的增加。回顾改革开放以来我国企业嵌入全球价值链的过程可以发现，是技术发展的标准化、模块化使得我国企业获得了嵌入全球价值链的机会。一方面，标准化、模块化促使技术溢出更加容易，我国企业技术学习的成本被降低了；另一方面，标准化、模块化降低了我国企业加入全球价值链的准入门槛。事实上，多数中低收入国家正是通过加入全球价值链而实现工业化的。因为中低收入国家只需专注于价值链中的特定任务，而不是生产整个产品，从而降低了工业发展的门槛和成本。但是，标准化、模块化产生的成本优势并不会自动转化为制造业的技术进步，相反，可能还会使企业陷入低成本的恶性竞争，陷入价值链的位置锁定陷阱。要升级到技术先进的价值链的高附加值环节或部分，制造业企业需要学习额外的和补充的技能，即使这些技能可能与制造活动本身无关，如营销、研发等（Brandt，2011）。

为什么日本、美国和欧盟这些制造业强国不存在价值链的位置攀升问题呢？这是因为，日本、美国和欧盟在 20 世纪所做的恰恰是从零开始建立自己的价值链，而不是如我国曾经历的那样嵌入已经存在的价值链。换言之，在全球价值链形成之初，日本、美国和欧盟等制造业强国就是通过构建价值链而位于高附加值环节。可见，在中低收入国家受益于嵌入全球价值链，享受着外国知识产权、商标、经营管理经验、商业惯例等带来的好处的同时，处于价值链的低附加值从属位置就是中低收入国家负担的成本。在给定全球价值链上国家间关系与国家创新体系的条件下，全球价值链范式下技术创新驱动制造业全球价值链位置攀升的内在机理是本部分需要揭示的核心问题。依据技术创新从发生到扩散再到通过市场竞争得到市场认可的理论逻辑，构建从内到外的剖析路径，并以此揭示技术创新驱动制造业企业价值链位置攀升的内在机理。

4.2.1 内生比较优势、互动学习与技术创新

如果说内生比较优势是技术创新的内部源泉，那么互动学习（interactive learning）就是技术创新的外部催化剂，而互动学习的发生条件则是价值网的构建。事实上，不论是内部学习还是互动学习都是获取、形成新知识的渠道，是技术创新的基础性活动。

1. 技术创新是内生比较优势积累的结果

内生比较优势是事后生产率差别，即不是由资源或生产效率的天然差异造成的机会成本优势，而是决策后造成的事后生产率差别。具体来说，两个主体在决策前是相同的，如果它们选择专注于不同的产业，如第一个人专注于生产 A，第二个人专注于生产 B，那么，第一个人生产 A 的平均劳动生产率就会高于第二个人生产 A 的平均劳动生产率，这种差别就是内生比较优势。熟能生巧与规模报酬递增是造成内生比较优势的主要原因。"杨小凯—博兰德模型"（Yang – Borland model）讨论了熟能生巧与分工演进之间的互动对于增长和贸易的意义（Yang and Borland，1991）。他们认为，生产产品的经验是可以积累的，在不断的专业化生产中产品生产者将获得人力资本的积累，并可以通过"干中学"获得新知识与新经验。如果没有熟能生巧，专业化也许会发生，但是劳动专业化分工的水平不会随着时间的推移而提高，而如果没有专业化经济，专业化就不会被选择，因为为满足多样化需求的交易费用为正，任何理性的行为人都会放弃专业化。在熟能生巧的作用下，专业化收益将日渐高于放弃多样化消费的损失，最终使得分工朝向完全分工的方向演进。大量经验证据表明，"干中学"带来的技术创新是一国产业价值链升级的主要驱动因素。近年来一些针对汽车部门创新的研究发现，发展中国家汽车工业正在从装配作业向更高附加值的生产环节演变（Gehl Sampath and Vallejo，2018）。经历了几代人的努力，发展中国家的汽车制造业价值增加值连续 10 年处于增长状态，发展中国家的汽车工业曾经以组装业务为主，现在涉及更多的本土研发，而在"干中学"中形成的内部知识积累则是导致产业内技术创新的主要原因。

2. 技术创新也是价值网络内互动学习的结果

互动学习既是生产、传播和使用新的、经济有效的知识的便捷途径，也是

本地企业参与全球价值共创的强劲信号。在全球价值链范式下，企业间网络在企业获取知识、促进学习和创新方面发挥了越来越大的作用，借助网络，企业可以更便捷地进行知识与创新的国际交流与合作（Pietrobelli and Rabellotti，2011）。换言之，全球价值链范式下企业的学习过程在很大程度上发生在企业之间，而不仅仅是企业内部。价值网内上下游企业之间、用户与企业（user-producer）之间、公共组织与企业（public-private）之间的互动学习在全球价值链中对本地企业的创新和学习起到重要作用（Jurowetzki et al.，2015）。一些强有力的经验证据表明，本地企业利用从全球价值链中获得的学习机会提高了产业和国家的整体经济效益（Estevadeordal et al.，2013）。这是因为，一方面，当本地企业嵌入以领军企业为主导的全球价值链中，本地企业的学习努力与当地国家的社会支持会增加价值链领军企业对其从事高价值活动的升级过程的支持，同时，本地企业的学习努力与当地国家的社会支持也会增强领军企业在当地采购高价值产品的兴趣；另一方面，当本地企业从事具有颠覆色彩的创新活动而重构以本地企业为主的价值链时，本地企业的学习努力与当地国家的社会支持会吸引大量与本地企业配套的国际企业嵌入本地企业所构建的价值链中来，这是由互动学习的互惠属性决定的。持续地互动学习传递出本地企业参与全球价值创造的态度与信心，成为本国企业国际合作信誉形成的信号。

　　企业集群可以极大地增强本地企业的互动学习。虽然全球价值链和集群常常被单独研究，但是，实际上它们是相互关联的现象。已有研究表明，本地企业在全球价值链中的升级往往是通过参与本地集群而得到增强的（De Marchi et al.，2017），集体效率（collective efficiency）的高低与集群内的企业创新呈显著正相关关系（Giuliani et al.，2005）。集群内的联合行动可以通过多种方式促进全球价值链的升级。它可以提高当地企业的议价能力，降低买家的交易成本，提供一个分享信息、展示新产品、新过程或新技术的平台，可以提供如培训、融资等促进企业价值链升级的支持服务。企业集群内的横向联系可以帮助中小企业获得规模经济，并在与下游企业的交互中获得新知识，集群内的互动学习促进了企业特别是中小企业在全球价值链上的升级。因此，在我国制造业迈向全球价值链中高端的过程中，集群的培育是必要的一环。事实上，本国企业进入网络并与领军企业、全球供应商或它们的中间商建立关系是形成互动学习关系的第一步。网络中企业间信息和权力的不对称性会对互动学习造成阻碍。通常，这种不对称性在规模差距较大的企业间尤为突出，在全球价值链中处于领先地位的企业和它们的供应商可能会阻碍相互学习的过程，把小企业甩在后面。与此同时，国际组织和东道国政府在缓和不对称和促进必要的学习溢出方面可以发挥重要作用，只有结合国家制度才能理解和促进全球价值链中的技术升级，因此，国家创新体系这一制度环境在企业如何从贸易中受益以及如何参与全球价值链方面起到了关键的影响作用。

4.2.2 创新扩散、创新溢出与产业升级

单个企业技术创新的发生与整个产业技术水平的提升，是个体与整体之间的差异。相对于微观企业的技术创新，整个产业技术水平的提升不仅取决于单个企业的创新热情与创新结果，更与创新在需求端的扩散以及创新在企业间的传播密切相关。产业技术水平提升的直接结果就是产业升级，全球价值链范式下本地制造业的产业升级可通过考察本地制造业执行的简单任务和复杂任务的相对比例来估计。简单任务与复杂任务的区别在于，简单任务可以由受教育或培训相对较少的工人来完成，而复杂任务必须由技能更高的工人来完成。

第一，市场对创新产品的接纳是产业升级的需求侧决定因素，扩散缓慢或扩散困难的创新无法推动整个产业的技术进步。需求是影响产业演化的主要因素，作为一种说服不同层次的消费者参与其产品和服务的工具，创新的传播对产业演化至关重要。正如罗杰斯（Rogers，2003）所指出的，创新产品不是沿着一条直线流入或"扩散"至市场，而是在消费者的一波又一波接受中，从创新者开始，然后转向早期采用者、早期多数人、晚期多数人，最后是落后者。因此，创新扩散的路径呈现"S"形，即从一个缓慢的市场采纳开始，发展到快速增长，在曲线达到临界点时，大多数潜在采用者采用了创新。在经验层面，需求在产业演化中所扮演的角色已被充分证明。正如克里斯滕森（Christensen，1997）在硬盘驱动器、土方设备、零售商店和电机控制等产业研究中所记录的那样，产业发展过程中的需求、市场细分的规模、增长、结构和组成，在产业发展的不同阶段以不同的方式影响着创新。显而易见，虽然大多数创新都遵循这种模式，但创新扩散曲线的斜率却因创新的个体差异而发生改变。罗杰斯（Rogers，2003）认为，消费者对创新的感知、创新的类型、沟通渠道、社会系统以及创新者的推广努力等都是影响创新扩散速度的主要因素。可见市场对创新的需求最终决定了创新的商业化，或厂商实施创新的经济预期。

第二，创新在厂商间的传播、溢出是受技术创新自身特点影响的复杂过程，是促使创新从微观企业传播至产业整体的供给侧因素。技术的创新程度是

限制技术创新在企业间传播的关键之一。因为涉及对现有技术微小改变的技术革新具有相当显著的竞争性，所以增量创新总是比激进创新更容易在企业间传播。此外，创新在产品内的定位也会影响到创新在企业间的传播。按照亨德森和克拉克（Henderson and Clark，1990）的分类，引起产品内部组件变化的模块创新（modular innovations），与引起产品内部组件之间联系变化的整体创新（integral innovations），在创新传播上具有完全不同的效率（Henderson and Clark，1990）。技术创新可能影响一个或多个产品模块，也会影响到模块之间的连接。相对于模块创新，整体创新在企业间的传播更慢也更加困难，这是因为企业需要跨越知识壁垒、积累新的架构知识。此时，企业吸收能力的大小成为决定创新在企业间传播速度与范围的"操控手"，那些能够快速跨越知识壁垒、弥补知识缺口的企业成为产业内技术创新的领先采用者，相反，无法完成新知识积累的企业被排挤在新技术之外。事实上，市场结构、关系稳定性、利益、知识跨度以及企业之间的相互依赖程度等都会影响到创新在企业间的传播，这就使得创新传播或溢出的过程变得难以捉摸（Taylor，2005）。

4.2.3　产业升级、产业竞争优势与全球价值链位置攀升

生产更高附加值的产品或更重要的零部件，是制造业产业跻身于全球价值链中高端的基本前提，但是本国产业在全球价值链中的位置却是由竞争规则最终决定的。制造业产业在全球价值链中的攀升不仅取决于单个企业的行动和业绩，还取决于不同国家产业间的竞争，差异化、低成本、聚焦的竞争规则同样适用于国家间的产业竞争。因此，需要超越国家范畴从竞争角度考虑全球分工体系下的本国产业全球价值链上的位置变化。

第一，基于技术创新提供差异化产品，取代价值链原有在位厂商是实现链内位置攀升的有效策略。在贸易关系中存在一种"邻近性"，在这种关系中拥有相似能力、技术和基础设施的国家很可能生产相似的产品，这种邻近性增加了国家之间相互排挤的可能性（Felipe，2010）。为了防止低附加值环节国家跳跃到更高附加值水平的价值链环节，全球价值链交易关系中通常会设置各种壁垒来阻碍低附加值水平国家的位置攀升。因此，产业升级并不必然导致全球价值链的位置攀升。本国产业是否可以取代他国产业占据全球价值链中高端，依赖于本国产业的竞争策略选择。相较于低成本的竞争策略，差异化的产业竞争策略拓宽了价值链上各国产业的生存空间，竞争的结果是本国全球价值链位置攀升不再依赖于更低的机会成本，而依赖于需求端对多样化产品的市场需

求。特别是在全球价值链更多地呈现出功能升级特征的新时代，低价格、低成本的产业竞争策略的有效性大大降低。慧彬（Hyelin，2019）的研究证实了这一观点，他认为创新活动有助于亚洲国家提升其在全球价值链中的地位，特别是专利数量越多的产业，其出口总额的国内增加值就越高，专利越多越有利于高附加值中间产品的生产，且这一现象普遍存在于基础金属、建筑材料、橡胶和塑料制品、食品、建筑等传统制造业产业的价值链升级过程中。

第二，聚焦于新的细分市场生产当前市场不能提供的稀缺产品，竞争的结果是在某一聚焦市场内构建起"以我为主"的全球价值链新链。全球价值链缓解了一个国家创新能力不足的限制，对发展中国家而言，参与全球价值链的目标不一定是发展多个产业，而是通过在全球价值链的关键节点上提供一系列区域产品或服务来获取价值链增值的重要部分（Baldwin and Lopez – Gonzalez，2015）。经验研究表明，发展中国家根据当前的专业化模式促进技术多样化、寻求细分部门中的知识积累是非常重要的（Gehl Sampath and Vallejo，2018）。这些拥有陡峭学习曲线的细分产业，在成本迅速下降、市场份额不断增长的前提下，终将导致经济上的追赶。随着需求转向新兴市场，领军企业可以聚焦于发展中国家为解决其特定的需求而进行创新（Govindarajan and Trimble，2012）。我国风电产业就是通过聚焦新细分市场实现全球价值链上位置攀升的典型案例。与国际主流高风速风力发电技术不同，我国风电产业聚焦于低风速地区风能资源的开发。虽然最初技术完全从欧洲生产商进口，但是聚焦化的市场选择让我国的后发企业成为低风速型风电机组的国际领军企业。同时，全球价值链的整合趋势要求一个国家不能只提供一项任务，而是提供一组任务来嵌入并保持对全球价值链的参与。也就是说，即便是聚焦于新的细分市场，通过任务捆绑减少中间客户的数量，提供更全面服务内容的功能升级仍然是必要的（Gereffi and Frederick，2010）。

4.2.4 创新资源集聚、资源效率改进与价值增值

制造业全球价值链位置攀升的表现是制造业企业获得价值增加值（value added）的增多。技术创新不论是增量式的（incremental innovation）还是激进式的（radical innovation），都是通过对资源进行重构而为用户创造新价值，在企业创造更多新用户价值的同时，获得更多的价值分配结果，从而使本国产业获得更多的价值增加值。因此，虽然技术创新的程度不同，本质上技术创新都会改变企业的价值创造过程，使得价值创造过程中的资源配置效率与资源使用

效率得以改进。

第一，突破地域限制的创新网络内的创新资源集聚为全球价值链范式下技术创新驱动制造业产业升级提供了资源基础。从创造具有前瞻性和独特性的想法开始，到设计流程，再到新服务或产品的形成，企业需要将资金、人员、时间和设备等创新资源配置给创新任务，该资源配置是长期且受企业承诺保护的。许多企业声称支持和鼓励创新，但是，它们却往往只在有多余的劳动力、时间、设备或资金的时候才这样做。当业务变得繁忙、预算变得紧张时，创新就被放在了次要位置。然而，真正的创新需要在任何时候都秉承创新资源投入的持续性承诺。为了获取持续性的创新资源投入，企业往往通过整合外部资源来弥补企业内部创新资源的不足。依据环境促进创新的经济逻辑，具有丰富资源的创新网络可为本地企业提供"在经济和技术竞争中所需的补充资产"（Camagni，1991）。产业中众多创新网络内集聚的创新资源的丰裕程度就成为直接影响产业技术竞争力的重要因素。事实上，在新经济时代，创新网络早已打破了地域限制，创新网络的开放性越来越强，网络中能够链接的创新资源数量也越来越多。时至今日，技术创新正日益成为社会创新的产物，这一过程以集体学习的形式在网络内发生，并通过网络内的联系促进企业获得不同于本地企业的创新能力。因此，创新资源集聚已经不仅仅是区域创新系统的问题，还是开放经济条件下世界创新资源市场的接入问题。换言之，不仅要有本地制造业区域创新资源的集聚，还要有本国制造业产业创新网络向世界创新资源的开放，允许、鼓励世界创新资源接入本国制造业创新网络。

第二，技术创新总是通过改变资源配置效率和资源使用效率而带来价值增值。以用户为导向的技术创新往往产生三种不同类型的效率改进。第一种是生产技术的改进带来过程或成本效率（process/cost efficiency）的提高；第二种是产品创新带来产品效率的改进，即生产出更加精细、更加优质、更加多样化的产品；第三种是新技术的应用带来更多功能的整合，扩展了产品的外延，即在制造之外整合了设计、服务等更高价值、更高技能的活动职能。也就是由技术创新驱动的制造业全球价值链位置攀升，要么因为提供了全新的用户价值，要么是通过用户价值组合使用户获得了价值增加。二者的区别在于，突破原有技术演化路径的技术创新创造了新产品、开辟了新市场；沿着原有技术路径演化的技术创新要么提高了产品的过程效率，要么产生了范围经济获得了多样化的新产品，再或者整合了新的功能使用户在价值整合的基础上获得了新的用户价值。技术创新既可以是增量式的也可以是激进式的，不同的是，激进式技术创新会带来颠覆性的价值创造过程与颠覆性的用户价值体验，不仅可以提高附加值，而且会产生全新的价值。不论是成本的下降、效率的提升，还是创造出新产品或是扩展了产品外延，技术创新的作用都是面向用户价值增加的资源使用效率与配置效率的提高。技术创新的意义就在于在不改变或减少资源投入的情景下提高产品有用性。可见，技术创新通过改变资源配置效率和资源使用效率带来了价值增值。

鉴于此，技术创新驱动制造业全球价值链位置攀升的内在机理可总结为图4-3。技术创新驱动制造业全球价值链位置攀升是涉及企业、产业、价值链三个不同层次的创新驱动过程。其中，技术创新发源于微观企业。当技术创新的结果在产业内汇集积累达到一定程度后，制造业实现了自身的转型升级。本国产业在全球价值链中的位置，不仅取决于本国产业的技术水平，还取决于本国产业对全球价值链的参与程度，也就是价值链中与他国产业之间的竞争结果。因此，技术创新驱动制造业全球价值链位置攀升是跨越三个层次的创新传动过程，其本质是技术创新改善资源效率对更高价值增加值的创造，且这一过程受到本国产业能够获得的创新资源数量的影响。

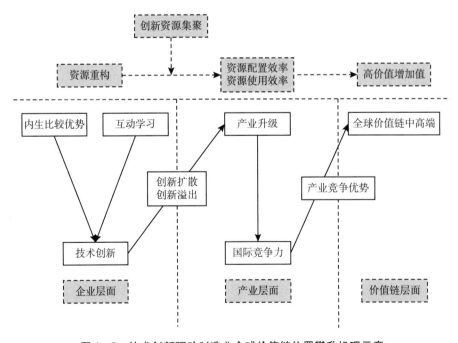

图4-3　技术创新驱动制造业全球价值链位置攀升机理示意

资料来源：笔者绘制。

4.3　技术创新驱动制造业全球价值链位置攀升的约束条件

4.3.1　需求升级与技术创新驱动制造业产业全球价值链的位置攀升

从发生机制上看，嵌入制造业全球价值链与价值链的位置攀升是完全不同的机制在发挥作用。嵌入价值链通常是技术与国际分工发展的结果，当技术允许更为复杂的劳动分工出现、生产链条变得更长时，拥有比较优势的企业就可以成为全球价值链的一员。全球价值链的价值就在于可以在全球范围内通过市场交易将产品或服务的生产成本降到最低。但是，嵌入价值链的原因并不是价值链升级的原因；相反，导致企业嵌入价值链的成本优势往往成为企业被锁定在价值链的低附加值环节的主要原因。因此，制造业企业摆脱价值链的低附加值位置的唯一途径就是主动放弃成本优势，即通过更高技术水平的新产业来升级其产业结构。事实上，实现价值链的位置攀升不仅需要制造业企业积累技术创新能力、把握技术进步的节奏，还要把握市场变化的趋势，在足够的市场容量支撑下取得站在产业发展前沿的国际品牌地位。也就是说，我国制造业产业迈向全球价值链中高端，不只是微观企业技术创新的结果，更是微观企业恰到好处、审时度势技术创新的结果。制造业企业通过"干中学"所积累的学识虽然可以支持企业把握技术发展趋势进行技术创新，但是制造业企业更需要恰到好处的消费需求升级的契机，可见只有新的需求与新的技术相匹配才能带来制造业产业全球价值链的重新洗牌。

拥有一批国际品牌的智能手机产业是我国制造业产业中从全球价值链低端走向中高端的典型例子。从该产业价值链升级的实践经验可以发现，技术进步与消费升级是该产业价值链升级的两大契机（Ding et al.，2018）。第一，2007年智能手机的推出为我国企业提供了价值链升级的技术窗口。在此之前，模块化和标准化技术的低准入门槛让我国企业得以以低成本优势进入全球价值链，但是主要厂商以从事组装为主。2007年，苹果建立了一个部分开放架构的 iOS 平台并推出 iPhone 手机。iOS 平台的特点是第三方开发人员可以访问，但对由此产生的生态系统的治理却是封闭的。作为对 iPhone 的部分回应，谷歌推出了适用于移动设备的 Android 操作系统。与 iOS 相比，Android 有一个免费授权的开放技术架构和很大程度上的开放管理。向用户开放平台源代码带来了产品模块化程度的降低，甚至在某些情况下平台允许客户调整平台的设计参数（如射频规格），新的技术模式的出现为我国智能手机制造商的崛起提供了技术机遇。第二，消费者需求升级为我国企业全球价值链的位置攀升提供了市场窗口。消费者对技术特性偏好的变化引发了智能手机市场的变革。一方面，消费者对质量更高、功能更强、数据传输更好的"4G"技术存在更高偏好，对于经常使用移动互联网访问微信、淘宝、滴滴等平台的互联网用户而言，追求更好的用户体验成为刚需；另一方面，国民收入水平的提升带来了与富裕社会相一致的偏好升级，导致国内智能手机市场对中高端产品需求的激增。这就为自主品牌智能手机的发展留出了市场空间。从 2010 年开始国内自主品牌在中档价位的产品上获得了一定的市场份额，甚至一些企业开始进入高端智能手机市场。

总之，新技术的引入可以打破现有的供应链形式，刺激新兴企业进入全球价值链市场，谁抓住了技术进步的机会，谁就有可能实现全球价值链的位置攀升。掌握技术进步主动权，踏准市场消费升级的节奏，会使企业获得全球价值链位置攀升的机会。如今，数字化正在改写标准化、模块化的技术时代，与此同时，人们对个性化更强、有用性更强的高质量产品的需求偏好越来越显著，这意味着发展中国家的制造业企业向价值链中高端移动的新机遇的出现。

4.3.2 全球创新资源整合与制造业产业全球价值链的位置攀升

一个国家参与全球价值链的竞争力既取决于其出口能力，也取决于其有效进口世界级投入的能力。在全球价值链中，如果不首先成为主要进口国，就不可能成为主要出口国，出口需要进口，进口的很大一部分被用作出口的投入。更有甚者，当前全球价值链壁垒出现了从出口转向进口的趋势。数字技术的发展让全球创新资源的快速流转成为可能。事实上，数字技术的发展增加了企业特别是中小企业进入国际市场的机会，在此之前中小企业往往是间接融入全球价值链的，全球价值链参与企业通常是大型跨国公司。更有证据表明（World Bank and World Trade Organization，2019），数字技术对发展中国家中小企业参与全球价值链的作用大于对大型跨国公司的作用。研究发现，利用互联网不仅可降低中小企业的出口成本，同时可增加进口参与率（Cusolito et al.，2016）。数字技术的发展为制造业企业创造了"天生"即全球化公司（born global）的可能，在数据技术的连接下制造业企业不再需要走海外扩张的老路就可以实现全球价值链的嵌入。数字技术激发企业融入全球价值链的原因很多，如互联网接入可以降低企业的国际贸易壁垒，降低资源、产品、服务的生产或传递成本等。根据 WTO 的测算（World Trade Report 2018），物联网、人工智能、3D 打印和区块链可以有效降低 10.5% 的贸易成本。而数字技术激发制造业企业全球价值链攀升的主要原因却是其降低了企业获得信息、知识等资源的成本，增加了信息、知识等资源的获取数量。事实上，资源获取成本与资源获取数量恰恰决定了制造业企业对技术进步与消费升级的机会识别，是制造业产业恰到好处的技术进步的前提。换言之，数字技术驱动制造业全球价值链位置攀升的关键点就在于数据技术让企业更容易获得有关创新和满足用户需求的各种资源。与此同时，数字技术通过赋予能力（enabling capabilities）与启用能力（enabled capabilities）推进企业的技术创新过程（Andrea Urbinati et al.，2017）。

数字技术的广泛应用使得创新资源全球整合成为可能，开放与合作成为技术创新最重要的两个特征。此时，制造业企业可以摆脱自身创新资源不足的束缚，从全球范围内获取信息、知识、能力等创新资源，通过与全球价值链参与者的合作获得成功。以华为为例①，华为充分利来自世界各地的最佳智力资源，通过创新的产品和解决方案持续为客户创造价值。目前，华为通过人才基金、联合实验室、联合创新中心、沃土计划等方式与全球 300 多所高校、900 多家研究机构或公司以及 30 万线上开发者建立了合作关系，每年投入近 3 亿美元用于购买合作研发成果或成果使用权。华为通过开放式创新来整合全球创新资源，参与创新的人员不仅有世界范围内的专业人才，还包括重要客户与合作伙伴。华为在埃达尔·阿里坎（Erdal Arikan）教授的研究成果基础上开发的 "5G Polar" 码就是全球创新资源整合的最佳例证。自主创新不是狭隘的自力更生，而是吸纳全世界可以吸纳的创新资源为企业技术创新服务，任何原创技术突破都离不开前人研究的贡献，数字技术的广泛应用有效降低了整合全球创新资源的成本，让昔日很难实现的创新资源整合模式成为现实。

4.3.3　市场选择与制造业全球价值链的位置攀升

中低收入国家的许多企业已经成为国际生产网络的正式参与者，与以往不

---

① 华为创新与知识产权白皮书 ［EB/OL］. https：//www.huawei.com/cn/industry – insights/innovation/huawei – white – paper – on – innovation – and – intellectual – property.

同，它们不再只是进口零部件进行组装然后在当地销售，它们出口的产品、零部件和服务都是根据目标客户的需求定制的，并用于生产一些世界上最复杂的产品。研究显示[1]，有明显的迹象表明全球价值链碎片化的跨国界商品生产模式的步伐正在放缓，这就是新时代制造业全球价值链的新特征，也是制造业发展的新趋势，即定制化、服务化的产品对标准化、模块化的工业产品的替代。因此，出口产品多样化可能是减少对某些领军企业的依赖、抓住升级机会的重要战略。与此同时，数字技术让制造业企业的生产变成了分布模式，互联网让本地生产定制化产品的成本大大降低。据一项对238名花旗机构客户的调查显示[2]，约70%的受访者认为自动化和3D打印技术的发展鼓励了企业将它们的制造搬到离用户更近的地方。与远程交付标准化产品相比，分布式生产的好处是可以尽快且成本足够低的为用户个性化、定制化产品与服务的需求提供解决方案。

定制化、服务化产品时代的市场选择与标准化模块化技术时代有所不同。彼时，全球价值链存在的目的是以最低的成本实现标准化商品的大规模制造，且商品流动遵循从高收入国家向中低收入国家的市场转移，市场选择以满足高收入国家市场需求为主，后期的市场转移会使产品在高收入国家过时后转移至中低收入国家。此时，全球价值链具有显著的满足目标客户需求的特征，中低收入国家与高收入国家之间的客户需求出现了分化，这种分化甚至存在于不同国家、不同地区、不同人群之间，因此市场选择变得更加多样化。中低收入国家相比于高收入国家，人口占全世界人口的大多数，市场潜力巨大。与此同时，部分中低收入国家国民收入大幅增长，正处在消费升级的关键节点。这就为我国制造业企业多样化的市场选择创造了机遇，换言之，我国制造业企业可以从以满足高收入国家市场需求的全球价值链转向以满足中低收入国家市场需求的价值链。通过选择多样化的市场将发展战略向其他市场转移，通过面向多样化市场的"逆向创新"（reverse innovation）提高制造业企业产品的技术含量（Govindarajan et al.，2012）。瞄准没有高度发达的买方—供应商关系的新兴市场，瞄准高度多样化产业中的小众市场，以非欧盟市场、非美国市场以及国内市场作为我国制造业企业重塑制造业全球价值链的市场切入点。魏等（Wei

①② Oxford Martin School. Technology at Work v2. 0：The Future is Not What It Used to Be ［EB/OL］. https：//ora. ox. ac. uk/objects/uuid：fe84f4c9 – a194 – 40ee – 8c3e – ee185271bbe5/download_file? file_format = application%2Fpdf&safe_filename = Citi_GPS_Technology_Work_2. pdf&type_of_work = Report.

et al.，2017）证明，我国制造业的供应链正在更多地向国内转移，这得益于市场规模的不断扩大、技术的不断升级以及近年来许多上游产业的产能过剩，使其能够在国内获得更多的中间投入。未来，在更加广泛的多样化市场中，通过技术创新开发新产品与服务，建立从用户到供应商的定制化生产顺序，运用数字技术支撑的分布式制造模式实现我国制造业全球价值链的位置攀升。

鉴于此，技术创新驱动制造业全球价值链位置攀升的制约因素可总结为图 4-4。技术创新驱动制造业全球价值链位置攀升受到要素市场与最终产品市场的双重约束，要素市场决定了技术创新要素的供给，最终产品市场决定了技术创新结果的实现。创新不等于研发，创新的关键在于新产品新技术在市场上的实现程度，这就要求新产品新技术的开发以响应市场需求为导向，这不仅涉及市场对技术的选择，还涉及企业对市场的选择。可见，技术创新驱动制造业全球价值链位置攀升是在开放的产品市场和要素市场条件下的动态过程，要素市场的要素稀缺性以及产品市场的需求不确定性是制约我国制造业通过技术创新创造更高价值增加值的关键因素。

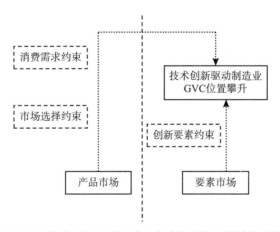

图 4-4　开放视角下技术创新驱动制造业全球价值链位置攀升的约束条件示意
资料来源：笔者绘制。

4.4　技术创新与制造业企业的全球价值链位置攀升

制造业迈向全球价值链中高端最终需落实到微观企业在全球价值链系统中的位置攀升。传统贸易和生产研究认为，贸易是通过基于市场的公平关系来组织的；与此相反，全球价值链范式承认，贸易在很大程度上是由主导企业来组织和管理的。主导企业控制资源、享有市场权力，它们通过产品规格、成本、性能要求、标准等来限制其他企业进入和升级（Gereffi and Sturgeon，2013）。当前，我国通信设备、移动终端、机械设备、轨道交通等制造业的发展水平已位居世界前列，涌现出华为、大疆、中车、三一重工等具有国际竞争力的领军企业（lead firms）。除了大型企业外，有证据表明我国中小型跨国公司也逐渐在全球价值链中成长为领军企业，卡普林斯基等（Kaplinsky et al.，2011）在研究木薯和加蓬的木材价值链时就曾发现，该条价值链的领军企业已经从欧盟企业转变为我国中小型跨国公司。处于全球价值链中高端位置的企业，其竞争目标是进一步强化业已形成的国际竞争优势，因此，技术创新驱动其全球价值链的位置攀升的机理与追赶企业不同。领军企业全球价值链位置攀升的核心要务是提高价值链的控制力，成为在价值链中占主导地位的企业，而不仅仅是位于全球价值链中高端的领军企业。主要表现在两个方面：一是增强国际竞争力，形成高水平创新生态系统；二是增强战略引领性，对产业发展形成前瞻性的影响。

与此同时，产业中处于追赶地位的企业，在相同的市场空间和相同的技术轨道上，可以通过提高产品质量、掌握核心技术和向设计研发营销等微笑曲线的两端扩展而寻求全球价值链的相对位置的提升，事实上，这是绝大多数追赶企业嵌入全球价值链、提升价值链的位置的主要途径。但是，这样做却很难超越领军企业并赢得全球价值链的控制权。这是因为，价值链上的领军企业出于对自己战略利益的考虑，只会支持不会威胁到它们核心竞争力的本地企业的嵌入。一般来说，在管理内部活动的分配方面，全球价值链上的领军企业倾向于将活动外包给那些存在或能够在供应商之间制造竞争、进入门槛高、难以获得租金的地方。这种进入壁垒不仅源于对技术、组织和技能的高要求，还源于权力的不对称，以及创造和维持这种不对称市场结构的能力。因此，嵌入已经成熟的全球价值链中，追赶企业如果不能另辟蹊径，就只能按照已经设定好的竞争规则和技术演化路径参与竞争，即便是追赶效应显著也很难以后来者身份超越领军企业位于全球价值链的中高端，甚至会陷入始终在效仿的尴尬境地。当然，这是在假定领军企业始终保持敏锐的前瞻性与战略先导性前提下得到的结论。而现实往往是领军企业由于种种原因出现对技术发展趋势的视而不见，这就为追赶企业创造了超越空间。手机产业过去二十余年"你方唱罢我登场"的竞争历程就是一部追赶企业抓住时机取代领军企业的历史。从摩托罗拉到诺基亚再到苹果，无一不是在位领军企业对产业趋势"视而不见"，而被追赶企业赶超，从而改写手机产业全球价值链的过程。

4.4.1　技术创新、品牌效应与全球价值链的控制力

以往由稳定的竞争位势产生的持续竞争优势，在全球化进程和产业竞争越来越激烈的今天，已经很难实现。大量证据表明企业竞争优势的侵蚀变得越来越快速。数十年来，标准普尔 500 指数中的企业寿命一直呈现稳步缩短的趋势，1960 年，标准普尔 500 指数典型企业的存续时间超过 60 年，但是到了 2010 年，标准普尔 500 指数的典型企业创建历史仅为 16 ~ 17 年。此外，根据福斯特（Foster）的研究，标准普尔 500 指数索引的变动越来越快速，大约每两周就有一家新企业加入，一家旧企业被移除（Foster，2012）。与此同时，产品或服务的迭代周期越来越短。1955 年，《财富》500 强榜单中前 100 家企业大多从事能源、钢铁、食品以及电池制造等粗加工产业，而 2019 年的榜单情况却大不相同。取代制造商的是零售商、银行和其他金融服务企业，上榜的制造商大多如思科、谷歌与苹果这样的高科技公司。这些上榜企业的共同特点是产品生命周期较短，无论是消费电子、零售还是技术服务无一例外。以汽车设计为例，2008 年一个典型的汽车设计周期大约是 60 个月即 5 年，而今天其设计周期已经缩短至 24 个月到 36 个月。美国汽车研究中心发布的报告显示[①]，2018 ~ 2021 年，美国汽车产业每年将推出相当于该产业总销量 21% 的新车，汽车的平均使用年限缩短至 2.7 年。可见，所有的优势地位都是暂时的，注定会被"创造性破坏浪潮"所席卷，领军企业也不能幸免。创新而不是市场定位或资源积累，才是企业在优势地位竞赛中胜出的驱动力。

持续的、渐进式技术创新是领军企业应对市场需求变化与技术演化的常态化战略。即便是已经处于领军地位的企业也必须以持续不断地创新来谋求持续的竞争优势并获取全球价值链的控制权。持续的、渐进式技术创新的特点是以满足已有市场为根本出发点，推进技术在原有路径上的升级演化，并以此不断推出新产品与新服务。持续的、渐进式技术创新并没有产生全新的产品或服务，仅是对原有产品或服务的功能升级、效能提升、效率提高以及交付改进。因此，相比于其他类型的技术创新，持续的、渐进式技术创新的成本与不确定

---

① Center for Automotive Research. Automotive Product Development Cycles and the Need for Balance with the Regulatory Environment［EB/OL］. https：//www. cargroup. org/automotive – product – development – cy-cles – and – the – need – for – balance – with – the – regulatory – environment/.

性往往更低。持续的、渐进的开发式技术创新的直接结果就是用户的保留，或者说用户黏度的增强以及用户转换成本的提高，表现为品牌忠诚度与品牌市场占有率的提升。以华为通信设备制造业务为例，30多年的持续研发投入让华为拥有了向客户持续提供创新产品、高效服务的能力[①]。目前，华为的业务遍及170多个国家和地区，服务全球30多亿人口。2002年3G启动之初，为了解决欧洲客户安装成本过高的问题，华为创造性地提出了BBU+RRU分布式基站解决方案。2007年"2G""3G""4G"等不同制式的网络长期并存，电信运营商面临着高昂资本支出和运维支出的困境。在攻克GSM多载波的技术难题之后，华为颠覆性的SingleRAN解决方案应运而生。它可以在一个机柜内实现"2G""3G""4G"三种通信制式的融合和演进的功能，可为运营商节约最多50%的成本。"5G"时代来临，由于"5G"高频信号覆盖范围小的固有缺点，部署"5G"需要更多的基站，如何提高覆盖范围和降低网络建设成本成为新的难题。华为与业界合作伙伴联合提出了上下行解耦方案，这一解决方案打破了上下行绑定在同一频段的传统限制。截至2019年6月中旬，华为已经和全球领先运营商签订了50个"5G"商用合同，超过140000个"5G"基站已发往世界各地。品牌声誉在产品不断迭代的过程中予以积累，随着品牌声誉的建立品牌效应开始凸显。

持续的、渐进式技术创新往往是用户需求驱动的，这就要求企业消除与用户、与市场之间的隔阂，完成组织结构调整，构建用户需求导向的技术创新系统，形成对市场需求变化敏感的反应型创新体系。研究表明，21%的企业将用户纳入企业创新体系中，6.2%的企业将改进用户体验作为企业产品创新的目标（Von Hippel et al.，2012）。因此，企业通过开发式技术创新维持竞争优势、强化全球价值链控制权需要比任何时候都更加贴近用户，了解用户特别是领先用户的需求。这是因为领先用户总是站在潮流的最前端，且是用户群体中的意见领袖，被领先用户认可的产品与服务通常更快地被大众接受，同时，领先用户具有较强的创新参与倾向，愿意主动为产品或服务创新提供信息、创意、资金等创新资源。用户需求导向的创新生态系统不仅包含用户、供应链上下游企业，更包含其他可以共创用户价值的合作者，它们可以是互补产品的提供者，也可以是提供外部技术支持的研发机构。

---

① 华为创新与知识产权白皮书［EB/OL］. https：//www. huawei. com/cn/industry – insights/innova-tion/huawei – white – paper – on – innovation – and – intellectual – property.

　　因此，处于领军地位的企业其全球价值链位置提升的核心要务是提高价值链的控制力。企业不仅要通过持续的、渐进式技术创新强化其价值网络的国际竞争力，更要寻求价值网络中的核心位置，构建"以我为主"的价值网。但是，企业间的价值网络相互交织、彼此关联已成为价值网络发展的新趋势，与单核心的金字塔式下承包制（sub-contract）不同，价值网络常常是多核心的复杂网络，网络中的各个价值创造节点长期处于合作性竞争关系中。以智能手机的价值网络为例，平台提供商、智能终端制造商、核心部件制造商都在价值网络中处于核心位置，网络中的各个节点彼此依赖又彼此竞争，处于核心位置的企业之间存在价值网络控制权之争，同时也面临网络中非核心位置企业的竞争颠覆。国际分工体系发展到今日，外部交易成本不断下降使得没有哪个企业会如昔日的福特公司一样自产 98% 的零部件，处于价值网中的企业无法以一体化完成对价值网络的控制，此时，网络中核心企业间的合作一旦破裂，整个价值网络就面临倾覆的可能，今日华为智能手机业务的遭遇恰恰说明了这一点。因此，处于领军地位的企业提高全球价值链的控制力、构建以己为主的价值网络既需要掌握产品或服务的核心技术以免受制于人，也需要与价值网络中的合作伙伴保持良好的合作关系。此时以网络安全性、稳定性为前提的价值网络合作伙伴选择变得尤为重要。而这已经不仅仅取决于企业的决策，更与风云突变的国家关系休戚相关，既要在全球市场动荡性增强的环境下谋求价值网安全稳定，又要确保价值网的国际竞争性，已经成为处于领军地位的企业迫切需要破解的难题。

4.4.2　技术创新、重新定义需求与构建全球价值链的新链

　　"从 0 到 1"的技术创新的典型特征是研发全新的技术、开发全新的产品与服务，这种新技术可以是对原有市场需求的满足，也可以是创造新市场。"从 0 到 1"的激进式技术创新（radical innovation，也有人译作"突破式创新"）对企业的挑战远大于开发式创新，这是因为，一项创新越是从零开始，就越需要付出更多努力来开发和推广它。1891 年，惠特科姆·贾德森（Whit-comb Judson）首次申请了拉链理念的专利，他提出的"鞋的扣箱或开箱装置"的想法几乎没有先例可循。不幸的是，对贾德森和他的投资者来说，这意味着贾德森和他麾下的发明者不仅要设计新设备的所有元素，还要设计制造它的机器。最终，贾德森经历了 20 多年的持续发展才开发出一种运转平稳、生产成本低廉的设备，之后又用了 20 年的时间来进行市场教育与培养，直到第一次

世界大战爆发，设计师、零售商和公众才完全接受这种新产品（Ferrier et al.，1999）。

"从0到1"的技术创新对企业的挑战并不仅仅是由于新技术研发的不确定性，恰恰相反，激进式创新对企业的挑战主要来自企业对成功经验或成功路径的自我否定。因为激进式技术创新的结果往往是产生了足以颠覆企业原有产品或原有市场的新产品与服务。以富士胶片为例，富士胶片从20世纪70年代便开始开发电荷耦合器件（charge-coupled device，CCD）技术，该技术可将可见光转换成电子信号，这是现代数码相机成像的核心技术。富士胶片早在1988年就开发出世界首台数码相机（FUJIX DS-1P），1989年实现了数码相机的商用化[①]。众所周知，21世纪初数码相机取代了胶片相机，富士胶片也因此遭遇了转型阵痛，但是不可否认的是作为领军企业的富士胶片始终引领产业技术发展趋势，是最早预见数字时代来临的公司，富士胶片对数码技术的研发就是一场自我颠覆的变革之旅。正如富士胶片的创新格言"价值来自创新，永不止步"（value from innovation，never stop），富士胶片始终进行着前瞻性探索。

新技术新产品的出现往往标志着新的产业的出现，重新定义产业标准不只是技术标准，还包括用户需求的标准、组织管理的标准、产品性能和市场交易的标准。新产业的出现催生出新的全球价值链，最先定义产业标准的企业更易拥有全球价值链的主动权，从结构上看产业的高度集中结构给了少数企业压倒供应商的力量，企业可以迫使它们适应自己的标准、信息系统和业务流程（Sturgeon et al.，2008）。由于技术壁垒的存在，价值链的参与企业不能从当地供应商那里寻找零部件，因为本地供应商可能不具备为颠覆性产品生产所需要的复杂技术能力和投资能力，这就形成了对价值链参与企业的战略限制，使得价值链的参与企业牢牢嵌入在以领军企业为核心的全球价值链中。而控制全球价值链的主要优势就是能够以具有竞争力的成本和质量从世界各地采购和生产产品。

激进式技术创新是彻底的创新，同时包括利用新技术和新商业模式，为满足全新的市场需求而创造一个全新的产品或服务（Donald，2014）。因此，激进式技术创新是罕见的，大约只有10%的创新属于这一类。在激进式技术创

---

① Fujifilm. The History of Fujifilm is a History of Valuable Innovation［EB/OL］. https：//www. fujif-ilm. com/.

新的情况下，企业需要使用完全不同的知识，激进式创新将会涉及大量的技术进步，使现有的产品失去竞争力并变得过时。也就是说，它会破坏老牌领军企业现有能力的有用性。事实上，当激进式技术创新以压倒之势席卷整个产业之时，原有的市场领导者都不会坐以待毙，遗憾的是有些老牌的领军企业却始终认为持续创新即对现有服务的修改和改进是制胜法宝，而对产业趋势"视而不见"。然而，通常技术发展会受到技术自身演化的路径限制，跳出技术原有演化路径的全新技术创新往往很难实现。激进式技术创新的实现需要多种存在于不相关领域中的知识和实践，当这些知识与实践按照新的安排以及新用途进行组合时，可应用于新领域的新知识就产生了。因此，激进式技术创新具有显著的知识重组特性。

激进式技术创新更像是一场无法预知结果的赌博，有时企业可能花费数十年以及数十亿元去追逐一个可能永远不会实现的梦想。谷歌眼镜就是一个很好的例子。谷歌认为，谷歌眼镜是将智能手机从我们的手和口袋转移到我们的脸上的一种尝试。然而，作为一种消费品，人们却找不到拥有一副谷歌眼镜的理由。事实上，在谷歌将其作为工业产品重新推出之前，已经悄悄关闭了消费者版的谷歌眼镜。激进式技术创新的风险之高、创新不确定性之大以及所需的创新耐心与创新投资之多，不是随便哪个企业就可以涉足的。因此，虽然存在跨界颠覆的可能，但是这对于企业资源、能力的要求却十分高，没有哪个企业可以一夜之间成为开创新技术时代的一匹"黑马"，知识与实践的获取、积累是激进式技术创新必须具备的前提。因此，虽然"黑马"企业可以通过激进式技术创新替代现有领军企业登上全球价值链的高端，然而这却不是一条寻常路。虽然对于绝大多数制造业企业而言激进式技术创新并非易事，我们依然鼓励有条件的制造业企业以激进式技术创新推进自己的全球价值链的位置攀升之旅。制造业企业需要学习通过各式各样的企业外部网络关系，接触并积累不相关的知识，这就需要创造一个允许与外部合作伙伴、外部专家进行互动的友好工作环境。与此同时，企业内部也需要建立跨职能的开发团队，通过搜索和分享新的观点、新的思想来获取并产生新知识。

4.4.3　技术创新、低成本赶超与全球价值链的位置攀升

当人们着迷于一夜成功的企业创业故事时，都会注意到不知道从哪里冒出来的产品或服务，完全改变了它们各自的产业。颠覆式技术创新或破坏性技术创新（disruptive innovation）通常是一种更简单同时也是更低级的解决方案，

或者说是以一种简单且相对便宜的方式满足与高端解决方案相同的市场需求（Clayton，2018）。与更复杂更高端的解决方案相比，颠覆式技术创新的结果更容易让更多人负担得起，也更容易接触到，这往往会颠覆成熟的产业，推翻现有的市场领导者，从而使企业在全球价值链中的位置已重构。

颠覆性技术创新能够在市场中出现的主要原因是这样的技术通常在一开始被低估或被视为"低阶层"，拥有高级技术的市场领导者常常对此类技术不屑一顾。但是，恰恰是由于颠覆性创新的低成本，使得它们比成熟的竞争对手更具吸引力，市场占有率迅速获得上升。在位的老牌领军企业认为服务于高端市场对它们的利润率贡献最大，因此只需要把顶级产品做得越来越好，服务于最成熟、最挑剔的客户，就是明智的商业举动。它们不会因为颠覆者在市场底部站稳脚跟而感到困扰，因为这些颠覆者的层次和毛利率太低，不值得关注。但是正是这种疏忽为新玩家在市场底层站稳脚跟创造了空间，而这些得到大量低端用户的新玩家，往往最终会爬向高端市场并推翻现任者。

20世纪的美国钢铁工业就上演了这样一场著名的颠覆性技术创新事件[①]。彼时，大型多产品综合钢铁公司是钢铁产业的主导企业，螺纹钢是其中利润率最低的低端产品。迷你钢铁厂（Mini Mills）找到了一种方法可以熔化从汽车和制造业废料中回收的废金属，用电弧炉熔化废钢生产出来的螺纹钢比大型综合工厂的成本低20%。但是，这种金属制品质量很差，只适合制造钢筋却并不适合于生产汽车。由于螺纹钢是一种利润率较低处于钢铁市场底部的产品，综合钢铁公司乐于将其从产品线的底部剔除，让小型钢厂彼此竞争。到1979年，小钢厂已经把最后一家综合钢厂赶出了螺纹钢市场。但是，小型钢铁厂并未就此止步。它们找到了生产更高质量钢材的方法。这次它们选择的产品类型在综合钢厂产品利润率排名榜上倒数第二。螺纹钢的历史再次上演，综合钢厂又一次高兴地把市场空间留给了小型钢厂。毕竟这样做，有利于综合钢厂专注于生产利润更高适用于制造汽车和设备的薄钢板和结构钢。以纽克公司（Nucor Corporation）为代表的小型钢铁厂用了40年的时间，其收入终于赶上了最大的综合钢铁制造商，这些在市场底部逐步站稳脚跟的小型钢厂彻底颠覆了整个钢铁产业，到了20世纪末，除了一家综合钢铁公司（united states steel corporation）以外，所有综合钢铁公司都倒闭了。

可见，即便是处于全球价值链低端，也存在着颠覆现有价值链重塑全球价

---

① Lambert. C. , Disruptive Genius［EB/OL］. https：//harvardmagazine. com/2014/07/disruptive - genius.

值链定位的机会。对于擅长"源创新战略"（disruptive innovation strategy）（谢德苏，2012）的我国制造业企业而言，从事以低成本为核心优势的颠覆性技术创新更具可行性，因为相比于其他类型的技术创新，颠覆性技术创新不需要离开熟悉的成熟市场，也不需要大量的创新投资。从颠覆性技术创新的发生历史来看，大多数颠覆性技术创新都是处于弱势地位的小企业发起的。事实上，真正的颠覆性创新往往就隐藏在当下。从那些不被领军企业看好的低利润低端产品开始，通过不断地改进，逐步蚕食老牌领军企业在全球价值链中的控制地位。

4.4.4　技术创新、跨界突围与全球价值链的位置攀升

创新可以是"架构性的"，即破坏架构知识的有用性，但保留产品组件知识的有用性。众所周知，创新类型的选择依赖于企业的知识储备（Veronica，2017），创新背后的技术知识可以分为组件知识以及组件联系知识（架构性知识）两类。破坏架构知识有用性的本质是不改变技术本身的有用性或者说不修改组件技术，而是将组件技术应用到新的市场，来满足与原市场不同的用户需求。换言之，不改变产品组成部分的知识，只改变产品组成部分之间的联系。与保持产品架构稳定、改变产品组件知识的增量创新（incremental innovation）不同，破坏架构知识有用性的技术创新与增量式技术创新是两条完全相左的创新技术路径。通常当组件技术无法突破时，就会触发技术应用场景的创新。以富士胶片公司为例，在数码成像技术迅速扩散的条件下，传统胶片的市场需求急速萎缩。此时，富士胶片意识到以改善组件技术为目的的技术创新已毫无市场价值，但是，破坏架构知识有用性的技术创新却可以让企业旧有技术在新的产品领域焕发新生。富士胶片发现，纳米神经酰胺、纳米番茄红素、纳米AMA、纳米山梨醇和纳米维生素 A 等胶片抗氧化和纳米技术可以用于护肤产品的开发，这是因为人类皮肤与胶卷一样都需要这些成分产生抗氧化作用，胶原蛋白对于人类皮肤与胶卷都是一种非常重要的物质。从 2006 年推出 ASTAL-IFT 系列护肤产品至今，富士胶片已将 10 余项技术应用到护肤品这一跨界业务之中①。

破坏架构知识有用性的技术创新通过为原有技术寻找新的出路来为企业创

---

① Fujifilm. The History of Fujifilm is a History of Valuable Innovation［EB/OL］. https：//www. fujifilm. com/.

造超越老牌领军企业、改变全球价值链位置的机会。因此，架构式技术创新模式下，识别原有技术的新市场，或者说，将原有技术应用到新的场景，就成为追赶企业超越、摆脱领军企业对全球价值链的控制，寻求价值链位置攀升的手段。事实上，小企业更容易通过破坏架构知识有用性的技术创新来击败大企业获得商业上的成功（Rebecca，1990）。在台式复印机出现之前，市场中只有大型独立复印机。大型独立复印机要求较大的安装空间以及足够的设备使用量，因此，大型独立复印机只适用于大型公司这样的应用场景，而将大量小公司、家庭以及个人用户排除在市场之外。台式复印机在没有改变产品组件知识有用性的前提下，将影印技术延伸到了新的市场。最终，一度处于领军企业位置的施乐公司因无法应对追赶企业发起的架构式创新，未能创造出与追赶企业（佳能公司）竞争的台式复印机而导致在新的价值链上让位于追赶企业。当然，破坏架构知识有用性的技术创新其获得成功的前提是企业对新市场、新需求始终保持足够的警觉与敏感，才能发现被领军企业忽视的新机会，从全球价值链的从属地位跃迁至主导地位，获得更高的价值增值。

4.5 技术创新驱动制造业迈向全球价值链中高端的产业差异

创新驱动机理的作用逻辑不会因为产业的不同而扭曲，但是不同产业的不同情景会影响到技术创新驱动全球价值链位置升级传导过程中的具体细节。市场中的产品异质性、技术自身的演化路径、价值链上企业间的权力关系、微观企业的学习机制等造成产业差异的因素，都会对这一传导过程产生特定影响。例如，在技术机会多的产业，技术创新活动频繁，技术人员、资金、信息等技术创新要素流动迅速，技术学习、技术扩散更易发生。反之，当技术机会较少，技术创新活动不够活跃，技术创新成本就相对较高。因此，以技术创新驱动制造业迈向全球价值链的中高端存在一定的产业差异。

4.5.1 全球价值链治理模式、产品异质性与技术创新驱动的产业差异

全球价值链治理的本质是在价值链中发展的各种关系及其所包含的权力关系。正如前人研究所强调的那样，全球价值链治理是影响市场准入的关键方面，它决定了生产能力的快速获取，决定了收益的分配，是与全球价值链相关

的各种政策的设计切入点（Humphrey and Schmitz，2002）。一般地，根据交易信息的复杂性、信息可编码化以及价值链上供应商的能力，全球价值链治理模式被分为市场型（market）、模块型（modular）、关系型（relational）、俘获型（captive）以及科层型（hierarchy）。不同治理模式下，价值链参与企业的技术创新机会与技术创新方式都有所差别。

第一，全球价值链市场型治理模式下，技术创新驱动制造业全球价值链位置攀升更加依赖于制造业环节与服务、设计等其他环节的融合，即功能升级导向的技术创新。当产品规格信息简单且容易传递时，全球价值链的主导产品是标准化的产品，此时价格是最有效的治理机制，企业间的关系是市场关系。市场型模式下的全球价值链生产网络生产标准化的产品，因此，从技术创新的机会和难易程度上可以判断，如果没有选择新市场的购买者驱动，那么嵌入在原有价值链中的制造业企业很难获得价值链位置攀升的机会。换言之，新的市场、新的需求是制造业企业寻求全球价值链位置攀升的有利条件。可见，提供标准化产品的全球价值链限制了参与企业通过技术创新在全球价值链中的位置攀升。但是技术改进依然可以起到降低生产成本、提高生产效率的作用，有利于企业获得更多的价值回报。此外，当企业通过技术创新提供全新的产品或者全新的用户价值时，"构建新链"的结果是制造业全球价值链位置的攀升，然而能够带来产业变迁的重大创新通常是困难的甚至是偶然的。因此，当制造业企业嵌入市场型治理模式下的全球价值链中，也就是说当产品趋于标准化时，技术创新更应指向制造环节与价值链其他环节的融合，在完成品牌塑造的同时，通过功能升级促使制造业提升价值链的位置。

第二，在科层型全球价值链治理模式下，处于从属地位的制造业企业同时受到知识壁垒与异质性产品创新激励的双重影响。市场型治理模式与科层型治理模式是全球价值链治理模式的两个极端。在产品规格非常难以编码、产品复杂和有能力的供应商供不应求的情况下，科层型的全球价值链治理模式更常见。信息通信技术产业（ICT）就是其中典型的代表，由于电子产品的复杂性，领军企业只能选择通过对外直接投资进行内部生产，魏等（Wei et al.，2011）的调查报告显示，苏州信息通信技术产业 65% 的企业为外商独资企业。有证据表明，72% 的全球价值链属于科层型治理模式下的全球价值链，大型跨国公司垄断着产业核心技术。在科层型的全球价值链治理模式下，处于非领军企业位置的价值链参与企业受到跨国公司知识产权、专利和技术壁垒的阻碍，当自主创新能力有限时，很难通过创新实现价值链位置的攀升。然而，与标准化产品不同，科层型治理模式下的全球价值链允许、鼓励差异化的产品，这就为价值链参与企业技术创新创造了空间。如前所述，长期的从业经验以及网络中的互动学习会增强价值链参与企业的技术创新能力。我国企业在全球信息通信技术产业中的成长就得益于在"干中学"中获得的内生比较优势，同时，长期稳定的开放经济体制创造了价值网内互动学习的机会。可见，坚持自主技术创新能力的提升，势必改变企业在科层型全球价值链治理模式下的全球价值链位置。

第三，嵌入于模块型与关系型全球价值链治理模式下的企业更容易获得技术创新的机会。处于市场型与科层型治理模式之间的是模块型、关系型和俘获型治理模式。模块型的治理模式下，制造厂商按照标准化的接口生产模块化的产品来满足市场多样化的需求，常见的模块化全球价值链如电子产品、汽车、风力涡轮发电机等全球价值链。关系型全球价值链上的知识往往是复杂的、难以编码的，此时，价值链上的合作关系转换成本较高，企业之间形成了相对稳定的彼此依存关系。因此，技术创新驱动产业价值链位置攀升是整条价值链或价值网的升级，或者说是价值链上下游厂商的合作升级。俘获型治理模式下，由于企业缺乏竞争力、小供应商高度依赖于大买家，此时价值链在实力强大的领军企业的控制下。也就是说，俘获型治理模式下的全球价值链有着类似于科层型治理模式下的创新特征。有研究表明，相对于科层型和俘获型的全球价值链治理模式，模块型和关系型的全球价值链治理模式能带来更广阔的技术改造机会（Pietrobelli and Rabelloti，2011），具有权威弱化特征的全球价值链权力关系更有利于技术创新的发生。这是因为，模块型与关系型治理模式下的企业间权力更加对等，对称性强的企业间关系有利于知识、信息在企业间的流动，为价值网内企业间的互动学习创造了机会。再加上市场中存在着多样化、个性化的产品需求，使得企业受到更多的技术创新激励。

第四，一国制造业产业面对不同市场存在不同的技术创新机会，这是由不同市场存在不同价值链治理模式决定的。技术创新既是在特定价值链治理模式下发生的，也是改变价值链治理模式的因素。通常随着本地供应商创新能力的提高可能会推动全球价值链从科层型、俘获型治理模式走向更加关系型和模块型的治理模式（Meléndez and Uribe，2012）。但是，也有向科层制演变的例子，如我国的液晶显示器产业（liquid crystal display，LCD）（Yang，2014）。事实上，即便是同一产业的全球价值链也会因为区域或集群的不同，而出现多种治理模式共存的现象。例如，印度尼西亚服装产业中的企业同时嵌入在发达国家市场和亚洲市场两条价值链中，其中发达国家市场的全球价值链是俘获型和关系型的治理模式，而亚洲市场的全球价值链却是市场型和模块型的治理模式（Kadarusmand and Nadvi，2013）。可见，一国制造业产业面对不同市场存在不同的技术创新机会，技术创新与市场选择具有紧密的联系，制造业产业的技术创新不仅会改变区域价值链的治理模式，还会引起该产业在全球价值链中位置的改变。

4.5.2　技术创新程度、知识转移与技术创新驱动的产业差异

根据本地企业技术创新程度与本地企业的学习机制可以将本地企业参与的全球价值链分为不同的类型。不同的全球价值链类型，意味着本地产业改变全球价值链位置的方式将有所差异。其中，技术创新程度是指作为本地企业在多大程度上产生了新的产业前沿创新，这与技术机会和技术创新能力密切相关。学习机制考虑的是本地企业在全球价值链内外使用不同学习机制的程度，新知识是来自全球价值链内部，还是更多地依赖全球价值链外部的知识获取。有些企业具有高度的创新能力，但它们的学习资源主要来自全球价值链之外，全球价值链在知识转移中只起着边缘作用。而有些企业选择更多地利用全球价值链中的一些知识资源，对其他的学习资源利用较少。

第一，拥有全球价值链创新领导者的产业，其全球价值链位置攀升依赖于创新领导者的创新拉动。当本地产业的创新程度较高时，即本地产业已经产生了新的产业前沿创新，本地产业中存在全球价值链上的创新领导者。创新领导者通过充分利用全球价值链中所有可能的学习渠道来获取新知识，价值链内的知识转移活跃、产业创新活动频繁，此时创新领导者对整个本地产业的创新拉动尤为显著。原因在于，为了符合创新领导者制定的严格标准，本地其他企业为了融入创新领导者主导的全球价值链过程，通常需要通过面对面的交流、员工培训等多种形式获得创新领导者对本地企业的技术支持。因此，在创新领导者的创新辐射作用下，除创新领导者之外的本地企业的全球价值链学习就成为本地产业提升全球价值链位置的关键点。事实上，大部分创新领导者并不仅仅局限于全球价值链内的知识转移，而是往往与其他本地非全球价值链参与者，如供应商、大学或商业协会存在创新联系，创新领导者的创新网络往往超越全球价值链本身，或者说创新领导者的创新网络参与者更加广泛。可以发现，我国通信设备制造业已经产生了新的产业前沿创新，华为等企业居于全球价值链

创新领导者地位。近年来,我国处于创新领导者位置的企业进行了大量跨国战略收购,这有利于进一步加强其竞争和技术地位。如华为这样的创新领导者的创新拉动对通信设备制造业全球价值链位置变动具有更大贡献。因此,此类产业技术创新驱动的战略要点在于竞争优势的强化,通过引导产业创新资源向创新领导者的集中与配置,依靠创新领导者的创新拉动作用实现产业向全球价值链中高端的加速迈进。

第二,在拥有独立创新者(independent innovator)的本地产业中,全球价值链位置的攀升有赖于面向新市场的技术创新。独立创新者只在有限的程度上利用全球价值链进行学习,他们几乎完全利用内部研发来维持他们的创新努力。李玛等(Lema et al.,2013)所描述的我国风力涡轮机产业的发展是独立创新者的典型案例。我国风电产业的崛起最初是受到国内市场发展的推动,技术完全从欧洲生产商进口。通过从欧洲公司购买许可证或建立合资企业,将内部研发工作与严重依赖的外部知识资源相结合。为满足低风速地区风能资源开发的庞大国内市场,我国风电企业纷纷研制低风速型风电机组。因为低风速风能资源开发技术与高风速风能资源开发技术差异较大,没有可供学习的国外经验,所以本地企业选择了企业内部研发而不是价值链上的合作研发,其结果是产生了金风科技、国电联合动力等一批国际领先的低风速风能资源开发企业。与全球价值链无法为企业提供有价值的知识资产这一事实有关,独立创新者对全球价值链知识流动依赖较少。同时,由于新兴产业的本地创新环境较弱,独立创新者同样也缺乏本地学习的可能。因此,独立创新者只能依靠内部研发来完成技术创新,依靠面向新市场的技术创新极有可能推动传统产业实现跳跃式的发展。以面向新市场、培育独立创新者为战略要点,可以推进制造业"跳过"高附加值在位厂商的阻碍,直接进入新的全球价值链,实现价值链位置向中高端的跳跃式迈进。可以预见,这种模式适用于运输设备制造、通用机械制造业等许多产业。

第三,存在大量弱创新能力者的产业,本地产业全球价值链位置的攀升有赖于本地企业吸收能力的提升与激进式技术创新。尽管消费者需求将这些企业与世界市场联系起来成为全球价值链的一部分,但是弱创新能力者的创新能力很差,或者说几乎不能进行有效的研发创新,也很少利用价值链或任何当地的学习资源。本地企业往往是因为更低的生产成本而被卷入全球价值链,在全球价值链中从事附加值最低的环节。事实上,这些企业仅在有限的范围内依赖全球价值链知识,企业学习机制亦不健全,专业知识通常非常薄弱。由于缺乏创新能力，技术创新驱动制造业全球价值链的位置攀升几乎无法实现。这类产业符合吸收能力的解释框架，该框架表明以技术能力薄弱为特征的企业不太可能建立起知识丰富的联系，并且以某种方式被锁定在相关的创新圈之外（Giuliani，2013）。因此，唯一的途径就是提升本地企业的吸收能力，让弱创新能力产业通过技术创新成为全球价值链上的"黑马"。例如，进行更多的过程创新和产品创新，聚焦特定的最终市场，生产小批量、更灵活的产品，将制造环节与设计服务环节相融合，获得过程创新能力和更大的设计独立性。事实上，我国服装产业已经开始以制造环节与设计、服务环节相融合的方式走向自己的突破之路。因此，存在大量弱创新能力者的产业需要摆脱过度专业化的不足，从仅从事加工制造转变为将设计、营销甚至研发嵌入制造的新模式，这是一场涉及技术、制度、结构、流程的重大变革，能否成功具有很强的不确定性。

4.6　本章小结

本章阐释了技术创新驱动我国制造业迈向全球价值链中高端的理论机理。在对新时代创新驱动、制造业产业发展以及全球价值链中高端的新趋势、新特征、新内涵进行全面剖析的前提下，从创新依内生比较优势与互动学习规律发生于微观企业，到因创新扩散和创新溢出而导致的产业整体效率提升，再到一国产业将比较优势转化为竞争优势赢得全球价值链国际竞争，本章给出了从企业到产业再到价值链的技术创新驱动传导过程。与此同时，技术创新驱动传导过程受到要素市场与最终产品市场的双重约束，要素市场决定了技术创新要素的供给，最终产品市场决定了技术创新结果的实现。技术创新驱动制造业全球价值链位置攀升是在开放的产品市场和要素市场条件下的动态过程，要素市场的要素稀缺性以及产品市场的需求不确定性是制约我国制造业通过技术创新创造更高价值增加值的关键因素。同时，还针对制造业企业如何通过技术创新实现全球价值链位置攀升进行了机理分析，并从我国制造业不均衡发展的实际出发，区分出不同情景下制造业通过技术创新迈向价值链中高端的产业间差异。总之，本书认为技术创新原发于企业，传播于企业间，制造业全球价值链的位置最终由国际竞争决定，技术创新依据"企业—产业—价值链"的传导过程驱动制造业全球价值链的位置攀升。技术创新为制造业打破原有全球价值链的束缚，在竞争中赢得主导、攀升全球价值链中高端提供了核心动力。

第 5 章
我国制造业迈向全球价值链中高端的路径选择

在传统的价值链升级理论中，产品内贸易的发展带来了生产环节的转移和生产要素在全球范围内的重新配置，形成了新的分工格局。参与其中的国家得以打造新的比较优势，向全球价值链中高端迈进。这样的发展逻辑在当前的国际形势下受到了巨大的挑战。随着美国对华技术封锁全面升级，试图通过贸易摩擦和科技战打击我国高科技产业发展，加之逆全球化浪潮加剧，我国制造业依赖国外高技术中间产品与相关核心技术的弊端和风险日益凸显。在发达国家主导的价值链生产体系下，我国制造业企业既难以挑战现有价值链"链主"，亦不能"另起炉灶"、构筑全新价值链，这使得我国制造业在一定程度上丧失了产业升级的自主性，只能凭借劳动成本优势和国内市场扩张，在跨国公司的主导下，被动地嵌入特定生产环节，缓慢地由中游装配制造环节向产品链条两端移动。

新冠肺炎疫情的暴发带来了国际分工领域的"去中国化"的风险，加剧了我国制造业攀升全球价值链中高端的紧迫感，疫情防控期间，部分生产环节的停工导致全球化分工生产宕机，企业不得不寻找新的供应商和解决方案，并通过转产、转型加以应对。即使疫情得到控制，跨国公司在未来的价值链布局中也会平衡考虑利润与供应链安全的因素，作为全球价值链的重要参与者，我国制造业首当其冲。全球价值链的缩链化、短链化趋势不可避免，我国制造业攀升全球价值链中高端刻不容缓。

由于我国制造业齐全的产业门类和规模优势，全球价值链要脱离中国制造并非易事，尤其是在全球衰退阴霾之下，跨国公司难以负担产业转移的成本。但长期来看，跨国公司会倾向于将低端生产环节分散于不同的国家、区域，而不是将鸡蛋放在一个篮子里面。部分国家甚至主动干预价值链搬迁，将这一进程政治化，日本政府在 2020 年上半年出台的"新型冠状病毒感染症紧急经济对策"中指出，将补贴企业以推动制造环节回归日本，并积极布局东南亚，谋求产地多元化。这样的政策也得到了白宫经济顾问拉里·库德洛（Larry Kud-low）的声援。英国商业、能源和工业战略部于 2020 年 6 月下旬在 10 个致力于在汽车工业中实现低碳技术的项目中，通过政府补贴培育新的本土化的子零部件和配件供应链，以满足未来电动汽车的系统需求。与此同时，越南、菲律宾、印度等国则依托人力资源等低要素成本优势，加快承接国际产业转移，未来势必蚕食我国制造在全球价值链低端环节的竞争优势。面对这样的不利局面，唯有摆脱对低端生产环节的依赖，真正通过创新确立自身在全球价值链中不可或缺的地位，中国制造才能在长期内维持竞争优势。

抓住新一轮产业革命以及国际生产体系重构带来的机遇，立足创新前沿，结合我国制度环境和市场优势，在制约我国未来的发展关键环节和短板领域打开新的突破口，实现全球科技创新竞争"后发制人"和"变道超车"，是新形势下我国制造业迈向全球价值链中高端的必然选择。本章在我国制造业现有技术地位的基础上，从演化路径、动力源泉、制度加速、产业支撑、实现障碍等多个方面考察在"嵌入升级"和"构建新链"路径中，创新如何驱动我国制造业迈向全球价值链中高端。

5.1　创新驱动我国制造业价值链升级的路径选择框架

在本书的研究框架下，制造业全球价值链中高端不再是"微笑曲线"的两端，而是整合了研发、设计、营销以及其他增值服务的全球价值链制造环节的隆起。攀升全球价值链中高端的过程，也不再是简单地由"微笑曲线"底部向"微笑曲线"两端移动，而是以技术创新为我国的制造优势赋能，打造新的比较优势。在创新驱动的基础上，我国制造业攀升全球价值链中高端的路径既可以表现为"嵌入升级"，也可以表现为"构建新链"。"嵌入升级"路径中，企业通过自主创新不断积累核心技术，摆脱被动嵌入的局面，向高技术、高价值环节移动。"构建新链"路径中，企业借国内市场发展和技术发展变革的东风，打破跨国公司主导的国际分工框架和秩序，形成新的、以国内循环为主体的价值链分工模式。

从具体表现出发，两种路径的区别在于对企业所在价值链条的影响大小。其中，"嵌入升级"的目标是那些技术门槛高的中间产品生产环节，这些环节无法脱离价值链整体而存在。企业不会完全抛开已有的分工格局、另起炉灶，而是在嵌入全球价值链积累经验的基础上，提高已控制价值链环节的价值获取能力并调整嵌入位置，沿着现有的价值链条向核心技术环节移动。在"构建新链"路径中，企业打破已有的全球价值链分工格局，借助新的市场和新的技术构建新的全球价值链治理模式，整合全球生产资源和创新资源，创造性地利用上游技术及中间产品满足国内市场的最终需求，在重构价值链的同时完成升级。

从驱动力的角度来看，两种路径也存在区别。其中，"嵌入升级"路径的动力源泉在于在现有产品基础上的渐进式创新以及特定环节、有限范围内的突破性创新，这些技术创新的目的明确，局限于特定技术领域和生产环节，虽然存在不同的实现方式，但都以高强度企业研发投入基础。"构建新链"路径的动力源泉在于市场适应性技术创新以及应用层面的突破性创新。当前条件下，相比于科学和技术层面的探索，需求驱动扮演着相对更加重要的作用，我国内需市场像一个技术创新试验台，在整合全球生产资源和创新资源的基础上，催生新的技术、新的技术组合、新的技术应用方式。

这两条路径对于我国制造业发展都有着非常重要的意义，但在不同产业、不同领域有着不同的适应性。在探讨"嵌入升级"路径和"构建新链"路径的具体表现形式前，先从以下三个方面入手，搭建理论框架，分析哪些因素影响创新驱动我国制造业全球价值链位置攀升的路径选择。一是我国制造业价值链升级的起点，主要从我国制造业在全球价值链中扮演的角色及其演化、所处价值链条治理模式以及技术环境三个方面出发，形成我国制造业的全球价值链实践子系统；二是企业创新战略决策，从多个维度分析企业创新战略对路径选择的影响，形成我国制造业的企业决策子系统；三是两条路径间的相互作用关系，分析"嵌入升级"和"构建新链"相互影响的传导路径，构成协同发展子系统（见图 5 – 1）。

GVC实践子系统
· 在GVC中扮演的角色及其演化
· 所处价值链条治理模式
· 技术环境

创新驱动中国制造业
全球价值链升级的路径选择

企业决策子系统
· 以竞争为核心的技术创新VS以用户
为核心的技术创新
· 封闭式技术创新VS开放式技术创新
· 延续性技术创新VS交叉性融合性技术创新

协同发展子系统
· 嵌入升级影响构建
新链的传导路径
· 构建新链影响嵌入
升级的传导路径

图 5 - 1　影响创新驱动我国制造业全球价值链位置攀升路径选择的三个子系统
资料来源：笔者绘制。

5.1.1　全球价值链实践子系统：我国制造业价值链升级的起点

以技术创新为国内制造优势赋能，能够帮助我国制造业企业摆脱被俘获的窘境，向全球价值链中高端迈进。依托于自身比较优势，创新驱动我国制造业攀升全球价值链中高端的进程具有路径依赖的特征。因此，有必要厘清我国制造业价值链升级的起点，确定企业在全球价值链中扮演的角色及其历史演化趋势与所处的价值链条治理模式和技术环境。

1. 我国制造业在全球价值链中扮演的角色及其演化

针对全球价值链中高端的攀升路线，"微笑曲线"理论提供了一种简单直观的认识。相比于我国制造业企业集中的中游装配、组装环节，上游研发、设计环节以及下游营销、品牌环节具有更强的价值攫取能力和更高的市场地位。但是，随着制造领域与非制造领域之间的界限越发模糊，创新驱动下我国制造业全球价值链位置攀升已经超出了"微笑曲线"的范畴。在第 3 章的内容中，全球价值链参与者被划分为"技术使用部门""技术整合部门""技术提供部门""技术传递部门"和"低技术生产部门"五类，参与者之间的差异既表现在技术维度，又表现在产品维度。

从我国制造业参与国际分工过程中的角色变化趋势来看，产品维度变化少，技术维度变化多。在我国参与国际分工体系之初，虽然技术水平较发达国家有较大差距，但细分产业并未集中于某一类特定的角色（参见3.2.4节的内容）。随着我国制造业全球价值链参与程度的提升，我国企业在国际分工体系的角色逐渐向技术传递部门和技术使用部门转型，越发集中于技术链条的下游。其中，技术使用部门处于技术链条和产品链条的下游，将来自其他产业的中间产品和知识服务整合为符合市场需求的最终产品或服务。相关企业所使用的技术集中于特定产品领域，技术通用性水平较低，并不能影响其他技术领域中的研发活动，在基础研究和尖端技术方面的研发投入较少，与外部研究机构的联系不甚紧密，竞争优势主要体现在基于消费市场的专用性知识和品牌价值。技术传递部门是中间产品提供者，但位于技术链条下游。相关企业将来自技术链条上游的知识技术，转化为中间产品，扩散到其他领域，在国际分工中发挥着提升生产效率的功能。

在这一过程中，我国制造业企业逐步提升自身技术水平，但仍依赖技术链条上游提供的核心技术和突破性创新。通过图5-2可以看出，2000年以来，我国制造业在国际分工体系中的技术地位演进经历了三个阶段：产品驱动阶段（2000~2005年）、要素驱动阶段（2005~2010年）、内需驱动阶段（2010~2014年）。在产品驱动阶段，我国制造初入国际分工体系，出口品集中于少数具有技术优势的最终产品领域，对外开放倒逼资源流向出口部门，我国制造业的技术优势被放大。这一过程可以理解为通过国际贸易整合我国制造业技术优势为其他国家提供新的产品，我国制造业的角色逐渐向技术整合者转型。

产品驱动的我国制造业角色演进过程是短暂的。在初入国际分工体系的情形下，我国制造业的整体技术水平远远落后于发达国家。当产品层面的技术优势被挖掘殆尽后，大量低成本劳动力带来的要素优势驱动我国制造业嵌入全球价值链中的制造、装配环节，我国制造业在全球价值链的角色演进过程进入要素驱动阶段。相比于投入巨大、试错成本高的自主研发创新，我国制造业企业借助技术咨询、产业转移等方式获得来自国外的先进技术，并通过FDI、加工贸易等方式，利用自身成本优势，将国外先进技术转化为具体产品，作为技术传递者或技术使用者参与到全球价值链之中。随着产品内贸易规模的扩张，我国制造业企业逐渐向技术链条下游的技术传递部门和技术使用部门集中。

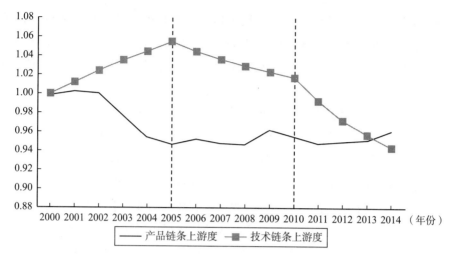

图 5 - 2　2000 ~ 2014 年我国制造业在产品维度和技术维度的变化情况

资料来源：技术链条上游度来自 PATSTAT 数据库，产品链条上游度和贸易强度来自对外经贸价值链数据库。经笔者整理后得到，其中数据以 2005 年的数值为基准进行调整。

在国际金融危机爆发后，世界经济复苏乏力、持续低迷的大背景下，2011年中央经济工作会议提出"坚持扩大内需这个战略基点"，内需开始成为我国制造业发展的重要驱动力。在内需驱动阶段，我国制造业企业逐渐转向国内市场，并利用与国外创新资源之间的联系，基于全球视野搜寻关键技术，应用于国内市场。生产资源逐渐由中游制造环节流向下游非制造环节，内需的扩张加剧了我国企业向技术链条下游移动的趋势。

要真正实现全球价值链地位的攀升，仅靠产品维度的变化是不够的，我国企业应立足现有比较优势，通过创新驱动寻求新的增长动力，逐渐由技术传递者和技术使用者向技术提供者和技术整合者转型。这样的转型不是简单地从低附加值环节向高附加值环节移动，也不是放弃制造环节的"空心化"发展模式，而是将全球价值链中高端的核心技术与我国制造业现有比较优势相结合，在"高也成、低也就"的前提下，实现制造业高质量发展。

具体而言，我国制造业的起点既可以是技术传递部门，也可以是技术使用部门，两者同处于技术链条下游。对于创新驱动我国制造业攀升全球价值链中高端的过程而言，起点的不同影响着企业的升级路径选择。在产品链条上游，我国企业面临的核心问题是关键技术缺失带来的"卡脖子"问题，亟须通过关键技术的国产化替代战略和重点技术攻关，推动我国企业由技术传递者向技术链条上游的技术整合者或者技术提供者转型。技术传递者依赖于技术链条上游的技术供给，而技术整合者或者技术提供者则依赖于技术传递者的生产能力。如在半导体元器件领域，我国制造业企业多为内存颗粒制造、圆晶制造等相关领域的代工厂，这些企业虽然能够生产上游关键核心零部件，但技术上仍然依赖于台积电、三星等技术提供者。相近的产业内容和紧密的合作关系为我国企业迈向全球价值链中高端提供了便利条件，在这样的状态下，相比于"构建新链"，"嵌入升级"是一个更加可行、更加有效的策略选择。对于我国企业而言，通过嵌入关键领域的低端环节，接触到相关核心技术，作为技术传递者参与相关中间产品的生产过程有助于其掌握产品背后的设计原理和知识技术，并借助逆向工程、模仿学习等方式在已有技术的基础上实现微创新，由单纯的加工装配，向真正拥有自主知识产权的技术提供者转型，最终实现"嵌入升级"。当然，企业也可以通过高强度的研发投入，针对目标环节存在的个别技术难题或者共性技术问题，提供新的解决之道，在技术层面将链主企业甩在身后。这样的创新具有更多的不确定性和突破性，不仅会带来企业全球价值链位置的变化，还会引起价值链治理模式和资源整合模式的变化，属于"构建新链"的范畴，对于企业而言需要更高的研发能力和资源整合能力，在技术传递部门的适用性不如"嵌入升级"（见图5-3）。

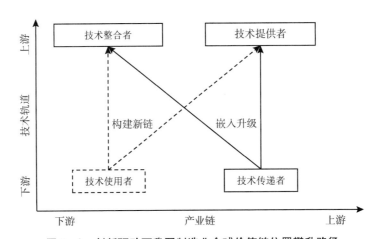

图5-3 创新驱动下我国制造业全球价值链位置攀升路径

注：图中虚线代表"构建新链"路径中的角色转换，实线代表"嵌入升级"路径中的角色转换。
资料来源：笔者绘制。

在产业链下游，我国企业面临的挑战在于如何创造性地利用上游的技术和中间产品满足最终需求，尤其是国内市场的需求，并在这一过程中实现价值链的重构与技术升级，由技术使用者向技术整合者和技术提供者转型。其中，技术整合部门与技术使用部门提供的产品类似，两者在产品层面存在竞争关系，但技术层面差异较大。以小米和苹果为例，虽然两者同为手机品牌，有着相近的产品结构，却有着不同的技术储备，操作系统、产品生态等方面的劣势使得小米在竞争中处于劣势，缺乏苹果那样的议价能力和价值攫取能力。在由技术使用部门向操作系统、通信终端、汽车产业等为代表的技术整合部门进军的过程中，我国制造业企业与发达国家的竞争过程遇到了来自发达国家的反制。在操作系统、通信终端、汽车等产业，下游生产环节具有更高的技术含量，技术研发和市场品牌的功能都被集成到同一企业内部，生产环节减少，单一环节的进入门槛升高。加之技术使用部门与技术整合部门的竞争关系，我国制造业企业难以通过多样化或迂回的升级策略回避竞争，创新升级过程不可避免地会受到来自发达国家链主的"断供"与技术封锁。考虑到技术整合部门在全球价值链中的主导地位，我国制造业企业难以在现有的国际分工框架和秩序下找到转型升级的机遇，"构建新链"成为我国企业的较优选择。此外，国内国际双循环新发展格局和新一轮产业革命也为中国制造重新整合全球价值链生产要素创造了条件，依托国内市场需求，构建以我为主的新价值链条，并在重构的过程中实现价值链地位的攀升。由此，我国企业不再满足于将国外价值链条简单地复制、搬运到我国市场，而是利用新兴技术创造性地满足市场需求，在数字化、信息化、智能化的前提下，挖掘国内市场的发展潜力，在技术发展过程中扮演着更加重要的角色，最终完成技术使用者向技术整合者和技术提供者的转型（见图 5 - 3）。

2. 所处价值链条治理模式

从交易成本的角度出发，根据交易的复杂程度、信息的可编码程度以及供应商能力等因素，考虑到全球价值链中行为主体之间的协调能力，全球价值链的治理模式包括市场型、模块型、关系型、层级型、俘获型五种（参见 4.5.1 节的内容）。其中，在市场型治理模式下，产品生产过程中涉及的工艺、知识相对简单，相关资产的专用性程度低，标准化程度更高，厂商通过价格、协议就能在很大程度上降低交易过程中面临的不确定性。相比之下，俘获型和层级型治理模式意味着复杂的知识、工艺和较弱的供应商能力，为了降低交易成本，主导企业倾向于通过资金和技术优势控制供应商，甚至通过并购实现垂直一体化。模块型和关系型治理模式则介于上述治理模式之间，参与厂商在选择交易对象的过程中具有一定的灵活性，交易方式也表现出多样化的特点。

不同的治理模式影响着相关企业的路径选择。随着交易的复杂程度的下降以及信息的可编码程度和供应商能力的提升，全球价值链的治理模式逐渐沿着"市场型→模块型→关系型→俘获型→层级型"的方向变化。在这一过程中，企业"构建新链"的难度逐渐升高。"构建新链"的路径选择更加适合市场型、模块型和关系型治理模式，而"嵌入升级"路径则在俘获型和层级型治理模式中占据优势。

第一，在市场型价值链治理模式下，企业有着较强的"构建新链"的能力和意愿。一方面，链主企业对价值链各环节的掌握能力有限，参与厂商之间能力接近，加之简单的产品和较低的交易成本，参与其中的企业很容易获取来自国外的生产资源来满足自身生产需要，从而打破现有的价值链分工结构。另一方面，激烈、同质化的市场竞争下，"嵌入升级"并不能为企业带来超额收益。尤其是在鞋服纺织、日用塑料等低技术领域，标准化的产品使得供应商依赖于当前市场对产品和服务设定的标准或者要求，企业更愿意打破现有的分工格局，运用技术创新来构建以我为主的全球价值链。

第二，在模块型和关系型价值链治理模式下，我国企业具备一定的"构建新链"的基础条件，也具备相当的意愿实现自主发展。在新能源汽车、通信设备等产业中，网络化的分工为企业整合相关资源、完成整车生产或者提供通信设备整体解决方案提供了基础条件。依托于国内汽车零配件产业的发展，比亚迪厚积薄发，借着从传统燃油动力向新能源动力的技术变革，实现对传统车企的"弯道超车"。相比之下，华为采取市场融入和研发融入并举的国际化战略，一方面通过对全球技术领先地区投资，与当地一流运营商合作，积累现代化的产业经营管理经验，培养国际化技术和管理人才；另一方面，在当地设立研发中心，充分融入全球创新价值链，利用东道国的区位优势，且通过模仿学习、人才吸收、知识获取等途径增强自身技术水平，在电信设备领域的开拓发展中增强创新驱动力。在这些领域，模块型和关系型的治理模式为我国企业构建"以我为主"的价值链条创造了条件，而我国企业也可以借此机会颠覆国外主导厂商的技术优势，实现全球价值链位置的攀升。

第三，在层级型、俘获型的价值链治理模式中，复杂的产品和市场交易结构加大了企业构建新链的难度。虽然供应商仍有意愿去摆脱被俘获、被锁定的不利局面，但与核心企业在关键技术领域的技术差距使得我国企业难以摆脱已有的价值链治理模式，被长期锁定在低端，所处的价值链条以层级型、俘获型的治理模式为主（刘维林，2012）。例如，在特斯拉和苹果所主导的价值链条中，我国企业的嵌入集中于生产、交付、销售、客户支持等环节，真正涉及核心技术的研发设计环节仍在千里之外的美国。信息技术的发展使得苹果、特斯拉等企业更容易掌握大洋彼岸的供应商的行为，距离不再是障碍，链主企业可以充分地了解供应商日常所有的生产行为，并根据其行为进行决策，一旦供应商不能满足链主自身的要求，就立即更换。此外，链主企业还会提供给供应商远超其技术能力的分工利益，面对链主企业"胡萝卜加大棒"的策略，很多中国企业选择放弃发展的自主权，使用链主企业提供的设备、软件、资金以及技术支持，完全按照链主企业的要求进行生产。这些企业所参与的环节永远是竞争最大、门槛最低的分工环节，最终无奈沦为苹果、特斯拉等企业的附庸，虽有构建新链的意愿，但构建新链的能力有限，只能选择"嵌入升级"。

3. 技术环境

相对稳定、可预见的技术环境更适宜"嵌入升级"；技术激烈变革、更新换代频繁的技术环境为"构建新链"创造条件。根据技术生命周期理论，技术的演进过程是一个由革命性的突破式创新过渡到间断的、长期的渐进式变化的过程（Anderson and Tushman，1990）。对于我国企业而言，不同的技术演进阶段意味着不同的技术环境。在初始阶段，相比于工艺创新，创新的形式以产品创新为主，企业在决策过程中更加强调产品功能，催生大量原创技术和架构性创新，技术环境整体上呈现出激烈变革、更新频繁的特点。在这样的技术环境下，并不存在一个稳定的分工结构和价值链治理模式，龙头企业的优势不明显，参与企业都有可能成为产品竞争最后的胜利者，并在此基础之上构建"以我为主"的全球价值链。

随着产品技术的深入发展和日益成熟，工艺创新在创新整体中所占的比重会逐渐上升并占据主导地位，有利于提高产品质量、完善并增加新的功能，降低产品成本和提高劳动生产率（徐欣，2013）。在相对成熟的技术环境中，产品内分工逐步发展，技术领先企业将部分环节外包给供应商，形成价值链分工的雏形，供应商也在嵌入全球价值链的基础上不断追赶、缩小与技术领先企业之间的技术差距。

由于所处技术演进阶段不同，不同产业的技术环境也大相径庭。如手机屏幕相关的显示面板制造和手机芯片相关的集成电路制造，两者都属于技术密集型产业，但是前者处于技术演变的成熟阶段，技术轨道相对稳定，通过高强度的企业研发投入和逆周期投资，京东方等国内企业已经在全球价值链中占据一席之地，虽然技术水平相较三星等技术领先企业仍有差距，但随着技术逐渐到达极限，这种差距越来越不明显。相比之下，虽然仅有台积电、三星、英特尔等少量企业处于领跑位置，手机芯片制造仍处于技术变革的阶段，芯片制造制程正处于 7 纳米向 5 纳米过渡的阶段。虽然 28 纳米工艺已经逐渐成熟并为国内企业所掌握，但和国际领先企业相比仍存在巨大的技术代差，通过嵌入全球价值链获取关键技术、实现地位提升的可能性很小。

5.1.2 企业决策子系统：企业的创新战略选择

新一轮产业革命为我国制造业整合国内外资源，实现全球价值链位置攀升提供了便利。新一轮产业革命中，以用户为核心的技术创新、开放式技术创新以及交叉性融合性技术创新层出不穷，企业的技术路线更加多样化，技术变革的非连续特征更加明显。技术变革的非线性趋势和多元化的技术路线，为我国制造业创新赶超"弯道超车""变道超车"提供了一个宝贵的战略窗口。这里从以竞争为核心的技术创新和以用户为核心的技术创新、封闭式技术创新和开放式技术创新以及延续性技术创新和交叉性融合性技术创新三组技术路线选择出发（见图 5-4），分析企业的技术路线选择如何影响升级路径的选择。

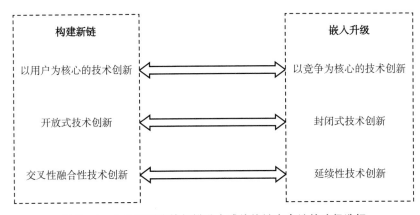

图 5-4 企业创新决策与攀升全球价值链中高端的路径选择

资料来源：笔者绘制。

1. 以竞争为核心的技术创新和以用户为核心的技术创新

在企业选择以竞争为核心的技术创新的情况下，价值链升级主要表现为以过程升级、产品升级和功能升级为主的"嵌入升级"模式。其中，工艺流程升级是链外企业嵌入链内，并稳固其地位的过程。当企业能够以更高的质量、更低的瑕疵率为链内上下游提供产品模块，或根据已经确定的技术标准完成比竞争对手更复杂、更巨量生产任务的时候，企业就获得了过程升级。企业接包能力、细致的生产计划、严密的生产监控、严格的质量管理、全过程标准化生产运作等发挥主要作用。应当说目前绝大多数参与国际化的我国制造业企业都具备过程升级的能力。

产品升级是链内企业主动寻求其主营产品模块升级的过程。企业因出色的技术和质量能提供超越其对手的更高附加值的产品，同时比其竞争对手更快地引入新产品。企业进行产品升级的主要任务是研发显著质量改善的产品模块并说服全球产业链利益相关者接受。技术研发、网络治理能力发挥主要作用。同时，具备专用性和专有性的"核心科技"能够大幅度提升企业价值创造能力。

功能升级是企业进行前向、后向资源整合的过程。在企业能在全球价值链新的环节或业务中提供竞争性的、与高附加值相关的产品或服务的情况下，企业就赢得了功能升级，如传统原始设备制造商（original equipment manufacturer，OEM）向原始设计制造商（original design manufacturer，ODM）和自创品牌（original brand manufacturer，OBM）方向转型。在这一过程中，企业研发能力、品牌管理能力、垂直一体化能力十分重要。通过信息化、智能化提升产品价值，我国制造业将全面整合全球价值链制造环节，并将研发、品牌等上下游非制造环节融入自身生产过程。

无论是过程升级、产品升级，还是功能升级，来自链主企业的技术转移与知识溢出都是重要的创新来源，以竞争为核心的技术创新是企业为了满足链主企业的产品标准以及整个产品链条对于供应商的要求而不断提升自身技术能力的过程。企业的技术创新沿着"嵌入升级"的路径不断积累，没有超出已有的价值链治理结构。

相比于以竞争为核心的技术创新，以用户为核心的技术创新倒逼企业改变现有的全球价值链分工格局。当今国际市场面临着空前的技术创新时代，移动互联、大数据、云计算、虚拟现实、人工智能等一系列技术发展迅猛。数字资产的有效管理与开发，大数据的智能分析与利用，使得数字生态系统衍生出新的经济形态。数字技术的持续渗透改变了制造流程，增强了制造业新产品设计的灵活性和可拓展性，推动了知识的跨领域整合、制造业边界融合、资源搜寻效率和配置效率提高。数字信息技术拥有知识生产功能，给经济发展带来了更多的市场机会、商业机遇和有利的创新环境，有利于新的创新观念催生和商业模式变更（Hall et al.，2013），带来"构建新链"的机会。

我国人口基数大，数字时代将会产生更多的数据，如何利用这些数据进行智能化运营与数字化创新？到底是数据堆砌与数据膨胀，还是依托数字技术，海量数据逐渐转化为以用户为核心的技术创新，进而作为一种重构全球价值链的驱动力？事关我国制造业的高质量发展。新一轮全球新技术革命对于我国制造业发展既是机遇，又是挑战。信息化、数字化和智能化的技术趋势帮助企业更深入地挖掘市场需求，并根据这些需求重新配置资源，这样的重构过程为我国制造业的转型升级创造了条件，尤其是那些直接面对消费者的终端企业，更有能力整合国内外资源，实现价值链地位攀升。

以传统的纺织业价值链分工为例，红领集团最初只能通过代工为欧美品牌提供成衣，未能涉足设计、营销等关键环节，利润空间极为有限，处于价值链低端。2003 年起，红领在做好自身成衣制造的基础上，积极拥抱互联网技术，改造已有的生产、制造流程，提升自动化水平，并通过电子商务定制平台（C2M 平台），改变了传统服装价值链的分工格局，将个性化的服装定制与大规模量产相结合。这种以用户为核心的技术创新帮助红领构建起了"以我为主"的价值链条，并实现价值链升级。

2. 封闭式技术创新和开放式技术创新

封闭式的技术创新意味着主导企业可以依靠内部持续的高强度的技术研发获得强大的竞争优势，价值链条中的供应商很难打破主导企业的垄断地位。考虑到链主企业对供应商的技术优势，同一链条内的研发竞赛中，供应商必然处于劣势地位，难以挑战链主企业的市场地位，无法改变现有的治理模式，价值链升级以"嵌入升级"模式为主。在这一过程中，技术外溢效应不明显、员工流动性低、知识传播不快，链主企业能够长期维持其技术优势。而供应商缺乏足够的专业知识，同时对高校及科研机构的作用重视不够，只能被动地嵌入全球价值链中的低价值环节。由此，我国制造业企业极易陷入研发与品牌"两头在外"的分工格局。由于技术创新能力与世界前沿水平存在差距，相比于试错成本高、投资周期长的自主研发，中国企业更倾向于直接利用国外的先进技术。在苹果、特斯拉等跨国公司的分工布局中，"中国生产、美国研发"的格局越发明显，在中国仅有少量独立研发团队，参与环节以生产、交付、销售、客户支持等为主。在这样的分工格局下，利润逐渐向掌握核心技术和关键渠道的主导厂商集中，我国制造业企业被俘获在价值链低端，根据主导厂商的意愿进行专用性投资、配置资源。信息化带来的沟通便利进一步加深了中国企业的被俘获程度，强化了跨国公司对供应商的控制能力，将供应商束缚于特定生产领域，无法完成全球价值链位置攀升。

在核心企业主导的分工网络中，虽然我国企业能够参与的环节越来越多，但是大多集中于制造领域，研发、设计、品牌、市场等非实体环节被国外核心企业所占据。两者之间的差异不再是简单的生产工序的差异，不同生产环节之间的技术差异甚至远超不同价值链条之间。中国企业参与其中能够获得可观的回报，但核心技术的取得不能奢求链主企业的施舍，必须靠自身高强度的研发投入才能实现技术突破。

当然，攀升全球价值链中高端不能局限于取代价值链主导企业的行动模式，在开放式创新的基础上打破核心企业主导网络也是一种选择。当前，随着信息技术高速发展和研发模式模块化，知识和技术的传播速度越来越快、传播范围越来越广、传播成本越来越低，开放式技术创新逐渐成为企业极具价值的选择。越来越多的企业把研发、设计等非制造环节外包出去，不再集中于少数核心企业。频繁的技术授权、转让使得企业创新更具开放性，知识资源的流动性大大提高，不再依赖于具体生产过程，知识外包企业和生产外包企业的存在构成了新的多方主导网络（见图 5 - 5）。开放式创新模式下，企业积极寻求外部研发资源，并采用合作研发、研发外包、技术许可授权、产学研合作、网络创新等方式实现知识的互联互通。新的研发模式带来的价值链治理结构中不同主体位置的变化，也使得原有的治理模式变得松散、可渗透。供应商或者客户之间的技术联盟甚至能够摆脱原有价值链主导企业的控制，构建新的价值链条，创造新的商业模式。

以光刻机领域的开放式创新为例。2003 年以前，市场由尼康等日本企业主导，其中，尼康一直将光刻机作为自己的核心产品，也是让日本企业引以为傲的"民族之光"。但尼康提供的干式光刻机一直踌躇于 193 纳米工艺，难以精进，逐渐不能适应半导体产业的发展需要。对于下游的英特尔、AMD、台积电等芯片设计、生产企业而言，光刻机是它们进行半导体设计生产的核心工具，工具的发展缓慢限制着这些企业的发展。为了改变这一局面，打破 193 纳米的瓶颈，20 世纪 90 年代，英特尔、AMD、摩托罗拉、美国能源部以及美国劳伦斯利弗莫尔、劳伦斯伯克利和桑迪亚三大国家级实验室等组成了 EUV LLC 联盟，试图以开放式的创新模式打破尼康等日本企业对光刻机的垄断。

2003 年，ASML 和台积电共同研发出第一台浸润式光刻机，优秀的性能和稳定的技术，让 ASML 的产品全面碾压尼康的干式光刻机，颠覆了光刻机领域的格局。这不仅是一场技术层面的颠覆，还是开放式技术创新的成功，彻底改变了光刻机领域的价值链治理模式，将光刻机的生产分解为顶级的光源（激光系统）、高精度的镜头（物镜系统）、精密仪器制造技术（工作台）三大部分，形成了一个美国、日本、韩国、德国等多个国家共同参与的价值链条，也带动了半导体产业进入下一个快速迭代的发展周期。

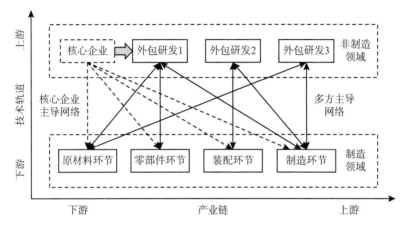

图 5 – 5　全球价值链中制造环节与非制造环节的分工格局变化

资料来源：笔者绘制。

3. 延续性技术创新和交叉性融合性技术创新

延续性技术创新专注于特定技术领域的能力提升，是企业在其制造优势的基础上，不断完善产品的工艺流程和用户体验，实现知识的积累和迭代，并持续不断地获取经济效益。在这一过程中，稳定的价值链分工格局是重要的保障，供应商在链主企业的技术支持下，不断提升自身的技术能力，以满足链主企业的生产要求和技术标准。在以锂电池、化工原料为代表的技术相对成熟的上游技术领域，我国制造业逐渐积累生产资料、核心技术、市场营销、资金储备、企业管理等核心竞争优势，沿着"简单代工 OEM→ODM→OBM"的道路实现价值链升级。

新一轮产业革命下，信息技术与制造业的融合带来了交叉性融合性创新的机会，为"构建新链"创造了条件。新冠肺炎疫情的暴发提高了我国对数字化、信息化、智能化相关基建的重视，我国在工业互联网、车联网、人工智能，云共享等技术方面加速升级。人工智能不仅被视作制造业的生产要素，除提高生产效率外，更多的是为制造业注入了发展引擎和动能。数字领域与制造业之间的交叉融合带来了大量的技术机遇，从理解、感知、行动等方面激发了我国制造业发展活力。利用计算机视觉技术来处理图像、语音以主动感知市场需求变化，有利于制造业精准决策与创新；通过数字技术的智能抓取和主动搜寻来提供动态解决方案，辅助了贸易的搜索引擎工作；依托专家系统和推理引擎则有利于自动驾驶汽车等制造业企业的研发与升级。新基建下人工智能的主动学习功能为制造业生产方式带来了根本性的变革。交叉性融合性技术创新带来的新模式和新业态的发展为我国制造业的发展提供了更广阔的空间，使其不再依赖于发达国家主导的价值链分工体系，在专注于国内市场的基础上实现引领性发展和创新赶超，在重构全球价值链的基础上，增强国家竞争力，促进可持续发展。

5.1.3　协同发展子系统："嵌入升级"和"构建新链"间的相互影响

长期以来，积极参与全球价值链是我国制造业发展的动力源泉，但随着我国人口红利逐渐消失，只重"量"不重"质"的开放模式已经不能满足我国制造业高质量发展的需要。在后疫情时代国际分工格局悄然变化的大背景下，我国制造业攀升全球价值链中高端的路径面临着多方面的挑战与机遇。在这样的形势下，我国推动"以国内大循环为主体、国内国际双循环相互促进的新发展格局"并非当前面临供应链因疫情中断而采取的权宜之计，而是未来我国经济长期保持高质量发展的强国方略，不是因中美贸易摩擦而被动收缩，而是筹划以更深层次的改革、更高水平的开放加快形成内外良性循环的战略抉择。相比之下，"嵌入升级"依托于国际分工体系，更接近国际循环的范畴；而"构建新链"主要依托于国内市场，更接近国内循环的范畴。在国内国际双循环新发展格局下，"嵌入升级"和"构建新链"不是一组对立的升级路径选择，而是一对相辅相成的概念（见图 5 - 6）。

根据图 5 - 6，国内循环、国际循环、"嵌入升级"与"构建新链"之间的相互影响可以分解为两条传导路径和四个首尾相接的阶段。

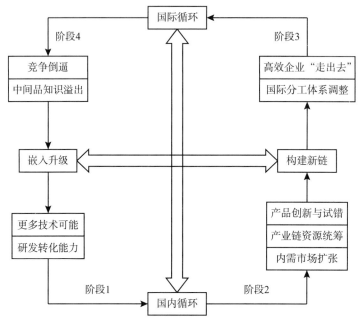

图 5 - 6　"嵌入升级"和"构建新链"之间的相互影响

资料来源：笔者绘制。

1. "嵌入升级"影响"构建新链"的传导路径

"嵌入升级"路径中，我国企业不断积累技术创新能力，为国内循环的发展提供了基础条件（见图 5 - 6 中的阶段 1）。在新冠肺炎疫情暴发初期，在国际供应链受阻的局面下，口罩等防护用品供给成为国内循环面临的重要课题。在这样的形势下，比亚迪、五菱等汽车制造厂商迅速转产相关生产领域，其中，比亚迪口罩最大日产量达 1 亿只，成为全球最大规模口罩生产商，有力确保了国内抗疫物资供给，成为我国制造转产抗疫产品的典范。而这种转产并非简单的资金、人员投入方向的转变，比亚迪、五菱等企业在制造领域积累的研发能力以及迅速地把研发转化为产出的能力是成功的关键。此外，需求的扩张不是凭空产生的，产业链上游企业在"嵌入升级"过程中，不断积累创新能力，为下游企业"构建新链"提供更多的技术可能性，使得下游企业在产品创新过程中免于关键技术"卡脖子"的窘境，拥有更强的满足市场需求的能力。如华为在借助国内市场发展手机业务的过程中，带动了海思、寒武纪等芯片设计企业的"嵌入升级"，反过来，海思、寒武纪等芯片设计企业的能力提升也助力华为重构国内价值链的进程。

作为双循环的主体，依托于超大规模市场、多层级消费市场和统一大市场等优势，国内循环的发展为我国制造业通过"构建新链"路径迈向全球价值链中高端提供源源不断的动力（见图 5-6 中的阶段 2）。一是我国内需市场的扩张为制造业转型升级提供了广阔的发展空间，不再局限于发达国家为我国制造业打造的边缘角色，打破链主企业在核心、关键技术领域实施的封锁战略，改变自我创新缺失、微利化的被俘获地位。借助国内消费者对于自主品牌的认同与偏好，华为、中国中车等明星企业迅速做大做强，这样的经验对于我国制造业企业"构建新链"有着极强的指导意义。二是基于国内循环的产业链资源统筹为我国制造业构建以我为主的价值链条创造了条件。在后疫情时代全球价值链短链化、缩链化的不利局面下，我国制造业庞大的产业规模提升了抵御风险的能力，部分地方政府公布了助力"链长制"分工的政策，统筹产业链资源，确保供应链、采购链、生产链闭环运作，有效解决"缺个零件，停一条生产线"的问题。相关价值链的治理结构与模式悄然改变，越来越多的我国企业意识到国内循环中的痛点、难点、堵点，为"链长"们提供中长期发展目标，从根本上改变我国制造业对国外核心技术、关键环节的依赖。三是我国广阔的内需市场为我国制造业企业的产品创新与试错创造了条件，在新能源、"5G"、无人机等新兴产业，我国企业依托于国内市场的发展，实现了对国外企业的"弯道超车"，形成了独有技术优势的国内价值链分工体系。

2. "构建新链"影响"嵌入升级"的传导路径

在"构建新链"的基础上，我国企业提升了局部领域的比较优势，带来了整体资源配置效率和技术效率的提升。我国制造业不再局限于欧美发达国家确立的分工体系，"构建新链"的发展模式延伸到我国企业参与的全球价值链，改变国际循环的格局，实现国内循环与国际循环之间的互动（见图 5-6 中的阶段 3）。这种影响主要包括两层理论逻辑：一是高效企业"走出去"，"构建新链"过程中形成了大疆、宁德时代等一系列技术领先企业，根据异质企业理论（Melitz，2003；钱学锋和熊平，2010），高效企业更有能力和动力参与国际分工，将自身在国内市场中的竞争优势拓展到国际市场中。与此同时，我国制造业也得以改变自身在国际循环中的不利分工局面，通过国内市场的发展带动国际循环的优化。二是国际分工体系调整，来自欧美发达国家的技术封锁与市场封锁以及区域生产网络的崛起倒逼中国更加主动地参与、构建后疫情时代的国际分工体系，"一带一路"倡议的实施和 RCEP 的签署既是中国充分发挥自身比较优势的结果，也是建立新的世界贸易体系的序幕。在构建以我为主的价值链条的过程中，中国在国际循环中的角色更加主动、参与程度进一步深化、对外开放水平持续提升。

在此基础上，传统的价值链升级逻辑发挥作用，竞争倒逼机制和中间品知识溢出机制推动我国制造业的"嵌入升级"（见图5-6中的阶段4）。一是通过与RCEP缔约国以及"一带一路"沿线国家的分工合作，我国企业可以引进、使用包含其他国家技术创新和先进生产理念的中间品以及前沿的管理理念，降低生产成本和学习成本，迅速掌握相关技术，降低研发成本，在知识外溢的基础上提高产品质量和生产效率。二是国内市场对全球市场中间品和消费品的引进与使用一定程度上会对国内市场产生替代效应，倒逼国内企业提升创新研发能力，改善生产技术，提高生产效率，最终实现产业升级。

"构建新链"与"嵌入升级"之间的相互影响意味着不能孤立地、静态地看待一个产业的价值链升级路径。一方面，须从我国制造业发展的整体状态出发，分析细分领域的价值链升级路径选择问题。在升级起点和企业决策之外，还应考虑相关技术领域和配套产业的价值链升级路径，如当前新能源汽车领域在"构建新链"过程中，汽车零配件、三元锂电池等产业在"嵌入升级"中积累的技术创新能力是不可忽略的因素。另一方面，须从动态发展的角度出发看待特定产业、企业的价值链升级路径选择问题，"构建新链"的发展为"嵌入升级"路径创造条件，"嵌入升级"路径的发展也为"构建新链"提供助力，企业的价值链升级路径选择不存在一成不变的解决方案，而是随着市场的发展呈现出"构建新链"和"嵌入升级"交替的发展态势。

5.2　"嵌入升级"路径

"嵌入升级"路径中，我国制造业企业面临的核心问题是关键技术领域和生产环节的进入壁垒，其优势在于参与国际分工过程中积累的制造能力，通过以竞争为核心的技术创新、封闭式技术创新、延续性技术创新，实现高精尖技术对我国制造业企业的赋能，助力企业提升全球价值链分工地位，由技术传递部门向技术提供部门和技术整合部门转型，最终进入技术链条上游。

我国制造业企业在"嵌入升级"过程中逐渐实现企业角色转变。在相对稳定的产业技术环境下，随着国际分工细化到研发设计领域，技术传递者虽然不能接触到核心技术，但可以在生产过程中使用来自核心企业的关键技术，参与核心零部件的生产，通过逆向工程、技术转移、重点技术攻关等方式获取核心生产环节的相关技术，并参与技术标准和技术规范的制定，逐渐掌握价值链分工的支配权和主导权。这是一个由技术积累到技术突破、由被动嵌入到主动嵌入、由市场追赶者到市场主导者的过程。

我国制造业的"嵌入升级"能够提升生产效率，保障生产安全。在我国率先控制新冠肺炎疫情，逐渐实现复工复产的大背景下，我国对外部知识资源、人才的吸引力逐渐凸显。一方面，"嵌入升级"将生产环节集中于中国，通过外部知识资源与我国制造业现有比较优势的结合，创造新的产业集群优势，提升价值链条的整体运行效率；另一方面，我国制造业企业的"嵌入升级"能够实现产业链的"短链化"和"缩链化"，防范产业链断链风险，符合后疫情时代全球价值链重组"纵向缩短、横向区域聚集"的基本趋势。

与"构建新链"相比，"嵌入升级"对于企业价值链治理能力、配套产业以及相关要素供给的要求较低，适用范围更加广泛。在"嵌入升级"路径中，我国企业主要通过高强度的企业研发投入和逆周期投资积累技术创新能力，依托于国内完善的产业体系和巨大的市场容量，改变技术基础薄弱的现状，实现核心技术领域突破，向全球价值链中高端攀升（见图 5 - 7）。

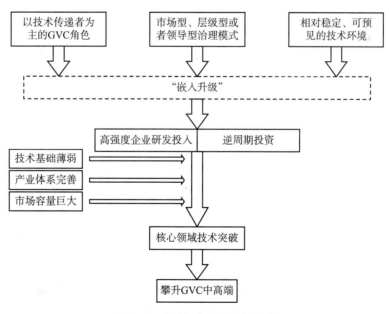

图 5 - 7　"嵌入升级"路径示意

资料来源：笔者绘制。

5.2.1 技术创新能力的积累

"嵌入升级"是一个"量变"引起"质变"的过程,相比于突破性创新和交叉性融合性创新,延续性技术创新在"嵌入升级"路径中发挥着更加重要的作用。在具体实践中,高强度企业研发投入和逆周期投资是我国企业逐步提升创新能力的主要方式,在现有产品基础上的渐进式创新以及特定环节、有限范围内的突破性创新是我国企业向全球价值链中高端攀升的动力源泉。虽然创新过程可能存在不确定性,但国外企业在关键技术领域的探索和实践为我国制造业企业提供了参考,对已有技术的模仿和参与全球价值链带来的知识积累是我国企业"嵌入升级"的基础。在既定的技术范式和标准下,企业立足已有制造环节的竞争优势不断改进技术,在服务现有用户群的基础上,追赶国外先进企业,最终实现对国外技术的赶超。

高强度企业研发投入能够破除我国制造业企业发展中的障碍。在企业由技术传递者向技术提供者转变的过程中,通过参与全球价值链获取的相关知识已经不能满足企业的发展需要,必须通过高强度的企业研发投入获取企业进入核心环节、核心领域的技术"敲门砖"。当前,我国制造业企业在产业链上游与发达国家制造业企业仍有明显的技术差距,在精密机床、半导体加工设备、飞机发动机、电子芯片等领域存在关键技术"卡脖子"的问题。这不仅是相关领域内企业发展面临的问题,还制约着关联产业的发展,是"嵌入升级"路径中的主要障碍之一。产业集群中的头部企业,需要在联合国内外大专院校、科研院所的基础上,把资源和要素集中投放在这些知识技术密集的基础领域和关键环节,实现关键领域的技术突破,进而带动产业整体的发展。

后疫情时代,逆周期投资能够为我国制造业创造更大的增长空间。在半导体、液晶面板、汽车制造等投资周期长、投资规模大的产业,不能仅凭一时的得失判断产业的发展成败,逆周期投资能够让企业拥有更大的发展空间,在国际竞争中处于优势地位。三星在半导体产业的成功、京东方在液晶面板领域的异军突起都是有力的佐证。逆周期投资的关键在于抓住那些高价值资产被低估的市场窗口期,将其与自身比较优势相结合,为未来的发展积聚势能。对于我国制造业而言,逆周期投资有两方面得天独厚的优势。一是后疫情时代,国内更加有序的生产环境更适宜全球价值链的重新布局,2020 年 1 ~ 8 月,在新冠肺炎疫情暴发的不利局面下,全国实际使用外资 6198 亿元人民币,较上年同期仍增长 2.6%①。在国内国际双循环相互促进的新发展格局下，我国制造业企业必将迎来更大的发展空间。在世界经济仍未摆脱新冠肺炎疫情困扰的大环境下，中国制造的发展呈现出明显的逆周期特征。二是当前世界经济增长乏力，投资者对经济前景缺乏信心，导致许多资产和项目被系统性低估，随着我国资产实力增强，有能力进行海外并购。这样的并购可以有效地利用来自发达国家的技术溢出和我国制造业的成本优势。一方面，通过海外并购获取国外技术省去自主研发的巨大资金成本和试错成本（Caves，1971），赶上世界先进技术的发展脚步，避免重新发明轮子的无用功。在传统国际化理论框架下，外资和中间品贸易是跨国知识溢出的主要方式。考虑到中国与欧美发达国家之间的技术差距，我国制造业企业可以引入改进的产品来更好地服务客户，发挥渐进式创新成本低、收益快等诸多优势（Shankar et al.，1999）。另一方面，在那些技术壁垒较高、研发周期较长的环节，基于 FDI 的兼并收购是我国制造业企业实现技术追赶重要的驱动力。并购不仅可以直接取得创造性成果产权，而且能够将被收购方的整个创新体系引入，同自身创新系统进行整合。这也提醒我国制造业企业在进行海外并购时，要注意掌握主动性和取得标的资产的完整权利，否则只能获得"技术黑箱"，无助于在全球价值链地位的攀升。我国液晶产业中京东方就是一个很好的例证，2002 年，京东方抓住亚洲金融危机与液晶面板价格低迷的时机，以 3.8 亿美元的价格收购现代显示科技公司（Hyundai Display Technology Inc，Hydis）的全部液晶面板业务项目。1700 多名韩国管理、技术人员加入了公司，韩国技术专家崔炳斗也由此出任京东方副总裁并于日后升任首席运营官（COO）。伴随着收购的完成，京东方开始不断地推行自己的技术创新策略：先收购、掌握技术源与市场，再合资投资新生产线，以最快速度、最大限度加入 TFT - LCD 市场，使京东方成为显示行业主流产品领军人（柳卸林和简明珏，2007）。对于我国企业而言，海外并购只是开始，如何通过海外并购快速而低成本地提升自身技术创新能力才是摆在我国企业面前的问题。

5.2.2　基础条件

当前，我国制造业"嵌入升级"的基础条件可以概括为三点：技术基础

---

① 双转正！前 3 季度中国实际使用外资 7188 亿元人民币 [EB/OL]. http：//www. mofcom. gov. cn/article/i/jyjl/j/202010/20201003008699. shtml.

相对薄弱，产业体系完整，市场容量巨大。

1. 技术基础

美国挑起的科技战、贸易摩擦暴露了我国制造业在产业链上游关键技术领域的积累不足。2020 年以来，中美贸易摩擦、科技战的全面升级，美国对华技术封锁将成为常态。美国试图打击中国高科技产业发展，掐死中国获取技术、累积知识的外部条件，使得中国的技术创新过程必须更多依赖内部动力。特朗普政府的一系列做法客观上起到了"倒逼"中国自主创新的作用。美国刚刚完成两届政府的交接，相比于特朗普政府直接而强硬的对华政策，拜登政府对华政策可能会更具可预测性和稳定性，但仍将视中国为主要竞争对手，并且承诺重建美国与志同道合国家的同盟，迫使中国做出改变。无论美国政坛如何变动，中国都要提升自身的硬实力，无论是在价值链分工领域，还是在核心技术领域，都应坚决按照"十四五"规划和 2035 年远景目标的精神坚持自主创新，通过自主创新实现关键技术、关键环节不受制于人。

在过往的发展过程中，中国在参与全球化分工的过程中逐渐缩小与发达国家的技术差距，在"5G"、输变电、高铁等相关领域的技术已经领先世界。2019 年中国通过世界知识产权组织的《专利合作条约》（*Patent Cooperation Treaty*）体系提交了超过 5 万件申请，首次超过美国，跃升世界第一位。但我国部分产业的技术基础仍然薄弱。与发达国家相比，中国在科技领域仍然存在"基础科学研究短板突出、技术研发聚焦产业发展瓶颈和需求不够、科技管理体制还不能完全适应建设世界科技强国的需要"等诸多问题①，部分中国企业缺少具有国际竞争力的技术储备，新产品研制、开发速度落后于欧美企业。国家创新体系的非均衡发展使得我国企业不得不利用国外知识资源满足自身发展需要，快速成长的同时也逐渐形成对国外核心技术、关键环节的外部依赖。根据《中国科技统计年鉴 2019》的统计，2013～2018 年，我国规模以上企业引进国外技术经费支出高达 1754 亿元，接近购买国内技术经费支出（1079 亿元）的两倍。由于国内研发能力的欠缺，华为、美的等国内龙头企业斥资建立海外研发中心，获取国外高质量创新资源，提高自身技术创新能力。尤其是在光刻机、芯片、工业软件等产业链上游环节，我国企业需要尽快缩小与世界先进水平的差距，避免核心技术"卡脖子"的窘境。

---

① 习近平：在科学家座谈会上的讲话 ［EB/OL］. http：//www. gov. cn/xinwen/2020 – 09/11/content_5542862. htm.

2. 产业基础

在"嵌入升级"路径中，企业的目标是关键生产环节，这些环节在现有的全球价值链中处于核心位置，具备较高影响力的同时也依赖于邻近环节以及生产性服务业的支撑作用。相比于"构建新链"依赖国内市场、另起炉灶，我国企业在"嵌入升级"路径的发展依托于高效、完整的产业体系。

作为世界最大经济体之一，中国经济最大的吸引力来自其完整的产业体系。任何专业化分工环节和技术创新都可以在我国的产业集群中找到市场空间并获得生产支持，且这种支持系统具备规模经济和范围经济，能够最大化创新的外溢效果。产业集群充分利用创新要素的外溢性特征，将技术相近的价值链条或生产环节集中到特定区域，提升整体创新绩效（马歇尔，1890）。我国比较重视产业集群实践和研究，地方政府有激励通过产业园区建设等手段推动产业集群形成和发展。优质创新要素创新集聚，协作网络紧密的产业集群为我国企业向高端迈进带来了"集团优势"。

在后疫情时代，越南、印度等国更加积极地参与到加工贸易中，部分劳动密集型企业外移，我国制造业的劳动力成本优势正在逐渐受到挑战。在这样的情形下，完整的产业体系以及创新要素的区域集聚才是我国制造业的优势所在。虽然苹果、三星等跨国公司已经把部分供应链转移到东南亚，享受到便宜的劳动力成本，但相关价值链生产过程还是要从中国进口原材料或者重要零部件。我国制造业已经成为当今国际分工体系中不可或缺的一环，根据联合国贸发会议（UNCTAD）于 2021 年 1 月 24 日发布的《全球投资趋势监测》报告，中国在 2020 年超越美国成为全球新增 FDI 的主要目的地，流入中国的投资总金额达到 1630 亿美元[①]。不但如此，2020 年中国 GDP 增长 2.3%[②]，是全球主要经济体中唯一取得正增长的国家。我国制造业将凭借完备的产业链，强化在全球供应体系中的优势，特别是新能源汽车、清洁能源、军工、消费电子、家电、机械、化工等领域的核心企业，将持续受到海内外投资者的青睐，并借此东风向全球价值链中高端攀升。

[①]　UNCTAD. Global foreign direct investment fell by 42% in 2020, outlook remains weak［EB/OL］. https：//unctad. org/news/global－foreign－direct－investment－fell－42－2020－outlook－remains－weak.

[②]　2020 年四季度和全年国内生产总值（GDP）初步核算结果［EB/OL］. http：//finance. people. com. cn/n1/2021/0119/c1004－32004544. html.

3. 市场基础

超大容量的市场为我国企业的"嵌入升级"创造了更多的业务机会。我国内需市场发展过程中，产生了对于上游高技术中间品的巨大需求，其多层次、差异化的特征为中间品供应商间的共存和竞争提供了支撑条件，为我国企业的技术追赶搭建了舞台。一是国内区域文化的差异导致不同消费人群的消费层次和需求不同，为各种制造业企业技术创新提供了巨大的试验田，国内供应商凭借对国内市场的了解不断提升自身品牌的影响力和竞争力，逐步摆脱对国外核心技术环节的依赖。二是中国人口购买力水平存在很大的不平衡性，对中低端消费品及中间产品的需求更为普遍。被跨国公司忽视的低端市场为中国供应商的发展提供了孕育、生长的土壤，我国制造业发展应当把握好国内市场带来的便利性。在中国情境下，对价格敏感的大多数中低端客户更需要成本节约型的创新，有力地以需求带动制造业创新。人口数量大，消费需求和中间品需求多，基于此更可能引发制造业的中间品创新，进而实现国际上的创新赶超（魏江和刘洋，2017）。三是中国庞大的市场为数字平台提供了开放多源、深度定制、多元异构的消费和生产信息，有利于制造业企业智慧化的数据分析工具、平台载体和网络体系开发出更为复杂的虚拟情境和动态解决方案，以此模拟测试市场对制造业创新产品的反应，促进了制造业企业智能业务决策、风险管理和多应用模式的组合创新。

5.2.3 核心技术领域突破

在我国制造业"嵌入升级"过程中，掌握关键核心技术始终是重中之重。除了高强度的企业研发投入外，重点技术攻关和新型科研举国体制是助力我国制造实现核心技术领域突破的重要手段。

无论是企业还是科研机构，依靠单一主体获得重大科技成果非常困难，而完全市场化运作下的合作研发又面临知识产权归属、经济利益分配等问题。与多数西方国家相比，中国的行政治理模式具有高效动员社会资源的能力，政府行为有很大的弹性空间，能够"集中力量办大事"。2019年，中国提出"构建社会主义市场经济条件下关键核心技术攻关新型举国体制"，为我国制造业的"嵌入升级"提供了制度加速。

实际上，国内关于"科技举国体制"的讨论由来已久，在当前社会发展背景下作为重大指导性科技政策提出，符合创新驱动的本质要求。本书认为，这种体制的实质是政府和市场关系在国家科技发展领域的重新协调。主要包括：其一，在顶层设计上，极端重视基础研究和原始创新；其二，在运作方式上，企业为主、产业引领，按照市场规律进行融合创新；其三，激励机制上，健全符合科研规律的科技管理体制和政策体系，改进科技评价体系，健全科技伦理治理体制①。这一体制在带动中国经济转型升级中已发挥了巨大威力。其中，北斗工程已实现新型举国体制下政治效益与经济效益的协同效应。2018年 12 月，北斗三号基本系统建成并提供全球服务，北斗芯片、模块等基础产品销量突破 7000 万片，北斗高精度产品出口 90 多个国家和地区，预计未来北斗将拉动 2400 亿~3200 亿元规模的市场份额②。

"科技举国体制"不等于创新资源的简单加总，体制内部的参与主体之间，尤其是企业间的适度竞争是推动制造业企业向价值链中高端攀升的有力手段。一方面，产业层面各类竞争性政策能够鼓励更多潜在生产者嵌入相关全球价值链生产环节，增强市场竞争，激发企业创新的动力，促使企业向全球价值链中高端移动；另一方面，过度竞争带来的价格战和同质化不利于企业的技术积累，使得企业更加依赖链主企业的专用性投资，被锁定在价值链低端，无法将资金和精力投入价值链升级过程中。适度的竞争环境能够保证企业有效利用创新资源，稳固全球价值链位置的同时，不断积累核心技术与专利，稳步提升创新能力，最终实现企业角色的转变。

5.2.4　"嵌入升级"路径的实现障碍

现实中，"嵌入升级"路径存在以下三个方面的障碍：

第一，企业角色转换的障碍。由技术使用者向技术提供者的转型意味着由技术使用者向技术研发者的转型，虽然企业在具体生产过程中能够接触到核心技术的相关信息，但真正掌握核心技术，并在此基础之上进行创新却非易事。在这一过程中，技术链条下游与技术链条上游的技术环境和商业模式都有很大区别：在技术环境方面，技术链条上游创新的通用性水平较高，技术和生产的分离特征更加明显，通用性技术持有者倾向于通过技术授权为下游厂商提供知识支持，以"干中学"的方式完成技术积累的方式不再适用；在商业模式方

---

① 中共中央关于坚持和完善中国特色社会主义制度　推进国家治理体系和治理能力现代化若干重大问题的决定［EB/OL］. http：//www. gov. cn/zhengce/2019 - 11/05/content_5449023. htm.

② 李海波. 探索建立新型举国体制［EB/OL］. http：//paper. dzwww. com/dzrb/content/20190410/Articel05002MT. htm.

面，随着下游企业逐渐掌握上游技术，突破性创新高风险、高回报的盈利模式与技术传递者低风险、低回报的盈利模式发生冲突，突破性创新带来的收益提升逐渐失去吸引力。技术环境和商业模式的差异抑制了企业向技术链条上游进军的动力。尤其是在当前数字化、智能化转型的大趋势下，虽然我国制造业积极拥抱数字化和智能化生产，但数字化、智能化所需的工业软件、自动化设备、数控机床等领域仍与国外存在着巨大的差距。制造业的转型升级绝不是简单地使用先进的数字技术，而是在制造业和数字技术结合的过程中，改变自身技术应用者的角色定位，创造新的技术需求，借此完成技术融合与技术创新。

第二，创新过程的"去中国化"趋势。受到新冠肺炎疫情暴发的影响，逆全球化趋势加剧，美日试图推动制造业供应链回迁战略。这势必打破已有的国际分工格局，带来产业链的"短链化"和"区域化"。生产过程的"去中国化"不会从根本上改变我国制造在全球价值链低端的比较优势，但由此而来的创新过程的"去中国化"值得警惕，这不仅制约我国制造业攀升全球价值链中高端，还可能扩大我国制造与发达国家之间的技术世代差距。在这一过程中，技术传递部门中的先进制造业与技术提供部门中的现代服务业之间的联系加深，将技术创新与市场需求更紧密地结合，倒逼技术整合过程，引发全球技术格局和分工格局的洗牌与重构，推动新的技术范式的研发与应用。在未来技术范式和技术标准的竞争中，我国制造业有可能陷入被孤立、被封锁的不利局面，若不能紧跟发达国家的创新步伐，我国制造业未来的技术更新换代过程会滞后于发达国家，更遑论攀升全球价值链中高端。

第三，巨大的技术研发成本和试错成本。我国制造业企业集中于技术轨道下游，借助国外已有的技术基础和知识积累展开研究。跨国公司愿意将技术轨道下游已经成熟的技术转移至生产成本较低的发展中国家进行生产。但这种转移并不是无限制的，技术传递部门和技术提供部门虽然都可以提供中间产品，但两者有着不同的进入门槛与创新环境。当我国制造业企业逐渐积累相关技术向技术链条上游移动时，一方面要加强技术研发的前期投入，通过国家层面的大规模技术改造，推进关键零部件、软件、设备的国产化替代，为技术链条下游的国内客户提供技术支持，以打破跨国公司在核心领域的垄断；另一方面要培育专业的研发型企业与创新平台，将那些未经市场验证、尚未完全成熟的技术投入市场，参与到技术轨道的形成过程中，在市场竞争中实现技术的迭代与发展。

5.3　"构建新链"路径

在"构建新链"的过程中，我国制造业企业在满足国内市场需求的过程中实现自身发展，在复制国外价值链条的基础上，先依托内需市场的扩张在低技术最终产品市场站稳脚跟，然后逐渐积累品牌价值，并利用这一优势带来的范围经济，进入高技术最终产品市场，逐渐形成独有的技术范式，打破已有的全球价值链治理模式，在重构价值链的同时实现企业角色的转变，由技术使用者向技术整合者和技术提供者转型。其中，新一轮产业革命带来的技术轨道跃迁和国内循环带来的市场扩张是价值链重构的主要动力。

从企业层面来看，"构建新链"意味着企业依赖的商业模式、技术范式发生变化，已有的技术积累、专用设备投资、人力资本积累不再完全适用，这为企业带来资产加速折旧的损失的同时，也创造了追赶、超越现有价值链主导企业的机遇。企业需要加强自身的组织柔性和环境适应能力，大胆革新，锐意进取，借着新一轮产业革命的东风，积极挖掘新业态、新模式，成为市场竞争中的颠覆者，而不是固守自身比较优势，成为市场竞争中被颠覆的一方。

从我国制造业整体视角出发，"构建新链"不能仅依赖个别龙头企业的探索和革新，还需要推进产业层面技术的更新换代和技术体制的改变。在向技术轨道上游移动的过程中，企业会面临着技术路线与技术标准的选择，个别龙头企业也可能出现判断失误，在颠覆性创新中被小企业所取代。我国制造业的技术路径选择不是由单个龙头企业决定的，而是建立在市场竞争之上，大量彼此联系的突破性创新共同作用的结果（黄鲁成和蔡爽，2009）。

与"嵌入升级"相比，"构建新链"对于企业价值链治理能力、配套产业以及相关要素供给的要求较高，其动力源泉来自市场适应性技术创新以及应用层面的颠覆性创新。"构建新链"的基础条件呈现出明显的产业间差异，部分优势产业构建以我为主的全球价值链"曙光初现"，但多数产业构建以我为主全球价值链的进程"山高水远"。在这一过程中，新基建发展理念、政府刺激下的产业发展、国内国际双循环新发展格局等国家层面的制度加速是中国得天独厚的优势，是构建以我为主的价值链条的重要保障（见图 5 - 8）。

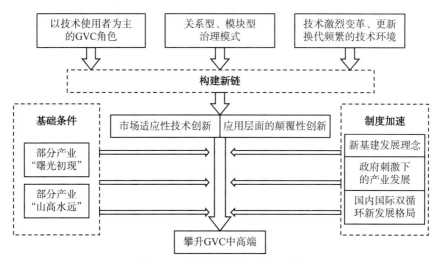

图 5 - 8　"构建新链"路径示意

资料来源：笔者绘制。

5.3.1　动力源泉

在当前内需市场扩张和新一轮产业革命的大背景下，相比于科学和技术层面的探索，市场适应性技术创新以及应用层面的颠覆性创新构成了"构建新链"路径的主要推动力。

第一，市场适应性技术创新。其核心逻辑在于市场变革引发技术变革，我国内需市场的扩张为企业的技术积累提供了发展空间。首先，我国不断扩张的内需市场是新兴技术的试验田，利用中国市场大容量、多层次的特征，各种不同的技术路线得以落地，在竞争中不断发展、优化，市场变革最终带来技术变革。中国人口众多，巨大的消费市场和各种细分市场提供了完备的消费者需求。在"构建新链"路径中，企业有更多的机会和条件进行适应性创新的开发与测试，通过了解国内市场不同的顾客需求，将相应技术嵌入消费者所期待的产品中进行研发或者产品升级（钟昌标等，2014）。其次，由于中国地域广阔，拥有中央政府、地方政府这些复杂的制度层级，地方分权和放权体制使地方政府拥有相对独立的创新目标和政策，不同地区的创新制度差异为我国制造业企业的发展带来了包容性。地方政府相对独立使用经济预算的权力，在一定程度上加剧了地区间的经济竞争，有利于促进多种形式的创新发展和技术进步。由此，制造业企业可以将研发的技术产品投放到国内巨大的细分市场，通过市场反应对技术进行进一步优化。最后，中国正处于转型经济阶段，转型经济中最突出的矛盾就是某些领域制度的不完备以及执行不彻底，在一些新兴技术和尚无约束的市场上存在制度上的空白，为产业适应性技术创新的灵活发展提供了机会。

第二，应用层面的颠覆性创新。在"构建新链"路径中，颠覆性创新能够改变消费者的需求习惯，创造新模式、新业态，并以此重构全球价值链的一个环节或多个环节，为我国企业由技术使用者向技术整合者转型创造条件，是突破式发展的关键，也是提升制造业全球价值链位置的重要途径。在以数字化、信息化、智能化为导向的新一轮产业革命中，应用层面的颠覆性创新对制造业格局的冲击更大，有可能在短时间内重构全球价值链。

在智能化领域，人工智能提高了资本效率，不仅能够直接提高生产效率减少沉没成本，还可以通过资源的合理配置与内外部资源整合，放大原有生产要素对产业发展的推动作用。像人工智能、机器人、工业互联与传统业务结合，能够产生众多的产品和服务创新。颠覆性的制造业商业模式、生产技术、产业链结构等方面有待探索，制造业工作量大、质量要求高、检测方法等方面的缺陷有待弥补。例如，基于道路与交通数据下研发的无人驾驶汽车，这种颠覆原有安全观念的生产理念远胜于汽车产业发展本身。通过更改道路收费模式、辅助残疾人出行、释放时间压力、减少道路压力提高安全系数等创新，能够产生巨大的社会效益。我国制造业要想实现引领性发展，需要进一步充分利用智能化发展，在自动化发展的基础上，开辟崭新的业务领域，引入更多的人工智能技术，实现产业突破式发展。如今智能化转型正在席卷全球，颠覆性创新正在加速，企业面临着前所未有的挑战和机遇。

在信息化、数字化领域，以"5G"、工业互联网、大数据、云计算为代表的新兴技术的迅速发展对价值链重构产生了关键性的驱动作用，将给制造业带来颠覆性的变革与创新。"5G"能够实现万物互联，通过"5G"技术能够产生海量数据，改变着人们利用信息的方式，为制造业企业的发展提供新的轨道。工业互联网则促使大数据转化为信息资产，利用这些信息资产进行创新达到不同层面的消费者预期，进而上升为颠覆性技术创新，实现产业颠覆。通过工业互联网，制造业企业可以更快速地获取来自客户的大量反馈，从而促进颠覆性创新的产生。制造业企业与供应商的便捷互通能够加快信息交流、缩短创新周期，为颠覆性创新的产生提供催化剂。大数据和云计算带来的海量信息和计算能力能够赋予产业创新活动以快速可重复性和低成本拓展性。在中国这个巨大的消费市场，借助数字技术能够获得大量顾客反馈信息，加速产品缺陷修复，推动基于数字技术的创新迭代，大幅度提升了产业适应性创新能力。通过这些方式能够促进制造业适应性创新水平提升。综合国内市场和海外市场对产品技术、制造业环节等方面的需求，建立良好的市场感知机制，积累相关技术创新能力，对现有制造业技术平台和产品生产业务流程加以改造可以逐渐深入海外市场，根据不同市场反应进一步改造，形成良性循环机制。

通过上述技术，新一轮产业革命带来更多的创新机会和包容性，缩小了因地理位置和资源条件引起的创新差距，在更有效地挖掘需求市场的前提下，推动价值链重构，为中国构建以我为主的全球价值链提供了前所未有的契机，同时也为颠覆性创新提供了有力的平台支撑。数字化、信息化、智能化发展与制造业发展升级相互渗透，尤其是当"5G"、人工智能、机器人等发展进一步将技术投入商业应用时，将有力地促进制造业生产环节、业务流程、产业组织模式、盈利方式、商业运营机制的转型升级。基于此，我国制造业发展拥有新兴技术与产业颠覆性技术创新的机会和条件。我国制造业应当以此为突破口，在知识积累和技术累积的基础上激发颠覆性创新，顺应智能化时代发展趋势，进而构建以我为主的价值链。

5.3.2 产业发展现状

相比于"嵌入升级"易进入、难升级，容易陷入"被俘获""被锁定"状态的特征，"构建新链"的门槛相对更高，并非所有的产业都满足"构建新链"的标准。在积极推动已经满足条件的产业构建以我为主的价值链条的同时，也要参照这些产业的发展经验，积极推动其他产业尽快解决发展中存在的问题和障碍，为"构建新链"创造条件。

部分优势产业构建以我为主的全球价值链"曙光初现"。我国制造业发展正处于迈向全球价值链中高端的关键时期，为构建以我为主的全球价值链提供了一定的产业和技术基础。综合评估我国制造业水平的态势，应从以下两个方面出发：一是从国内制造业时间序列上的进步来看，产业链的合作是中国企业实现价值链升级的关键。中国向全球价值链和产业链上游攀升主要集中在资本品和零部件领域。根据世界银行发布的数据，在 2007～2017 年，中国在全球资本品市场的份额从大约 5% 上升到 20% 以上[①]。我国制造业在全球价值链中的参与程度也在不断加深。根据本书第 3 章的内容，借助 KWW 模型测算我国

---

① 资料来自 comtrade 数据库（https：//comtrade. un. org/data/），经笔者整理得到。

在全球价值链国际分工中的参与程度可以发现，我国制造业整体在国际分工中的前向参与程度和后向参与程度近年来逐年增强，更积极地参与到全球价值链的高附加值环节，相对增值能力有所提升。国内学者在增加值分解的框架下，对我国制造业在全球价值链参与程度的研究也得到了类似的结果。高敬峰（2013）使用分产业出口价值链长度测算的三种方法，评估了我国制造业在全球价值链中的位置，发现中国制造业虽然仍然处于中低端但在不断地向上游环节移动。相关学者使用了一国总出口分解法以及借助 KWW 模型测算我国在全球价值链国际分工中的参与程度（刘琳，2015；王岚，2014），都得出相似结论：我国制造业在全球价值链的位置稳步提升。二是从与国际差距上的比较来看，乔小勇等（2017）运用 WTO 和 OECD 联合发布的 TiVA 统计数据，使用全球价值链地位指数与参与度指数以及国内增加值进行测算，对比分析得出我国具有显性比较优势的制造业及其细分产业主要集中在劳动密集型产业。此外，随着创新驱动战略的深入实施，我国迈向创新型国家行列的步伐正在加快。根据国家知识产权局的统计数据，2018 年中国专利申请总量达 432.3 万件，同比增长 16.9%，连续 8 年居世界首位[①]。近年来，我国在深海探测、超级计算、载人航天、卫星导航等战略高科技领域取得重大原创性成果。C919 大型客机成功研制，首艘国产航母 001A 号已经成功试水，高端装备制造业也开始走向世界前端。更注重数字化和智能化的新基建在信息基础设施、融合基础设施和创新基础设施方面，为我国制造业企业带来了更多的市场机遇和商业模式创新的基础，为促进产业升级提供了条件。

多数产业构建以我为主全球价值链的进程"山高水远"。把握制造业成长路径、战略演进的方向、借助新兴数字技术以提高国际竞争力，是中国现阶段的迫切任务（李晓琳，2018）。现阶段，由于知识存量与技术储备仍有缺陷，我国制造业的发展仍然面临着不少问题，集中体现在以下两个方面：

第一，当前我国尖端人才、核心技术储备、技术知识等高端创新要素仍相对匮乏，引领和主导产业发展的突破性创新能力较弱。长期以来发达国家占据全球价值链的重要位置。受技术偏弱、核心技术缺乏、高精尖人才缺失等多种因素影响，中国作为全球价值链的参与者，多数产业难以在国际市场上获取主导位置。一些创新强国利用自身核心技术优势占据具有高附加值的全球价值链

---

① 2018 年世界五大知识产权局统计报告（中文版）[EB/OL]. https：//www. cnipa. gov. cn/module/download/down. jsp？i_ID = 40377&colID = 90.

中高端位置，力图限制包括中国在内的发展中国家创新能力提升和知识资源整合，并进行俘获治理，使其他发展中国家或地区长期锁定在全球价值链中低端位置。我国在全球价值链中的位置面临着"低端锁定"的困境，可能存在着被俘获、低价竞争、利润压缩、无法获取创新资源和技术，陷入贫困化增长等诸多问题（张辉，2006；刘志彪和张杰，2009；刘佳等，2014）。这些问题造成国际技术差距和企业价值差距加剧，使得我国自主创新能力增长和技术突破受限，无法实现价值链攀升。

第二，高端制造环节的缺失使得部分领域"构建新链"的成本较高。在"构建新链"的过程中，技术创新是我国制造转型升级的首要驱动力，并通过新的产品和新的商业模式推动价值链的重构与升级。其中，高端制造环节将技术创新转化为具体产品和生产组织，是"构建新链"路径不可缺失的一环。以半导体元器件、专用设备制造、高分子材料生产等为内容的高端制造产业集群提升了价值链生产系统应对技术范式变化的能力的同时，也催生了对研发设计、现代物流、检验检测认证等生产性服务业的需求。在高端制造业产业集群的支撑下，研发设计不再局限于既定生产条件下的精益求精，还能在整合生产环节的基础上带来新的技术范式，驱动价值链的重构与升级。虽然整体上我国企业在制造装配环节具备比较优势，但在涉及核心技术的芯片、机床、发动机等高端制造环节仍与国外有较大差距。以芯片产业为例，国内企业主要集中于上游芯片设计和下游封装测试环节，在中游芯片生产领域和台积电、三星等国外领先企业存在代差。这样的技术差距的存在使得我国企业难以把设计领域的创新转化为先进的产品。在这样的分工格局下，我国企业难以构建以我为主的全球价值链，一旦试图改变现有价值链治理模式，就会遭到来自发达国家链主企业的绞杀和围堵。在"构建新链"时，如果未能积累足够的技术储备和创新能力，尤其是在研发设计脱离高端制造产业集群的情况下，创新的成果不能快速地转换为原型制作和创新生产，这对于全球价值链中的技术提供者来说是一个巨大的障碍。

5.3.3 制度加速

制度优势是构建以我为主的价值链条的重要保障。新基建发展理念、重点产业规划、国内国际双循环新发展格局等充分发挥了中国集中力量办大事的能力，从制度层面加速"构建新链"的步伐。

1. 新基建发展理念

2020 年 4 月 20 日，国家发展改革委创新和高技术发展司司长伍浩在国家发展改革委新闻发布会上表示，传统基建聚焦于交通、水利、电力、医院、教育、养老等方面。相比之下，"新基建"包括三个方面的主要内容：信息基础设施、融合基础设施以及创新基础设施。

其中，信息基础设施建设为我国制造业"构建新链"提供战略机遇。一方面，工业互联网、区块链、"5G"、人工智能和数据中心等信息基础设施的建成落地，大大提高效率和信息安全，全面提升制造业的生产效率；另一方面，信息基础设施建设带来信息资源的充分感知与交互、数字资产的有效管理与开发以及大数据的智能分析与利用，为构建以我为主的全球价值链提供了可能。在新基建的带动下，数字技术的持续渗透为创新主体打破价值链中原有领先者的优势壁垒提供了可能，进而为发展中国家提供了"包容性"的战略性增长机会，指明了构建以我为主全球价值链的方向（Nambisan et al.，2017）。

融合基础设施建设改变现有的价值链治理模式。融合基础设施就是将"5G"、区块链、大数据、人工智能等技术深度应用到传统基础设施上，实现转型升级，形成智能交通、智慧医疗、智慧城市等融合基础设施。在融合基础设施情景下，全球价值链下游接近消费者的生产、服务环节被赋予更多的功能，帮助我国企业打破跨国企业的垄断和掌控。中兴、华为等处于技术前沿的企业已逐步通过技术创新，在本土市场培育出具备国际竞争力的自主品牌。以华为客户服务北京盈科中心为代表的华为售后服务体系对手机维修环节进行了彻底革命，推出"面对面"服务座席，建立了更智能的备件管理和自动化全透明流程 IT 支持的配送系统，打破了产业的"黑盒子"，改变了手机价值链后端的业务模式，并在新的价值链条中建立自身品牌，赢得消费者的信任（郭菊娥等，2021）。

创新基础设施提升全球价值链上游环节的价值，为"构建新链"创造条件。创新基础设施着眼于科学研究、产品研制和技术开发，为我国企业掌握核心技术提供保障。创新基础设施对"构建新链"的影响主要体现在全球价值链上游的研发、设计、产品测试等环节，将更多的技术创新导入全球价值链之中，改变上下游企业之间的能力对比，让我国企业在核心技术领域占据一席之地。

2. 制度驱动下的市场机会

除自发性市场机会之外，我国制造业的创新驱动和以我为主的全球价值链构建还有可能面对一种特有的制度驱动型市场机会（魏江等，2016）。这种市场往往在短时间内经历迸发式增长，如我国鼓励发展光伏产业、高铁产业、"5G"产业，其快速形成和发展源于政府对需求的强烈刺激，如政府出台专门政策鼓励某一个或几个特定产业在短时间内快速发展。国家层面对重点产业的规划是后发国家进发性市场创造的重要来源，这是新兴经济体的独有优势，往往体现为一个国家机器的资源集中性和政策强制性效应，能够加速产业技术创新和市场扩张。促进区域集群发展、建立国家标准，鼓励知识互动以推动技术升级，并让产业参与者参与制定相关法律法规，能够培育破坏性创新和市场适应性创新。

制定符合创新特征的政策可以加速技术的发展和新产业的出现。2020 年 3 月 30 日发布的《中共中央 国务院关于构建更加完善的要素市场化配置体制机制的意见》，重点强调优化要素市场化配置，同时将数据纳入生产要素范围。完善要素市场化配置是推动产业高质量发展的根本途径，同时也是让要素活力竞相迸发的重要保障。要素市场化改革有利于释放错配资源，有助于生产要素向领先产业流动，能够充分发挥数据对其他要素效率的倍增作用，加速产业颠覆性创新和适应性创新启动和发展。此外，完善的高水平创新要素配置机制能够帮助我国企业提升创新效率。当前，"5G"通信、新能源等潜在主导技术的研发已经远远超出了单个企业的能力范围，创新的累积性特征不能仅局限于企业内部。完善的高水平创新要素配置机制意味着打破区域分割、部门分割等各类壁垒，逐步破除制约科技创新人才、技术、资金、数据等创新要素流动的体制机制障碍，将分散的研发资源通过有效的组织安排整合在一起，以市场为导向，快速而低成本地完成复杂性创新，并借助国内需求市场，不断探索、试错，将潜在的技术机会转化为切实可行的具体商业模式，最终占领主流技术领域。

3. 国内国际双循环新发展格局

国内国际双循环新发展格局下，国内市场的发展从需求端为我国制造业攀升全球价值链中高端创造了条件。2018 年以来，在中美贸易摩擦影响下，我国进出口贸易受到冲击。2020 年，受新冠肺炎疫情影响，很多企业处于停摆状态。出于对我国制造业升级的警惕和威胁，欧美发达国家的"链主"企业已加强价值链治理，全方位遏制我国制造业的全球价值链位置攀升进程。面对海外疫情严峻、全球经济深度衰退、中美贸易摩擦不断升级等因素，党中央提出"构建国内国际双循环相互促进的新发展格局""逐步形成以国内大循环为主体、国内国际双循环相互促进的新发展格局"。

第一，国内市场的发展为我国制造业利用自身制造优势等构建"以我为主"的全球价值链提供了可能。相对于发达国家较为宽松的产品需求，在新兴经济体中，质量高、成本低、满足消费者基本需求的创新是打开可支配收入有限的多样化大众细分市场的先决条件（Wan et al.，2015）。激烈的竞争以及多样化的市场需求能够快速启动、测试并改进破坏性创新和市场适应性创新。终端市场向国内转移的过程为我国部分产业通过构建区域价值链，加快向品牌、营销等下游高端环节转型提供了机遇，华为、比亚迪等明星企业借助国内需求市场的扩张谋求发展机遇。这样的经验对于我国制造业企业"构建新链"有着极强的指导意义，由此，我国制造业企业得以打造品牌优势，在未来的技术研发、技术标准制定等过程中拥有更多话语权，破除低端锁定的不利局面。

第二，中国还可以借助全球层面的制度安排开拓国际市场，改善我国企业的国际市场环境，为从国内价值链向全球价值链拓展创造机会。例如，"一带一路"倡议的实施和 RCEP 的构建为国际循环开辟了新局面。中国主动结合"一带一路"建设努力构建以我主导的区域价值链（魏龙和王磊，2016）。"一带一路"沿线国家多处于快速发展阶段，对资本存在大量需求，为我国利用自身优势等构建"以我为主"的全球价值链提供了可能。相对于发达国家较为宽松的产品需求，终端市场向新兴经济体转移的过程为我国部分产业通过构建区域价值链，加快向研发、设计等高端环节转型提供了机遇。"一带一路"建设为中国同其他国家开展互利合作搭建了新平台，开辟了新前景。除此之外，区域自由贸易协定如中日韩合作、中国东盟合作以及"亚投行"设立等为我国产业链突出重围提供了机会。坚持动态竞争优势等理论，实现国际产业互动，能够化解国内过剩产能。充分利用"一带一路"倡议带来的与沿线国家产能合作的优势，可以扩大投资贸易范围（卢锋等，2015）。国际秩序裂隙与国际环境变化为构建以我为主全球价值链、占据高附加值的主动地位、最终实现从全球价值链参与者上升为主导者的跨越式前进提供了可能。每一次危机都是资源的重新分配。此次新冠肺炎疫情并没有影响共建"一带一路"高质量发展，相信其规模和深度能克服疫情造成的暂时性破坏。中国对疫情的防控成效明显，同时驰援多国"抗疫"，充分展现了大国担当，提高了外国投资者长期在华投资经营的信心。疫情虽然引发了国际金融市场动荡并对中国国际贸易造成了一定的短期冲击，但在疫情面前中国展示出的大国风范赢得了国际社会高度赞赏，为中国与世界各国深化互利合作以及构建以我为主的全球价值链创造了新机遇。

RCEP 的建成意味着一个覆盖将近全球一半人口、总贸易额占世界 30%、成员构成最多元化、发展最具活力的自贸区，无疑将成为区域及全球经济增长的超级引擎。RCEP 的建立对于中国攀升全球价值链中高端有着多方面的意义。一是有助于中国突破美国的封锁，打破美国试图将中国排除在全球价值链之外的企图。从拜登的政策主张看，其上台后会延续奥巴马时期的联合盟国孤立中国的对华贸易政策，大概率重启或制定诸如 TPP 类似的"去中国化"的多边贸易协定，而 RCEP 的达成则提前破解了拜登对华未来的贸易孤立政策。二是有助于推动中日自贸协定或中日韩自贸协定的达成，进而有利于亚洲贸易网络及亚洲价值链的形成。一旦中日韩自贸协定达成，将有利于推动三国在半导体等高科技领域的深入合作，从而打破我国在半导体领域过度依赖美国的窘境。三是有助于中国打通国内循环和国外循环，摆脱价值链低端锁定的困境。RCEP 同时涵盖了发达国家、发展中国家，也有不发达国家（如老挝、柬埔寨、缅甸）。区域内产业结构迥异，互补性较强，我国制造业既可以承接日本、韩国等国的技术密集型产业转移，又可以将纺织等劳动密集型产业转移至老挝等东盟国家，从而实现双循环的新发展格局。

第三，国内国际双循环新发展格局带来了创新开放合作，拓宽了我国企业在"构建新链"过程中的技术选择。创新开放合作包括"走出去"和"引进来"两方面的内容。其中，"走出去"通过与国外机构的研发合作扩展国家创新系统的边界，改变我国制造被动嵌入全球价值链的局面，积极参与到技术标准制定、核心技术研发及应用过程中去。通过与"一带一路"沿线国家以及 RCEP 成员国贸易合作提高对外投资水平，获得国外市场的知识和技术，推动国内技术标准的优化。一些领先的我国制造业企业能够在多个国家和地区配置资源，吸收相关知识和技术，甚至通过对"一带一路"沿线国家以及 RCEP 成员国品牌企业的并购，消化、吸收、改造其知识技术为我所用，提升制造业产业的原材料、设备、零部件生产等方面的质量状况和创新水平。"引进来"则在迅速复产复工、新基建投资启动、完善的制造业体系提供生产配套的基础上，以上海、深圳等核心城市的高端产业集群建设为依托，打造创新机会多、技术共享的创新环境，吸引国外知识资源助力以我为主的全球价值链的构建与发展。对创新活动和创新成果予以充分保护和有效激励，规范技术交易，培育市场化技术转移服务机构，发挥政府、高校、科研机构以及各类商会、协会对企业创新的支持作用，吸引国外知识资源和高精尖短缺人才。通过国内外企业间的竞争提供更多技术路线，促使我国企业在合作中积累、在竞争中学习，逐渐由技术标准追随者向技术标准制定者转型。

5.3.4　"构建新链"路径的实现障碍

"构建新链"路径中的障碍主要包括以下三个方面：

第一，企业创新的路径依赖。由技术使用者向技术整合者的转型意味着由渐进性创新向颠覆性创新转型，但企业积累的持续性创新不仅不能帮助企业实现突破性创新，反而使得企业依赖已有技术路径，忽略新的市场机遇和技术变革，带来"创新者困境"[①]。在全球价值链中，技术范式的创造者将持续性创新的任务外包给技术链条下游的企业，将研发资源集中于颠覆性创新领域。这样的分工是对"创新者困境"的一种解决方式，而企业由技术使用者向技术整合者转型的过程意味着将持续性创新和颠覆性创新交由同一企业完成，是一种非效率的安排。

以华为、中芯国际为首的我国制造业企业近期在转型升级过程中遭遇的阻力表面上是关键技术的缺失，而深层次的原因则是缺乏创新环境支持导致企业无法转变创新角色。仅依靠企业或个别科研机构实现关键技术的突破能够帮助我国企业缩小与发达国家的技术差距，但不能成功实现由技术使用者向技术整合者的转型。产品和技术都有其生命周期，随着新技术逐渐成熟，技术使用成本的降低使得技术能够被应用于各个专业化生产领域，在模仿的基础上实现的关键技术突破不过是推动了技术范式的应用。当新的技术范式出现时，所谓的关键技术积累并不能保证企业站在技术前沿领域。

第二，技术市场和知识产权保护制度的不完善。21 世纪以来，受制于技术发展滞后的局面，我国的创新环境相比于欧美发达国家差距明显，企业的创新成果被模仿、窃取等现象层出不穷，很多企业陷入知识产权纠纷，遭遇国际知识产权侵权诉讼。随着我国的技术积累水平逐渐接近美日德等传统制造业强国，内生增长动力在我国制造业发展过程中发挥的作用越发明显，技术市场和知识产权制度能够提升技术创新的泛用性，为我国企业的技术创新过程带来更

---

① 创新者困境是指"企业通过创新尽可能地满足现有客户、挖掘市场潜力的行为反而带来商业上的失败"，其根源在于突破性创新和渐进性创新在企业层面的不兼容。由于研究视角的差异，克里斯滕森（Christensen，1997）并未使用突破性创新和渐进性创新的概念，而是从管理学视角出发，使用破坏性创新（disruptive innovation）和持续性创新（sustaining innovation）的概念。

多经济利益，技术市场的完善与高效运转、知识产权保护制度的提升将助力我国制造业企业着力解决价值链生产过程中的技术难题。

第三，基础性研究和探索性研究的缺失。基础性研究和探索性研究往往具有回报周期长、外溢性明显的特征，相关核心技术需要多年的积累才能显示出经济价值。相比于自主创新，国内企业更愿意将国外已有的成熟技术加以改良，实现科研领域和产品领域的"微创新"。基础性研究和探索性研究的缺失意味着中国企业在"构建新链"过程中缺乏足够多的技术选择，只能选择国外已经成熟的技术路线，限制了发展的自主性。尤其是全球价值链中的核心零部件、关键材料等环节，往往和基础研究领域联系密切，只有加强基础性研究和探索性研究的投入，才能在"构建新链"过程中不被"卡脖子"，实现我国制造业的自主发展。

5.4 本章小结

基于我国制造业的现实状态和发展经验，本章提出"嵌入升级"和"构建新链"两条创新驱动我国制造业价值链升级的路径。其中，"嵌入升级"路径是我国制造业企业在自主创新的基础上主动出击，逐步进入国际分工的关键技术领域，摆脱被动嵌入的局面，向高技术、高价值环节移动。"构建新链"路径是我国制造业企业借助内需市场发展，打破已有的国际分工框架和秩序，形成新的、以国内循环为主体的价值链分工模式，形成我国企业主导的价值链分工体系，并从我国制造业价值链升级的起点、企业创新战略决策、两条路径间的相互作用关系三个方面入手，搭建理论框架，分析哪些因素影响创新驱动我国制造业全球价值链位置攀升的路径选择。

本章从技术创新能力的积累、基础条件、核心技术领域突破等方面分析"嵌入升级"路径的具体表现，揭示我国企业如何在国内完善的产业体系和巨大的市场容量的基础上，通过高强度的企业研发投入和逆周期投资积累技术创新能力，改变技术基础薄弱的现状，实现核心技术领域突破。针对"构建新链"路径，重点关注了市场适应性技术创新、应用层面的颠覆性创新等具体创新形式以及新基建发展理念、制度驱动下的市场机会、国内国际双循环新发展格局等制度因素在其中发挥的重要作用，并分析了"构建新链"路径实现的障碍。

第 **6** 章

创新驱动迈向全球价值链中高端的实现路径：案例研究

　　基于产业基础、技术环境和市场特征等方面的典型特征，本章通过6个典型案例①分析我国制造业迈向全球价值链中高端的"嵌入升级"和"构建新链"两条路径（见表6-1）。其中，基于显示面板、动力电池和集成电路三个产业的多案例分析，考察相关产业从技术传递者到技术提供者或技术整合者的角色变化，并以此实现"嵌入升级"的策略和路径；基于轨道交通、电信设备和电动汽车产业的多案例分析，探讨我国制造业从技术使用者到技术提供者或技术整合者的角色变化，并以此构建以我为主的全球价值链的策略与路径。

表6-1　　　　　　　　　　　　　资料来源及内容

资料来源	资料类型	资料内容				
一手数据	访谈	所属行业	访谈对象	访谈人数	访谈时长（小时）	访谈内容
		动力电池制造业	山东产业技术研究院研究人员	1	3	1. 动力电池产业中的核心技术及其在企业中的分布；2. 动力电池在市场中的应用前景

---

　　① 案例分析中，本章广泛参考了多方面的资料来源，详见表6-1。

续表

资料来源	资料类型	资料内容				
一手数据	访谈	所属行业	访谈对象	访谈人数	访谈时长（小时）	访谈内容
		集成电路制造业	青岛某集成电路企业相关技术人员	2	4	1. 集成电路产业内技术前沿；2. 相关龙头企业的技术储备情况；3. 国内外技术差距
		集成电路制造业	济南浪潮集团研发人员	2	3	1. 集成电路的下游需求状况；2. 2020 年以来，新冠肺炎疫情对于芯片集成电路制造业的影响
		轨道交通装备制造业	青岛四方机车车辆股份有限公司相关技术人员、中国重型燃气机技术有限公司	2	4	1. 轨道交通装备制造业中的价值链治理结构；2. 国家政策对我国轨道交通装备制造业发展的影响
		电信设备制造业	山东联通相关技术部门和采购部门员工	2	4	1. 电信设备制造业中的核心技术分布情况；2. 新基建下电信设备制造业的发展机遇
		电动汽车制造业	山东产业技术研究院研究人员	1	3	1. 电动汽车产业当前面临的技术瓶颈；2. 电动汽车产业未来技术前景研判
	企业数据	通过各产业代表性企业官网以及相关供应商网站收集整理相关信息				
二手数据	理论文献	通过谷歌学术、中国知网获取了 200 余篇期刊论文及硕博论文				
	新闻报道	在维科网、中商情报网、与非网等网站获取相关新闻报道 100 余篇				
	官方研报	获取比亚迪、宁德时代、京东方等企业的年报 64 份，以及前瞻研究院、赛迪顾问、艾瑞咨询、国盛证券、中信证券等机构专业研报 30 余篇				
	专业数据	相关政府机构、行业协会及其他国内外组织提供的公开资料				

6.1 "嵌入升级"的典型案例

6.1.1 显示面板制造业：相对稳定技术环境下的高强度研发与逆周期投资

技术路线相对稳定、技术变化可以预见是全球显示面板制造业技术演进的典型特征。在相对稳定的产业技术环境下，高强度的企业研发投入和逆产业周期投资策略是我国显示面板制造业实现价值链升级的两个核心驱动要素。政府在产业发展、财政政策等方面的支持以及上下游产业提供的技术和市场支撑则为上述两个核心要素驱动作用的充分实现提供了必要条件。在以上几方面因素共同作用下，我国显示面板制造业逐步掌握了大尺寸屏幕、柔性屏幕、OLED等领域内的核心技术，包括京东方、华星光电在内的核心企业已经具备了较强的国际竞争力，产业价值链条和产业生态逐步完善，整个产业通过"嵌入升级"已经开始迈向全球价值链中高端（见图6-1）。

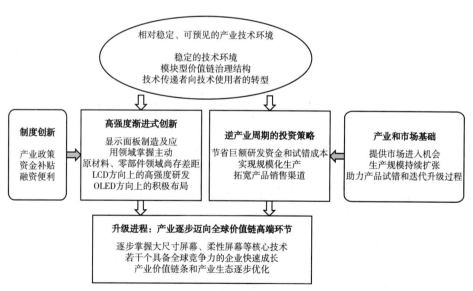

图6-1 相对稳定技术环境下的我国集成电路制造业全球价值链"嵌入升级"路径

资料来源：笔者绘制。

1. 产业概况

显示面板作为电视机、手机和计算机等智能终端产品的核心零部件，是信息显示技术的主要载体，在当今的信息时代占有举足轻重的地位。站在制造业整体的角度来看，显示面板属于电子元件产业，处于价值链分工的中上游环节。在其上游，信息技术服务、有色金属压延加工品、有色金属及其合金、金属制品、玻璃和玻璃制品等产业提供原材料和专业知识；在其下游，显示面板主要应用于通信设备、计算机、视听设备、仪器仪表等产业。显示面板有着极高的技术门槛，LG、三星等龙头企业的技术研发不仅存在于显示面板的制造领域，还涉及基础材料、信息技术等相关领域，企业研发投入较高，处于技术链条的上游。整体来看，显示面板制造业在全球价值链中的角色更接近技术提供者和技术传递者，为其他产业提供技术支持和中间产品，广泛地影响着其他产业的技术创新过程。在显示面板制造业内部，相比于国外龙头企业，以京东方、华星光电、深圳天马等为代表的我国面板企业在显示面板的核心技术领域，尤其是 OLED 领域，仍存在一定的技术差距，在外包、代工等分工形式的基础上，凭借成本优势为下游厂商提供核心中间产品，在全球价值链中扮演的角色正逐渐由技术传递部门向技术提供部门转型。

在稳定的技术环境和模块型价值链治理结构下，显示面板制造业形成了复杂有序的分工格局。其中，显示面板制造业的上游环节包括彩色滤光片、玻璃基板、驱动 IC 等原材料和零部件的生产；中游环节包括控制集成电路、电源管理、液晶面板等部件的集成和制造；下游环节包括显示面板在显示终端的应用（见图 6-2）。随着技术的成熟和国内需求市场的扩张，下游国产智能终端厂商的快速发展带动了对中上游显示面板制造及原材料、零部件的需求。2008 年后，夏普、三星、LG 等日韩企业持续扩大在华投资，中游面板与模块制造环节加速向中国转移的步伐，加速了上游原材料、零部件领域的国产化替代进程。在国际产业转移的大背景下，京东方、华星光电、深圳天马等中国企业迅速崛起，打破国外企业的技术封锁。我国显示面板制造业进入快速扩张期，产业规模持续扩大，研发投入稳步提升，从技术的引进吸收到自主创新，实现了关键技术的迭代更新和上下游产业的协同升级，产业发展体系日趋完善，与国外先进企业的技术差距不断缩小，在大尺寸液晶面板切割、柔性屏幕等产业前沿领域已经接近或达到世界先进水平，并有望实现创新赶超。

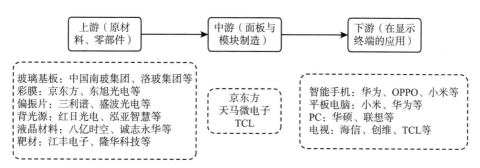

图 6 - 2　显示面板制造业内部分工情况

资料来源：根据维科网（OFweek）资料整理。

液晶面板产业主要包括 LCD（liquid crystal display）和 OLED（organic light-emitting diode）两大产品类型。相比之下，LCD 技术更加成熟、生产成本更低、产品寿命更长；而 OLED 则具有功耗低、厚度薄、重量轻等优势。在 LCD 面板领域，进入 21 世纪后，我国显示面板制造业积极布局全球 LCD 市场，产能不断提升。通过高强度的企业研发投入和逆产业周期投资，我国液晶面板制造业已实现技术突破，完成了从"初学者"到"领导者"的跨越。2019 年，我国企业在全球 LCD 面板市场的占有率已经达到 42.00%；在 OLED 领域，虽然三星、LG 两家韩国公司依然实力强大，但京东方、华星光电、天马微电子等企业也正处于快速追赶过程中，在全球市场的占有率为 10.81%（见图 6 - 3）。从技术发展趋势来看，OLED 正在取代 LCD 成为未来显示技术

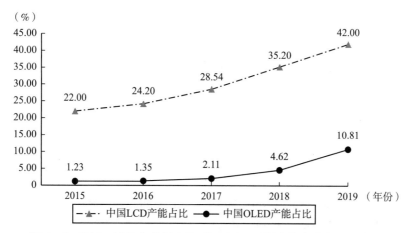

图 6 - 3　2015 ~ 2019 年我国 LCD 和 OLED 面板产能全球市场占有率

资料来源：根据维科网（OFweek）资料整理。

的主流发展方向。显示面板制造业属于典型的技术密集型产业，产业技术变化可以预见、技术路线相对稳定。这有助于我国显示面板制造业在嵌入全球价值链实现产业升级过程中技术突破总体方向的识别与确定。

2. 高强度的渐进式创新提供全球价值链位置攀升的核心动力

高强度的研发投入推动我国企业突破技术和专利壁垒，促进产业转型升级。在显示面板制造业，通过高强度的渐进式创新实现技术突破，我国企业能够加速产业转移的进程，让更多的全球价值链分工环节转移至国内。经过持续的研发投入和技术创新，我国显示面板制造业在模仿、改进日韩企业先进技术的基础上，不断积累经验、整合技术，积极进行创造性的技术革新，已经走上了一条自主创新、跨越式发展之路。在显示面板制造及应用相关的具体技术领域，京东方、深圳天马、诚志永华等企业的研发投入近年来随着自身规模的扩张而水涨船高，年均增长率超过三成（见图6-4），并申请了大量高质量专利，在国际分工中逐渐取得了一定的技术优势。显示面板制造及应用环节的发展带动了上游原材料、零部件领域技术创新，中国南玻、三利谱、江丰电子等上游企业的研发投入规模也迅速扩张（见图6-4）。不过相较于中下游显示面板制造及应用环节，我国企业在上游原材料、零部件领域获取核心技术的进程

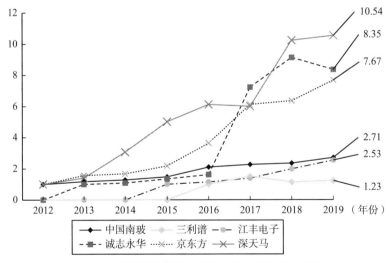

图6-4　显示面板制造业龙头企业的研发投入情况

资料来源：来自企业年报，所有数据以2021年投入数据为基准进行调整。

稍显滞后，研发投入的增速略低。通过表 6-2 可以看出，我国企业的专利申请集中于非便携式照明装置或其系统、静态存储器、记录载体的处理等与中游面板与模块制造环节密切相关的技术环节。而在用于控制光的强度、颜色、相位、偏振或方向的器件或装置，光学元件、系统或仪器，半导体器件等上游环节相关的技术领域，我国专利在全球专利中的占比较低，竞争力相比于国外企业仍有一定差距。

表6-2　　　　　　　　　　中国专利在细分技术领域的占比情况

IPC 分类号	对应技术领域	代表性企业	中国专利占比
F21S 8/00	非便携式照明装置或其系统	京东方、深天马	0.70
G11C 19/00	静态存储器	京东方、诚志永华	0.40
G06K 9/00	数据识别；数据表示；记录载体；记录载体的处理	京东方、诚志永华	0.24
C23C 14/00	对金属材料的镀覆；用金属材料对材料的镀覆；表面扩散法，化学转化或置换法的金属材料表面处理；真空蒸发法、溅射法、离子注入法或化学气相沉积法的一般镀覆	中国南玻、京东方	0.20
G06F 3/00	电数字数据处理	京东方	0.20
F21V 8/00	照明装置或其系统的功能特征或零部件；不包含在其他类目中的照明装置和其他物品的结构组合物	京东方、深天马	0.20
G09G 3/00	仅考虑与除阴极射线管以外的目视指示器连接的控制装置和电路	京东方、深天马	0.16
G02F 1/00	用于控制光的强度、颜色、相位、偏振或方向的器件或装置	中国南玻	0.15
G02B 5/00	光学元件、系统或仪器	中国南玻	0.12
H01L 21/00	半导体器件；其他类目中不包括的电固体器件	江丰电子、三利谱	0.11

资料来源：PATSTAT 数据库，经笔者整理得到。

在高强度渐进式创新的基础上，我国企业加速推进高世代 TFT-LCD 和 AMOLED 生产线的建设与投产。"十三五"期间，产线建设投资近 8000 亿元，新建 TFT-LCD 面板产线 17 条，AMOLED 面板产线 12 条，总产能较 2015 年底增长 149%①。在 LCD 面板生产领域，我国液晶面板企业积极与高等院校和科研院所展开合作，建立产学研合作机构，并联合地方政府投资建设智慧系统创新中心项目，为 LCD 技术的进一步创新和突破提供了人才储备。经过持续的研发投入和技术创新，我国 LCD 技术与世界先进水平的差距不断缩小，在一些细分领域已经处于领先地位。在 OLED 技术领域，我国显示面板企业持续跟进，不断缩小与国际领先企业的差距。京东方于 2011 年在鄂尔多斯投建 5.5 代 AMOLED 生产线；天马微电子在 2013 年投建 5.5 代 AMOLED 生产线，并于 2015 年实现量产；华星光电在 2017 年与武汉政府签署 6 代 AMOLED 项目合作协议，建设了一条月产能达到 4.5 万张的 AMOLED 柔性显示面板生产线。我国在 OLED 方向上的持续布局，不仅打破了外国企业的技术封锁，也推动了显示面板制造业的技术升级。为抢占 OLED 市场份额，液晶面板企业积极配合下游终端厂商需求，与全球客户保持良好的合作关系，供货全球一线品牌，并以此驱动技术升级，实现核心技术突破（王海军和陈劲，2018）。国产 OLED 屏幕嵌入华为、苹果等国际知名企业的供应链，得到国际用户的认可。在全球显示技术升级的关键时期，我国显示面板制造业在 OLED 方向上的持续布局加快了技术吸收速度、充分整合相关战略资源，从而推动我国企业在国际竞争中获取技术优势。

3. 逆产业周期投资策略强化全球竞争优势

显示面板制造业兼具技术密集和资金密集的特征，具有较高的行业壁垒。在高强度的企业研发之外，逆产业周期投资也是企业进入显示面板制造业并成功立足的重要手段。一方面，显示面板的生产过程需要极高的研发经费和人员投入，技术迭代较快，企业需要持续不断地投资先进技术与制程，一旦被其他企业拉开差距便很难实现赶超。另一方面，由于头部企业优势巨大，显示面板企业必须不断将新技术转化为具体产能，资金密集的特征进一步推高了显示面板制造业的壁垒。显示面板制造企业的生存之道在于持续不断的扩张，即使是在经济疲软、需求低迷的行业低谷期，如果企业顶住压力进行逆周期投资，那么在景气好转的时候能够获得更大的市场份额。

在政府产业政策和资金扶持下，中游面板与模块制造领域的京东方、深圳

---

① 技术创新强基础 示范应用惠民生——"十三五"电子信息制造业夯实经济高质量发展底座 [EB/OL]．https：//www．miit．gov．cn/ztzl/rdzt/sswgyhxxhfzhm/xyzl/art/2020/art ＿ 9d420fec65dd475593d80 f3337a453b2．html．

天马、华星光电等企业基于国内企业的制造优势，通过逆周期投资进行战略布局。逆周期投资加速了技术融合，快速缩短了与国外先进技术的差距，推动显示面板制造业由日韩地区向中国转移。在产业发展早期，通过抓住高价值资产被低估的市场窗口进行逆周期投资，中国企业能够节省巨额研发资金和试错成本，以较低的成本获取相关技术和产品。2001 年，在经历金融危机和显示面板价格下降的双重打击后，全球液晶面板行业陷入经营困境。京东方通过逆周期投资以较低的价格并购了韩国现代显示技术株式会社（HYDIS）的 TFT - LCD 业务，获得相关的 TFT - LCD 知识产权以及全球性 TFT - LCD 市场份额和营销网络，以较低成本进入 TFT - LCD 产业，逐步成长为显示面板领域的全球领先企业。

2011 年后，中国内需市场持续扩张，国内显示面板制造业的扩张速度快于世界其他国家，为新一轮的逆周期投资提供了一个机会窗口。在这一轮的逆产业周期投资中，我国企业一方面实现规模化生产，增强了自身核心竞争力，在国际竞争中拥有价格优势；另一方面不断拓宽产品销售渠道，抢占市场份额，积极布局下一个行业繁荣期。2019 年，天马微电子提出"聚焦—延伸—整合"（focus expand integrate，FEI）战略，充分利用与整合全球资源，聚焦细分市场，进一步拓展技术创新边界。华星光电在 2020 年全资收购了苏州三星显示有限公司，包括其所属管理团队、专业技术人员、海内外营销渠道。2020 年，京东方年投资建设智慧系统创新中心，整合全球战略生态伙伴资源，构建集技术开发、产业孵化、人才交流于一体的多维产业平台，打造了完备的柔性显示产业生态圈。

4. 市场基础

我国独特的市场环境也是我国显示面板制造业高速发展的重要原因。我国人口基数较大，电子产品消费市场潜力巨大，液晶面板的需求旺盛。依托于超大规模市场优势，国内循环的发展为我国显示面板制造业通过"嵌入升级"迈向全球价值链中高端提供源源不断的动力。一是广阔的内需市场为我国显示面板厂商提供了市场进入机会，帮助企业扩大其在低端市场的影响力，逐渐积累品牌价值，最终进入高技术最终产品市场。二是庞大的需求市场促使企业不断提高产能，助力企业持续扩大生产规模，降低生产成本，提升显示面板制造业的竞争优势。三是国内市场大容量、多层次、差异化的特有属性有利于液晶面板新产品的试错，为显示面板企业技术创新产品满足市场需求创造了条件。

随着产品和技术的迭代升级，我国独特的市场结构为显示面板制造业进行技术优化和革新提供了市场支持。

以智能手机市场为例，在下游应用环节，京东方、深圳天马等显示面板制造企业与华为、OPPO、vivo等国产手机厂商展开合作，迅速扩大产能，以更低的成本提供相对成熟的 TFT－LCD 面板，帮助国产手机品牌迅速占领中低端手机市场。随着国产手机纷纷发力高端市场，对国产高端 AMOLED 屏幕的需求日益凸显，京东方等国内企业积极投产 OLED 生产线，打破三星在高端手机屏幕市场的垄断。与此同时，国内智能手机市场的扩张也带动了上游核心原材料、零部件的国产化替代，诚志永华、八亿时空、东旭光电等企业逐渐追赶 LG 化学、德国默克、日本住友化学等龙头企业，显示面板制造领域的国内价值链逐步完善。类似地，国产显示面板在平板电脑、PC、电视等电子消费领域的市场地位也越来越重要，显示面板制造商与下游品牌商之间的合作是推动中国企业转型升级的重要驱动力。

5. 政策支持加速升级

为推动液晶面板产业的快速发展，我国政府提供了一系列长期、稳定的政策支持（见表 6－3）。《中共中央关于制定国民经济和社会发展第十四个五年规划和二〇三五年远景目标的建议》中更是明确提出要大力发展显示面板制造业，积极布局前沿技术，持续跟进技术创新。政府相关产业政策支持为显示面板制造业"嵌入升级"塑造了良好的制度环境。

表 6－3　　　　近年来我国显示面板制造业技术发展相关重要政策

年份	发布单位	文件名称	与显示行业相关内容
2006	国务院	《国家中长期科学和技术发展规划纲要（2006—2020 年）》	建立平板显示材料与器件产业链
2010	国务院	《国务院关于加快培育和发展战略性新兴产业的决定》	将"六至八代 TCL－LCD 液晶面板模组生产工艺及产业化"作为专项重点予以支持
2011	国务院	《国务院关于印发工业转型升级规划（2011—2015 年）的通知》	将液晶面板显示等新兴产业作为新兴发展产业
2013	国务院	《国务院关于促进信息消费扩大内需的若干意见》	实施平板显示工程，推动平板显示产业做大做强，加快推进新一代显示技术突破，完善产业配套能力

续表

年份	发布单位	文件名称	与显示行业相关内容
2016	工信部	《信息化和工业融合发展规划（2016—2020 年）》	要求推动高精度传感器、新型显示器件等智能产业共性关键技术攻关
2018	工信部、国家发展改革委	《新型显示产业超越发展三年行动计划（2018—2020 年）》	要引导新型面板、柔性面板等技术研发，并加快布局 AMOLED 微显示技术
2019	工信部	《工业和信息化部关于促进制造业产品和服务质量提升的实施意见》	支持印刷及柔性显示创新中心建设，加强关键共性技术攻关
2020	广电总局	《广播电视技术迭代实施方案（2020—2022 年）》	提出按照"4K 先行、兼顾 8K"的总体技术路线，推进超高清视频技术创新和应用，促进 4K/8K 超高清视频产业迭代创新和融合发展
……			

资料来源：笔者整理。

　　在上述产业政策的引导下，各级政府都加大了对液晶面板产业的支持力度。行业龙头企业京东方迄今已获逾 100 亿元的政府补助。财政补助使我国企业在资金壁垒较高的面板显示行业占据优势。为确保液晶面板制造业的融资便利，地方政府探索建立显示面板制造业投资基金，引导社会通过多种方式投资显示面板制造业，强化金融机构对显示面板制造业的支持。产业园区建设进一步推动显示面板制造业集群的形成和发展。通过将上下游生产环节和技术研发集中到特定的地理区域，充分利用区域内知识外溢效应，提高企业的生产、研发效率。"十四五"规划提出要加快对数字化、信息化、智能化相关的基础设施建设，推动产业数字化转型，进一步为我国显示面板制造业发展与升级注入持续的动力。

6. 升级现状：逐步迈向全球价值链高端环节

　　我国显示面板制造业在关键领域持续深耕，逐渐掌握核心科技。经过多年的发展，我国已成为全球 LCD 屏市场份额最大、生产能力最强、在建规模最大的国家；在发展 LCD 技术的同时，我国核心企业实现了在中小尺寸柔性 OLED 产品领域的技术突破，打破了韩国企业的垄断地位。随着第 6 代生产线产能的加速释放、良品率的不断提升，我国 OLED 产能在全球占比已经超过 10%。我国显示面板制造企业坚持技术引进和自主研发相结合，创新能力明显提升，在大尺寸屏幕、柔性面板领域已经形成了核心技术优势和可持续研发能力，实现了全球大尺寸 LCD 和 OLED 柔性面板行业领跑。在国内大循环为主体，国内国际双循环相互促进的新发展格局下，未来我国显示面板制造业的全球价值链位置将进一步提升。

在中游面板与模块制造领域，以京东方、华星光电、天马微电子为首的具备全球竞争力的本土企业快速成长。经过多年的技术积累和沉淀，依托创新驱动、逆周期投资和政策支持，国产企业在创新能力方面逐步超越了行业竞争对手，逐渐与全球行业巨头相匹敌。京东方作为全球半导体领域的领先企业，目前保持着总出货量、总出货面积、五大主流应用产品市场占有率、创新和应用产品等多个领域全球第一。华星光电、天马微电子等新兴势力凭借其全球领先的经营效率，积极进行产业扩张，国际市场份额不断提高。中游厂商的崛起对上下游企业的带动效应明显，在产业集群的实践下，通过配套显示面板制造业的基础原材料，开发玻璃基板、光刻胶等产业链上游材料和器件，八亿时空、飞凯材料等我国液晶材料企业快速成长。在下游领域我国拥有华为、华硕等国际知名企业，显示面板制造业价值链条和产业生态逐步完善、优化，形成了完整的液晶显示面板制造链条，为我国显示面板制造业未来在全球价值链中的持续升级奠定了基础。

6.1.2 动力电池制造业：多技术路线并行下的"GVC – NVC 迂回升级"[①]

在产业技术路线和技术环境尚不确定的条件下，我国动力电池制造业通过高强度自主创新强化技术储备，在多技术路线的并行竞争中实现价值链升级。同时，通过向上游材料供应、下游整车制造等环节的持续渗透实现全产业链整合，并以此强化在全球价值链中的优势地位。动力电池产业相关政策及特定时期的供应商"白名单"政策等制度创新有效整合了国内需求，为动力电池制造业迈向全球价值链中高端提供了市场支撑。在上述三方面因素共同驱动下，我国动力电池制造核心企业首先通过嵌入全球价值链实现品牌和创新能力升级，然后以国家价值链（national value chains）优势为支撑建立市场和产业链优势，并通过"GVC – NVC 迂回升级"成功迈向全球价值链高端环节。在三元聚合物锂电池和磷酸铁锂电池等技术路线中的材料开发、电芯和系统设计等

---

① "GVC – NVC 迂回升级"是"全球价值链—国家价值链迂回升级"的简称。

关键领域建立了技术优势，宁德时代和比亚迪等具备全球竞争力的企业快速成长，完整的动力电池产业价值链条和产业生态初步形成（见图 6 - 5）。

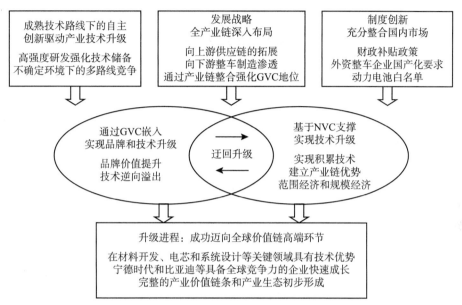

图 6 - 5　多技术路线并行下我国动力电池制造业的 "GVC - NVC 迂回升级"

资料来源：笔者绘制。

1. 产业概况

　　与显示面板制造业类似，动力电池制造业属于全球价值链中的技术提供部门和技术传递部门，为以新能源汽车为主的下游厂商提供中间产品。随着动力电池技术的进步与产业链的日益完善，动力电池产品的能量密度、充电倍率和循环寿命等性能指标不断提升，产品价格持续下降，极大地提升了下游产品的吸引力，推动新能源汽车等产业的发展。此外，动力电池是一种重要的能源使用方式，动力电池技术的进步能够极大地促进能源互联网的发展，改变储能市场的发展态势，引领能源领域新一轮的技术变革。

　　在动力电池制造业内部，产业链上游为锂、钴、镍等矿产材料及正极、电解液、负极、隔膜等电池材料；中游是电芯及系统设计；在产业链下游，动力电池是新能源电动汽车、储能系统等领域的重要组成部分。与显示面板制造业相比，动力电池制造业的技术环境不确定性较强，存在三元聚合物锂电池、磷酸铁锂电池、固态电池、锂硫电池等多条技术路线。一方面，三元聚合物锂电池和磷酸铁锂电池技术路线相对成熟。其中，三元锂电池有着更高的能量密度，为电动汽车提供更长的续航里程，而磷酸铁锂电池在安全性、循环寿命和成本方面更有优势。不论是三元锂电还是磷酸铁锂，其能量密度和充电速度都不能完全满足市场需求，里程焦虑仍是当前电动车市场痛点之一。另一方面，相比于三元聚合物锂电池和磷酸铁锂电池这类相对稳定的技术路线，还存在固态电池、锂硫电池、锂空气电池等多条尚未实现商业化，但未来可能更具潜力的技术发展路线。其中，相比于锂硫电池、锂空气电池等完全改变正负极材料的技术路线，固态电池无须更换整个电池结构框架，技术难点只存在于电解质的革新，是最有希望实现产业化的下一代电池技术。与三元聚合物锂电池和磷酸铁锂电池相比，固态电池在理论层面能够拥有更高的能量密度、更高的安全性和更长的循环寿命，能够提升电动汽车的续航里程和充电速度，但在应用层面尚不成熟（见表6-4）。

表6-4　　　　　　　　三种主要技术路线中电池性能指标比较

项目	磷酸铁锂电池	三元锂电池	固态电池
能量密度	低（110~140瓦时/千克，极限170）	较高（150~200瓦时/千克，极限300）	高
安全性	较高	低	高
循环寿命	较长（5000次以上）	短（2000次左右）	极长（理论上超过10000次）
充电时间	较长	较长	短
低温性能	差	较好	好
成本	较低	较高	尚未商业化

注：瓦时/千克，是电动汽车能量密度的单位，代表一定质量物质中储存能量的大小。
资料来源：据中国汽车动力电池产业创新联盟资料整理得到。

动力电池价值链中的上下游厂商对中游制造环节的依赖程度较高，价值链治理模式更接近于关系型。比亚迪、宁德时代等动力电池制造企业在嵌入全球价值链的基础上，通过纵向整合实现品牌和创新能力升级，掌握价值链中的核心技术，获取价值链主导权。在此基础之上，以国家价值链优势为支撑，通过"GVC-NVC迂回升级"成功迈向全球价值链中高端环节，推动中国电动汽车、储备设备、新能源利用等领域的跨越式发展。

经过近二十年的持续积累，我国已经初步建立起相对完整的动力电池产业链条。自 2015 年起，我国动力电池行业正式形成产业规模，当年装机量为 15.55 兆瓦时[①]。此后，装机规模逐年上升（见图 6-6）。2020 年上半年，受全球新冠肺炎疫情的影响，我国动力电池装机量下滑明显。但随着国内疫情形势好转，动力电池行业复工复产，下半年实现装机量正增长。2020 年我国动力电池装机量累计达 63.6 兆瓦时，占全球动力电池市场份额的 46.40%，产业规模全球领先。

（兆瓦时）

图 6-6　2015～2020 年我国动力电池装机量

资料来源：根据中国汽车工业协会资料整理。

从全球动力电池市场来看，中国、日本、韩国的企业具有显著优势。2020 年全球动力电池总装机量为 137 兆瓦时。其中，宁德时代依靠强大的国内市场，以 34 兆瓦时的装机量位列榜首；LG 化学产业布局全球，软包技术全球领先，以 31 兆瓦时的装机量位居第二；排名第三的松下，深度绑定特斯拉，产业配套体系相对封闭稳定，实现 25 兆瓦时的装机量[②]。以上三家企业的装机量为 90 兆瓦时，超过全球动力电池需求量的六成。全球动力电池市场呈现寡头垄断趋势。宁德时代凭借强劲的三元锂电池技术、较为完善的供应链和广泛的配套客户等优势，搭乘新能源汽车发展的快车，迅速成长为业界"领头羊"，自 2017 年起连续四年蝉联全球动力电池装机量首位；比亚迪则以本企业的整车制造能力为支撑，坚持开发磷酸铁锂电池。在 2020 年 3 月推出续航时间更长、安全性更优的"刀片电池"后，市场地位进一步提升；亿纬锂能、孚能科

---

①　兆瓦时（GWh），代表装机容量，$1GWh = 10^9$ 瓦时，1 兆瓦时电池大约相当于 2 万辆电动汽车采用的电池。

②　韩国研究机构 SNE Research 于 2021 年 1 月 13 日公布的数据。

技、国轩高科等企业在全球装机量排行中表现优异。我国动力电池制造企业在国际市场中的地位逐渐提高。产业内主要企业的市场份额，如图 6 - 7 所示。

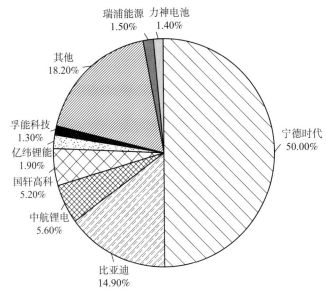

图 6 - 7　2020 年我国国内主要动力电池企业国内市场份额

资料来源：据中国汽车动力电池产业创新联盟资料整理。

2. 成熟技术路线下的自主创新驱动产业技术升级

我国动力电池制造业通过高强度的研发投入强化技术储备。随着新能源汽车行业逐步迈向高质量发展，动力电池产业为满足市场需求的变化持续进行自主创新研发，加速产品更新迭代。2020 年上半年，产业内主要企业的研发投入占其营业收入的比重均达 5% 以上（见表 6 - 5）。高强度研发有助于我国企业技术积累与迭代升级，获取并维持核心竞争力。续航能力和成本控制是动力电池产业内技术竞争的关键（兰凤崇等，2019），提高电池能量密度、控制生产维护成本是各企业研发的重点领域。

表 6 - 5　　　　　　2020 年我国国内主要动力电池企业研发投入水平

企业	研发投入（亿元）	占营业收入比重（%）
宁德时代	35.69	7.09
比亚迪	85.56	5.46

续表

企业	研发投入（亿元）	占营业收入比重（%）
国轩高科	6.96	10.35
孚能科技	3.72	33.21
亿纬锂能	7.23	8.86

资料来源：根据各企业 2020 年年度报告整理。

不确定性环境下的多技术路线竞争是全球动力电池产业技术环境的典型特征之一。目前，动力电池制造业存在磷酸铁锂电池、三元锂电池、固态电池、锂硫电池等多条技术路线。通过 PATSTAT 的专利数据可以看出，中国企业在磷酸铁锂电池和三元锂电池等相对成熟的技术路线中通过自主创新迅速掌握核心技术，但在尚未投入商用的固态电池、锂硫电池、锂空气电池等领域距离国外企业仍有差距。在磷酸铁锂电池相关技术领域，中国专利在全球专利中的占比超过 3/4（见图 6 - 8），比亚迪、中航锂业等企业都专注于磷酸铁锂电池的研发（见图 6 - 9），尤其是比亚迪推出的刀片电池，在能量密度和成本方面均超越了传统磷酸铁锂电池，凭借卓越的安全性能迅速获得了市场认可。在三元锂电领域，中国专利在全球专利中的占比约为 47%（见图 6 - 8），企业层面，宁德时代、天津力神等企业专注于三元锂电领域的研发（见图 6 - 9）。其中，宁德时代在研发投入和产品创新方面属行业领先，率先推出了全新的 CTP 高集成动力电池开发平台，一定程度上解决了动力电池充电慢、续航时间短的技术瓶颈。

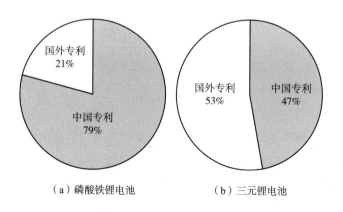

（a）磷酸铁锂电池　　　　（b）三元锂电池

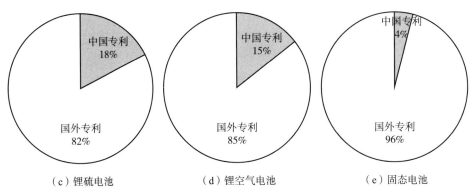

（c）锂硫电池　　　　　　（d）锂空气电池　　　　　　（e）固态电池

图6-8　中国专利在不同技术领域中的占比

注：这里采用文本分析的方式区分不同的技术路线，三元锂电池选取名称中包含 lithium 和 Nickel 等词汇的专利，磷酸铁锂电池选取名称中包含 lithium、iron 和 phosphate 等词汇的专利，固态电池选取名称中包含 solid/metal electrolyte 和 battery/lithium 等词汇的专利，锂空气电池选取名称中包含 lithium 和 air 等词汇的专利，锂硫电池选取名称中包含 lithium 和 sulphur 等词汇的专利。

资料来源：根据全球专利数据库整理得到。

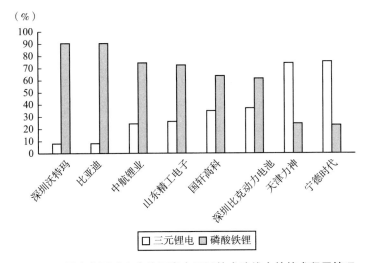

图6-9　国内主要动力电池厂商在不同技术路线中的技术积累情况

资料来源：根据全球专利数据库整理得到。

相比于这些相对成熟的技术路线，在锂空气电池、锂硫电池、固态电池领域，中国企业的技术优势有限。尤其是在固态电池领域，中国企业的技术积累较国外企业仍有差距，中国专利占比不到5%，核心技术主要掌握在丰田、松下、富士等日本企业手中（见图6-10）。这些领域虽然已经存在大量的专利，但仍存在未能克服的技术障碍，安全性、实用性尚不能满足量产要求。即使是

处于技术领先地位的丰田，基于固态电池的电动汽车也尚未投入量产。

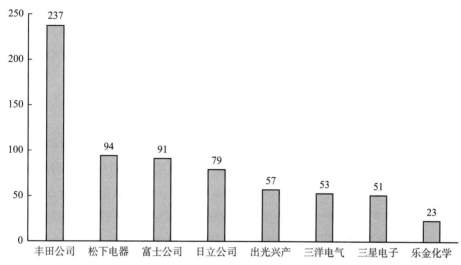

图6－10 固态电池领域专利数量领先企业

资料来源：根据全球专利数据库整理得到。

此外，在电芯类型方面，方形、软包和圆柱电芯之间也存在竞争。由于头部企业对方形铝壳电芯的应用，方形电池在当前动力电池市场中占有绝对优势。圆柱和软包电池的技术发展相对缓慢，市场影响力较弱。随着技术不断革新和出货量渐趋稳定，圆柱和软包电池在国内市场的渗透率有望进一步提升。我国动力电池市场呈现多元化供应趋势，未来路线竞争仍将持续（见表6－6）。动力电池制造企业在不确定市场中的激烈角逐，推动着产业升级与发展，为我国动力电池制造业在全球价值链中的升级提供了更多的空间和可能。

表6－6   我国国内主要动力电池企业技术路线

企业	动力电池技术路线
宁德时代	主要生产三元锂电池，也有磷酸铁锂的电池路线；方形电池
比亚迪	坚持磷酸铁锂技术路线，推出刀片电池；方形电池
孚能科技	生产三元软包动力电池
国轩高科	发展磷酸铁锂技术路线，也有三元锂电池；涵盖方形和圆柱电池

企业	动力电池技术路线
中航锂电	拥有磷酸铁锂和三元锂两大产品体系；方形电池
亿纬锂能	主要生产方形磷酸铁锂电池、大型软包三元电池和方形三元电池

资料来源：根据《电动新视界》资料整理。

3. 全产业链布局强化企业在全球价值链中的优势地位

作为动力电池市场中的龙头企业，在发展伊始，比亚迪、宁德时代等企业都利用自身在锂电池技术领域的研发积累迅速嵌入手机、PC 等 3C 业务，成为苹果、三星等手机厂商的主要电池供应商。在国家大力推动新能源汽车的战略背景下，比亚迪、宁德时代等企业以自身电池技术为基础，通过链条升级的方式，由 3C 业务转向汽车和新能源汽车制造业。以动力电池制造技术为核心，在磷酸铁锂和三元锂电两条相对成熟的技术路线中，我国动力电池制造企业在嵌入全球价值链的基础上，积极向上下游供应链拓展，通过纵向整合增强对原材料价格的控制力，谋求全球价值链中的优势市场地位。

在上游领域，宁德时代不但大规模储备钴、锂、镍等金属资源，还成立宁波邦普合资公司，从事正极材料及相关资源的投资运营。比亚迪通过合资形式进行锂矿等资源的开发，开放其封闭的供应体系。国轩高科投资了四大材料环节，目前已实现正极材料自供。我国动力电池制造企业通过投资、收购等方式布局上游供应链，获得了稳定的原材料供应并形成规模经济效应。

除上游拓展外，产业内核心企业还向下游整车制造环节渗透，并以此提高客户黏性以及自身对最终产品市场的理解和控制。我国动力电池企业通过合资、持股等方式与整车企业协同合作，在提高研发能力的同时，贴合市场需求进行设计生产。宁德时代在扩大与国内外车企合作的基础上，与华为、长安汽车联合打造高端智能汽车品牌，紧跟新能源汽车产业智能化发展方向。亿纬锂能与华泰汽车共同成立合资公司，从而与下游车厂展开紧密的战略合作。比亚迪则更进一步，通过收购陕西秦川汽车制造公司、北京吉驰汽车模具有限公司、日本荻原公司汽车模具工厂等的国内外企业，在短时间内形成整车的自主研发、设计、制造及检测能力，通过链条延伸，将自身在动力电池制造环节的比较优势拓展到下游环节。

我国动力电池制造企业从拓展上游材料供应和渗透下游整车制造两个路径

出发，进行产业链一体化整合，有效控制产业链中的各个环节，增强其国际影响力与竞争力。目前，我国动力电池制造业已形成了涵盖矿产、四大材料和整车制造等上下游产业领域的完整产业链。在新冠肺炎疫情全球蔓延的冲击下，我国动力电池制造业依靠产业链优势而免遭"断链"风险，并在全球新能源汽车需求回暖的趋势中率先恢复生产。在产业链融合的基础上，环节间的知识整合、创新整合和价值整合提升了协同创新的效率，为未来新能源汽车领域的技术革新积蓄了能量（汪建等，2013）。

4. 政策支持整合国内市场

第一，动力电池产业政策在整合市场需求的同时，优化了供给结构。2009 年以来，各级政府出台了一系列鼓励、支持动力电池产业发展的政策文件（见表 6 - 7）。密集出台的政策文件体现了国家对动力电池产业的高度重视。一方面，我国动力电池产业支持政策不断迭代优化并逐步完善，能够更科学精准地引导产业健康发展。另一方面，政府不断加强对产业的规范力度，明确支持方向，提升产业优质供给。2016 年 11 月发布的《汽车动力电池行业规范条件 (2017)》征求意见稿中明确提出要提高动力电池企业产能门槛，集中支持优势企业，以提高产业竞争力。通过刺激整体市场需求及提高进入门槛，在充分整合国内市场需求的同时，优化了市场供给结构和质量，为我国动力电池制造业迈向全球价值链中高端提供了政策支持。

表 6 - 7　　　　　　　　　我国动力电池相关产业政策文件

年份	名称	主要相关内容
2009	《关于开展节能和新能源汽车示范推广试点工作的通知》	明确对试点城市公共服务领域购置新能源汽车给予补助
2015	《汽车动力蓄电池行业规范条件》	从生产规范、产能、技术要求等多方面对动力电池企业做出规定；符合相关要求的电池企业可以进入《汽车动力蓄电池行业规范条件》企业目录
2017	《汽车产业中长期发展规划》	对新能源汽车动力电池单体比能量（能量密度）和系统比能量提出要求
2018	《关于做好新能源汽车动力蓄电池回收利用试点工作的通知》	要求建立完善动力蓄电池回收利用体系，选择部分地区开展试点工作
2020	《关于完善新能源汽车推广应用财政补贴政策的通知》	要求延长补贴期限，平缓补贴退坡力度和节奏

资料来源：笔者整理。

第二，动力电池产业下游新能源汽车产业的政策支持进一步启动动力电池的国内市场需求。我国自 2009 年开始推广新能源汽车，并相继出台一系列补贴政策。政府针对纯电动汽车、插电式混合动力汽车和燃料电池汽车进行政策补贴。根据续航里程，国家和地方政府实行双重补贴。逐渐完善的新能源汽车产业政策推动我国成为目前全球最大的新能源汽车市场。作为新能源汽车的关键部件，我国动力电池制造业在新能源汽车生产的热潮中迅速扩大了市场需求。

第三，动力电池产业白名单制度规范了市场竞争，推动了产业有序发展。2015 年，工信部先后发布《汽车动力蓄电池行业规范条件》及四批符合条件的企业目录，此后新能源汽车只有采用"白名单"内的动力电池才可获得补贴。该政策促使新能源汽车企业寻求与提供优质产能的动力电池企业合作。因此，宁德时代、国轩高科等企业凭借技术和规模优势在动力电池行业脱颖而出。而对于那些品控和性能达不到要求的动力电池，在行业洗牌和市场竞争中逐渐被淘汰。动力电池白名单提高了产业对高端产能的需求，淘汰了低端产能，推动了我国动力电池制造业的规范化发展，使其加快向全球价值链中高端迈进。

5. 多因素驱动的 "GVC – NVC 迂回升级"

在自主创新、全产业链发展战略和政策支持整合国内市场等多方面因素驱动下，我国动力电池制造业通过嵌入磷酸铁锂电池和三元锂电池等相对成熟的技术路径，提升品牌力和技术创新力，再以新能源汽车行业成长带来的国家价值链优势进行技术革新，进一步开拓全球市场，在 "GVC – NVC 迂回升级" 中成功迈向全球价值链高端环节。

一方面，我国动力电池制造企业通过嵌入全球价值链实现品牌和创新能力升级。全球新能源市场具有巨大增量空间，助推我国动力电池产业向外扩张。在动力电池领域，我国核心企业通过为国际新能源汽车提供低成本、高性能的动力电池，在国际市场竞争中提升了品牌价值，不断积累生产经验。在这一过程中，自主创新与嵌入全球价值链相辅相成，我国企业不断提升在全球新能源价值链中的竞争优势，成为全球分工中不可或缺的一部分。以宁德时代为例，宁德时代自 2009 年起为宝马芝诺 1E 车型提供动力电池。因拥有华晨宝马的质量背书，宁德时代迅速打开了国际市场，在嵌入全球价值链中提升了品牌价值与自主创新能力。2020 年初，宁德时代开始与新能源汽车龙头企业特斯拉合作，拥有了几乎涵盖所有全球头部车企的客户群，在全球市场上成为动力电池的主要供应商。类似地，比亚迪成立"弗迪"系公司，拟打通新能源产业链中的电池等核心零部件业务，开始走上电池外供之路。我国动力电池制造企业通过嵌入跨国公司主导下的价值链条，学习、提高生产能力，推动了产业的渐进性技术创新。

另一方面，我国动力电池制造业以国家价值链优势为支撑建立市场和产业链优势，实现技术升级。新能源汽车行业在国内市场正处于成长阶段，未来市场空间广阔，对动力电池的需求持续旺盛。以国内巨大的消费市场为基础，我国动力电池企业在相对成熟的磷酸铁锂电池和三元锂电池领域迅速占领市场，将全球价值链参与过程中获取的技术能力应用于国内市场，并在更大的市场容量下检验产品性能、发现技术漏洞、进行技术革新，实现对国外动力电池厂商的技术赶超。在政策支持下，通过全产业链发展战略，新能源汽车生产与动力电池制造相互促进，研发资源得到进一步整合，产能规模进一步扩大，国内产业链布局持续调整、优化，更多的社会资源被吸引到新能源价值链中，带动了小鹏、蔚来、恒大、小米等一批"造车新势力"的快速发展。

6. 升级进程：成功迈向全球价值链高端环节

我国动力电池制造业不断取得技术突破，在材料开发、电芯和系统设计等关键领域都已形成可持续研发能力和核心竞争优势。产业内主要企业开发的电池材料，循环性能表现优于国外产品。无模组技术（cell to pack）、刀片技术等技术创新显著提升电池系统密度，在国际上处于领先地位。以上述关键领域的技术优势为基础，我国动力电池制造企业不断打破电芯能量密度"天花板"，显著提升了电池安全稳定性，逐渐实现了由技术传递者到技术提供者的跨越。

我国动力电池制造企业快速成长，在电池性能和成本方面拥有全球竞争力。宁德时代稳居全球动力电池行业龙头地位，无论在产销规模还是技术水平方面都已超越国内外同类竞争对手。比亚迪凭借多年在整车核心技术的深厚积累，突破了安全性、循环寿命和续航里程等方面的全球性难题，并逐渐扩充产能、实现规模优势。国轩高科、中航锂电等企业也在动力电池行业中精心耕耘，其业务在全球市场中的份额不断上升。

我国动力电池制造企业整合上下游环节，建立产业生态圈，初步形成了完善的产业价值链和产业生态。产业内核心企业通过自主研发和合作开发等方式,建立从材料端到产品端再到需求终端的产业链垂直布局。一方面,我国动力电池企业通过加强与上下游企业的合作,既保障了稳定优质的原材料供应,又降低了生产经营成本,实现了范围经济和规模经济效应。另一方面,通过深度绑定新能源汽车制造企业,动力电池企业持续获得优质订单。我国动力电池制造业凭借完整的产业体系,强化其在全球供应体系中的优势地位,向全球价值链高端环节持续攀升。

此外,动力电池领域的技术创新能够提供更加高效的电能储存、利用方式,带动电动汽车、储能市场、消费电子等领域相关价值链条的重构,为我国企业"构建新链"提供了更多的技术选择。高能量密度、高安全性、低成本的动力电池能够加速电动汽车的普及,为充电基础设施的建设创造便利条件,助力汽车电动化、智能化的发展进程。动力电池的发展能够缩减储能过程中出现的电力损耗,推动太阳能、风能、生物质能等非化石能源的利用与分布式储能系统的建设发展,并能够在高速率、大容量、低延时的通信技术革新背景下,满足消费电子设备越来越高的载电量需求,创造新的分工链条和产业循环。同时,电动汽车、储能市场、消费电子等领域的技术发展也为动力电池的技术革新指明了潜在的发展方向,"嵌入升级"与"构建新链"交替发展、相互促进,引领和推动中国的新能源产业发展新格局。

6.1.3 集成电路制造业:复杂产业链条与高技术门槛下的艰难升级

集成电路产业链复杂度和技术密集程度高、技术变化可以预见,规模经济和学习效应显著。在相对稳定的产业技术环境下,我国集成电路制造业通过关键领域技术追赶、建立积极的产学研合作机制、有效整合全球创新资源实现了持续的渐进式创新,并以此推动了"嵌入升级"过程。在市场和投资策略方面,集成电路制造业通过整合国内外两个市场、多主体的持续高强度、长周期的研发投入,以国内大容量的市场需求为支撑,逐步实现技术积累和产业链优化。另外,产业方针、资金补贴和融资便利等政策支持为集成电路制造业技术升级提供了重要支撑。然而,集成电路制造业发展所依托的产业链条及其生态复杂程度较高,其上下游产业的支撑作用有待进一步强化。现阶段,我国在芯片制造等环节仍需持续追赶,整体上正处于从全球价值链中端向高端艰难升级过程中(见图6-11)。

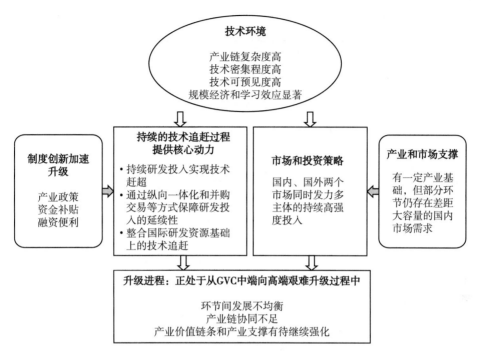

图 6 - 11　复杂产业链条与高技术门槛下我国集成电路制造业的艰难升级

资料来源：笔者绘制。

1. 产业概况

在信息时代，以芯片为代表的集成电路产业被誉为"工业粮食"，是信息革命核心技术和主要推动力。从中兴到华为，中美贸易摩擦下我国少数企业陷入无"芯"可用的窘境，暴露了我国在集成电路制造领域的不足与短板。此次贸易摩擦也让国人意识到，发展国产集成电路制造业刻不容缓。在全球价值链中，集成电路制造业位于中上游环节，在半导体材料及设备的基础上，完成各类集成电路的制造、装配，为手机、汽车、个人计算机、可穿戴设备、云计算、家电等诸多领域提供中间产品（见图 6 - 12），助力整个社会的智能化、信息化发展。在这一过程中，集成电路制造领域产生的技术被广泛地应用于其他行业，提高了制造业整体的生产效率，带来新的模式、新的业态，加速制造业企业信息化、智能化改造的进程。

上游环节	中游制造	下游应用

图6-12 集成电路制造业内部分工情况

资料来源：根据与非网资料（www. eefocus. com/eda - pcb/423439）绘制。

　　集成电路制造业模块化分工特征明显，主要包括芯片设计、芯片制造和封装测试三个环节（见图6-13）。芯片设计环节主要是根据终端需求确定器件结构和工艺方案并实现芯片功能和成本要求的过程。该环节依托的产业链相对较短，通过技术和经验积累实现技术升级的难度在整个产业链条中相对较小。芯片制造环节通过复杂的工艺制造高集成度的电路，该环节的典型特征是对生产过程精细化程度要求高。芯片制造环节技术复杂性高，所依托的产业链条相对较长，产业内分工高度专业化，涉及材料、光电、精密仪器机械等多个领域，具有较高的技术门槛，处于全球价值链的高端。封装测试环节主要是防止芯片物理损坏或化学腐蚀而进行加工处理并测试其功能和性能。封装测试技术含量较低，技术门槛较低，处于价值链中低端环节，我国芯片封测销售额在集成电路占比较高，技术进步较快，封测产业发展速度也远高于全球平均水平。

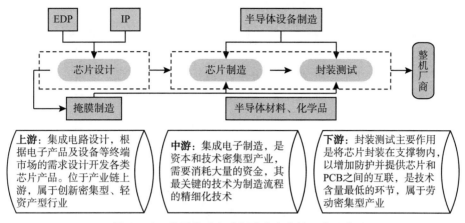

图 6 - 13　我国集成电路制造业产业链环节示意

资料来源：根据与非网资料（www.eefocus.com/eda - pcb/423439）绘制。

　　我国拥有全球规模最大的电子终端产品的消费群体和电子信息制造业，产业链下游的需求旺盛，带动上游产业生产规模不断扩大。近年来，我国集成电路行业保持快速增长趋势。根据国家统计局和中国半导体协会公布的数据，我国集成电路制造业产量和销售额增长迅猛（见图 6 - 14）。2012 ~ 2020 年，我国集成电路制造业从销售数量和销售收入均保持了 20% 左右的增速，且增速远高于全球平均水平，在全球市场中所占份额已经超过 50%。这种增长趋势为我国集成电路产业迈向全球价值链中高端奠定了基础。

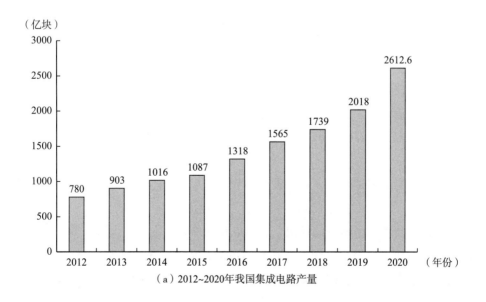

（a）2012~2020年我国集成电路产量

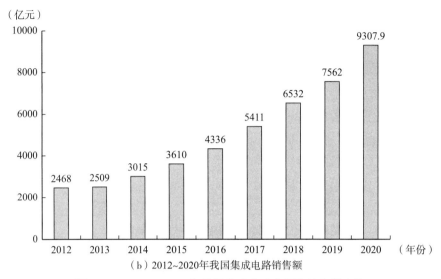

（b）2012~2020年我国集成电路销售额

图6－14　2012~2020年我国集成电路产量和销售额变化

资料来源：根据国家统计局数据绘制。

2. 持续的技术追赶过程提供核心动力

在芯片封装测试环节，以长电科技、晶方科技、通富微电、华天科技等为代表的我国企业利用自身成本优势融入国际分工，面向全球市场提供高端定制化封装测试解决方案和配套产能。在此基础上，我国企业积极与国内科研机构合作，不断投入封测技术的研发，增强自身竞争力。其中，长电科技、通富微电等龙头企业一方面积极筹建国家级实验室、博士后科研工作站、国家级企业技术中心等高层次创新平台，打造专业研发队伍；另一方面，积极与中科院微电子所、清华大学、北京大学等国内知名科研机构建立合作关系，聘请多位专家共同参与技术开发工作。通过持续的研发投入和技术积累，我国企业在高性能计算、通信设备、"3C"消费、汽车和工业等重点芯片领域拥有行业领先的先进封装技术，为抓住"5G"通信、新基建、电动汽车等领域的未来发展机遇奠定基础。

相比于封装测试环节，芯片设计环节与芯片制造环节占据着集成电路制造价值链的核心环节，技术门槛更高。后发企业面临着"赢者通吃"的市场竞争局面，在技术水平落后的情况下，难以在国外企业主导的主流市场中获得应用机会。但如果"另起炉灶"开拓新的市场，又可能无法兼容主流市场用户，在国际竞争中处于不利的局面。后发企业需要通过持续的研发投入才能逐步实现对主流企业的技术追赶。

在芯片设计环节，后发企业面对的不仅是核心技术的缺失，还是市场机会的匮乏。企业可以在垂直一体化的基础上，保障研发投入的延续性，不断改进已有研究的缺陷和问题，实现技术的渐进式革新。遭遇美国制裁前的海思半导体无疑是一个成功的案例，海思半导体的起步源于华为在通信设备领域的深耕。为了避免被高通、思科等美国企业在专利和芯片上限制华为的发展，任正非提出"双供应商"战略，于 2004 年将华为集成电路设计中心独立为海思半导体有限公司，为彼时方兴未艾的"3G"通信产品提供国产自主芯片。随着华为在通信领域的快速发展，海思半导体先后设计出"3G"基带芯片以及名为"巴龙"的"4G"基带芯片，技术逐渐成熟，成为基带芯片设计领域的龙头企业。在后续进军移动处理器领域的过程中，海思半导体于 2008 年研发出移动处理器"K3V1"，提供给第三方手机厂商，但市场有限，不足以支撑海思半导体在移动处理器领域的技术研发。为了扶持海思的自产芯片，华为进行内部资源整合，将海思新推出的"K3V2"芯片应用于自家手机品牌，在垂直一体化的基础上，确保海思半导体在移动处理器领域的市场影响力。高强度、长周期的研发投入是华为成功的关键。2020 年华为研发投入达到 1419 亿元，近 15 年来，研发投入规模年均增长率超过 25%，在国内民营企业中名列前茅。截至 2020 年底，华为共持有有效授权专利 4 万余族（超过 10 万件），90% 以上专利为发明专利，是全球最大的专利持有企业之一[1]。在华为的发展历程中，为维持高强度、长周期的研发投入，企业不仅需要一批要耐得住寂寞和无奈的研发人员，还需要为已有的技术成果寻找应用市场。此外，企业也可以通过并购交易的方式提升自身研发能力，获取市场进入机会，为技术研发提供不断试错、改进的发展空间。其中韦尔股份通过对豪威科技、思比科等厂商，将自身业务由功率分立器件和电源 IC 芯片扩展至图像传感器领域。并购不仅增强了韦尔股份的研发能力，还为其研发能力找到了更为广阔的应用市场，让韦尔股份在 CIS（CMOS Image Sensor）芯片领域成为仅次于索尼、三星的第三大生产商。2020 年，韦尔股份半导体设计业务研发投入金额高达 20.99 亿元，较上年同期增加 23.91%，成为芯片设计领域国产化替代过程中不可忽视的一股力量。

芯片制造环节兼具资本密集和技术密集的特征，技术路线相对稳定，具有

---

① 《华为创新和知识产权白皮书 2020》。

较高的可预见性，高端芯片产能几乎被三星、台积电和英特尔垄断，后发企业面临的市场进入门槛极高。我国集成电路制造业在整合国际研发资源的基础上，经过漫长的技术追赶过程，逐渐向先进制程发起挑战。21世纪初，台湾半导体方面的人才与资金逐渐突破封锁，开始在大陆芯片制造领域创业与拓荒。其中，台湾前世大公司总经理张汝京主导的中芯国际最具代表性。自2000年于上海建立第一座8英寸圆晶制造厂开始，以0.35微米的CMOS逻辑工艺作为起点，在产品层面逐渐向逻辑电路、电源/模拟、高压驱动、嵌入式非挥发性存储、非易失性存储、混合信号/射频、图像传感器等领域延伸拓展；在制程方面不断实现突破，经过长时间、高强度的研发投入，目前中芯国际已经逐步掌握14纳米制程，距离台积电、三星等领先企业掌握的5纳米制程尚有差距，但已经基于成熟制程在智能手机、智能家居、消费电子等不同终端应用领域形成了一定生产能力和市场地位。根据IC Insights公布的2020年纯晶圆代工行业全球市场销售额排名，中芯国际位居全球第四位。此外，历经多年技术积累和高强度研发投入，粤芯半导体逐步增强制造能力的同时，大幅提升了芯片性能、降低了功耗，也逐步成长为芯片制造领域的重要企业。高技术门槛和复杂的产业链条决定持续的技术追赶与创新是我国芯片制造业迈向全球价值链中高端的核心动力。

3. 市场基础和投资策略

我国具有独特的市场容量和市场结构是集成电路产业发展的战略性资产。近年来，我国芯片需求进入"井喷式"增长阶段。2020年，行业市场规模已达到9011亿元。我国市场对集成电路产品有着巨大的需求，需求牵引之下，我国集成电路制造业获得了更多的发展机遇。集成电路的发展主要靠高强度的研发投入和长期的技术积累，我国独特的市场结构为这一过程提供了适应型市场机会，为集成电路制造业国内市场的发展和技术迭代提供了更多可能（Acemoglu et al.，2001；罗仲伟等，2014）。"新基建"的有力实施，将进一步推动集成电路产业的发展。

集成电路产业技术路线相对稳定，我国在部分细分领域发展较快。借鉴三星、京东方和三安的成功经验，集成电路制造业有望实现跨越式赶超，但因其重资产和持续投入属性，需选取黏性高、回报好、战略意义明显、外延可能性较大的细分领域。从集成电路制造业技术可预见性高以及技术环境相对稳定的特点出发，我国企业不断加大研发资金和人员投入以此推进集成电路的渐进式创新。在此基础上，大数据平台为企业提供了开放多源、深度定制、多元异构的消费者信息，有利于制造业企业借助智慧化的数据分析工具、平台载体和网络体系设计出更为复杂的虚拟情境和动态解决方案。以此方案模拟测试市场对集成电路创新产品的反应，促进了集成电路制造业实现智能业务决策、风险管理和多应用模式的组合创新。高强度的研发投入引发的渐进式创新推动着我国集成电路制造业始终保持着产业规模快速发展的态势。

4. 政策支持加速升级

我国政府高度重视集成电路制造业的发展，先后制定了一系列的扶持政策（见表6-8）。2020年10月29日，《中共中央关于制定国民经济和社会发展第十四个五年规划和二〇三五年远景目标的建议》中明确写入了集成电路，重点瞄准前沿领域。政府努力打好关键核心技术攻坚战，为集成电路制造业发展再添重磅利好。

表6-8　　2014~2020年我国集成电路制造产业技术发展相关重要政策

年份	发布单位	文件名称	与集成电路制造相关内容
2014	国务院	《国家集成电路产业发展推进纲要》	到2020年，集成电路产业与国际先进水平的差距逐步缩小，全行业销售收入年均增速超过20%；到2030年，集成电路产业链主要环节达到国际先进水平，一批企业进入国际第一梯队，实现跨越发展
2015	财政部、国家税务总局、国家发展改革委	《关于进一步鼓励集成电路产业发展企业所得税政策的通知》	集成电路封装、测试企业以及集成电路关键专用材料生产企业、集成电路专用设备生产企业，根据不同条件可以享受有关企业所得税减免政策，从税收政策上支持集成电路行业发展
2017	国家发展改革委	《战略性新兴产业重点产品和服务指导目录（2016版）》	明确集成电路等电子核心产业地位，并将集成电路芯片设计及服务列为战略性新兴产业重点产品和服务
2018	财政局、国家税务总局、国家发展改革委、工业和信息化部	《关于集成电路生产企业有关企业所得税政策问题的通知》	对满足要求的集成电路生产企业实行税收优惠减免政策，符合条件的集成电路生产企业可享受前五年免征企业所得税，第六年至第十年按照25%的法定税率减半征收企业所得税，并享受至期满为止的优惠政策
2018	工业和信息化部、国家发展改革委	《扩大和升级信息消费三年行动计划（2018—2020年）》	进一步落实鼓励软件和集成电路产业发展的若干政策，加大现有支持中小微企业税收政策落实力度

年份	发布单位	文件名称	与集成电路制造相关内容
2019	财政部、国家税务总局	《关于集成电路设计和软件产业企业所得税政策的公告》	公告称"为支持集成电路设计和软件产业发展",将宣布自 2018 年 12 月 31 日计算优惠期,对符合条件的企业实行企业所得税减免政策,前两年免征,随后三年减半征收企业所得税
2020	国务院	《国务院关于印发新时期促进集成电路产业和软件产业高质量发展若干政策的通知》	为进一步优化集成电路产业和软件产业发展环境,深化产业国际合作,提升产业创新能力和发展质量,制定出台财税、投融资、研究开发、进出口、人才、知识产权、市场应用、国际合作八个方面政策措施
2021	国务院	《中华人民共和国国民经济和社会发展第十四个五年规划和 2035 年远景目标纲要》	瞄准人工智能、量子信息、集成电路、生命健康、脑科学、生物育种、空天科技、深地深海等前沿领域,实施一批具有前瞻性、战略性的国家重大科技项目

资料来源:笔者整理。

一系列的政策支持为我国芯片制造产业发展提供了良好的创新环境。自 2014 年工信部出台《国家集成电路产业发展推进纲要》并成立国家集成电路产业投资基金以来,多个省份也积极响应,设立了多个地方性集成电路投资基金。我国对集成电路制造业进行了高强度的投资,力求通过持续创新攻克关键技术。同时,我国继续对集成电路制造业企业实施所得税优惠政策以及有针对性地对企业进行政府补贴。政策扶持和资金补助以及融资便利有选择性、差异化地推动产业进步与发展,为我国集成电路制造业发展提供了财政、税收等方面的支持,同时为我国集成电路快速进步注入了动能。以"5G"为代表的新基建推动集成电路领域需求持续增长,加强新型基础设施建设,发展新一代信息网络,拓展"5G"应用,激发新消费需求、助力产业升级,为我国集成电路制造业发展带来了更多的市场机遇,为实现"嵌入升级"提供了条件。新基建为我国集成电路发展提供了"包容性"的战略性增长机会,指明了集成电路制造业"嵌入升级"的发展方向。

5. 升级进程:从全球价值链中端向高端的艰难升级

虽然发展迅速,但我国集成电路制造业仍存在发展不均衡的现象。在壁垒相对较高的芯片制造环节,我国集成电路企业在一定程度上仍受制于人,在芯片量产精度上与国际一流水平仍有明显差距,升级之路仍"道阻且长"。在集成电路设计领域,韦尔股份、兆易创新、圣邦股份、卓胜微等国内企业在图像传感器、射频芯片、内存接口芯片等具体细分领域取得了局部优势，不断缩小与国外龙头企业的技术差距。但在桌面 CPU、GPU 等高端芯片设计领域，我国企业的技术水平仍有待提升。在技术门槛较低的封装测试环节，江苏长电、南通富士通、天水华天等企业的封装技术水平和产能规模与独资和台资封装测试企业之间的差距较小，不存在代差。

芯片制造领域的制程落后和芯片设计企业在高端领域的不足使得上下游关联度低，产业链协同不足。一方面，由于缺乏先进制程下的生产能力，设计企业缺乏高端芯片制造工艺知识，不能根据制造工艺确定设计流程，更缺乏定制和修改工艺参数的能力。芯片设计企业对第三方 IP 核的依赖程度极高。即使是海思半导体设计的麒麟系列移动处理器，也严重依赖 ARM 公司的 IP 核授权，只能在 ARM 公司提供的 EDA 工具的基础上根据自身需求设计相应的功能。另一方面，相比于台积电、三星，以中芯国际为首的芯片制造企业所提供的设计服务和支持体系还不够完善，工艺研发往往是以台积电、三星等领先企业的技术为目标，而不是以芯片设计企业的需求为目标。

从产业间循环的角度来看，集成电路制造业相关的产业价值链条和产业支撑有待继续强化。在集成电路制造业的上游，集成电路生产设备和材料仍处于依赖进口阶段。新形势下，亟待加快产业链各环节国产化产品替代。目前，全球芯片设计必备的 EDA 工具被美欧企业长期垄断，最先进的光刻机被荷兰 ASML 垄断，而 ASML 光刻机的光源、激光发生器等核心部件被美国公司垄断，半导体光刻胶则被住友化学、信越化学、美国罗门哈斯等公司垄断。国内设备和材料处于起步阶段，需经过大规模生产实践验证，芯片制造企业在使用国产设备和材料上存在较大风险。相关技术领域的人才供给明显不足，高薪挖人和团队拆分经常出现。半导体设备和材料的发展受阻制约着我国集成电路制造业的技术追赶进程。

在集成电路制造业下游，芯片被广泛地应用于经济社会的方方面面，是支撑我国制造业向智能化、信息化转型的重要工具。当前，高通、英特尔、索尼、三星等国际龙头企业占据着高端芯片市场，国内企业难以获得技术应用的机会。作为最大的半导体消费市场，我国芯片的自给率较低，每年仍需大量进口芯片。我国集成电路制造产业在低端芯片领域基本实现自给，但高端芯片仍大量依赖进口，尤其是在大数据、人工智能、物联网等领域，国内企业尚不能满足市场对高端芯片的需求。提高集成电路国产设备和材料的创新水平，形成较为完善的自主可控生产体系，实现高端芯片领域的技术突破，是我国集成电路产业必须解决的重要课题。

6.2 "构建新链"的典型案例

6.2.1 轨道交通装备制造业：市场支撑与制度加速下的创新驱动升级

企业技术能力提升以及核心企业对全球创新资源的有效整合构成轨道交通装备制造业"构建新链"的动力来源。基于国内市场优势的规模经济、技术优化以及市场示范效应为该产业构建"以我为主"的价值链条提供了市场支撑。同时，政策支持进一步优化了资源和要素配置，推动了国内市场整合和国际市场开拓，激发了轨道交通装备制造业"构建新链"的创新潜能。在上述几个方面因素共同作用下，我国轨道交通装备制造业逐步掌握了城市轨道交通列控系统、高铁自动驾驶系统以及综合运输调度指挥系统等核心技术。以中国中车为代表的国内龙头企业已经具备了较强的国际竞争力，产业价值链条和产业生态逐步完善，"以我为主"的全球价值链初步形成（见图6-15）。

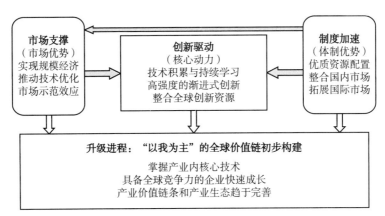

图6-15 市场支撑与制度加速下我国轨道交通装备制造业的创新驱动升级

资料来源：笔者绘制。

1. 产业概况

轨道交通装备是国家大宗商品运输和公共交通服务的主要载体，包括干线轨道交通系统、区域轨道交通系统和城市轨道交通系统涉及的各类装备，涵盖动车组、电力机车、城轨车辆、内燃机车、信号设备、铁道客车、机车车辆关键零部件、牵引供电设备、轨道工程机械设备等多个专业制造领域。轨道交通装备制造业上游产业包括原材料、零部件生产及装备设计等；中游产业包括主要装备的加工制造；下游产业包括车辆设备的安全监测、维护及交通运营等（见图 6 - 16）。从技术的引进吸收到自主创新，我国轨道交通装备制造业经历了数十年的攻坚，成功打破国外技术封锁，地铁列车运行控制、货运铁路综合自动化系统等相关技术已经跻身国际领先地位，实现了相关技术的迭代更新和全产业链的完善升级，已经建立了自主研发、配套完整、设备先进、规模经营的产业体系，成为我国先进制造业的一张"国际名片"。

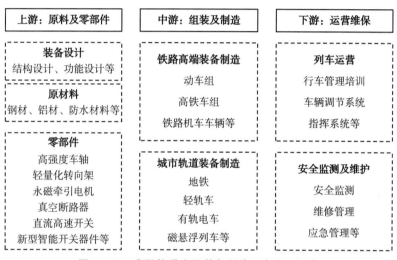

图 6 - 16　我国轨道交通装备制造业产业链示意

资料来源：根据中商产业研究院资料绘制。

全球轨道交通装备制造市场的竞争日趋激烈。中国中车、德国西门子、法国阿尔斯通、加拿大庞巴迪四家企业是主要的市场参与者。与此同时，俄罗斯、巴西等国家已经推出了新轨道交通建设计划，轨道交通装备制造市场呈现出强劲的增长态势。我国的轨道交通装备制造业在吸收国外技术、整合国内资源的基础上，打造更加完善、更具竞争性的轨道交通装备制造体系，已经成功实现由技术整合者向技术提供者的转变。相比国外竞争对手，我国的轨道交通装备制造成本低且建造周期短，设计时速也高于国外同类产品。截至 2022 年底，我国已经成为世界上在建规模最大、营业动车组最多、高铁运营里程最长的国家，全国铁路营业里程达 15.5 万千米，其中高铁的营业里程达 4.2 万千米。① 技术和成本优势使我国轨道交通装备的性价比高于世界其他国家和地区。

2. 技术创新是轨道交通装备制造业"构建新链"的核心动力来源

通过积极消化、吸收和再创新，我国轨道交通装备制造业已经走上了一条以自主创新为基础的跨越式发展路径。凭借 30 余年的技术积累，我国轨道交通装备制造业在多个技术领域都达到了世界先进水平。经过高强度的"干中学"，我国轨道交通装备制造企业充分利用本土市场建立知识网络进行技术学习与交流，吸收外部先进技术，快速实现核心技术积累。在这一过程中，我国轨道交通装备制造业逐步解决了各类设备维护、不同车型信号的互联互通等技术问题，建立了自主知识产权和标准体系。中国中车已经形成了集研究、开发、制造和生产于一体的流程，产品包括机车、货车、动车组与客车等在内的多个系列组合。另外，中国中车在技术积累的基础上大胆改进，研发出无人驾驶列车组、磁悬浮列车等高端产品。我国轨道交通装备制造业逐步形成了具有自主知识产权和世界先进水平的轨道交通装备制造国内产业循环（贺俊等，2018），"构建新链"的同时实现了创新赶超。

轨道交通装备制造业的产业链结构复杂程度高、技术壁垒较高、产品技术密度大，技术环境较为稳定，技术变革以渐进式创新为主。我国轨道交通装备制造企业从关键环节的重点研发和技术突破切入，从局部到整体，逐步实现了整个产业链的技术迭代。同时，轨道交通装备制造企业注重产学研结合，与常州大学、同济大学等各大高校和研究院共同建立研发中心，充分发挥不同社会分工的优势。2020 年，由西南交通大学、中铁八局集团、中铁八局电务公司和贵州省材料产业技术研究院组成的实验室成功研发出轨道交通高强阻燃型玻璃纤维复合材料。由技术持续优化和重点突破所带来的科技成果达到了国际领先水平，加快了我国轨道交通装备制造业"构建新链"的进程。

我国轨道交通装备制造业技术已经达到世界领先水平，在国际合作研发中掌握主动权。我国轨道交通装备制造业在奥地利、土耳其、俄罗斯等国家建立轨道交通装备制造技术联合研发中心，并与海外许多高校和研究机构组成实验室，集成各国的先进技术，整合全球资源，共同实现核心技术的突破。在全球

---

① 刘志强. 综合交通运输网络总里程超 600 万公里 [N]. 人民日报，2023 – 02 – 27.

其他国家和地区建立的研发中心和国际技术交流中心推动了我国轨道交通装备制造业与国外各科研机构和高校的深度融合，实现了我国轨道交通装备制造业的国际化经营，加强了全球资源流动，提升了国际竞争力。

3. 国内需求为轨道交通装备制造业"构建新链"提供了市场支撑

我国的市场优势使轨道交通装备制造业实现了其他国家和地区不能比拟的规模经济效应。巨大的消费需求推动我国轨道交通装备制造业的发展。相较于原有的交通方式，高速铁路等轨道交通装备凭借便捷性、安全性等诸多优势，吸引了更多消费群体，路网覆盖全国。消费需求的提高扩大了轨道交通装备制造业的市场规模，在企业和产业两个层面上实现了规模经济。巨大市场规模有效分摊了研发成本，加速轨道交通装备制造技术的优化，为我国轨道交通装备制造业构建"以我为主"的价值链条并实现升级提供了有力支撑。

我国独特的市场环境也是轨道交通装备制造业高速发展的重要原因。轨道交通装备制造业的客户黏性增强与消费需求大幅提高促进了产业技术的优化迭代升级（路风，2019）。庞大的国内市场为轨道交通装备制造技术提供了广阔试验场。国内市场的巨大需求使得技术充分应用，也就意味着技术的隐藏缺陷会在不断的运行中暴露。通过改进原有设备技术不足，轨道交通装备制造业实现了技术的优化提升。此外，消费者对轨道交通装备需求的多样性也会推动现有技术升级。由于我国幅员辽阔、地势多样、气候差异较大，我国的轨道交通装备制造业在高寒环境以及沙漠等复杂地质条件下的施工经验与制造技术远超其他国家和地区。我国轨道路线足够长，运营里程要高于全球其他国家运营里程的总和。广阔的市场以及复杂的地理条件推动了我国轨道交通装备生产和制造技术的优化升级，助力产业迈向全球价值链中高端。

市场示范效应所产生的技术辐射也会促进轨道交通装备制造业的发展。2010 年，中国中车旗下企业中车四方成功研发出新一代高速动车组"和谐号"。这是我国最早研发的时速最高的高速动车组。以中车四方为核心，高速动车技术辐射至全国。高速动车以时间精准性、安全性、连续性的特点迅速占领市场。我国其他轨道交通装备制造企业通过借鉴中车四方的技术，将铁路运行的覆盖范围推广到各大城市，加速了铁路网的建设。国内巨大的市场加速了技术的完善升级，带动了整体经济水平的提高。我国轨道交通装备制造业产生的市场示范效应在"构建新链"的基础上，进一步加速了产业的优化升级。

4. 政策支持强化产业"构建新链"的市场优势和创新动能

政策支持加速了我国轨道交通装备制造业的价值链升级。各级政府提供的高强度、高效率和大范围的政策支持成为我国轨道交通装备制造业技术学习的直接驱动力。与其他国家相比，我国政府在通过"集中力量办大事"促进高速铁路发展过程中起到了主导作用（魏江和刘洋，2017）。此外，我国土地制度使得轨道交通装备制造业能够集中土地资源。各级政府能够高效整合轨道交通装备制造所需的矿产资源，集中研发资金，提高轨道交通装备制造技术的应用速度和效率，为技术的迭代升级奠定基础。通过对轨道交通装备制造业进行补贴，我国政府从直接资金支持到优化整合市场，对关键领域进行了重点布局。2015年，在我国政府的政策支持下，中国北车和中国南车发布合并预案，中国中车宣告诞生。这一举措避免了资源浪费，整合了国内优质资源，有利于我国轨道交通装备更好出口国外，降低了国外市场恶性竞争带来的风险。各级政府通过控制和分配要素资源，引领创新的方向，增强我国轨道交通装备制造业"构建新链"的创新动能。

我国政府在轨道交通装备制造业整合国内外市场和促进产业价值链升级过程中发挥着无可替代的推动作用。《铁路标准化"十三五"发展规划》《关于加快推进铁路专用线建设的指导意见》（见图6－17）等政策的实施，为轨道交通装备制造业的发展营造了良好的创新氛围。"十四五"期间，各级政府深化落实铁路改革各方面建议，推动轨道交通装备制造业持续发展。我国轨道交通装备制造业不仅积极参加国际铁路联盟、国际标准化组织等国际组织的研究讨论，还参与制定国际轨道交通装备制造标准。利用已达到国际先进水平的技术，我国轨道交通装备制造业的产品和服务迈向国际化、标准化，将技术辐射至全球。在"一带一路"倡议实施期间，已有近30个国家洽谈引入高铁。同时，由我国主导建立的亚投行，助力亚洲各国建设包括轨道交通装备在内的基础设施。通过资源整合，我国轨道交通装备制造业有望成为"一带一路"倡议的核心发展产业。有了政府的支持，我国轨道交通装备制造业开始向国际市场输出高端装备制造新形象、新标准。我国高铁动车逐渐成为中国走向世界的名片。

5. 升级进程

随着轨道交通装备制造业的发展，中国已经成为全球高速铁路系统技术最全、集成能力最强、运营里程最长、运营速度最高、在建规模最大的国家。我国轨道交通装备制造业形成了一套完整的轨道交通装备制造研发体系，掌握了基础技术、核心技术以及共性技术，并且在高端轨道交通移动装备系统集成技术、制动关键技术等装备技术方面也实现了重大突破。对核心技术的把控与不断优化推动我国轨道交通装备制造业向全球价值链中高端迈进。

2016~2019年我国轨道交通行业相关政策分析		
时间	发布单位	政策名称
2016年	国务院	《"十三五"国家战略性新兴产业发展规划》
	国务院	《中华人民共和国国民经济和社会发展第十三个五年规划纲要》
2017年	国务院	《国务院关于印发"十三五"现代综合交通运输体系发展规划的通知》
	国家铁路局	《铁路标准化"十三五"发展规划》
2018年	国家发展改革委	《国家发展改革委办公厅关于加强城市轨道交通车辆投资项目监管有关事项的通知》
	国务院	《关于进一步加强城市轨道交通规划建设管理的意见》
2019年	国家发展改革委	《产业结构调整指导目录》
	国家发展改革委等部门	《关于加快推进铁路专用线建设的指导意见》

图 6 – 17　2016 ～ 2019 年我国轨道交通装备制造业相关政策

资料来源：笔者绘制。

进入 21 世纪后，我国涌现出一批以中国中车、中国通号、中轨控股为代表的具备较强国际竞争力的轨道交通装备制造企业。中国中车是目前全球规模最大、产品种类最全的出口商，生产的动车组以及轨道交通装备出口至全球100 多个国家和地区。中国中车通过产品出口、技术引进、合资合伙等方式与世界各国和地区建立商业往来，打通多条商品流通渠道，增强企业的全球竞争力，将产品销至全球市场。与此同时，中国通号、中轨控股等我国轨道交通装备制造企业经过不断自主学习和研发，攻克了货运编组站自动化系统、综合运输调度指挥系统等专业技术难题，跻身全球轨道交通装备制造业前列。我国的轨道交通装备制造业不仅实现了由中国制造到中国创造的转变，还实现了由技术传递者向技术提供者的身份转变。

依靠市场优势和政策支持，我国轨道交通装备制造业在全球产业链中的位置逐渐攀升，产业生态趋于完善。借助市场支撑，我国轨道交通装备制造业实现了规模经济效应和技术的迭代更新，与周边产业形成了集科技研发、勘察设计、工程建设、装备制造、运维服务于一体的发展优势。凭借各级政府的政策支持，我国轨道交通装备制造业加快与全球其他国家和地区的合作。通过合资合作、设立联合研发中心以及实施产学研互动发展机制等方式，我国轨道交通装备制造业实现了技术的引进吸收和全球资源的整合，充分展示了"构建新链"过程中的中国优势。

6.2.2 电信设备制造业：基于市场破坏性创新的全球价值链重构

我国电信设备制造业以国内市场为支点实现了产业技术升级，同时以基于市场侵入的破坏性创新进入国际市场，并通过向高端市场扩张实现产品升级。一是核心企业在全球创新链中的深度嵌入与整合是电信设备制造业价值链重构过程的内在驱动力。二是基于零消费市场和低端市场的破坏性创新被证明是该产业价值链升级过程中的一个有效市场策略。三是新基建等发展战略的实施充分整合了国内市场，为电信设备制造业的价值链升级提供了市场支撑。在上述三个方面因素的共同驱动下，我国电信设备制造业在国内市场技术升级与国际市场产品升级的协同升级中逐步迈向全球价值链中高端，初步构建了"以我为主"的全球价值链（见图6-18）。

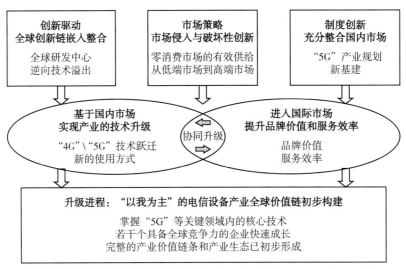

图6-18 基于市场破坏性创新的电信设备制造业全球价值链重构

资料来源：笔者绘制。

1. 产业概况

电信设备制造业是国家战略性新兴产业的重要组成部分，其产业链主要包括芯片供应、电子器件供应、电子制造服务、设备供应等多个产业领域。上游产业主要包括芯片等设备所需原材料和元器件的研发和设计，除了部分芯片仍由国外进口之外，其他原材料我国已经基本实现了国内供应。中游主要是为基础通信运营商和内容（应用信息）服务商提供通信设备与软件系统，并为终端用户提供各种终端应用。下游则是通信运营商和特殊的行业用户。这一产业的产品周期、技术更替和发展速度较快，对技术含量、精度和全面性的要求较高，属于技术密集型产业（见图 6 – 19）。

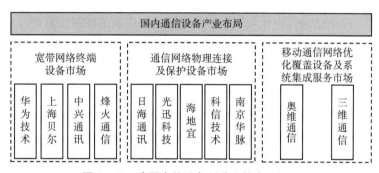

图 6 – 19 我国电信设备制造业的产业概况

资料来源：笔者绘制。

长期以来，世界各国高度重视电信设备产业发展，并在技术创新、研发设计等方面展开了持续的竞争。发达国家占据了全球产业价值链的核心环节，在国际市场竞争中取得了稳固的市场地位，具有较强的话语权。近年来，我国电信设备制造业坚持技术引进和自主研发相结合，实现了核心领域技术突破，自主创新能力大幅提升，建立了相对完整的产业体系和相对完善的产业链条。在国际化进程中，以华为、中兴为代表的我国电信设备制造企业为了扩大自身在国际市场上的话语权，不断加大研发投入力度，积极向海外市场布局，与发达国家大型通信设备企业展开全面竞争（吴先明和杜丽虹，2008）。历经 30 余年的技术迭代和持续竞争，目前全球电信设备市场呈现以华为、中兴为代表的中国企业和以爱立信、诺基亚为代表的发达国家企业为主导的竞争格局。同时，我国通信产业三大运营商电信、移动、联通共同发布了"5G"商用套餐，拉开了国内市场的追逐战。尤其在后疫情时期，"5G"技术的商用部署将在"需求＋政策"的双驱动下引领更加激烈的国内外市场竞争。

2. 全球创新链嵌入

全球创新链嵌入为我国电信设备制造企业"构建新链"、迈向全球价值链中高端提供了支撑。一方面，随着国际分工的产业内容转向研发设计等非制造环节以及我国企业迈向价值链中高端环节，核心技术对于企业分工地位的重要性越发凸显。尤其是在电信设备制造业这样技术联系紧密、依赖技术标准的行业，企业在全球价值链中的竞争力很大程度上源自其在全球创新链中所处的位置。其中，跨国公司依靠其在全球创新链中的主导和掌控地位所形成的核心竞争力，占据国际竞争的制高点，在此基础上对全球价值链进行深度分解，对全球资源的不断战略组合，将不同的分工环节锁定在不同国家，成为全球价值链的治理者。另一方面，全球创新链中的高端技术有较高的潜在价值，但高端技术只有在全球价值链中才能获得实在的高附加值。依托所拥有的高端技术，企业不仅能够取得全球价值链中的主导权，还能在参与全球经济治理的基础上围绕创新链布局产业链，建立以"我"为主导的全球价值链（洪银兴，2019）。

为了掌握相关的高端技术并增强自身核心竞争力，我国电信设备制造业企业逐步加快在国外设立研发机构和创新中心的步伐，积极嵌入全球创新链。以华为公司为例，1999 年在俄罗斯设立数学研究所，聚集大量优秀数学家参与其基础研发项目。进入 21 世纪后，华为进一步加快设立海外研发中心的进程，在欧洲、美国、印度、日本等多个国家和地区先后建立了 16 个全球研发中心、47 个全球联合创新中心，集中世界各地的先进技术和人才推动技术创新，形成了全球领先的科技竞争能力。通过设立全球研发中心，我国电信设备制造企业能够直接利用东道国的区位优势，并通过模仿学习、人才吸收、知识获取等途径增强自身技术水平，提升创新驱动力。同时，基于全球研发中心广泛的信息交流，我国电信设备制造企业充分引进和吸收国外先进的设备和科学的管理经验，提高科技成果和发明专利转化的商业化速度和水平，从而迅速抢占国际市场，加速嵌入全球创新链的进程。

在增强自主研发能力的同时，我国电信设备制造企业还通过多种形式的对外投资以吸收和借鉴东道国先进的技术经验。通过对全球技术领先地区投资，我国电信设备制造业不仅可以学习当地先进技术知识、间接追踪相关技术前沿和发展趋势，而且还能积累现代化的产业经营管理经验，培养国际化技术和管理人才，为提高自主研发水平打下坚实的基础（王岳平等，2001）。例如，华为根据各个东道国的不同情况，综合运用绿地投资、跨国并购等方式拓展国际新市场并整合各东道国的先进技术和研发资源，增强了自身研发和生产制造水平。2002 年初，华为通过收购光通信厂商奥地迈（OptiMight）大大提高了其在光传输领域的竞争力。这种跨国并购通过获取逆向技术溢出效应提高了企业自主创新能力，进一步强化了组织技术优势，推动了我国电信设备制造业在全球创新链上的升级。

3. 市场策略：市场侵入与破坏性创新

我国电信设备制造业瞄准零消费市场广阔却又受限的发展前景，利用价格和技术优势强势进入，提供低价优质的信息服务。我国电信设备制造企业早期成功的市场策略之一是凭借远低于其他国际竞争对手的研发和生产成本优势，拓展价格敏感型的非洲和东南亚等发展中国家的市场。依托高性价比策略，我国电信设备制造业迅速攻占发展中国家市场，在全球通信市场占据一席之地。这一市场策略一方面使得巨额投入快速得到回报，另一方面也促进了我国电信设备制造业企业与国外供应商、中间商、代理商甚至竞争者之间的合作关系，为进一步拓展发达国家市场奠定了基础。

我国电信设备制造业取得成功的另一关键要素在于进军国际市场的思维方式和战略布局。初入国际市场，我国电信设备制造业首先避免直接与经验丰富、优势明显且在全球市场占据主导地位的大型跨国公司进行竞争，而是着眼于那些被发达国家忽视的具有发展潜力的低端市场和细分市场。例如，华为在初入国际市场时首先采取低成本、大规模、单一产品线的生产模式，为非洲、东南亚等一些发展中国家和地区提供"可以用得起"的通信设备产品。随着低端市场逐渐饱和以及技术水平和企业竞争力大幅度提升，华为开始主动向高端价值网络迈进，寻求新的发展空间。这一"农村包围城市"的战略，为华为进军欧美发达国家的高端市场奠定了资金、技术知识和经验积累等方面的基础。在保持前期优势的基础上，华为通过加大研发投入、广泛合作以及产品和服务升级等方式全力提升品牌溢价能力，逐步渗入欧美高端市场腹地，初步完成了全球化、全方位的市场布局。除了"低端颠覆"策略，华为还采取"压强原则"：在已有的细分市场里，高强度配置资源，逐渐实现关键部件和技术的替代，最终形成碾压级优势。通过"低端颠覆"和深耕细分市场两个策略，以华为为代表的我国电信设备制造企业实现了对发达国家市场的创新，改变了全球通信产业的传统格局（见图 6 - 20）。

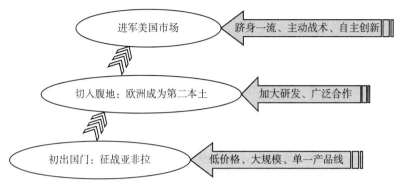

图 6 - 20　华为的创新

资料来源：笔者绘制。

4. 政策支持：充分整合国内市场

我国政府制定了一系列鼓励和扶持电信设备制造业发展的产业规划和利好政策，不仅通过财政补贴、银行贷款、税收优惠和出口鼓励等手段扩大投资规模，更加注重借助宏观调控、监督管理和适度的市场保护等普惠性制度安排营造良好的市场环境和竞争氛围。进入"5G"时代后，我国政府进一步促进"5G"与电信设备制造业的融合发展和协同进步，衍生并推动了许多具有发展潜力的细分市场，扩大了通信设备市场的供给侧，塑造了良好的产业生态环境和市场前景。这些政策支持和产业规划在一定程度上提升了我国电信设备市场的信心和活力，有利于实现通信设备产业领域的国内国际双循环相互促进的新发展格局。不断释放的市场优势和潜力进一步推动我国电信设备制造业进行产业结构优化和升级，从而向高端市场和全球价值链上游迈进。

新型基础设施建设项目对于移动通信、光纤宽带和"5G"技术等基础通信设备的需求，进一步激发了我国电信设备制造业的发展潜能。一是新基建的巨大投资激发了程控交换机、光通信设备、光纤光缆、移动通信、数据通信等通信设备的需求，扩大了国内电信设备市场。二是新基建不仅为我国电信设备制造业注入了强大"数字动力"，还引导这一产业向网络化、数字化、智能化方向发展，推动了国内市场需求向全球价值链中高端价值环节迈进。三是新基建通过促进电信设备制造企业的优势互补与广泛合作，逐渐形成了完整、多元的产业链结构，从而整合和盘活国内市场，为其实现价值链升级提供市场驱动力。

5. 基于国内市场和国际市场实现产业协同升级

国内市场开拓助力我国电信设备制造业的技术升级。庞大的国内市场需求和潜力为我国电信设备制造业实现技术升级提供了良好的外部环境和发展动力。近年来，随着宽带普及率和网民规模的激增，宽带网络以及其他通信设备的需求急速扩大。同时，我国智慧城市的建设对基础通信设备的数量和承载能力要求也逐步提升，进一步推动了电信设备市场的纵深化发展。然而，"5G"技术的跃迁推动电信设备市场需求和格局进入新的变革周期，向国内电信设备制造业的技术升级提出了新的要求，成为抢占战略制高点的关键窗口期。基于这一新的市场环境和技术窗口，我国电信设备产业逐渐突破传统产业格局的束缚，实现了由低层次向中高层次价值链的跨越式攀升。

21 世纪以来，即时通信、远程办公、网上购物、智慧交通、网络视频、网络游戏等新生活方式的兴起进一步扩大了市场对网络速度、数据传输能力和基础通信设施的需求，对电信设备制造业提出了更高水平的要求，引导产业向高科技、高效率方向发展，进而促进了电信设备产业的技术升级。尤其数字经济时代下，大数据、云计算、人工智能等新兴数字技术作为一种全新的生产要素，极大地颠覆了各产业的生产方式、创新路径和组织模式。我国电信设备制造业及时抓住数字化机遇，积极进行研发创新以充分实现上述赋能效应，同时也推动了产业自身的技术升级。

国际市场开拓助力我国电信设备制造厂商的品牌价值和服务效率。根据英国品牌评估机构品牌金融（Brand Finance）发布的《电信 150（2020）》（*Telecoms* 150 2020）年度报告，依托创新、研发、品牌和售后等方面的差异化优势，华为、中兴、中天科技和亨通等我国企业在全球十大最有价值和十大最强大的电信基础设施品牌排行榜上均名列前茅。这意味着我国电信设备产品和服务在国际市场上的认可度、知名度以及品牌溢价大幅度提升。凭借龙头企业品牌价值的持续升级，我国电信设备制造业进一步增强了在国际市场尤其是欧美发达国家市场上的声誉和核心竞争力。这在一定程度上有利于规避价值链升级进程中的市场歧视和政治性壁垒。

经过长期积累，我国电信设备产业的运营和业务遍布全球，并借助人工智能、大数据等数字技术形成了能够高效应对国内外市场的先进服务理念与机制。凭借高效的性能和服务效率，我国电信设备制造业实现了与供应商和消费者的有效沟通和协同发展，与发达国家在渠道和服务等方面的差距逐渐缩小。

服务能力的升级推动了我国电信设备制造业从产业链的低端环节向研发设计、品牌销售等高附加值环节的跨越式发展，使其逐步占据了全球价值链的中高端位置。

在国内市场进行产业调整和技术升级的关键时期，国际市场上的品牌价值和服务效率提升进一步推动了我国电信设备制造业向研发和营销等高附加值环节转型升级。同时，"5G"技术变革带来的技术窗口不仅为我国实现通信设备产品和服务升级提供了方向和机遇，更改变了参与国际分工的嵌入方式，加速了融入全球电信设备制造产业价值链并向上游延伸的进程。

6. 升级进程："以我为主"的电信设备产业全球价值链初步构建

历经多年的努力，我国电信设备制造业通过技术引进和自主研发相结合，创新能力明显提升，"5G"等重点核心技术取得突破，来自欧洲、中东等国家和地区的订单源源不断。例如，华为能够独立地提供完整的端到端的技术解决方案，并在"5G"技术的标准专利、硬件设置、基带芯片、终端以及商用产品等方面具备全球"领头羊"的优势。华为和中兴"5G"基站的性能和覆盖范围远超欧美企业，尤其华为的"5G"基站核心芯片"天罡"在集成度、算力、频谱带宽等方面都取得突破性进展。经过2018年美国制裁事件后，中兴进一步加大对自主核心技术的投入，其芯片设计、开发与规模量产等能力大幅升，已经在全球"5G"规模部署中实现商用。

我国涌现出了华为技术、中兴通讯、上海贝尔、烽火通信等若干具有相当规模、较强品牌和技术优势的通信设备企业。这些企业技术水平领先，能够按客户需求提供全方位综合性、一体化解决方案，其产品广泛向多个国家和地区大批量出口，在全球范围内已经占据相当重要的市场份额。根据市场研究公司戴尔欧罗集团（Dell' Oro Group）发布的报告，我国电信设备制造业龙头企业华为在2020年上半年全球电信设备市场收入份额和"5G"设备市场份额中均排名第一；中兴也逐渐恢复元气，占据全球通信市场份额的第四名。

依托创新驱动、市场优势和制度支撑等，我国电信设备制造业逐渐实现了国内市场的技术升级，并凭借产品和能力升级成功打入国外市场，已经形成了较为完整的产业价值链条和完善的产业生态。基础设施技术水平不断提升，光纤接入成为固定宽带主流接入技术，固定宽带基础设施建设水平明显提高。可以预见，在新一代移动通信技术、三网融合、云计算、大数据等蓬勃兴起的背景下，我国电信设备制造业在全球化竞争中将持续领跑。

6.2.3　电动汽车制造业：产业基础与政策支持驱动的"厚积薄发"

在从传统燃油汽车向新能源汽车过渡的产业技术变革窗口以及大容量、多层次、高效率的国内市场带来的战略优势下，技术创新、产业支撑和制度环境三个方面要素共同驱动了我国电动汽车制造业的全球价值链位置攀升。一是从传统燃油汽车向新能源汽车的技术变革为我国电动汽车制造业提供了一个"弯道追赶"的产业技术环境。国内创新资源的有效整合是这一升级过程的核心驱动力量。二是我国汽车制造以及电池、机械等周边产业的发展为全球价值链位置攀升奠定了"厚积薄发"的产业基础。三是包括产业规划、财政补贴在内的一系列政策支持为电动汽车制造业全球价值链地位攀升塑造了适宜的发展环境（见图 6-21）。

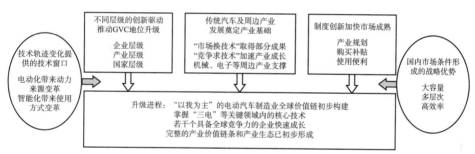

图 6-21　产业基础与政策支持驱动我国电动汽车制造业的"厚积薄发"

资料来源：笔者绘制。

1. 产业概况

作为战略性新兴产业之一，电动汽车制造业是有效缓解能源和环境压力、推动经济发展方式转变的重要引擎。近年来，我国电动汽车的产业规模持续扩大，技术水平明显提升，发展体系也渐趋完善。经过多年的研发积累和管理实践，我国电动汽车制造业已经构建出了一条从原材料供应到关键零部件生产，再到整车设计制造以及充电基础设施配套建设等完整的产业链。随着新能源汽车产销量的稳步增长，我国电动汽车制造业的市场竞争力不断提升，实现了迈向全球价值链中高端的历史跨越（见图 6-22）。

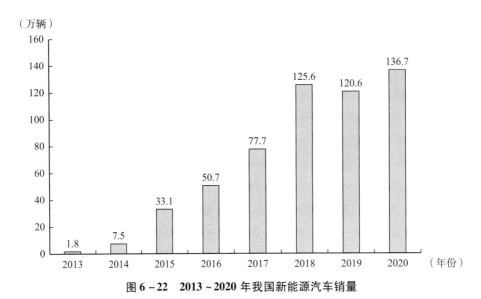

图 6 - 22　2013 ~ 2020 年我国新能源汽车销量

资料来源：中国汽车工业协会。

在排放法规、能耗的双重压力驱动下，汽车电动化逐渐取代传统技术，成为重要的演化方向，推动我国各大企业纷纷投入新能源汽车领域。我国电动汽车制造业主要由两类企业构成：一类是传统的汽车制造企业，在技术变革过程中顺应市场和技术的发展趋势，积极进入新能源汽车领域。典型代表包括比亚迪、北汽、吉利、上汽等。另一类是"造车新势力"，主要包括蔚来、理想、小鹏等成立时间相对较短的企业，这些企业大多具有一定的互联网基因，发展理念更为新颖。基于电动汽车持续发展所产生的巨大机遇，各个企业积极布局，主动投入动力电池、智能网联、终端集成等关键技术的研发，面临的市场竞争也越发激烈。

2. 技术和市场机遇

第一，从传统燃油汽车向新能源汽车过渡的产业技术变革为全球价值链位置攀升提供技术窗口。一方面，电动化带来动力来源变革。从传统燃油动力技术向新能源动力技术过渡的技术变革为我国电动汽车制造业提供了一个"弯道追赶"的机会窗口。目前，在汽车行业被广泛应用的燃油动力虽然具有成本低廉与高效便捷等优势，但也带来了能源危机、环境污染与全球变暖等问题。现阶段，世界各国都在进行节能环保领域的研发，氢气、电力等一系列新能源应运而生。从传统燃油到新型清洁能源的技术轨道跃迁能够提高要素使用效率，实现绿色可持续发展，这成为产业结构优化升级的突破口。电动汽车制造业正是通过抓住技术变革的机遇探索全新发展模式，以科技创新驱动高质量发展，进而重塑行业竞争格局，以此迈向全球价值链中高端。另一方面，智能化带来使用方式变革。随着大数据、人工智能以及移动互联网等数字技术的发展，汽车已经不再是单一功能的出行工具，更是融合了电动化、智能化、互联化、共享化等技术的开放式终端产品。从手动驾驶到计算机辅助驾驶，再到全自动无人驾驶，数字技术不仅改善了汽车的安全性能，也提高了交通运输效率。自动辅助驾驶系统的搭载有利于提高电动汽车的智能化程度，帮助企业抓住时代潮流满足更多消费者的需求，进而提升市场占有率。在电动汽车逐步升级的过程中，这种使用方式的改变能够引导企业在智能化领域加强核心技术攻关，提高自身价值创造能力，为我国电动汽车制造业实现全球价值链位置攀升创造了机遇。

　　第二，不断扩张的国内市场需求为电动汽车制造业的转型升级创造优势。我国海量的用户基础成为电动汽车制造业攀升全球价值链中高端的重要优势。近年来，我国新能源汽车市场快速扩展，产销量连续 5 年位居世界首位（见图 6－23）。虽然电动汽车在同行业竞争中已经获得相应的先发优势和规模优势，但基于我国海量的用户基础，仍具有广阔的发展空间。我国人口基数较大，居民对于汽车的消费需求逐步增加，但其中电动汽车的占比不高。随

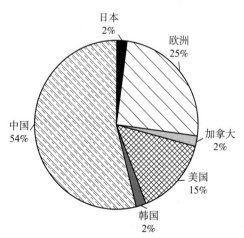

图 6－23　主要国家（地区）新能源汽车占全球产销量份额

资料来源：根据《中国新能源汽车行业市场前瞻与投资战略规划分析报告（2020）》绘制。

着系统性能的改善与使用成本的下降，电动汽车作为这一领域的新产品将会得到更多消费者认可，其市场扩展空间也相对较大。我国庞大的需求市场吸引着人力、资金等优势资源集聚，帮助电动汽车制造业实现规模经济，加快企业分工协作的产业体系形成。

第三，差异化的细分市场提供了多样的消费者需求。我国电动汽车市场呈现出消费者产品偏好两极分化的特点，即高端化电动车和微型电动车销量表现突出。根据 2020 年新能源汽车销售总量，高端市场需求持续增强，低端细分市场逐步打开，中端产品销量稳定。为满足国内市场需求多层次的特征，众多品牌也纷纷推出多种车型。具体来说，消费者对于性价比的追求推动了以五菱宏光 MINI EV 为首的入门级电动汽车的发展。凭借其成本低、节能、灵活等优点，五菱宏光在广大农村地区乃至三四线城市具有强大的市场吸引力。但对于高端用户而言，新颖个性的外形设计、精致内部座舱以及智能化的出行体验则更为重要。电动汽车的高质量需求也相应推动了特斯拉 Model X 等豪华级乘用车在我国市场的发展。不同层次的产品需求互相补充，在优化要素资源配置的同时，引导企业明确自身市场定位，推动形成优势互补、高质量发展的产业格局。

第四，我国特有的市场环境不仅能够充分发挥市场对资源配置的调节作用，还可以有效实现政府对经济的宏观调控。在我国相对集中的经济社会管理体制下，市场在资源配置中决定性作用的充分发挥有利于强化电动汽车企业在技术路线选择、经营管理决策、制度文化变迁等方面的主体地位。同时，政府通过鼓励战略转型、制定产业政策、维护市场秩序、监管产品质量等措施为电动汽车制造业营造良好的发展环境。中央统筹制度下的资源调配能够破除地方保护、打破市场分割，有利于电动汽车产业整合多方资源，建立高效的国内统一市场，进而为全球价值链位置攀升奠定坚实的市场基础。

3. 不同层面的技术创新推动全球价值链位置攀升

在企业层面，我国企业通过自身关键技术突破带动电动汽车产业整体水平提升，引领产业转型升级。与传统燃油车相比，电动汽车的核心技术相对简单，主要包括以电池、电驱、电控为代表的"三电"技术。依托强大的资金实力与多年的创新积累，我国企业将"三电"技术设为电动汽车研发的重点方向，着力实现核心技术突破，促进产品迭代创新。宁德时代高度重视技术研发，持续加大资金和人才投入，其电池产品的能量密度以及安全性、稳定性和一致性等性能均处于全球第一梯队。自2008年步入电动汽车领域以来，比亚迪坚持自研自产的路线，专注研发体积小、功率大、性能好、结构简单的永磁同步电动机。北汽新能源凭借多年在电控领域的技术培育、体系建设和经验积累，已经具备TMMi-3级成熟度电控测试业务，在全球范围内保持技术领先。经过持续的技术创新和重点突破，我国"三电"技术与世界前沿技术的差距日趋缩小，企业价值创造水平和国际竞争力也持续提升，带动电动汽车制造业逐步向全球价值链中高端跃升。

在产业层面，通过多方合作组建而成的创新战略联盟是我国电动汽车制造业实现技术创新的重要途径。2016年我国成立"新能源动力汽车产业技术创新战略联盟"，涵盖了整车企业、核心部件企业、高等院校、科研机构、金融机构和科技中介服务机构等近百家组织。这一联盟的建立能够加快关键核心技术攻关，破解创新发展难题，为电动汽车产业技术的高效利用和技术水平的整体提升提供平台（王静宇，2016）。在提高核心技术水平的同时，创新战略联盟也有助于加快内部资源的有效整合，保障科研与生产紧密结合，实现科技成果的全面转化，进而打造多方协作、互利共赢的产业生态，以此推动电动汽车制造业向全球价值链顶端攀升。

在国家层面，我国电动汽车制造业坚持开放性创新，积极融入全球创新链，加快国内企业的创新步伐。通过建立全球新能源汽车研发中心、举办全球性技术创新交流会议以及引进高端创新人才等诸多方式，我国电动汽车制造业紧跟科技发展潮流，致力前沿技术研发，不断拓展国际合作的广度和深度。作为我国汽车电动化转型的先行者，比亚迪开放了自身的电动车技术平台以吸引更多合作伙伴。基于平台的开放性特征，比亚迪通过反复实践对技术进行不断优化，同时输出自己的技术标准，以此增强自身核心竞争力。这种开放式创新能够帮助电动汽车企业凭借自身的优势寻求技术研发上的合作进而整合更多的创新资源，在一定程度上打破企业边界。创新资源和创新成果在企业间的有效配置能够带来产业结构优化升级，促进电动汽车制造业嵌入全球价值链中高端。

4. 政策支持加快市场成熟

为了推动电动汽车高质量发展、引导消费者选择这种低耗能和低排放的环境友好型商品，我国建立了一系列覆盖研发、生产、购买和使用等全链条的优惠政策体系，为电动汽车制造业实现"弯道追赶"提供了有力保障（见图6-24）。

在电动汽车领域，我国高度支持核心技术创新攻关和基础设施配套建设，建立了大规模的研发机构，安装了全球数量最多的充电桩，为电动汽车制造业实现创新赶超提供了坚实的政府支持。随着电动汽车制造业步入新的发展阶段，相关政策与规划更加全面、精准、务实，着力突出电动化、智能化以及共享化的发展方向。在相关产业规划推动下，完善的基础设施与科技感的出行体验不仅能够满足消费者的潜在需求，刺激消费升级，还可以帮助构建更加成熟的消费细分市场，充分激发市场活力，为我国电动汽车制造业迈向全球价值链中高端提供支持。

2012年	《电动汽车科技发展"十二五"专项规划》正式确立"纯电驱动"技术转型战略
2012年	《节能与新能源汽车产业发展规划（2012—2020年）》
2014年	《国务院办公厅关于加快新能源汽车推广应用的指导意见》
2015年	《国务院办公厅关于加快电动汽车充电基础设施建设的指导意见》
2015年	《电动汽车充电基础设施发展指南（2015—2020年）》
2016年	《关于"十三五"新能源汽车充电基础设施奖励政策及加强新能源汽车推广应用》
2016年	《加快居民区电动汽车充电桩及配套设施建设的通知》
2017年	《关于加快单位内部电动汽车充电基础设施建设的通知》
2018年	《提升新能源汽车充电保障能力行动计划》
2019年	《交通强国建设纲要》
2020年	《智能汽车创新发展战略》
2021年	……

图 6 - 24　我国关于电动汽车产业的相关政策

资料来源：根据公开资料整理绘制。

除了产业规划，我国政府还为新能源企业和消费者提供购买补贴，以此刺激销量提升，助力电动汽车产业结构优化升级。自 2010 年起，我国出台了一系列关于电动汽车的财政补贴政策，各地区以中央标准为基础给予企业一定比例的政府补助并对消费者免征购置税。在电动汽车补贴退坡后，中央政府再次安排政策接力，要求各地不得对电动汽车进行限行、限购，规定公交、环卫、邮政、出租等领域的电动汽车使用比例应达到 80%。面对新冠肺炎疫情冲击，中央政府还暂缓了电动汽车的购置补贴退坡，并将车辆购置税的免征期延长 2 年。这些财政补贴不仅通过刺激消费需求扩大电动汽车的市场份额，还能够缓解企业融资约束并提高其技术创新的积极性，进而促进电动汽车制造业快速发展（钟太勇和杜荣，2015）。

我国政府通过推行一系列路权优惠政策推动电动汽车制造业可持续发展。从 2017 年开始，公安部交管局在全国范围内推广新能源汽车专用号牌，对其实施不限行、路权优先、免收通行费等差异化管理。这些号牌便利与路权优势能够为电动汽车的推广普及提供制度保障，提升我国电动汽车消费市场需求，进而引导汽车消费结构变化。规模市场优势的充分发挥和市场需求潜力的持续释放能够为电动汽车制造业的快速发展提供广阔空间，以此引领产业转型升级。

5. 传统汽车及周边产业发展奠定产业基础

改革开放以来，我国传统汽车产业的"市场换技术"战略已取得阶段性进展，为电动汽车制造业发展奠定产业基础。为了降低与国外领先企业的技术差距，传统汽车产业实施"市场换技术"战略，允许外商在中国销售产品以及设立独资或合资企业。与国外企业合作不仅能够密切跟踪国际先进的知识与技术，还可以从中学到质量控制、准时生产等科学管理经验，带动我国传统汽车产业的快速发展并为未来的技术创新提供方向和动力（王雪梅和雷家骕，2008）。传统汽车产业丰富的技术经验能够加快推动电动化、智能化等技术协同发展，有利于企业抓住汽车电动化、智能化转型的发展机遇，提高自身的国际竞争能力。

随着技术的不断发展，我国电动汽车制造业面临复杂多变的竞争环境。在电动汽车领域中，企业不仅要与传统汽车企业争夺市场份额，还要面对国外同类企业的竞争。为在与传统汽车企业竞争的过程中取得优势地位，电动汽车企业加强核心技术攻关，全面提高整车智能化水平，以此巩固自身竞争优势并重塑产品价值链。在与同类企业激烈的竞争格局下，电动汽车制造业企业能够通过协同合作形成规模化、多元化、平台化的生产格局以及资源共享、优势互补、合作共赢的集团化发展模式，进而加速产业链的深度融合。

除了上述电动汽车制造业自身的成长外，中国机械、电子等汽车周边产业的发展也为其全球价值链位置攀升提供了"厚积薄发"的产业基础。从原材料供应到关键零部件生产，再到整车设计制造以及充电基础设施配套建设，我国传统汽车已经形成相对完整的产业链条，为电动汽车制造业的产业升级奠定了坚实的基础。近年来，传统汽车产业的快速发展衍生出众多汽车零部件生产企业。这些企业拥有系列化、多层次且相对完整的产品序列，能够为电动汽车产业提供较为全面的零部件。随着"新基建"的有序推进，我国充电基础设施不断完善，这也进一步加快了电动汽车的普及速度。依托原有的周边产业基础，通过汇聚上下游产业链中的诸多企业，电动汽车制造业得以实现快速成长，并逐步迈向全球价值链中高端。

6. "以我为主"的新能源汽车产业链初步构建

经过持续的自主研发和开放创新，我国电动汽车制造业在电池、电机、电控以及整车制造技术上相继取得突破，已基本掌握"三电"等关键领域内的核心技术。作为电动汽车的"心脏"，我国动力电池技术水平快速提升，部分指标已经达到国际先进水平。在电机产业方面，我国已经形成了一整套完整的业务体系。我国电控系统的核心部件绝缘栅双极晶体管（insulated gate bipolar transistor，IGBT）已经在电流输出、综合损耗及温度循环寿命等许多关键技术指标上超越了国外主流企业的产品，逐步实现国产突破。"三电"技术的不断发展推动着电动汽车制造业技术路径与产业模式发生适应性转变，逐步迈向全球价值链中高端。上述电动汽车制造业技术的发展现状如图 6 – 25 所示。

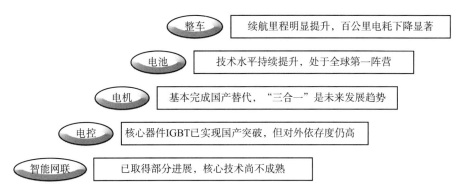

图 6 – 25　我国电动汽车制造业技术发展现状

注："三合一"是指电动汽车三合一电驱系统技术，将电控、电机和减速器集成为一体的技术，随着电动汽车技术的不断演进，集成化设计逐渐成为主流的发展趋势。

资料来源：笔者绘制。

在电动汽车制造业技术竞赛的过程中，以比亚迪、蔚来、小鹏、理想为首的具备全球竞争力的本土企业快速成长。目前，我国电动汽车制造业已经从产业孕育期步入高速发展期，并在技术、产品和市场等方面取得了突破性的进展，成为全球范围内引领汽车产业电动化转型的重要力量。老牌龙头企业比亚迪坚持"技术为王，创新为本"的价值观，凭借领先的核心技术水平、强大的环境适应能力以及完善的产品解决方案，连续多年保持国内销量领先。蔚来、理想、小鹏等新兴势力凭借智能系统建立差异化优势，积极探索融入新发展格局的有效路径，其产品销量也随之上升。在电动汽车革命浪潮中，我国本土汽车企业迎来了"弯道超车"的机会。这些企业顺应汽车电动化转型的潮流趋势，积极参与国际竞争与合作，掌握世界标准制定的主导权，最终实现全球价值链位置攀升。

在电动汽车领域，我国的技术水平不断提升、产业基础日渐完善、制度环境持续优化，这些都为本土汽车制造企业"弯道追赶"提供了现实条件。在从传统燃油汽车向新能源汽车过渡的产业技术环境下，位于产业链上游的锂、钴等矿产资源供需结构明显改善，中游的"三电"技术持续增强，下游的汽车整车制造发展迅速。产业链中各成员能够在不同环节进行资源配置、知识整合和信息扩散，充分发挥协同态势，进而提高产业链的整体竞争力（刘国巍和邵云飞，2020）。凭借持续的技术创新、完善的产业基础、雄厚的制度支撑以及强大的国内市场，我国在电动汽车领域已经逐渐形成了完整的产业链条和产业生态，初步构建起"以我为主"的全球价值链。

6.3　案例讨论

通过前述我国 6 个典型制造业产业迈向全球价值链中高端过程中的产业技术环境、技术创新策略、产业发展策略、制度环境和升级进程的对比分析，可以更加细致地考察"嵌入升级"和"构建新链"两条路径的升级机制，从而为我国制造业迈向全球价值链中高端提供更加直接的参考和借鉴。

6.3.1　技术与市场环境

1. 产业技术变化的连续性

颠覆性的产业技术变革和新一轮科技革命下，新兴产业与传统产业发展共同带动下一轮经济增长，为后发国家和地区实现全球价值链位置攀升创造了机会。我国制造业在全球价值链中的向上攀升仍然是以国内市场和制度优势为基础，前述 6 个产业案例的对比分析更加印证了这一点。借助制度优势加速市场成熟，相关产业不同技术路线的共存和成熟使企业拥有良好的配套环境。大容量、多层次、差异化的国内市场带来的技术优化、市场示范和规模经济效应，为创新赶超和产业引领型发展过程中不同技术路线的竞争择优、转化市场基础以及差异化技术路线提供了适应型市场机会、领先市场机会、替代性市场机会。

在中国情景下，以研发资金的高强度持续投入与渐进式创新为依托，制造业产业技术升级具有较强的发展动力。一些制造业产业如集成电路、液晶面板、轨道设备、动力电池和电信设备等，在全球价值链位置攀升过程中拥有的技术路线相对稳定，面临的技术环境具有高连续性、可预见性和低技术不确定性等特点。这种情况下，持续的研发投入和渐进式创新是相关产业实现技术升级和链条升级的重要手段。而对于那些技术环境不确定性相对较高的产业，如电动汽车产业利用了产业颠覆创新带来的"技术窗口"，但尚处于"构建新链"过程中，能否实现全球价值链位置攀升尚不明朗。

2. 产业链复杂程度

目前，我国已经建立了全世界最完整的现代工业体系，拥有联合国产业分类目录中全部 41 个工业大类、191 个中类、525 个小类。我国工业增加值从 1952 年的 120 亿元增加到 2020 年的 32.05 万亿元，工业经济规模跃居全球首位。① 相对完备的基础设施建设、多领域和数量众多的人才供应、长期以来积累的产业基础与技术经验，推动我国制造业实现从服装鞋袜生产到航空航天装备、从原料矿产到工业母机的一切工业产品的生产制造。一言蔽之，我国建立了全世界最完整的现代工业体系。这为制造业迈向全球价值链中高端奠定了坚实的产业基础，也是我国制造业在全球竞争中的优势所在。

基于前述案例分析，动力电池、显示面板、集成电路、轨道交通设备、电信设备及电动汽车的发展均以完善的周边产业支撑为依托。但是，由于起步晚、关键技术受制于人、缺乏高精尖技术人才等多种问题，我国在产业链条以及周边产业在技术密集度高的环节中仍然存在部分短板。而这些不足很有可能成为我国制造业迈向全球价值链中高端的短板与瓶颈。这从显示面板制造与集成电路制造两个同属半导体领域产业的升级进程和发展艰难程度的对比中可以

---

① 祝君壁. 我国已建成门类齐全现代工业体系 [N]. 经济日报，2019 – 09 – 22.

发现端倪。如集成电路芯片制造环节，其产业发展所依托的产业基础较为庞大，对原有的产业要求较高，需要确保所依托产业关键环节的核心技术形成对芯片制造的"众星拱月"，否则将难以实现产业升级。产业链条大而强与大而优是我国制造业实现"嵌入升级"仍需努力的方向。因此，我国须进一步完善产业链条，强化产业支撑，提高产业层次。

3. 产业技术门槛与技术密集度

考察的 6 个典型制造业产业的技术密集程度相对较高。只有这些领域迈向全球价值链中高端位置，我国制造业的整体升级才有价值。近十年来，这些产业在全球价值链中的位置都有显著提升，部分产业甚至已经初步构建起"以我为主"的全球价值链。

但是，将前述 6 个产业案例升级进程进行对比可以发现，产业技术门槛和技术密集度越高，我国制造业在全球价值链中的升级之路就越艰难。在前述案例中，我国显示面板制造业已经实现技术突破，占据了全球价值链的高端环节。而集成电路制造业技术密集度最高，与国外先进水平仍有差距，面临着向全球价值链高端的艰难升级之路。集成电路产业尚未实现技术突破，仍需时间和资金的持续投入。相比之下，这也反映了我国制造业在高精尖技术领域仍然处于技术追赶阶段的客观现实，未来必须继续依靠持续的研发投入和制度优化来弥补这种差距。

4. 市场环境差异

大容量、多层次、差异化、高效率是我国市场的特有属性。超过 14 亿的人口数量、不同层次的消费需求不仅作为一种可以实现早期"市场换技术"的战略性资产，同时也为制造业技术创新和新产品提供了试验田和孕育地。另外，中国的制度优势也是驱动制造业升级的关键力量。例如，我国能够集中土地、资金、技术等核心要素资源，发挥集中力量办大事的体制优势，支撑轨道交通设备的发展。政府优惠、购买补贴、号牌便利等一系列的利好政策扶持，引领了我国电动汽车制造业的发展方向，而这些正是我国市场条件和社会主义制度的独特优势。

不管是从技术传递者到技术提供者或技术整合者的"嵌入升级"路径还是从技术使用者到技术整合者或技术提供者的"构建新链"路径，这种独特的市场条件都是我国制造业迈向全球价值链中高端的重要战略优势。成熟度不同的市场、多样化的消费需求、差异化的消费层次和政府的制度加速为制造业产业上游、中游、下游的快速发展壮大提供了可能。

综上所述，相关产业越靠近市场端，对我国的市场利用越充分，其攀升全球价值链中高端的进程就会越顺利。面对终端的消费者越多，相关产业越能够发挥我国的市场和制度优势。对比前述案例，显示面板、动力电池和集成电路更偏向于中间产品，且必须依靠技术推动实现"嵌入升级"。与显示面板、动力电池和集成电路相比，电动汽车、电信设备、轨道交通产业更靠近市场端，拥有更多的终端产品消费者，受我国市场的拉动作用更为直接。我国制度能够整合市场资源加速市场成熟，这对终端产品的促进作用和效果显现更为便捷有效。而对于技术升级过程，依靠市场红利和制度优势的加持实现突破创新需要较长时间。现阶段，在全球价值链中初步"构建新链"的我国制造业都是沿着"技术使用者—技术整合者"的路径实现的，在全球价值链中的升级进程也相对顺利。"技术使用者—技术提供者"的攀升幅度过大，对关键技术以及产业基础的要求更高，因此该方向的升级尚未实现。

中央政府推动形成以国际大循环为主体、国内国际双循环相互促进的发展格局，这为我国制造业产业链完善和"嵌入升级"提供了强大的动力。通过进一步扩大内需、稳定经济运行、培育新型消费模式与业态来优化国内产业链。同时，积极学习国外先进技术，力争补齐核心技术短板，推动产业链环节合理布局与协同发展。

6.3.2 研发与创新策略

从创新的连续性看，我国已经能够在较多产业链的部分环节上实现技术突破。基于研发到商业化的创新全周期视角，只有在基础研究、技术开发和市场应用各方面实现价值共创，才是产业链在更高层面和空间实现高质量发展的保证。当前，驱动我国制造业迈向全球价值链中高端的基本动力仍然依靠高强度的企业研发投入和市场变革带动技术积累。这既是充分发挥市场和制度优势的理性选择，同时也在一定程度上反映了我国基础研究的相对不足进而影响突破性创新能力提升的客观现实。

从创新的开放性看，我国一直坚持"引进消化吸收再创新"与自主创新的路径，也通过"国家名片"和"一带一路"倡议"走出去"主动嵌入全球价值链。通过加强国际合作，建立全球研发中心，借助逆向技术溢出不断积累知识和技术经验，我国逐步建立相对完备的价值链并实现自主创新。但归根结底，高强度的自主创新始终是我国制造业迈向全球价值链中高端的根本驱动力。我国仍需要大力实施创新驱动发展战略，持续推进以科技创新为核心的全面创新。

基于上述分析，要以长远的眼光谋发展，通过"深谋远虑"引领创新。现阶段，利用后发优势进行技术追赶和逆向技术溢出的空间趋于消失，我国必须依靠国产品牌与技术的自主创新，释放超大规模市场潜力，建立先发优势，实现在国际市场的领先发展，否则我国制造业在全球价值链的升级之路只会越走越艰难。

6.3.3　市场与投资策略

从市场策略看，我国制造业迈向全球价值链中高端的发展过程可以归为两种策略：一是先建立国家价值链优势再进军国际市场。例如，我国轨道交通设备制造业通过技术创新并借助国内市场和制度优势，实现国内价值链升级，然后逐渐向国际市场渗透。二是全球价值链与国家价值链协同升级。例如，我国动力电池制造业先通过与国际知名品牌合作，嵌入全球价值链实现品牌和技术升级，再迁回到国家价值链进行技术积累，这是一种"先外后内"的迂回升级策略。我国电信设备制造业则是推动基于国内市场实现技术升级与进入国际市场实现产品升级的协同演进。

无论上述哪一种市场策略，国内价值链优势都是"嵌入升级"的必要条件。国内市场是我国各产业发展的"定海神针"。我国具有 14 亿人口形成的超大规模内需市场、1 亿多户市场主体、具有各类专业及技能的人才以及差异化的消费需求，有力地支撑并扩展了制造业发展空间。同时我国包容性的市场为新产品和新技术提供了技术迭代的试验田，为制造业升级创造了更多的机会和条件，大幅提升了相关产业适应性创新能力。激发国内市场潜力，扩大内需，形成以国内大循环为主的"双循环"新发展格局是我国制造业迈向全球价值链中高端的重要战略。

从前述产业研发和投资策略来看，在动力电池、集成电路和显示面板这类通过"嵌入升级"迈向全球价值链中高端的典型案例中，我国主要采取高强度的企业研发投入和自主创新策略。在迈向全球价值链中高端"构建新链"的典型案例中，电动汽车、轨道交通设备与电信设备制造业具有低技术动荡性和高技术预见性特征，主要依靠国内市场适应性创新和高强度的自主创新。我国政府支持下的核心技术重点攻关与"新兴举国体制"能够有效地破除相关行业发展的瓶颈，尤其是在升级过程中的逆产业和市场周期投资方面，单靠企业的力量难以解决投资大、周期长的问题。

6.3.4 政策支持的创新激励与市场整合效应

中国背景下的制度优势加速了市场的成熟，尤其是当制造业产业技术路线相对稳定时，制度优势帮助企业整合并创造需求的潜力较大，能够将分散的资源整合在一起，提升资源配置效率。我国能够发挥集中力量办大事的优势，以市场为导向，高效率且低成本地完成复杂性创新。

另外，借助国内超大规模的需求市场，通过不断地试错和探索，将潜在的知识转化为技术，将技术机会转化为商业化的具体盈利模式，使我国制造业实现主流技术领先发展。其中最为典型的轨道交通设备制造业，利用我国足够的里程和多样的气候来检验技术，借助"集中力量办大事"的优势和长期技术积累，逐渐实现了技术升级。制度对市场的整合和拉动均十分关键，我国为各产业有针对性地提出了各种扶持政策，通过政府规划、财政补贴、税收优惠以及人才引入，对相关产业迈向全球价值链中高端发挥了至关重要的作用。

6.3.5 案例产业迈向全球价值链中高端的进程差异

我国制造业发展取得了举世瞩目的成就，部分产业技术水平已跃居世界领先位置，但从技术链条和产业链分析，我国制造业发展不平衡不充分的问题仍然存在。由于技术门槛高、技术高复杂性，我国的技术密集型产业在创新能力方面还存在一些短板，迈向全球价值链中高端的进程相对较慢。

我国制造业迈向全球价值链中高端过程依赖制度、市场和技术三方面的协同演进。与以技术推动为主导的路径相比，制度优势对于市场推动型的升级路径更加重要。对于制造业中间产品，如显示面板、动力电池和集成电路，这些产业更需要颠覆性技术来实现引领发展。然而技术发展具有一定的客观规律，我国在技术发展上仍有欠缺。依靠制度优势推动技术突破的周期较长，需要较长的时间和更多的知识积累才能实现技术突破。我国拥有较大潜力的市场，像电动汽车、轨道交通和电信设备这些更靠近市场端的产业，制度优势带来的效果更加明显，因此通过制度优势充分利用市场升级相对较快。

为实现我国制造业迈向全球价值链中高端及引领性发展的目标，我国需要突破技术瓶颈，加强支持与引导，通过长期的持续投入来解决关键技术难题。然而，高强度的持续投入必须以产业技术可预见性为前提。从显示屏幕与集成电路两个产业的对比可以看出，产业基础和技术积累的进程差异，导致了不同的升级表现。一方面，"少屏"问题的解决，为我们进一步解决"卡脖子"的"缺芯"窘境，提供了有价值的信息和借鉴；另一方面，我国制造业必须坚持持续高强度投入，特别是利用体制优势，力争实现关键技术环节的突破。

6.3.6　案例产业迈向全球价值链中高端的不同方式

从技术链条看，无论是中间产品从技术传递者到技术提供者或技术整合者的"嵌入升级"路径，还是下游产品从技术使用者到技术整合者或技术提供者的"构建新链"路径，都是创新驱动下以技术积累为基础，从低技术环节迈向高技术环节的过程。

从产品链条看，不同制造业之间存在差异：在产品链中上游环节，以从技术传递者到技术提供者或技术整合者的"嵌入升级"过程为主，更需要稳定的技术积累，以渐进式创新为主，辅以部分环节的突破式创新；在产品链下游环节，以从技术使用者到技术整合者或技术提供者的新链构建过程为主，现阶段主要依靠基于市场的适应性创新渠道，辅以应用层面的颠覆性创新，科学和技术层面重大创新的驱动作用尚未发力。

驱动"嵌入升级"和"构建新链"这两种路径的基本因素是技术升级和需求拉动。但"构建新链"路径在全球价值链中的地位提升更显著，主要是因为市场创造和市场整合的拉动作用能发挥更大的优势。数字赋能、新基建、市场创造、制度加速在最终产品市场作用的发挥效果远高于中间市场。基于细分市场多、可以被海量用户使用的特点，我国市场优势在终端产品成熟过程中起到更大的作用，使得相关产业能够更快地实现低端到高端的升级。另外，我国制度优势可以加速市场成熟，同时市场对制度创新的反应更为迅速。"嵌入升级"路径更多地依托技术升级实现，"构建新链"路径则更依赖需求升级机制。我国制度创新对整合资源、扩大内需、释放消费潜力的需求升级作用更直接，而对技术升级的作用机制更复杂、微妙、间接。

前述案例分析与对比汇总如表 6－9 所示。

表 6 - 9

案例汇总与对比分析

案例产业	产业与技术环境		核心动力		发展策略		制度与市场		升级表现	
	产业链条	技术环境	连续性	开放性	市场策略	投资策略	创新激励	市场整合	产业生态	全球价值链位置
1 动力电池	产业链复杂度中等↑ 技术密集程度中等↑ 技术不连续性中等↑ 技术不确定性中等↑		基于全球价值链的技术学习与渐进式创新＋部分环节的突破式创新	嵌入全球创新链＋高强度自主创新	1.以国内市场为主体，拓展全球市场 2.GVC—NVC的迂回升级 3.向上下游产业链延伸，构建全产业链优势		1.市场对创新资源配置的作用显著 2.产业政策、外资准入等方式整合市场		1.掌握材料、工艺关键技术 2.较强全球竞争力的核心企业 3.产业生态系统趋于完善 4.已经迈向高端环节	
2 显示面板	产业链复杂度较高↑ 技术密集程度较高↑ 技术不连续性中等↑ 技术不确定性中等↑		基于全球价值链的技术学习与渐进式创新＋部分环节的突破式创新	嵌入全球创新链＋高强度自主创新	1.以国内市场为支撑，占领全球市场 2.逆产业周期的投资策略		1.政府对创新和市场资源配置作用显著 2.产业政策、外资准入等方式整合市场		1.掌握材料、工艺关键技术 2.较强全球竞争力的核心企业 3.产业生态系统趋于完善 4.已经迈向高端环节	

续表

案例产业	产业与技术环境		核心动力		发展策略		制度与市场		升级表现	
	产业链条	技术环境	连续性	开放性	市场策略	投资策略	创新激励	市场整合	产业生态	全球价值链位置
3 集成电路	产业链复杂程度很高	技术密集程度很高 / 技术不连续性中等 / 技术不确定性中等	基于全球价值链的技术学习与渐进式创新＋部分环节的突破式创新	嵌入全球创新链＋高强度自主创新	1. 以国内市场为主体，积极拓展全球市场 2. 产业和研发投资强度有待进一步提高		1. 政府对创新和市场资源配置作用不够 2. 产业政策有待进一步优化		1. 部分关键材料、工艺受制于人 2. 核心企业初步具备全球竞争力，但与领先企业存在差距 3. 产业生态存在一定薄弱环节 4. 从中端向高端艰难升级的过程中	
4 轨道交通设备	产业链复杂程度较高	技术密集程度较高 / 技术不连续性较低 / 技术不确定性较低	市场驱动的适应性创新＋应用层面的颠覆性创新	技术的消化、学习、创新改进＋高强度自主创新	1. 利用国内市场优势实现技术优化，市场示范和规模经济效应 2. 以制度优势逐步拓展国际市场 3. 以国内市场为主，内外两个市场协同升级效应成功实现		制度和体制优势 1. 技术联盟与国内创新链条发展 2. 制度创新和创造并整合了国内和国际市场		1. 掌握材料、工艺关键技术 2. 较强全球竞争力的核心企业 3. 产业生态系统趋于完善 4. "以我为主"的全球价值链初步构建	

续表

案例产业	产业与技术环境		核心动力		发展策略		制度与市场		升级表现	
	产业链条	技术环境	连续性	开放性	市场策略	投资策略	创新激励	市场整合	产业生态	全球价值链位置
5 电信 设备	产业链复杂度较高 技术密集程度较高 技术不连续性中等 技术不确定性中等		市场驱动的适应性创新+应用层面的颠覆性创新	嵌入全球创新链+高强度自主创新	1. 利用国内市场实现技术优化、市场示范和规模经济效应 2. 成功实施国际市场侵入策略 3. 内外两个市场均衡发展，协同升级效应充分实现		制度与市场协同 1. 市场对创新资源配置的作用显著 2. 产业政策、外资准入等方式整合市场		1. 掌握材料、工艺关键技术 2. 较强全球竞争力的核心企业系统趋于完善 3. "以我为主"的全球价值链初步构建 4. 产业生态初步构建	
6 电动 汽车	产业链复杂度较高 技术密集程度较高 技术不连续性较高 技术不确定性中等		市场驱动的适应性创新+应用层面的颠覆性创新	嵌入全球创新链+高强度自主创新	1. 利用国内市场实现技术优化、市场示范和规模经济效应 2. 开始尝试国际市场破坏性侵入策略 3. 以国内市场为主，内外两个市场协同升级效应初步实现		制度与市场协同 1. 制度创新下传统汽车产业基础 2. 市场配置创新资源 3. 产业政策、外资准入等方式整合市场		1. 初步掌握产业关键技术 2. 核心企业初步具备全球竞争力，但与领先企业存在差距 3. 有可能形成"以我为主"的全球价值链	

资料来源：笔者整理。

6.4　本章小结

"十四五"规划建议指出，要保持制造业比重基本稳定，加速构筑现代产业体系，推进经济体系优化升级。本章根据多案例分析，探讨了我国制造业迈向全球价值链中高端的策略与路径。基于典型产业技术环境、技术创新策略、产业发展策略、制度环境和升级进程等方面的考察，提炼出制造业"嵌入升级"和"构建新链"两条路径的升级机制。处于产业链下游的相关产业，如电动汽车、轨道交通、电信设备等产业能充分利用我国市场优势和制度红利，更适合并已经开始走从技术使用者到技术整合者或技术提供者的"构建新链"路径。处于产业链中上游的相关产业，如显示面板、动力电池、集成电路等产业更多地需要技术累积和技术升级，倾向于走从技术传递者到技术整合者或技术提供者的"嵌入升级"路径。对我国典型制造业产业迈向全球价值链中高端过程的路径与机制进行分析，可为其他产业的技术升级与链条升级以及我国现代产业体系构筑与完善提供理论指导和决策参考。

第 7 章
创新驱动我国制造业迈向全球价值链中高端的政策选择

我国制造业在全球价值链位置攀升过程中必须遵从客观的经济规律，抓牢进一步深度参与全球价值链分工的机遇，创新驱动我国制造业迈向全球价值链要做到"高端有突破、中端有规模、低端有市场"。促进制造业迈向全球价值链中高端，并非意味着要放弃低端。恰恰相反，立足不同产业在全球分工体系中所处位置和比较优势的差异，在制定制造业向全球价值链攀升的目标及政策举措方面，应因产业而异，避免"一刀切"的片面做法。更何况我国是庞大的开放经济体，不仅产业体量大，而且内部发展的梯度差异也决定了产业梯度发展特征。

竞争优势的培育需要在开放条件下实现，从我国制造业的发展历程看，无论是改革开放，还是我国加入 WTO，制造业的突破发展均是在不断开放中取得的巨大成就，主要原因就是抓住了全球价值链分工演进带来的战略机遇。因此，新时代我国制造业迈向全球价值链中高端，应抓住全球价值链分工演进新趋势带来的战略机遇。例如，当前全球价值链演进中出现了"逆向创新"、全球创新链等新趋势，我国应根据这些新趋势适时调整发展战略，在开放中实施创新驱动战略，依托人力资本、技术、知识、数字等高端要素形成全新的竞争优势。

结合本书研究成果，创新驱动需要立足要素、企业、产业和区域创新能力发展的基本事实，立足我国创新能力的比较优势和劣势，根据不同制造业创新能力的差异，兼顾未来制造业发展趋势，通过创新驱动我国制造业迈向全球价值链中高端，从关键共性技术突破的"牛鼻子"为牵引、市场适应性技术创新的"厚基础"相充实、业态模式创新的"路线图"做指引、体制机制创新的"主心骨"担保障四个方面入手,形成"前有牵引、后有保障;上有指引、下有基础"的四维象限政策体系(见图 7 – 1)。

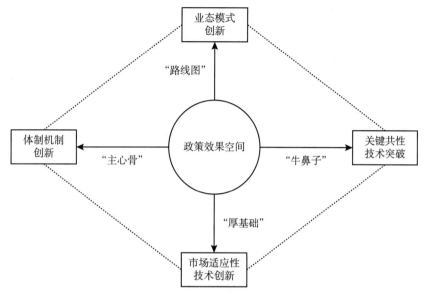

图 7 – 1　四维象限政策体系及政策效果空间

资料来源:笔者绘制。

7.1 "牛鼻子":突破关键共性技术,消除制造业攀升的关键掣肘

关键共性技术的突破是我国制造业迈向全球价值链中高端的"牛鼻子",是我国制造业在全球价值链"高端有规模"的技术基础,也是掣肘我国制造业向中高端攀升的关键。关键共性技术突破并非一朝一夕之功,不可能一蹴而就,而是一个渐进的发展过程。因此,本书提出关键共性技术突破需要从引领优势产业的技术创新方向、重点突破支柱性产业"卡脖子"技术、超前布局新兴产业共性技术创新三个方面布局。

7.1.1　引领优势产业的技术创新方向

超大规模国内市场优势为制造业提供了广阔的发展空间,也是我国制造业迈向全球价值链中高端的"先手棋",尤其是数字经济时代,在具有网络效应的诸多领域能够充分发挥超大规模市场的效能,从而将市场需求的规模优势转换为制造环节的竞争优势。例如，我国在具有网络效应的高铁、电网、通信等领域，创新驱动将市场容量、基础设施等优势因素融合到一起，形成我国制造业迈向全球价值链中高端的第一方阵，占据中高端的价值增值环节和创新环节，引领全球价值链演化发展。未来这些优势产业的发展，存在三种牢牢占据全球价值链中高端的方向，分别是龙头制造业企业引领、底层技术之中中国方案的运用以及国际标准之中中国标准的采用。

第一，龙头制造业企业引领。龙头企业是引导全球价值链走向的主导者，也是创新驱动的推动者。强化重点龙头企业在相关全球价值链的引领作用，以物美价优的产品供给、无可替代的技术优势、高质量的配套服务确保我国重点领域企业在全球价值链和产业链中的竞争优势。尤其是在数字经济领域，以华为、京东方等为代表的一批制造业龙头企业，虽然在各自领域形成了较强的竞争优势，但仍存在进一步提升竞争优势的领域。一方面是底层的技术与逻辑。目前，这些龙头企业核心产品的生产制造，仍然离不开国外更为核心的技术加持，产品供应链仍存在受制于人的被动局面，核心技术仍然有较大比例来自国外企业，因此核心环节仍然存在一定的系统性风险，需要加大原始创新力度，补好原始创新和基础创新课程。阿里巴巴重点推动的"达摩院"项目，就是推动原始创新和基础创新的良好开端。另一方面是全球价值链治理能力。龙头企业在引导全球价值链方面仍需要继续发力，目前，龙头企业主导的价值链更多表现为国内价值链，在国际平台的话语权有待提升，并且需要有效规避非经济因素所导致的风险，实现兼容并包的发展模式。当然，龙头企业引导全球价值链的发展，在国内还需要注重"反垄断"的问题，龙头企业引导全球价值链的发展不仅是自身的事情，还需要做好、维护好整个产业生态，营造业态丰富、以协同合作为基础的产业生态系统，防止出现低水平竞争和非良性竞争问题。

第二，底层技术之中中国方案的运用。我国的高铁、电网、通信等优势产业之所以能够引领全球价值链的发展，更多表现为底层技术上中国元素的广泛采用，从而主导全球价值链的发展方向，能够为全球价值链的演化发展提供技术支持，占据全球价值链中高端环节与高附加值领域。因此，政府需要继续探索产业链链长制度，详细摸清、摸透优势产业的产业链与价值链环节，持续推进底层技术的创新发展。首先是底层技术的持续创新与完善，优势产业底层技术可能在较短时间内实现创新，需要抓住有限的窗口时期做好相应工作，形成围绕核心技术的技术链条。其次是洞悉新技术范式的演化发展趋势，重视基础性科学问题的突破，紧跟新技术演化发展潮流，在全新的技术形态和产业发展形态上能够持续获得领先优势。例如，德国汽车产业凭借发动机等模块的"长久精耕细作"持续获得竞争优势，但是伴随着特斯拉、蔚来等电动汽车对传统汽车产业的颠覆，导致了汽车产业技术范式的革新，德国汽车产业和企业面临严峻的挑战。因此，在具有优势的产业之中，不仅是优势底层技术的持续创新与完善，更要持续地推动颠覆式创新。

第三，国际标准之中中国标准的采用。全球价值链的竞争体现在技术的竞争，而技术竞争又体现在技术标准的竞争，当优势产业的核心技术能够成为国际标准之时，则在引领全球价值链演化发展过程中掌握了绝对的话语权。对于半导体产业而言，很多基础性的软件开发、版型设计之所以很困难，除了技术水平、基础材料等因素之外，还有一个很大的瓶颈是技术标准制定权的争夺问题。先发国家在这些产业上历经几十年的发展，已经构筑起一整套较为完整的技术标准与专利制度，所以后发国家很难绕开这些标准与专利，从而降低了制造业企业推动技术原创的热情。因此，对于具有优势的产业，更需要把握先发机遇，能够让中国标准被更多国家和地区采用，逐步让中国标准成为区域标准乃至国际标准。多方参与对接并深度融入标准制定机构，实施"重点竞争型"国际标准竞争策略，使国际标准更多反映中国技术要求。

7.1.2　重点突破支柱性产业"卡脖子"技术

防止国内价值链因非经济因素而在关键环节被"卡脖子"，由此导致某些制造业的国内价值链断裂，这也成为维护产业链供应链安全可控最为急迫的任务。例如，美国政府对华为的制裁，导致华为手机在高端芯片制造领域的断裂，即使华为拥有先进的芯片设计能力，但是目前还不具备高端芯片的生产能力，其核心在于芯片制造环节缺少了高精度的光刻机，导致高端手机业务受到严重影响，原本在智能手机全球价值链中具有重要话语权的华为丧失了一定的市场份额。

从产业安全的视角看，这也是双循环格局下保持国内产业安全、促进内需的重要基础保障。我国拥有完备的工业生产能力与配套能力，这构成了我国制造业自主发展的底气，依然需要提防在关键领域的被动局面。对外而言，和平与发展仍然是当今世界发展的主流，加强在全球创新链条上的攀升，不能让全球价值链可能存在的解链关系影响到创新链条的连接。对内而言，仍然需要补上基础研发的功课，防止断链的关键环节往往具有共性，即处于底层的共性技术的短板，这就要求以新型举国体制加快创新要素的集聚发展，加快对掣肘严重的领域进行重点攻关。从现阶段政策发力点看，需要加快在高端芯片、工业软件、高端装备、特殊材料等领域的研发力量；对于小众市场的"卡脖子"技术和零部件，处于缝隙市场的核心零部件，还需要以合适的市场化机制弥补"隐形冠军"企业研发投入的外部性，推动国内完整的工业体系优化升级为丰富的工业生态。

尊重"竞争中性"的市场原则。提高资源密集型价值链的竞争力，目前主要集中在矿业、农业、石油等依赖进口较多的行业，应对产业链"断链"风险的能力较低。解决这些问题，要加快推进农业现代化、科技现代化和规模化生产新形式，鼓励和引导资源型企业做大、做强、做优，支持资源型企业发展。要建立国家能源和农业安全储备体系，推动发展新型优质能源产业、能源加工和规模化工业。满足市场预期，产生新的市场需求，催生新业态和新模式，加大公共卫生服务、应急物资等领域投入，加快"5G"网络、数据中心等新基础设施建设，要加快发展数字经济、生命健康、新材料等战略性新兴产业，努力拓展新的增长点，创造优质发展的新动力。扩大生活服务业对外开放，促进优质服务和产品流入我国，激发潜在市场需求，推动国内企业实施产品和服务完善业务，推广体验式消费，推动"互联网＋消费"和"线上线下融合"新业态的发展。

7.1.3 超前布局新兴产业共性技术创新

科学技术进步重塑已有的产业形态，也催生一系列全新的产业类型，如数字经济、量子通信、量子计算机等领域。这些新兴产业的发展尚未形成固定的技术范式，也没有形成完善的专利"护城河"，能够为后发国家提供相对公平的发展环境。应提高全球价值链关键环节的把控力度，推动核心关键环节的自主研发能力和产业化，补齐制约制造业智能发展的短板，加大国产工业软件产业发展，推动智能制造操作系统平台的开发和广泛应用，组建行业领军企业为核心的联盟。同时，加快智能制造相关标准体系建设，打造创新生产模式和商业模式，建立健全智能制造标准体系，提高制造业相关标准的开放性和兼容性。例如，由华为推动的鸿蒙系统就起到很好的示范效应，鸿蒙系统完全开源开放，允许其他手机制造商搭载，从而将这一全新的手机操作系统从企业私产转换成为智能手机领域的共性基础设施。

具体而言，在量子通信与量子计算机领域，政府要营造宽松的发展环境，做好相关领域的科学研究、实验测试、专利申请、人才培养等工作，重点突破高端芯片、工业软件、核心元器件等领域的掣肘，避免关键环节受制于人的被动局面。同步也需要做好产业化发展，使技术更好的转化为产业应用，服务于人类需求，形成占据全球价值链的高端与高技术环节的需求基础。建立开放式的协同创新环境，完善量子通信与量子计算机领域的配套服务、内容服务，形成紧密连接的共生体系。数字经济领域极为关键的一环是着力突破关键数字技术。充分发挥新型举国体制集聚优势力量办大事的制度优势，着力突破一批从"0"到"1"的关键数字技术，实现"卡脖子"的关键技术和关键零件国产替代，在关键领域的核心解决思路与技术标准中提供中国方案。短期内，我国既要积极融入全球创新链，不断向创新链条的高端领域和高附加值环节攀升，又需要积极寻找可行的替代方案，保障在极端情况下能够维持数字经济领域的硬件生产和软件服务。长期内，我国要着重培育数字技术生态，加快构建创新生态系统，推动科研院所、高等学校、国家实验室、核心企业联合攻关，在"5G"技术、大数据、云计算、工业互联网、人工智能、区块链等新一代信息技术领域展开技术研发和产业化合作，并根据国内科研资源分布特征，优化数字技术研发力量的战略布局。

7.2 　"厚基础"：加快市场适应性技术创新，打造制造业攀升的内生动力

市场适应性技术创新的核心逻辑在于市场变革引发技术变革。我国内需市场的扩张为企业的技术积累提供了发展空间，制造业企业可以将研发的技术产品投放到国内多样化的细分市场，通过市场反应对技术进行进一步优化。具体而言，需要加快异质的制造业的适应性技术创新步伐。

7.2.1 　推动制造业低端环节沿链攀升的适应性技术创新

全球价值链也存在温柔的"陷阱"。制造业企业从低端介入全球价值链之后，获得参与全球生产、构成全球产业链一环的机会，融入全球价值链的低端环节和低附加值位置。但是，也正是从一开始就嵌入低端环节，导致向中高端攀升必然面临巨大困难与在位者阻力，进而在全球价值链既定位置上形成路径依赖，并被锁定在低端环节，甚至面临新兴国家的同位者竞争，导致低端环节也出现锁不定的局面。从动态发展的视角看，对于小国而言这可能并不是什么

坏事，但是对于一个拥有超大规模市场的国家而言，肯定不能一直锁定在低端环节，更不能陷入低水平重复的陷阱。尤其是战略性新兴产业，一定要防止发达国家在关键环节的围追堵截而导致"卡脖子"局面，从而导致长期被锁定在低附加值的加工组装环节，破解困境的主要途径就是推动制造业低端环节的适应性技术创新。

低端环节适应性技术创新的要点有两条：一是以市场需求为导向，以期更好地服务于有效需求；二是沿着既定的技术路线，不轻易改弦更张，在长时间的"干中学"探索并积累技术诀窍。因此，需要警惕的核心问题是企业怎么能够在经营与销售尚处于比较好的时期未雨绸缪，提早谋划好系统创新工作，从开始嵌入全球价值链低端环节之时，就需要有向中高端攀升的愿景和规划。当然，对于广大中小制造业企业而言，并不是说全球价值链的攀升就是做"头部企业"，更多的表现形式是行业内部的"隐形冠军"。企业需要抛开创新是"高大上"的科研人员专职工作的认识偏差，通过"干中学"所形成的独特技术诀窍成为创新驱动的重要形式，也构成企业创新发展的重要载体。例如，在飞机制造领域之中，风洞试验构成不同机型飞机各项飞行参数获得的重要载体，其背后的本质就是大量模拟飞行试验所获得的海量数据与技术参数，成为保证飞机安全性、稳定性的重要基础。再如，仅有 45 名员工的日本小微企业哈德洛克工业株式会社，它所生产的永不松 U 螺母在世界号称第一，获得广泛应用，全世界范围内的高速铁路铁轨所使用的螺母都是这家公司所生产的。同时，该企业还公布了其生产的永不松螺母的制造原理与图纸，但是没有企业能够复制生产，这就是长期"干中学"所累积的技术诀窍，即适应性技术创新。在短期内，企业并不能轻松掌握这种诀窍。技术诀窍的掌握需要企业有非凡的定力，不为快钱所吸引，能够本本分分地从事主营业务，能够持续在某一个细小的环节集中创新资源，并形成独特优势。庞大的中国乃至全世界市场能够为企业这样的创新买单，即使是再细小的领域，若是做到独一无二与无可替代，也会有庞大的市场需求，成为全球价值链不可或缺的一环，终将获得丰厚的价值增值。

7.2.2　推动制造业中高端环节的适应性技术创新

制造业中高端环节的适应性技术创新，面临"关键核心技术是要不来、买不来、讨不来"的，因此"以我为主"的自主研发成为企业创新能力提升的主要途径。尤其是在不断恶化的国际环境之中，推动自主创新是解决技术掣肘的根本法宝。正如华为公司面临以美国政府主导的市场封锁、技术封锁和合作商封锁的恶劣局面，面对企业赖以生存的"芯片""操作系统"被"卡脖子"的局面，启动了备胎转正计划，自主研发的芯片、操作系统反而获得蓬勃发展的先机。华为在相对安逸的时期内居安思危，推动自主创新才是其在关键时候拥有一定全球价值链话语权的关键。坚持自主研发、自主创新的重要性在于创造企业长久增长的动力，是推动企业长青的根本动力。企业应该首先从战略高度认识自主研发的重要性，从路径上摆脱资源依赖的低水平发展陷阱，做到关键技术自主掌握、自主研发更替演进的创新动态优化。在此基础上，建立健全研发投入长效机制，自主研发不能因为企业所有人或者管理者的偏好而中断、放弃或偏离，需要根据企业发展、产业发展背景、竞争对手及潜在竞争对手的实际情况而确定，并且需要建立研发经费投入对标营业收入的长效机制，从而形成研发投入与营业收入互利共生的正反馈。对于广大中小企业而言，可能并没有过多的创新资源，尤其是缺乏创新人才，中小企业的创新不可能"撒胡椒面"式的全面铺开，更多的是在既定的技术范式框架下推动渐进式创新，在某个细分领域、某个独特的环节集中创新资源"攻坚"，谋求在某一细分领域获得绝对优势地位，形成缝隙市场之王与"隐形冠军"企业就有可行之路，在时机成熟的时候推动颠覆式创新。

同时，也需要合理确定技术研发与技术引进之间的距离与比例，合理界定自主研发封闭和开放的区间。自主研发成果既可以通过技术诀窍的形式保留在企业内部，也可以通过专利的形成予以开放保护，企业需要根据自身经营需要及竞争环境选择恰当的方式和组合，形成有利于企业基业长青的发展环境和发展基础。同时，企业需要遵循"自创为主，引创结合"的基本原则，处理好技术引进与自主创新之间的关系，实现较高水平的创新绩效。针对在国外已经逐步走向成熟的关键技术，需要合理有度有效地予以引进，积极推动从"知因"（know why）向"应对"（know how）的转变，组织专家骨干团队对外源性技术的消化吸收和再创新，努力掌握核心、关键技术、默会知识与技术诀窍，逐步向具有自主知识产权的自主设计、自主制造转变，实现技术的内部化。

7.2.3　推动新兴领域的适应性技术创新

防止从新兴的全球价值链掉队则需要紧跟技术和产业发展的步伐，把握技术演化脉络，踩准新兴产业发展的步子，在技术范式实现变迁、新兴产业演化生成中紧跟全球价值链。例如，汽车产业经历了百余年的演化发展，以发动机为核心模块的汽车工业不断完善，美国、德国以及日本的汽车品牌以及极致的生产工艺已经造就了高度自动化的汽车产业。我国的汽车产业起步较晚，要融入全球价值链只能够从中低端开始，并且向高端的设计与品牌环节延伸困难重重。但是，随着汽车产业从以发动机为核心转向以电池组为核心的新能源汽车，则实现了汽车产业技术范式的颠覆，此时正是防止掉链并向中高端延伸的重要契机。例如，蔚来汽车的创立者并不是在汽车制造或者相关制造产业拥有基础和经验的企业，而是由李斌、刘强东、李想、腾讯、高瓴资本、顺为资本等顶尖互联网企业家和资本市场共同推动形成，其核心理念并不是从制造端的精益生产入手，而是从"为用户体验创造愉悦的生活方式"着眼，强调的是极致的用户体验。蔚来汽车能够突破传统汽车制造工艺的束缚与影响，致力于开发高性能的智能电动汽车，并获得了成功。可见，保持对新兴技术、产业业态的创新投入，才能塑造全新的发展优势。

7.3 "路线图"：引领业态模式创新，丰富制造业攀升的健全生态

制造业向全球价值链中高端攀升，需要抓住业态模式创新突破的有利契机，并通过创新驱动产业链不同环节的协同合作，构建产业链与创新链、资金链、人才链协同发展的产业生态。企业和科研机构应加强基础研发，充分利用人工智能和大数据等现代技术提高产业基础能力，为我国基础零部件、基础材料、基础软件的成长提供应用机会，也是打造完整产业生态系统的重要手段。

7.3.1 推动制造业业态模式的创新突破

我国制造业需要凭借庞大的国内消费市场和完备的制造基础，以需求为中心，打破原有价值链并实现产业要素重组，从而在全球价值链演进的进程中形成业态模式创新的主导力量。尤其是通过互联网与产业的创新融合，抑或是将硬件融入服务的形式，以"5G"、工业互联网、大数据、云计算为代表的新兴技术的迅速发展对价值链重构产生了关键性的驱动作用，为制造业企业的发展提供新的轨道，使制造业企业能够在信息时代提供更加灵活、快捷的个性化服务，尤其是在产品提供领域大力发展制造服务化、个性化定制、设备智慧运营、知识付费、众筹等模式，在生产组织创新领域推动共享制造、服务外包、

研发众包、跨界融合、供应链服务、平台生态等模式创新。

　　制造业业态创新可以从优化类、提升类、培育类三种类型入手。一是对于优化类新业态，重在强化科技驱动和信息化带动作用，推动发展模式创新。工业互联网则促使大数据转化为信息资产，利用这些信息资产进行创新达到不同层面的消费者预期，实现制造业业态颠覆。通过工业互联网，制造业企业可以更快速地获取来自客户的大量反馈，制造业企业与供应商的便捷互通能够加快信息交流、缩短创新周期，大数据和云计算带来的海量信息和计算能力能够赋予产业创新活动以快速可重复性和低成本拓展性，从而优化现有的发展业态，加速形成迈向全球价值链中高端的动力源泉。二是对于提升类新业态，重在引导产业链向高附加值环节延伸拓展。新一轮产业革命带来更多的创新机会和包容性，缩小了因地理位置和资源条件引起的创新差距，在更有效地挖掘需求市场的前提下，推动制造业向全球价值链的高附加值环节延伸，为新型技术的颠覆性创新提供了有力支撑。数字化、信息化、智能化发展与制造业发展升级相互渗透，尤其是"5G"、人工智能、机器人等发展进一步将技术投入商业应用时，可有力地促进制造业生产环节、业务流程、产业组织模式、盈利方式、商业运营机制的转型升级，激发制造业业态提升。三是针对培育类新业态，重点在于制造业战略性新兴领域。尤其是数字经济领域，传统制造业业态如何与数字经济有机融合。通过数字技术可以轻松获得大量顾客反馈信息，加速产品缺陷修复，推动基于数字技术的创新迭代。综合国内市场和海外市场对产品技术、制造业环节等方面的需求，建立良好的市场感知机制，积累相关技术创新能力，对现有制造业技术平台和产品生产业务流程加以改造可以逐渐深入海外市场，因此在以数字化、信息化、智能化为导向的新一轮产业革命中，应用层面的颠覆性创新对制造业格局的冲击可能更大，有可能在短时间内重构全球价值链，并形成"以我为主"的全球价值链。

7.3.2　推动产业链协同创新

　　全球价值链的竞争并不是某一家企业的竞争，而是整条链条的协同竞争。积极推动创新链条、产业链条和价值链条的协同演化，培育创新驱动我国制造业迈向全球价值链中高端的创新基础和产业基础。创新并不单是灵光乍现的过程，而是基于已有发展基础，创新链条也是环环相扣的过程。当务之急，需要鼓励制造业企业从产业发展的客观规律出发，从嵌入全球价值链走向更深程度的嵌入全球创新链条中，促进小微创新、模块化创新的涌现。在此基础上，仍然需要注重技术范式的变革，适时引导布局重大基础性创新，打造浑然一体的创新体系。需要高度重视制造业演变的新趋势，尤其是虚拟集聚、制造生态的积极变化，推动以产业集群发展、产业带发展带来产业链的协同共促、共同提升。

为了巩固和增强国家产业链的完整性，需要促进产业链龙头企业和中小企业合作创新。作为推进产业链、高质量发展的"钥匙"，创新密集型产业的龙头企业纷纷建言献策，推动自主研发工作，提高产品质量，推动吸收再创新向自主创新方式的动态转变，提高在全球创新链中的地位，支持龙头企业和中小企业产业链的协调发展，延伸国家增值链和创新链，充分发挥国有企业初始创新和技术富集的效益，推进混合所有制改革，形成"技术＋市场＋运营"协同运作的新格局。对航空航天、生物医疗等领域积极开发探索，争取在全球创新链上处于领导地位，促进我国制造业产业链和创新链协同升级。

7.3.3　打造产业创新生态

第一，对于企业而言，创新的外部性决定了创新绝不单纯是企业自身的行为，而是包含"政产学研用"五位一体的共生体系。完善的、相对丰富的技术生态，能够形成围绕核心技术和核心技术链条的技术生态，广泛吸引企业参与产业生态之中并积极开展协作型研发，构筑起联系紧密的技术生态体系。加快建立骨干企业技术创新数据库，并实施动态周期管理，充分发挥骨干企业在技术创新领域中信息、资源和平台的优势基础，对其技术创新与技术改造、重大科技创新项目、研发联合体等项目给予优先支持与跟踪管理，引导和扶持组建一批自主创新能力较强的大型企业，发挥在整合技术创新资源中的核心作用和示范效应。通过推动大型企业以核心技术、自主创新能力为基础，将技术、标准、产品和服务"带出去"，增强作为链主的我国企业对全球价值链的整合能力，充分发挥中小制造业企业在全球价值链体系中的配套作用，形成大型企业为主导、中小型企业相配套的全球价值链体系，增强供应链、产业链和创新链的相互促进、有效配合。我国企业应当依托我国经济规模不断壮大、市场不断扩大的优势，积极打造科技研发、信息交流等要素领域的公共服务平台，开发具有自主知识产权和自主品牌的产品和服务，建设"以我为主"的全球价值链。

第二，对于产业而言，加快东盟与中日韩领导人会议和区域全面经济伙伴关系协定的落实，优化与东盟国家在劳动密集型和区域生产型产业领域的产能合作。一方面，深化与日方合作，加速与韩国自贸区谈判，加强在化工、机械设备、计算机、电子、汽车、运输设备、电力机械等领域的创新合作，推动显示面板、动力电池、集成电路等产业链的创新发展，强化创新密集型行业产业链与创新链融合。另一方面，区域创新链条的薄弱环节也是我国制造业需要积极努力的方向，充分利用我国超大规模市场，塑造独立自主、安全可控的产业链，构建更高层次的区域价值链和创新链。加强中日韩区域创新链的整合，我国在生产和数字经济领域处于领先地位，日本的机械设备、汽车和发动机等领域有技术优势，韩国的半导体和相关产业优势较明显，应加强国内企业与三星、三菱、索尼、丰田等日韩龙头企业的战略合作。重点抓好航空航天、光学成像、医疗器械等创新链薄弱环节，推动和支持企业实施开放创新和合作创新，促进比较优势向竞争优势创新链转化。此外，还应促进区域生产链向我国转移。我国在劳动密集型产业和某些生产型产业中的区域竞争力相对较强，应着力提高我国中间产品在日韩高科技市场中的份额。与日韩高附加值的研发、设计、营销等环节合作，将促进我国劳动密集型产业的竞争力从成本优势向研发、设计、营销等环节转化，提升传统产业的自动化、智能化、个性化能力，如此或许能够使我国制造业在重点产业稳链、强链，提高产业链供应链的安全性、效率性和创新性。

第三，对于政府而言，要定期发布技术创新指导目录，集中技术人才对技术创新前沿的宏观把控，定期发布技术创新指导目录，将符合指导目录的企业创新纳入企业创新数据库予以管理，并且作为创新激励、财税奖励、补助减免的重要依据。深化对创新能力提升的重点领域技术现状、发展方向的分析研判，明确制约产业发展的共性关键技术问题。加强重点产业领域技术预测，每年度推出一次重点产业技术创新白皮书，对当前技术创新的现状、前沿、理论与实践进行综合追踪评价。健全技术研发联合体的运行机制，政府需要明晰技术研发联合体各个主体在技术创新中的定位，形成有利于"政产学研用"多方合作、有效合作、高效合作的可持续运行机制，保障各类主体的投资、研发、运营积极性，推动组建形式多样、机制灵活、运营规范的创新组织，切实形成有利于创新的共生体系。优化布局重大科技创新基地。以产业链条完善技术创新链条，有效利用、整合省级技术创新中心、重点实验室和公共研发服务平台等科研资源，根据产业发展的现实需求与产业演进的客观规律，完善技术创新基地的建设与布局。强化创新基地在基础研发领域的带头作用，推动科技创新基地的开放共享协同发展，实现创新基地的共建共享，服务于更多的科研项目、科研机构与科研人才。

7.4 "主心骨"：推动体制机制创新，扫清制造业攀升的外部障碍

体制机制创新是推动制造业迈向全球价值链中高端的重要保障。通过发挥新型举国体制的激励效应和管理创新的积极影响，综合政府多种保障措施的赋能，成为加快我国制造业体制机制创新的重要力量，为制造业迈向全球价值链中高端创造良好的外部环境。

7.4.1 发挥新型举国体制的激励效应

当今时代，无论是企业还是科研机构，依靠单一主体完成重大科技成果非常困难，而完全市场化运作下的合作研发又面临知识产权归属、经济利益分配等问题。韩国政府对半导体产业的支持值得我们学习借鉴。韩国政府通过对半导体产业的举国支持，在经历了痛苦的发展期后，半导体产业最终成为支撑韩国经济的重要支柱产业。我国具有高效的国家治理模式，具有快速高效动员社会资源的能力，政府能够"集中力量办大事"。2019 年，党的十九届四中全会审议通过的《中共中央关于坚持和完善中国特色社会主义制度推进国家治理体系和治理能力现代化若干重大问题的决定》提出，"构建社会主义市场经济条件下关键核心技术攻关新型举国体制"。这一新型举国体制的实质是政府和市场关系在国家科技发展领域的重新协调。主要包括：顶层设计上，极端重视基础研究和原始创新；运作方式上，企业为主、产业引领，按照市场规律进行融合创新；激励机制上，依据科研规律的客观需要，健全管理体制和政策体系，健全科技伦理治理体制。这一新型举国体制在带动我国经济转型升级中已发挥了巨大威力，如即将初步完成的北斗工程已实现新型举国体制下政治效益与经济效益的协同。

因此，在创新驱动我国制造业迈向全球价值链中高端的历史进程中，少不了的是新型举国体制巨大效能的发挥，尤其是涉及国计民生的重要领域、重大技术、重大科研攻关项目，需要新型举国体制的运作并形成竞争优势，这样才能保证在重要技术突破、重要技术范式变革中立于不败之地。新型举国体制带来的技术突破与技术范式变革，有利于推动我国制造业构建"以我为主、合作共赢"的价值链。为此，政府首先需要构建引导前沿技术研发与创新的可持续

推进机制，集聚优势创新资源，加强基础科学研究和前沿技术的联合攻关，优化完善基础研究的综合布局，在智能制造、生命科学、信息科学等前沿领域开展前瞻部署与探索性研究，形成基础研究与应用开发有效对接、融通共促的良好机制。其次，要以市场需求与实践应用为导向，以产业体系的自有优势与发展特色为前提，抓紧储备一批能够形成先发优势和竞争优势的技术集群，使我国在促进企业创新发展进程中充分掌握技术主动权与政策工具池。

7.4.2　依托管理创新的机制赋能

推动企业管理创新蓬勃发展。企业需要高度重视管理创新的显形与隐形功效，能够从根本上确立一种新的生产函数关系。管理创新的核心在于提升企业的资源组织协调能力，在更为合意的框架内进行资源的优化组织，提升资源的配置效率。伴随大数据的运用，企业可在推动组织数字化建设、智慧化发展方面进行管理创新。管理创新还在于不断革新企业的生产方式，降低企业冗余资源数量和水平，挖掘生产潜力，使得资源能够在生产可能性曲线的最前沿从事生产。管理创新还需要引入敢为人先的竞争意识，在竞争中促提升、在竞争中谋发展。为此，要加强学习型组织建设，加强柔性组织建设，使得企业组织形态能够适应技术与市场变革的需要，为全球价值链的攀升提供源源不断的组织赋能。

推动企业模式创新蓬勃发展。企业模式创新在信息化、数字化飞速发展的现代社会展现出更为现实的意义。数字经济时代任何一种传统的商业模式都有可能被更新。尤其是信息化、智能化对模式变革的重要影响，使得企业必须充分考虑自身资源与能力，精准理解和把握信息、智能、大数据等因素对模式变革与创新提出的新要求。例如，从事服装生产与销售的青岛酷特智能的商业模式创新就是以数据驱动为主的模式，并且逐步向其他行业的企业输出"酷特智能"模式。新经济时代，随着数据从沟通信息不对称从而填平价值洼地向信息参与生产的价值创造功能转变，数据驱动生产、定制化服务成为变革传统经济的重要基础，并且这一发展趋势成为各行各业的普遍规律。这就需要企业层面高度融合新经济技术变革与发展趋势，才能推动企业模式创新，建树企业的竞争力。

7.4.3　优化政策协同保障措施

政策协同的要旨在于不同部门既有所分工又能够高效协同。创新驱动我国制造业迈向全球价值链中高端，必然涉及多个政府职能部门的政策协同。既然不同职能部门的工作重点和所司职能是有分工的，因而各部门会出台各有侧重的政策，导致"一人一把号、各吹各的调"的局面。为了避免这种局面，一方面，需要在产业链链长制度下，以地方行政负责人来协同不同部门，加强部门在政策制定过程中的沟通交流，做到"一个目标指引下，一张蓝图绘到底"。另一方面，不同部门也需要考虑到职能特点，出台更具针对性、精准性的政策措施，避免浅尝辄止的政策。

政策协同还在于政策目标一致。不同政策和而不同，形式不同，但是最终的目标都是对技术创新的重视并提供良好的政策环境，助力我国企业实现全球价值链的攀升和提升国际话语权。要想不断提高企业的技术创新能力，需要政府科学的指导。例如，对不同规模的高新技术企业，不仅要注重企业的创新、知识产权和专利数量，更要注重质量。对成效突出的高新技术企业，给予企业所得税减免优惠，这一政策会使企业既能够通过提高技术创新降低成本、获得超额利润，又能够减轻税收负担，也会激励越来越多的企业增加研发投入，由此产生良性循环。提高企业的技术创新水平，能够使企业在关键技术、核心技术上聚力，突破在全球价值链中的薄弱环节，解决我国企业在全球价值链核心环节存在的问题，从价值链低端向中高端攀升，提高我国企业在国际竞争与分工合作中的地位和影响力。

政策协同的发力点在于扶持企业成长。以重大科研项目为载体加强合作交流，以产业技术需求为导向，成立技术创新引导基金，积极通过技术创新服务外包的形式开展技术合作与交流工作。优化资本市场和市场结构，鼓励和引导上市公司引入现金分红，推动和规范互联网金融服务，将民间资本延伸到国家战略投资领域基础设施和新兴产业的投资渠道，鼓励和支持科研院所、企事业单位的工作人员将自己的发明成果用于产业化，多渠道增加劳动者的财产收入。综合利用金融资源、国家和财政措施促进和引导中小企业发展，促进中小企业实施技术创新和产业现代化，促进以外需为重点的外向型中小企业发展向内外需并重的方向发展，实施民营企业高质量发展政策，扶持民营企业，深入培育实体经济，培育各行业"隐形冠军"。

7.5　本章小结

基于创新要素与制造业在全球价值链中位置变化的匹配性分析，深入探讨创新驱动我国制造业迈向全球价值链中高端机制，从而提出创新驱动我国制造业迈向全球价值链的"嵌入升级"和"构建新链"两条路径，在深入考察显示面板制造业、动力电池制造业、集成电路制造业、轨道交通装备制造业、电信设备制造业和电动汽车制造业六个典型产业案例基础上，本章的重点在于提出创新驱动我国制造业迈向全球价值链中高端的政策选择。

本章具体从关键共性技术突破、市场适应性技术创新、业态模式创新和体制机制创新四个视角提出了相应政策。其中，突破关键共性技术旨在消除制造业向全球价值链中高端攀升的关键掣肘，需要从引领优势产业的技术创新方向、重点突破支柱性产业"卡脖子"技术、超前布局新兴产业共性技术创新来发力；加快市场适应性技术创新则是为了打造制造业攀升的内生动力，立足制造业的差异性，分别提出制造业低端环节、中高端环节以及新兴领域的市场适应性技术创新政策；引领业态模式创新旨在打造制造业攀升的健全生态，需要从业态模式突破、产业链协同创新、产业创新生态等方面提供良好的政策保障；推动体制机制创新则是为了扫清制造业向全球价值链中高端攀升的外部障碍，体制机制创新的重点是发挥新型举国体制的激励效应、依托管理创新的机制赋能、优化政策协同保障措施。

第 **8** 章

研究结论、局限与展望 ━━━━━━━━━

本书从创新驱动与我国制造业全球价值链位置攀升的匹配性出发，全面、系统地阐释了创新驱动我国制造业迈向全球价值链中高端的机理、路径和政策选择，服务于我国制造业如何利用创新驱动迈向全球价值链中高端的核心命题。建立在已经完成的研究基础上，理性考察研究局限，并指出未来研究的展望。

8.1 研 究 结 论

（1）创新驱动与我国制造业全球价值链位置攀升在不同阶段均具有良好的匹配性。一是经过改革开放 40 余年的快速发展，我国制造业创新要素不断累积，提升了我国制造业的创新能力，推动了我国制造业在全球价值链中的位置演变。从细分产业层面看，不同细分产业创新要素的投入、规模和结构存在较大差异，导致不同产业创新能力和附加值创造能力存在较大差异。我国制造业中许多细分产业已处于全球价值链的中高端。二是从增值能力、上游度和"微笑曲线"进行位置刻画，我国制造业集中于技术链条的下游，虽然已经能够参与到高技术产品领域，但在技术层面仍然存在外部依赖的不利局面。我国制造业改变处于国际分工中的不利局面、迈向全球价值链中高端的关键在于技术维度的转型升级，由技术链条下游向技术链条上游、由专用性技术向通用性技术、由技术运用向技术创造的转型。三是从匹配性分析的视角看，在"技术创新——全球价值链位置攀升"系统耦合协调发展上，技术密集型产业整体上领先于劳动密集型产业和资本密集型产业，且技术密集型产业内部的耦合协调度均值的差异性较小，尤其是时间维度下技术密集型产业在 2014 年相对表现得更为突出。这也进一步揭示，我国制造业向全球价值链中高端攀升与创新驱动同步发展，创新驱动构成价值链攀升的内生动力。

（2）创新驱动对我国制造业向全球价值链中高端攀升通过"企业—产业—价值链"的传导过程得以实现。全球价值链范式下创新驱动的核心内涵是技术创新。虽然国家创新体系、价值链上的国家间关系都是创新驱动的应有之义，但是不可否认微观企业的技术创新始终是创新驱动的核心。在预测新技术趋势、市场趋势的前提下，重新理解以企业技术创新为核心的创新驱动，重新认识全球价值链中高端，并根据对新特征的判断，讨论从企业到产业再到价值链的技术创新驱动传导过程，并从我国制造业不均衡发展的实际出发，区分出不同情景下制造业通过技术创新迈向价值链中高端的产业间差异。本书认为，在良好的国家间关系与健全的国家创新体系下，企业调整技术创新战略以适应新的和不断发展的技术趋势与市场需求，通过"企业—产业—价值链"的传导过程，依靠技术创新驱动我国制造业全球价值链的位置攀升就是可以实现的。因此，依托创新驱动推动我国制造业迈向全球价值链中高端是有迹可循的，创新驱动需要落脚在微观企业，才能够带动产业的创新发展，进而带来全球价值链的攀升。

（3）我国制造业迈向全球价值链中高端主要存在"嵌入升级"和"构建新链"两种路径。在我国制造业现有技术地位的基础上，从演化路径、动力源泉、制度加速、产业支撑、实现障碍等多个方面考察在"嵌入升级"和"构建新链"路径中，创新如何驱动我国制造业迈向全球价值链中高端。具体而言，从显示面板制造业、动力电池制造业和集成电路制造业考察了"嵌入升级"的典型案例，从轨道交通装备制造业、电信设备制造业和电动汽车制造业考察了"构建新链"的典型案例。通过六个典型案例的剖析发现，案例满足"嵌入升级"和"构建新链"两种升级路径。从技术链条看，无论是中间产品从技术传递者到技术提供者的"嵌入升级"路径，还是下游产品从技术使用者到技术整合者的"构建新链"路径，都是一个通过技术积累实现从低技术环节迈向高技术环节的过程。从产品链条看，不同制造业之间存在差异：在产品链条的中上游环节，以从技术传递者到技术提供者的"嵌入升级"过程为主，更需要稳定的技术积累，面临的技术复杂、技术门槛高；在产品链条的下游环节，以从技术使用者到技术整合者的新链构建过程为主，依靠大规模市场发挥作用更有效，能够实现最终产品满足大容量细分市场。案例研究进一步揭示了以下几个方面的结论：一是从技术与市场环境角度看，产业越靠近市场端，对我国的市场利用越充分，其攀升全球价值链中高端的进程越顺利。中央政府推动形成以国内循环为主体、国内国际双循环相互促进的新发展格局，这为我国制造业产业链完善和"嵌入升级"提供了强大的动力。二是从研发与创新策略角度看，各产业利用后发优势进行技术追赶，逆向技术溢出的空间趋于消失，我国必须依靠国产品牌的自主创新释放超大规模市场潜力，建立先发优势，实现在国际市场的领先发展，否则我国制造业在全球价值链的升级之路只会越走越艰难。三是从市场与投资策略角度看，我国制造业迈向全球价值链中高端的发展过程可以归为两条：先基于国家价值链建立竞争优势再进军国际市场，如轨道交通设备制造业；全球价值链与国家价值链协同升级，如动力电池制造业。政府主导下的核心技术重点攻关能够有效地破除相关产业发展的瓶颈，尤其是在升级过程中的逆产业和市场周期投资方面，单靠企业的力量难以解决投资大、周期长的问题。四是从政策效应的角度看，中国背景下的制度创新加速了市场的成熟。体制优势能够将分散的资源整合在一起，提升资源配置效率。我国能够发挥集中力量办大事的优势，以市场为导向，高效率且低成本地完成复杂性创新。

（4）创新驱动我国制造业迈向全球价值链中高端的政策：关键共性技术突破的"牛鼻子"为牵引、市场适应性技术创新的"厚基础"相充实、业态模式创新的"路线图"作指引、体制机制创新的"主心骨"担保障。面对全球制造业发展的新变化与新一轮技术革命重大战略机遇，我国制造业要有跨越与赶超的勇气，以创新驱动为动力，把握世界先进制造业的价值链高端，发展附加价值高、收益大的环节，持续向全球价值链中高端攀升。尤其需要考察重大疫情的冲击与影响，深入考察创新驱动我国制造业迈向全球价值链中高端的有效对策建议，构建"高也成低也就"的我国制造业生存法则，归结起来，主要包含：突破关键共性技术，消除制造业攀升的关键掣肘；加快市场适应性技术创新，打造制造业攀升的内生动力；引领业态模式创新，丰富制造业攀升的健全生态；推动体制机制创新，扫清制造业攀升的外部障碍。以此搭建"前有牵引、后有保障；上有指引、下有基础"的四维象限政策体系，并且，采用四维象限所构成的四边形面积大小成为科学评价政策完善性的有效手段。

8.2　研究局限

本书考察了创新驱动我国制造业迈向全球价值链中高端的现状、机理、路径和政策，系统回答了创新驱动对我国制造业全球价值链攀升"是什么""为什么""怎么办"的问题。当然，研究仍有可进一步深化的领域。一是本书在产业选择上，主要集中于显示面板制造业、动力电池制造业和集成电路制造业等高新技术产业，对传统劳动密集型产业的考虑仍显不足。在我国制造业份额中，劳动密集型产业仍占据较大比重，这部分产业如何推动创新驱动并迈向全球价值链中高端，虽然本书结论具有一定的启示和指导意义，但是考虑到产业之间的差异性，急需展开针对性的研究。二是世界经济发展风云诡谲，尤其是考虑到中美贸易摩擦以及新冠股炎疫情的双重影响，对全球价值链以及全球经济良性发展产生的消极影响，本书在理论机制分析中，限于数据的可得性，未能将这些外部宏观因素对创新驱动我国制造业迈向全球价值链中高端可能存在的影响进行深入分析和系统阐释。三是我国政策层面提供了诸多新提法、新思路，例如双循环格局、全面经济伙伴关系协定等，这些政策与本书研究的主题较为紧密，本应构成政策设计的内容，可是囿于本书研究时间与精力未能进行系统阐释。

8.3　研究展望

未来可进一步展开研究的方向：一是劳动密集型产业如何迈向全球价值链中高端。如何在保持制造大国的前提下实现产业有序转型与协同升级，逐步向全球价值链中高端攀升，实现由中国制造向中国创造的革新成为摆在我国制造业面前的重大战略性问题和任务。二是重大外部性因素挑战，如中美贸易摩擦以及新冠肺炎疫情，这些始料未及却又影响深远的重大外部性因素对创新驱动我国制造业迈向全球价值链中高端产生何种影响，如何科学估量短期与长期影响，并制定精准可靠、具有前瞻性的政策，是当前政府部门、学界与业界研究的重大现实问题。三是区域全面经济伙伴关系协定正在逐步展开，这对创新驱动我国制造业迈向全球价值链中高端提供了新的实践发展可行路径。并且，"以国内大循环为主体，国内国际双循环相互促进的新发展格局"成为我国未来一段时间政策战略性调整的关键点，那么在新发展格局下，国内价值链、区域价值链以及全球价值链相互之间的关系、次序、脉络也是后续研究的重大现实问题。

参 考 文 献

[1] 卞元超, 吴利华, 白俊红. 高铁开通是否促进了区域创新? [J]. 金融研究, 2019 (6): 132 - 149.

[2] [美] 布莱恩·阿瑟. 技术的本质 [M]. 杭州: 浙江人民出版社, 2014.

[3] 蔡昉. 中国经济增长如何转向全要素生产率驱动型 [J]. 中国社会科学, 2013 (1): 56 - 71.

[4] 曹明福, 李树民. 全球价值链分工的利益来源: 比较优势、规模优势和价格倾斜优势 [J]. 中国工业经济, 2005 (10): 22 - 28.

[5] 曹思未, 蔡随宝, 杨洋, 叶静怡. 国有企业和非国有企业的创新产出与创新特征分析——基于 2016 年广州市创新调查和 Wind 数据库的实证研究 [J]. 中国科技论坛, 2019 (6): 102 - 108.

[6] 陈爱贞, 刘志彪. 决定我国装备制造业在全球价值链中地位的因素——基于各细分行业投入产出实证分析 [J]. 国际贸易问题, 2011 (4): 115 - 125.

[7] 陈金波. 企业政治关系对技术创新与经济绩效的影响——基于企业规模调节效应的理论与实证研究 [J]. 经济经纬, 2020, 37 (2): 134 - 140.

[8] 陈劲. 创新管理及未来展望 [J]. 技术经济, 2013, 32 (6): 1 - 9, 84.

[9] 陈培如, 冼国明. 中国对外直接投资的逆向技术溢出效应——基于二元边际的视角 [J]. 科研管理, 2020, 41 (4): 1 - 10.

[10] 陈启斐, 刘志彪. 进口服务贸易、技术溢出与全要素生产率——基于 47 个国家双边服务贸易数据的实证分析 [J]. 世界经济文汇, 2015 (5): 1 - 20.

[11] 陈启斐, 王晶晶, 黄志军. 参与全球价值链能否推动中国内陆地区产业集群升级 [J]. 经济学家, 2018 (4): 42 - 53.

[12] 陈颂, 卢晨. 产品内国际分工技术进步效应的影响因素研究 [J]. 国际贸易问题, 2018, 425 (5): 30 - 43.

[13] 陈颂，卢晨．国际产品内分工对中国工业行业环境技术效率的影响效应研究 [J]．国际贸易问题，2019（12）：46 - 60．

[14] 程大中．中国参与全球价值链分工的程度及演变趋势——基于跨国投入—产出分析 [J]．经济研究，2015（9）：4 - 16，99．

[15] 程虹，林丽梅．不同所有制企业技术创新投入效应差异性研究——来自中国企业—劳动力匹配调查 [J]．科技进步与对策，2018，35（6）：77 - 83．

[16] 程惠芳，陆嘉俊．知识资本对工业企业全要素生产率影响的实证分析 [J]．经济研究，2014，49（5）：174 - 187．

[17] 崔焕金，洪华喜．地方产业集群演进与升级考察 [J]．经济问题探索，2005（12）：45 - 47．

[18] 戴翔，李洲．全球价值链上的中国产业：地位变迁及国际比较 [J]．财经科学，2017（7）：77 - 89．

[19] 戴翔．营商环境优化能够提升全球价值链分工地位吗 [J]．经济理论与经济管理，2020（5）：48 - 61．

[20] 戴翔，张为付．全球价值链、供给侧结构性改革与外贸发展方式转变 [J]．经济学家，2017（1）：39 - 46．

[21] 戴翔．中国制造业国际竞争力——基于贸易附加值的测算 [J]．中国工业经济，2015（1）：78 - 88．

[22] 丁雪，杨忠．中国情境下创新链的知识图谱可视化——基于中国知网数据库的文献计量分析 [J]．科技管理研究，2020，40（12）：10 - 18．

[23] 董有德，唐云龙．中国产业价值链位置的定量测算——基于上游度和出口国内增加值的分析 [J]．上海经济研究，2017（2）：42 - 48．

[24] 杜俊枢，郭毅．商业关系、政治关系与技术创新绩效——资源获取的中介效应 [J]．科技进步与对策，2015，32（13）：59 - 63．

[25] 樊杰，刘汉初．"十三五"时期科技创新驱动对我国区域发展格局变化的影响与适应 [J]．经济地理，2016，36（1）：1 - 9．

[26] 樊茂清，黄薇．基于全球价值链分解的中国贸易产业结构演进研究 [J]．世界经济，2014，37（2）：50 - 70．

[27] 冯根福，温军．中国上市公司治理与企业技术创新关系的实证分析 [J]．中国工业经济，2008（7）：91 - 101．

[28] 冯根福，郑明波，温军，张存炳．究竟哪些因素决定了中国企业的技术

创新——基于九大中文经济学权威期刊和 A 股上市公司数据的再实证 [J]. 中国工业经济，2021（1）：17 - 35.

[29] 符淼. 外商直接投资技术溢出效应的空间计量分析 [J]. 国际经贸探索，2009，25（4）：65 - 70.

[30] 傅晓霞，吴利学. 技术差距、创新路径与经济赶超——基于后发国家的内生技术进步模型 [J]. 经济研究，2013，48（6）：19 - 32.

[31] 高敬峰. 中国出口价值链演化及其内在机理剖析 [J]. 财贸经济，2013（4）：98 - 110.

[32] 高翔，黄建忠，袁凯华. 价值链嵌入位置与出口国内增加值率 [J]. 数量经济技术经济研究，2019，36（6）：41 - 61.

[33] 高运胜，孙露，张玉连. 新冠疫情全球蔓延对我国汽车产业链的冲击与机遇 [J]. 国际贸易，2020（11）：36 - 44.

[34] 葛顺奇，罗伟. 跨国公司进入与中国制造业产业结构——基于全球价值链视角的研究 [J]. 经济研究，2015（11）：34 - 48.

[35] 葛阳琴，谢建国. 全球化还是区域化——中国制造业全球价值链分工及演变 [J]. 国际经贸探索，2017（1）：17 - 31.

[36] 龚双红. 中国产业集群升级研究 [D]. 北京：中共中央党校，2009.

[37] 郭春野，庄子银. 知识产权保护与"南方"国家的自主创新激励 [J]. 经济研究，2012，47（9）：32 - 45.

[38] 郭菊娥，陈辰，邢光远. 可持续投资支持"新基建"重塑中国价值链 [J]. 西安交通大学学报（社会科学版），2021，41（2）：11 - 18.

[39] 郭玉晶，乔小乐等. 自主创新、技术引进与技术进步的通径分析 [J]. 中国科技论坛，2016（12）：16 - 21，34.

[40] 国家计委宏观经济研究院课题组，王岳平，李淑华，任旺兵，祁淑萍，怀铁铮. 我国通信设备制造业的结构调整与产业升级 [J]. 宏观经济研究，2001（3）：36 - 41.

[41] 郝凤霞，张璘. 低端锁定对全球价值链中本土产业升级的影响 [J]. 科研管理，2016，37（S1）：131 - 141.

[42] 何建洪，席世超，姜玉琦. 韩国三星公司构建全球研发网络的经验借鉴 [J]. 科技进步与对策，2016，33（7）：88 - 93.

[43] 何宁，夏友富. 装备制造业全球价值链融入程度与技术进步效应研究 [J]. 科技进步与对策，2019，36（4）：71 - 80.

［44］ 何宇，陈珍珍等．贸易冲突与合作：基于全球价值链的解释 ［J］．中国工业经济，2020 （3）：24 –43.

［45］ 贺俊，吕铁，黄阳华，江鸿．技术赶超的激励结构与能力积累：中国高铁经验及其政策启示 ［J］．管理世界，2018，34 （10）：191 –207.

［46］ 洪银兴．参与全球经济治理：攀升全球价值链中高端 ［J］．南京大学学报，2017 （4）：13 –23.

［47］ 洪银兴．关于创新驱动和创新型经济的几个重要概念 ［J］．群众，2011 （8）：31 –33.

［48］ 洪银兴．进入新时代的中国特色社会主义政治经济学 ［J］．管理世界，2020，36 （9）：1 –11.

［49］ 洪银兴．科技创新中的企业家及其创新行为——兼论企业为主体的技术创新体系 ［J］．中国工业经济，2012 （6）：83 –93.

［50］ 洪银兴．围绕产业链部署创新链——论科技创新与产业创新的深度融合 ［J］．经济理论与经济管理，2019 （8）：4 –10.

［51］ 洪银兴．现代化的创新驱动：理论逻辑与实践路径 ［J］．江海学刊，2013 （6）：20 –27.

［52］ 洪银兴．以创新支持开放模式转换——再论由比较优势转向竞争优势 ［J］．经济学动态，2010 （11）：27 –32.

［53］ 侯婧，朱莲美，尹夏楠．国有产权性质下高管权力配置与企业技术创新——基于异质性创新动机视角 ［J］．华东经济管理，2019，33 （10）：119 –128.

［54］ 胡大立，朱嘉蔚．政策感知对代工企业全球价值链攀升的影响 ［J］．江西社会科学，2020，40 （6）：89 –98.

［55］ 胡海鹏，袁永，黎雅婷．创新驱动发展能力内涵及评价研究述评 ［J］．科技管理研究，2019，39 （16）：11 –17.

［56］ 胡婷婷，文道贵．发达国家创新驱动发展比较研究 ［J］．科学管理研究，2013，31 （2）：1 –4.

［57］ 胡昭玲．国际垂直专业化对中国工业竞争力的影响分析 ［J］．财经研究，2007，33 （4）：18 –27.

［58］ 胡昭玲，宋佳．基于出口价格的中国国际分工地位研究 ［J］．国际贸易问题，2013 （3）：15 –25.

［59］ 华为．华为创新与知识产权白皮书 ［R/OL］．华为，2019. https：//

www. huawei. com/cn/industry – insights/innovation/huawei – white – paper – on – innovation – and – intellectual – property.

[60] 黄光灿，王珏，马莉莉. 全球价值链视角下中国制造业升级研究——基于全产业链构建 [J]. 广东社会科学，2019 (1)：54 –64.

[61] 黄海峰，施展. 中国制造业及其细分产业在全球价值链中的价值增值获取能力研究——基于投入产出和生产分割视角 [J]. 现代经济探讨，2017 (8)：59 –70.

[62] 黄清煌，高明. 环境规制对经济增长的数量和质量效应——基于联立方程的检验 [J]. 经济学家，2016 (4)：53 –62.

[63] 黄泰岩. 创新破解难题的重要视角——评《中国经济结构调整和发展方式转变》[J]. 出版广角，2010 (10)：65.

[64] 霍国庆，杨阳，张古鹏. 新常态背景下中国区域创新驱动发展理论模型的构建研究 [J]. 科学学与科学技术管理，2017，38 (6)：77 –93.

[65] 简晓彬，陈伟博. 装备制造业集群式创新的学习网络及优化路径——以徐州工程机械产业集群为例 [J]. 科技管理研究，2019，39 (21)：130 – 136.

[66] 江小涓. 贯彻落实科学发展观 促进服务业加快发展 [J]. 财贸经济，2005 (11)：13 –15.

[67] 焦勇，杨蕙馨. 技术创新对中国制造业全球价值链攀升的非线性传导 [J]. 现代经济探讨，2020 (7)：99 –107.

[68] 鞠建东，余心玎. 全球价值链上的中国角色——基于中国行业上游度和海关数据的研究 [J]. 南开经济研究，2014 (3)：39 –52.

[69] 康志勇，张杰. 制度对我国本土制造业企业自主创新的影响——来自中国微观企业的经验证据 [J]. 研究与发展管理，2010，22 (6)：103 – 111.

[70] 孔令夷，楼旭明，贾卫峰. 我国通信电子设备制造业转型升级路径与模式 [J]. 科技管理研究，2014，34 (19)：71 –77，87.

[71] 孔祥年. 基于创新链与产业链融合的产业技术研究院运行机制及建设路径 [J]. 中国高校科技，2019 (10)：86 –89.

[72] 兰凤崇，骆济焕，陈吉清，李屹罡. 车用动力电池关键材料技术及发展趋势研究 [J]. 科技管理研究，2019，39 (12)：117 –123.

[73] 兰海霞，赵雪雁. 中国区域创新效率的时空演变及创新环境影响因素

　　［J］. 经济地理，2020，40（2）：97－107.

［74］ 李传超，杨蕙馨. 技术通用性、全球创新链嵌入与国际知识流［J］. 南方经济，2020（2）：1－19.

［75］ 李传志. 我国集成电路产业链：国际竞争力、制约因素和发展路径［J］. 山西财经大学学报，2020，42（4）：61－79.

［76］ 李飞星，胡振华. 传统产业集群企业区域价值链市场势力塑造路径［J］. 管理案例研究与评论，2020，13（1）：1－15.

［77］ 李跟强，潘文卿. 国内价值链如何嵌入全球价值链：增加值的视角［J］. 管理世界，2016（7）：10－22，187.

［78］ 李建军，孙慧，田原. 产品内分工如何影响发展中国家全球价值链攀升——以“丝绸之路经济带”沿线国家为例［J］. 国际贸易问题，2019（12）：91－105.

［79］ 李婧，谭清美，白俊红. 中国区域创新生产的空间计量分析——基于静态与动态空间面板模型的实证研究［J］. 管理世界，2010（7）：43－55，65.

［80］ 李黎明，谢子春，梁毅劼. 创新驱动发展评价指标体系研究［J］. 科技管理研究，2019，39（5）：59－69.

［81］ 李强，郑江淮. 基于产品内分工的中国制造业价值链攀升：理论假设与实证分析［J］. 财贸经济，2013（9）：95－102.

［82］ 李思慧，徐保昌. 环境规制与技术创新——来自中国地级市层面的经验证据［J］. 现代经济探讨，2020（11）：31－40.

［83］ 李四维，傅强，刘珂. 创新驱动空间溢出与区域经济收敛：基于空间计量分析［J］. 管理工程学报，2020，34（6）：191－201.

［84］ 李苏苏，叶祥松，张少华. 中国制造业企业全要素生产率测度研究［J］. 学术研究，2020（3）：105－113.

［85］ 李晓琳. 提升中国装备制造业在全球价值链中的地位［J］. 宏观经济管理，2018（12）：26－33.

［86］ 李雪，吴福象. 要素迁移、技能匹配与长江经济带产业集群演化［J］. 现代经济探讨，2020（4）：59－67.

［87］ 李延朋. 垂直专业化、企业签约与知识型技术创新体系构建［J］. 中国工业经济，2014（9）：122－134.

［88］ 廖重斌. 环境与经济协调发展的定量评判及其分类体系［J］. 热带地理，

1999（2）：171 – 177.

[89] 林素燕，赖逸璇. 公司治理影响企业技术创新吗？——基于中国东部、中部、西部上市公司的比较研究 [J]. 财经论丛，2019（5）：75 – 82.

[90] 凌丹，张小云. 技术创新与全球价值链升级 [J]. 中国科技论坛，2018，270（10）：59 – 67，106.

[91] 凌永辉，刘志彪. 内需主导型全球价值链的概念、特征与政策启示 [J]. 经济学家，2020（6）：26 – 34.

[92] 刘秉镰，李清彬. 中国城市全要素生产率的动态实证分析：1990—2006——基于 DEA 模型的 Malmquist 指数方法 [J]. 南开经济研究，2009（3）：139 – 152.

[93] 刘春生，王泽宁. 全球价值链视角下我国服务外包的定位与路径选择——基于北京市服务外包升级发展的分析 [J]. 管理世界，2017（5）：172 – 173.

[94] 刘芳. 高速铁路、知识溢出与城市创新发展——来自 278 个城市的证据 [J]. 财贸研究，2019，30（4）：14 – 29.

[95] 刘国巍，邵云飞. 产业链创新视角下战略性新兴产业合作网络演化及协同测度——以新能源汽车产业为例 [J]. 科学学与科学技术管理，2020，41（8）：43 – 62.

[96] 刘洪铎，曹瑜强. 中美两国在全球价值链上的分工地位比较研究——基于行业上游度测算视角 [J]. 上海经济研究，2016（12）：11 – 19.

[97] 刘慧，吴应宇等. 金融支持上游度对高技术产品出口的影响研究 [J]. 科学学研究，2016（9）：1347 – 1359.

[98] 刘佳，代明，易顺. 先进制造业与现代服务业融合：实现机理及路径选择 [J]. 学习与实践，2014（6）：23 – 34.

[99] 刘戒骄. 生产分割与制造业国际分工——以苹果、波音和英特尔为案例的分析 [J]. 中国工业经济，2011（4）：148 – 157.

[100] 刘琳. 中国参与全球价值链的测度与分析——基于附加值贸易的考察 [J]. 世界经济研究，2015（6）：71 – 83，128.

[101] 刘思明，张世瑾，朱惠东. 国家创新驱动力测度及其经济高质量发展效应研究 [J]. 数量经济技术经济研究，2019，36（4）：3 – 23.

[102] 刘维林. 产品架构与功能架构的双重嵌入——本土制造业突破 GVC 低端锁定的攀升途径 [J]. 中国工业经济，2012（1）：152 – 160.

[103] 刘雯，马晓辉，刘武．中国大陆集成电路产业发展态势与建议 [J]．中国软科学，2015 (11)：186 – 192．

[104] 刘志彪，陈柳．疫情冲击对全球产业链的影响、重组与中国的应对策略 [J]．南京社会科学，2020 (5)：15 – 21．

[105] 刘志彪．从后发到先发：关于实施创新驱动战略的理论思考 [J]．产业经济研究，2011 (4)：1 – 7．

[106] 刘志彪．从全球价值链转向全球创新链：新常态下中国产业发展新动力 [J]．学术月刊，2015，47 (2)：5 – 14．

[107] 刘志彪，张杰．全球代工体系下发展中国家俘获型网络的形成、突破与对策——基于 GVC 与 NVC 的比较视角 [J]．中国工业经济，2007 (5)：39 – 47．

[108] 刘志彪，张杰．中国本土制造业企业出口决定因素的实证分析 [J]．经济研究，2009，44 (8)：99 – 112，159．

[109] 柳香如，邬丽萍．全球价值链嵌入与制造业国际竞争力提升分析——基于创新型人力资本的作用效应 [J]．金融与经济，2021 (2)：53 – 62．

[110] 柳卸林，简明珏．通过兼并可以实现跨越创新吗——京东方的并购与创新 [J]．管理评论，2007 (8)：10 – 16，48，63．

[111] 柳卸林，吴晟，朱丽．华为的海外研发活动发展及全球研发网络分析 [J]．科学学研究，2017，35 (6)：834 – 841，862．

[112] 卢锋．产品内分工 [J]．经济学（季刊），2004 (4)：55 – 82．

[113] 卢锋，李昕，李双双，姜志霄，张杰平，杨业伟．为什么是中国？——"一带一路"的经济逻辑 [J]．国际经济评论，2015 (3)：9 – 34，4．

[114] 鲁桐，党印．公司治理与技术创新：分行业比较 [J]．经济研究，2014，49 (6)：115 – 128．

[115] 鲁晓东，连玉君．中国工业企业全要素生产率估计：1999 – 2007 [J]．经济学（季刊），2012，11 (2)：541 – 558．

[116] 陆国庆，王舟，张春宇．中国战略性新兴产业政府创新补贴的绩效研究 [J]．经济研究，2014，49 (7)：44 – 55．

[117] 路风．冲破迷雾——揭开中国高铁技术进步之源 [J]．管理世界，2019，35 (9)：164 – 194，200．

[118] 路风，封凯栋．为什么自主开发是学习外国技术的最佳途径？——以

日韩两国汽车工业发展经验为例 [J]. 中国软科学, 2004 (4): 6-11.

[119] 吕文栋, 逯春明, 张辉. 全球价值链下构建中国中药产业竞争优势——基于中国青蒿素产业的实证研究 [J]. 管理世界, 2005 (4): 75-84.

[120] 吕延方, 崔兴华. 中国全球价值链嵌入与生态环境的耦合协调机制分析 [J]. 宏观经济研究, 2020 (1): 112-123.

[121] 吕越, 谷玮, 包群. 人工智能与中国企业参与全球价值链分工 [J]. 中国工业经济, 2020 (5): 80-98.

[122] 罗福凯, 庞廷云, 王京. 混合所有制改革影响企业研发投资吗?——基于我国 A 股上市企业的经验证据 [J]. 研究与发展管理, 2019, 31 (2): 56-66.

[123] 罗仲伟, 任国良, 焦豪, 蔡宏波, 许扬帆. 动态能力、技术范式转变与创新战略——基于腾讯微信"整合"与"迭代"微创新的纵向案例分析 [J]. 管理世界, 2014 (8): 152-168.

[124] 马风涛. 中国制造业全球价值链长度和上游度的测算及其影响因素分析——基于世界投入产出表的研究 [J]. 世界经济研究, 2015 (8): 3-10.

[125] 马红, 侯贵生. 混合所有制改革、地方国企依赖与国有企业创新升级——基于制造业的实证研究 [J]. 上海财经大学学报, 2019, 21 (2): 30-45, 64.

[126] 马涛, 陈曦. "一带一路"包容性全球价值链的构建——公共产品供求关系的视角 [J]. 世界经济与政治, 2020 (4): 131-154, 159-160.

[127] [美] 马歇尔. 经济学原理 [M]. 北京: 中国社会科学出版社, 2007.

[128] 马野青, 张梦, 巫强. 什么决定了中国制造业在全球价值链中的地位?——基于贸易增加值的视角 [J]. 南京社会科学, 2017 (3): 28-35.

[129] 马中东, 宁朝山. 基于全球价值链的国家质量基础与产业集群质量升级研究 [J]. 统计与决策, 2020, 36 (15): 14-18.

[130] 毛伟. 制度变革的经济绩效——兼论优化配置与创新驱动的作用 [J]. 学术月刊, 2020, 52 (5): 62-71.

[131] 孟祺. 全球公共卫生危机对中国参与全球价值链的影响 [J]. 财经科学, 2020 (5): 77-91.

[132] 倪红福. 全球价值链中产业"微笑曲线"存在吗?——基于增加值平均传递步长方法 [J]. 数量经济技术经济研究, 2016, 33 (11): 111 - 126.

[133] 聂聆, 李三妹. 制造业全球价值链利益分配与中国的竞争力研究 [J]. 国际贸易问题, 2014 (12): 103 - 113.

[134] 欧光军, 杨青, 雷霖. 国家高新区产业集群创新生态能力评价研究 [J]. 科研管理, 2018, 39 (8): 63 - 71.

[135] 潘豪. 价值链治理模式及其拓展研究 [J]. 科技和产业, 2010, 10 (8): 71 - 73.

[136] 潘利. 链网互动理论: 产业集群升级的新视角 [J]. 华东经济管理, 2007 (7): 55 - 61.

[137] 潘文卿, 李跟强. 中国区域的国家价值链与全球价值链: 区域互动与增值收益 [J]. 经济研究, 2018 (3): 171 - 186.

[138] 裴耀琳, 郭淑芬. 创新驱动情境下城市脆弱性评价 [J]. 统计与决策, 2020, 36 (17): 62 - 65.

[139] 彭支伟, 张伯伟. 中国国际分工收益的演变及其决定因素分解 [J]. 中国工业经济, 2018, 363 (6): 64 - 83.

[140] 齐兰, 王姗. 中国高端装备制造业产品内分工程度与地位 [J]. 吉林大学社会科学学报, 2018, 58 (6): 83 - 93, 205.

[141] 钱学锋, 熊平. 中国出口增长的二元边际及其因素决定 [J]. 经济研究, 2010, 45 (1): 65 - 79.

[142] 钱燕, 段姝, 张林郁. 科技型企业的融资结构与创新效率关系——来自创业板的经验证据 [J]. 科技管理研究, 2019, 39 (21): 53 - 60.

[143] 乔小勇, 王耕, 李泽怡. 全球价值链国内外研究回顾——基于 SCI/SSCI/CSSCI 文献的分析 [J]. 亚太经济, 2017 (1): 116 - 126.

[144] 乔小勇, 王耕, 李泽怡. 中国制造业、服务业及其细分行业在全球生产网络中的价值增值获取能力研究: 基于"地位—参与度—显性比较优势"视角 [J]. 国际贸易问题, 2017 (3): 63 - 74.

[145] 邱斌, 尹威, 杨帅. 全球生产网络背景下的企业创新与经济增长——"FDI、企业国际化与中国产业发展学术研讨会"综述 [J]. 管理世界, 2007 (12): 136 - 139.

[146] 任保平. 技术创新的供求分析及其供求对接模式选择 [J]. 福建论坛

（人文社会科学版），2013（8）：18 – 23.

[147] 任志宽. 推动产业链与创新链深度融合 [N]. 北京：学习时报，2020 – 07 – 15.

[148] 邵传林，徐立新. 创新驱动发展的制度性影响因素研究——基于中国省际层面的实证检验 [J]. 北京邮电大学学报（社会科学版），2015，17（4）：69 – 76.

[149] 邵建春. 我国进口技术复杂度经济增长效应实证比较研究 [J]. 科研管理，2017，38（3）：128 – 134.

[150] 沈琼，王少朋. 技术创新、制度创新与中部地区产业转型升级效率分析 [J]. 中国软科学，2019（4）：176 – 183.

[151] 施锦芳，郑晨. 中国轨道交通装备制造业贸易结构与出口潜力的实证研究 [J]. 宏观经济研究，2017（3）：101 – 117.

[152] 史本叶，王晓娟. 中美贸易摩擦的传导机制和扩散效应：基于全球价值链关联效应的研究 [J]. 世界经济研究，2021（3）：14 – 29，134.

[153] 史璐璐，江旭. 创新链：基于过程性视角的整合性分析框架 [J]. 科研管理，2020，41（6）：56 – 64.

[154] 宋德勇，李项佑，李超. 资源枯竭城市转移支付对绿色技术创新的影响——赋能激励抑或政策陷阱 [J]. 工业技术经济，2020，39（11）：19 – 27.

[155] 宋华，杨雨东. 中国产业链供应链现代化的内涵与发展路径探析 [J]. 中国人民大学学报，2022，36（1）：120 – 134.

[156] 孙宁华，张翔. 商业模式创新驱动全球价值链攀升 [J]. 河北学刊，2018，38（1）：118 – 126.

[157] 孙泗泉，叶琪. 创新驱动制造业转型的作用机理与战略选择 [J]. 产业与科技论坛，2015，14（2）：15 – 18.

[158] 孙喜，李明，徐珂欣. 从产业升级中的龙头企业角色理解创新的非线性特征 [J]. 科学学与科学技术管理，2022，43（1）：107 – 123.

[159] 田颖，田增瑞，韩阳，吴晓隽. 国家创新型产业集群建立是否促进区域创新？[J]. 科学学研究，2019，37（5）：817 – 825，844.

[160] 屠年松，龚凯翔. 制造业自主创新、外国技术溢出与全球价值链地位 [J]. 重庆大学学报（社会科学版），2023，29（1）：88 – 101.

[161] 汪建，周勤，赵驰. 产业链整合、结构洞与企业成长——以比亚迪和

腾讯公司为例 [J]. 科学学与科学技术管理, 2013, 34 (11): 103 – 115.

[162] 王爱民, 李子联. 技术引进有利于企业自主创新吗? ——对技术环境调节作用的解析 [J]. 宏观质量研究, 2018, 6 (1): 109 – 117.

[163] 王兵, 杨欣怡. 中国工业行业全要素生产率分析 (1981—2015): 波特假说的验证 [J]. 产经评论, 2019, 10 (6): 87 – 107.

[164] 王昌森, 董文静. 创新驱动发展运行机制及能力提升路径——以"多元主体协同互动"为视角 [J]. 企业经济, 2021, 40 (3): 151 – 160.

[165] 王公博. 创新驱动与人口集聚: 基于空间杜宾模型的实证检验 [J]. 西南民族大学学报 (人文社科版), 2020, 41 (8): 128 – 136.

[166] 王海兵, 杨蕙馨. 创新驱动与现代产业发展体系——基于我国省际面板数据的实证分析 [J]. 经济学 (季刊), 2016, 15 (4): 1351 – 1386.

[167] 王海兵, 杨蕙馨, 吴炜峰. 价值链断裂、新产业生态系统形成与我国企业全球研发 [J]. 经济管理, 2014, 36 (6): 13 – 25.

[168] 王海军, 陈劲. 全球价值链下中国 OLED 产业创新发展对策 [J]. 技术经济, 2018, 37 (6): 40 – 47.

[169] 王海燕, 郑秀梅. 创新驱动发展的理论基础、内涵与评价 [J]. 中国软科学, 2017 (1): 41 – 49.

[170] 王杰, 刘斌. 环境规制与企业全要素生产率——基于中国工业企业数据的经验分析 [J]. 中国工业经济, 2014 (3): 44 – 56.

[171] 王金亮. 基于上游度测算的我国产业全球地位分析 [J]. 国际贸易问题, 2014 (3): 25 – 33.

[172] 王静宇. 中国新能源汽车产业联盟发展现状及技术创新模式研究 [J]. 科技管理研究, 2016, 36 (22): 162 – 171.

[173] 王岚, 李宏艳. 中国制造业融入全球价值链路径研究——嵌入位置和增值能力的视角 [J]. 中国工业经济, 2015 (2): 76 – 88.

[174] 王岚. 融入全球价值链对中国制造业国际分工地位的影响 [J]. 统计研究, 2014, 31 (5): 17 – 23.

[175] 王淑英, 常乐, 张水娟, 王文坡. 创新生态系统、溢出效应与区域创新绩效——基于空间杜宾模型的实证研究 [J]. 哈尔滨商业大学学报 (社会科学版), 2019 (1): 107 – 116, 128.

[176] 王涛，赵晶，姜伟. 中国制造业在全球价值链分工中的地位研究 [J]. 科技管理研究，2017，37（19）：129－138.

[177] 王伟光，马胜利，姜博. 高技术产业创新驱动中低技术产业增长的影响因素研究 [J]. 中国工业经济，2015（3）：70－82.

[178] 王晓萍，胡峰，张月月. 全球价值链动态优化架构下的中国制造业升级——基于价值"三环流"协同驱动的视角 [J]. 经济学家，2021（2）：43－51.

[179] 王孝松，田思远. 全球价值链分工对贸易失衡的影响探究 [J]. 经济学家，2020（10）：46－55.

[180] 王雪梅，雷家骕."以市场换技术"政策在汽车行业的实施效果评估 [J]. 科学学与科学技术管理，2008（4）：19－23，57.

[181] 王燕梅，简泽. 参与产品内国际分工模式对技术进步效应的影响——基于中国4个制造业行业的微观检验 [J]. 中国工业经济，2013（10）：134－146.

[182] 王阳元. 发展中国集成电路产业的"中国梦" [J]. 科技导报，2019，37（3）：49－57.

[183] 王玉燕，林汉川，吕臣. 全球价值链嵌入的技术进步效应——来自中国工业面板数据的经验研究 [J]. 中国工业经济，2014（9）：65－77.

[184] 王正华."中芯国际"的发展道路——"中芯国际的发展模式应该是我国集成电路企业发展的样板"[J]. 中国集成电路，2004（12）：77－81.

[185] 王直，魏尚进，祝坤福. 总贸易核算法：官方贸易统计与全球价值链的度量 [J]. 中国社会科学，2015（9）：108－127.

[186] 王智新，赵沙俊一，朱磊. 营商环境改善对企业技术创新的影响——来自中国企业微观层面的经验证据 [J]. 财经理论与实践，2021，42（1）：117－124.

[187] 魏江. 多层次开放式区域创新体系建构研究 [J]. 管理工程学报，2010，24（S1）：31－37.

[188] 魏江，刘洋，黄学，杨洋. 非对称创新战略：中国企业的跨越（理论辑）[M]. 北京：科学出版社，2017.

[189] 魏江，刘洋. 中国企业的非对称创新战略 [J]. 清华管理评论，2017（10）：20－26.

[190] 魏江，潘秋玥，王诗翔. 制度型市场与技术追赶 [J]. 中国工业经济，

2016（9）：93 – 108.

[191] 魏龙，王磊. 从嵌入全球价值链到主导区域价值链——"一带一路"战略的经济可行性分析 [J]. 国际贸易问题，2016（5）：104 – 115.

[192] 魏如青，苏慧，王思语，郑乐凯. 全球价值链分工对全球失衡的影响研究——基于全球生产分解模型下 GVC 参与方式的视角 [J]. 国际金融研究，2020（4）：3 – 12.

[193] 魏守华，吴贵生. 区域 R&D 经费空间分布及其变动特征研究 [J]. 研究与发展管理，2008（1）：72 – 77，90.

[194] 温军，冯根福. 异质机构、企业性质与自主创新 [J]. 经济研究，2012，47（3）：53 – 64.

[195] 吴陈锐. 企业间合作研发与技术创新绩效——基于世界银行 2012 年中国企业调查数据的实证分析 [J]. 中南财经政法大学学报，2018（2）：51 – 60，159.

[196] 吴宁，马志强，顾国庆. 科技型小微企业合作研发绩效评价实证研究：基于资源整合视角 [J]. 科技进步与对策，2016，33（24）：109 – 115.

[197] 吴先明，杜丽虹. 跨国公司对我国电信设备制造业技术创新能力的影响——一个实证研究 [J]. 经济管理，2008（17）：33 – 38.

[198] 吴晓波，马如飞，毛茜敏. 基于二次创新动态过程的组织学习模式演进——杭氧 1996~2008 纵向案例研究 [J]. 管理世界，2009（2）：152 – 164.

[199] 吴延兵. 中国哪种所有制类型企业最具创新性？[J]. 世界经济，2012，35（6）：3 – 25，28 – 29，26 – 27.

[200] 夏秋. 产品内分工下制造业服务化与出口二元边际——基于系统 GMM 的经验研究 [J]. 南方经济，2020（3）：53 – 72.

[201] 冼国明，严兵. FDI 对中国创新能力的溢出效应 [J]. 世界经济，2005（10）：18 – 25，80.

[202] [美] 谢德荪. 源创新：转型期的中国企业创新之道 [M]. 北京：五洲传播出版社，2012.

[203] 解学梅，韩宇航. 本土制造业企业如何在绿色创新中实现"华丽转型"？——基于注意力基础观的多案例研究 [J]. 管理世界，2022，38（3）：76 – 106.

[204] 徐华亮. 中国制造业高质量发展研究：理论逻辑、变化态势、政策导

向——基于价值链升级视角 [J]. 经济学家, 2021 (11): 52 - 61.

[205] 徐瑞平, 王丽, 陈菊红. 基于知识价值链的企业知识创新动态模式研究 [J]. 科学管理研究, 2005 (4): 78 - 81, 119.

[206] 徐欣. 技术升级投资与产品成本优势效应的实证研究——基于产品技术生命周期与工艺创新的视角 [J]. 科研管理, 2013, 34 (8): 82 - 89.

[207] 许晓芹, 周雪松, 张清正. 中国省域视角下对外直接投资、逆向技术溢出与创新能力研究 [J]. 经济问题探索, 2019 (12): 70 - 78.

[208] 许永洪, 孙梁, 孙传旺. 中国全要素生产率重估——ACF 模型中弹性估计改进和实证 [J]. 统计研究, 2020, 37 (1): 33 - 46.

[209] 闫云凤. 中美两国内资和外资企业在全球价值链中的演进路径 [J]. 西安交通大学学报 (社会科学版), 2021, 41 (1): 29 - 38.

[210] 严成樑, 胡志国. 创新驱动、税收扭曲与长期经济增长 [J]. 经济研究, 2013, 48 (12): 55 - 67.

[211] 杨高举, 周俊子. 中国高技术产业国际分工地位的区域差异 [J]. 经济地理, 2012, 32 (12): 117 - 121.

[212] 杨桂菊, 刘善海. 从 OEM 到 OBM: 战略创业视角的代工企业转型升级——基于比亚迪的探索性案例研究 [J]. 科学学研究, 2013, 31 (2): 240 - 249.

[213] 杨浩昌, 李廉水, 刘耀彬. 区域制造业创新驱动力评价及其差异研究 [J]. 科学学研究, 2021, 39 (10): 1908 - 1920.

[214] 杨蕙馨, 田洪刚. 中国制造业技术进步与全球价值链位置攀升——基于耦合协调的视角 [J]. 安徽大学学报 (哲学社会科学版), 2020, 44 (6): 130 - 144.

[215] 杨蕙馨, 王军. 坚持创新发展要"眼观六路" [N]. 人民日报, 2016 - 01 - 26.

[216] 杨建龙, 李军. 提升中国制造业全球价值链地位的关键和具体措施 [J]. 经济纵横, 2020 (6): 80 - 88.

[217] 杨俊, 李平. 要素市场扭曲、国际技术溢出与出口技术复杂度 [J]. 国际贸易问题, 2017 (3): 53 - 64.

[218] 杨汝岱. 中国制造业企业全要素生产率研究 [J]. 经济研究, 2015, 50 (2): 61 - 74.

[219] 杨以文, 毛春梅, 郑江淮, 李卫红. 全球价值链地位提升能促进产业

创新收敛吗？［J］．科学研究，2020，38（6）：990－1000.

［220］杨忠，李嘉，巫强．创新链研究：内涵、效应及方向［J］．南京大学学报（哲学·人文科学·社会科学），2019，56（5）：62－70，159.

［221］叶红雨，韩东，王圣浩．中国OFDI逆向技术溢出效应影响因素的分位数回归研究——基于东道国特征视角［J］．经济与管理评论，2017，33（5）：112－120.

［222］尹德志．基于国家创新驱动发展研究［J］．科学管理研究，2013，31（3）：22－25.

［223］尹向飞，欧阳峣．中国全要素生产率再估计及不同经济增长模式下的可持续性比较［J］．数量经济技术经济研究，2019，36（8）：72－91.

［224］余南平．人工智能革命背景下的大国博弈——以全球价值链的结构变化为分析视角［J］．国际关系研究，2020（1）：3－25，154－155.

［225］余泳泽，刘大勇．我国区域创新效率的空间外溢效应与价值链外溢效应——创新价值链视角下的多维空间面板模型研究［J］．管理世界，2013（7）：6－20，70，187.

［226］余振，周冰惠，谢旭斌，王梓楠．参与全球价值链重构与中美贸易摩擦［J］．中国工业经济，2018（7）：24－42.

［227］俞国军，贺灿飞，朱晟君．产业集群韧性：技术创新、关系治理与市场多元化［J］．地理研究，2020，39（6）：1343－1356.

［228］原毅军，谭绍鹏，吕苹婕．"市场换技术"政策实施效果评价——来自装备制造业的经验证据［J］．科学学与科学技术管理，2010（2）：11－14.

［229］［美］约瑟夫·E. 斯蒂格利茨．全球化逆潮［M］．北京：机械工业出版社，2019.

［230］曾繁华，何启祥，冯儒，吴阳芬．创新驱动制造业转型升级机理及演化路径研究——基于全球价值链治理视角［J］．科技进步与对策，2015，32（24）：45－50.

［231］曾祥炎，成鹏飞．全球价值链重构与世界级先进制造业集群培育［J］．湖湘论坛，2019，32（4）：72－79.

［232］张定胜，刘洪愧，杨志远．中国出口在全球价值链中的位置演变——基于增加值核算的分析［J］．财贸经济，2015（11）：114－130.

［233］张二震．全球化、要素分工与中国的战略［J］．经济界，2005（5）：18－19.

[234] 张辉. 全球价值链动力机制与产业发展策略 [J]. 中国工业经济, 2006 (1): 40-48.

[235] 张冀新, 王怡晖. 创新型产业集群中的战略性新兴产业技术效率 [J]. 科学学研究, 2019, 37 (8): 1385-1393.

[236] 张敬文, 李一卿, 陈建. 战略性新兴产业集群创新网络协同创新绩效实证研究 [J]. 宏观经济研究, 2018 (9): 109-122.

[237] 张其仔, 许明. 中国参与全球价值链与创新链、产业链的协同升级 [J]. 改革, 2020 (6): 58-70.

[238] 张双才, 刘松林. 我国先进制造业创新驱动要素供给机制的完善研究 [J]. 科学管理研究, 2021, 39 (1): 69-75.

[239] 张秀峰, 胡贝贝, 张莹. 自主创新示范区政策试点对国家高新区研发创新绩效的影响研究 [J]. 科研管理, 2020, 41 (11): 25-34.

[240] 章文光, Ji Lu, Laurette Dubé. 融合创新及其对中国创新驱动发展的意义 [J]. 管理世界, 2016 (6): 1-9.

[241] 赵冉冉, 闫东升. 全球价值链嵌入对中国工业升级影响的异质性研究——基于中国工业面板数据的实证研究 [J]. 现代经济探讨, 2021 (3): 79-86.

[242] 郑江淮, 郑玉. 新兴经济大国中间产品创新驱动全球价值链攀升——基于中国经验的解释 [J]. 中国工业经济, 2020 (5): 61-79.

[243] 郑江淮, 郑玉. 中间品创新驱动全球价值链的形成与攀升 [R]. 中国经济发展: 改革开放 40 年与新时代——第十二届中华发展经济学年会, 2018-07-16.

[244] 郑英隆. 从社会生产力到网络环境下的生产力 [J]. 哲学动态, 2009 (1): 70-76.

[245] 郑展鹏, 曹玉平, 刘志彪. 我国自由贸易试验区制度创新的认识误区及现实困境 [J]. 经济体制改革, 2019 (6): 53-59.

[246] 钟昌标, 黄远浙, 刘伟. 新兴经济体海外研发对母公司创新影响的研究——基于渐进式创新和颠覆式创新视角 [J]. 南开经济研究, 2014 (6): 91-104.

[247] 钟书华. 论科技举国体制 [J]. 科学学研究, 2009, 27 (12): 1785-1792.

[248] 钟太勇, 杜荣. 基于博弈论的新能源汽车补贴策略研究 [J]. 中国管理科学, 2015, 23 (S1): 817-822.

[249] 周贵川等. 资源型企业间合作技术创新影响因素的博弈分析 [J]. 管理世界, 2014 (1): 184 - 185.

[250] 周莉, 许佳慧. 创业投资对企业技术创新能力的影响 [J]. 山西财经大学学报, 2020, 42 (12): 81 - 96.

[251] 周任重. 全球价值链中领导企业横向一体化、技术溢出与创新 [J]. 产经评论, 2018, 9 (3): 89 - 96.

[252] 周升起, 兰珍先, 付华. 中国制造业在全球价值链国际分工地位再考察——基于 Koopman 等的 "GVC 地位指数" [J]. 国际贸易问题, 2014 (2): 3 - 13.

[253] 朱恒源, 杨斌. 战略节奏 [M]. 北京: 机械工业出版社, 2018.

[254] 庄子银. 创新、企业家活动配置与长期经济增长 [J]. 经济研究, 2007 (8): 82 - 94.

[255] 宗刚, 张雪薇. 高速铁路、技术创新与经济高质量发展——实证检验与机制研究 [J]. 山西财经大学学报, 2020, 42 (12): 1 - 14.

[256] Acemoglu D, Carvalho V M, Ozdaglar A, Tahbaz - Salehi A. The Network Origins of Aggregate Fluctuations [J]. Econometrica, 2012, 80 (5): 1977 - 2016.

[257] Acemoglu D. Patterns of Skill Premia [J]. The Review of Economic Studies, 2003, 70 (2): 199 - 230.

[258] Achabou M A, Dekhili S, Hamdoun M. Environmental Upgrading of Developing Country Firms in Global Value Chains [J]. Business Strategy and the Environment, 2017, 26 (2): 224 - 238.

[259] Altenburg T. Governance Patterns in Value Chains and Their Development Impact [J]. European Journal of Development Research, 2006, 18 (4): 498 - 521.

[260] Amador João, Cabral Sónia. Global Value Chains: A Survey of Drivers and Measures [J]. Journal of Economic Surveys, 2016, 30 (2): 278 - 301.

[261] Amiti M, Konings J. Trade Liberalization, Intermediate Inputs and Productivity: Evidence from Indonesia [J]. American Economic Review, 2007, 97 (5): 1611 - 1638.

[262] Anderson P, Tushman M L. Technological Discontinuities and Dominant Designs: A Cyclical Model of Technological Change [J]. Administrative sci-

ence quarterly, 1990: 604 – 633.

[263] Andrea Urbinati et al. The Role of Digital Technologies in the Innovation Process [R]. 24th Innovation and Product Development Management Conference, 2017, June 11 – 13, Reykjavik, Iceland.

[264] Antràs P, Chor D, Fally T, Hillberry R. Measuring the Upstreamness of Production and Trade Flows [J]. American Economic Review, 2012, 102 (3): 412 – 416.

[265] Arne Holst. Global Market Share Held by Leading Smartphone Vendors from 4th Quarter 2009 to 3rd Quarter 2019 [EB/OL]. 2019, https: //www. statista. com/statistics/271496/global – market – share – held – by – smartphone – vendors – since – 4th – quarter – 2009/.

[266] Bacchetta, Marc et al. COVID – 19 and Global Value Chains: A Discussion of Arguments on Value Chain Organization and the Role of the WTO [R]. WTO Staff Working Paper, No. ERSD – 2021 – 3. World Trade Organization (WTO), Geneva.

[267] Balassa B. Trade Liberalization and Revealed Comparative Advantage [J]. Manchester School, 1965, 33 (2): 99 – 123.

[268] Baldwin R, Lopez – Gonzalez J. Supply-chain Trade: A Portrait of Global Patterns and Several Testable Hypotheses [J]. The World Economy, 2015, 38 (11): 1682 – 1721.

[269] Baumgarten D. Offshoring, the Nature of Tasks, and Occupational Stability: Empirical Evidence for Germany [J]. World Economy, 2014, 38 (108): 479 – 508.

[270] Bi – Fei T, Zi – Ruo C. Entrepreneurship and Global Value Chain's Position: Effect and Mechanism [J]. China Industrial Economics, 2017 (6): 136 – 154.

[271] Blomstrom M, Persson H. Foreign Direct Investment and Spillover Efficiency in an Underdeveloped Economy: Evidence from the Mexican Manufacturing Industry [J]. World Development, 1983, 11 (6): 493 – 501.

[272] Bottazzi L, Peri G. Innovation and Spillovers in Regions: Evidence from European Patent Data [J]. European Economic Review, 2003, 47 (8): 687 – 710.

[273] Brandt L, Thun E. Going Mobile in China: Shifting Value Chains and Upgrading in the Mobile Telecom Sector [J]. International Journal of Technological Learning, Innovation and Development, 2011, 4 (1 – 3): 148 – 180.

[274] Caballero R J, Jaffe A B. How High are the Giants' Shoulders: An Empirical Assessment of Knowledge Spillovers and Creative Destruction in a Model of Economic Growth [J]. NBER macroeconomics annual, 1993, 8: 15 – 74.

[275] Camagni R. Local "Milieu", Uncertainty and Innovation Networks: Towards a New Dynamic Theory of Economic Space [A]. In: Camagni, R., Ed., Innovation Networks: Spatial Perspectives [M]. London: Belhaven Press, 1991: 121 – 144.

[276] Castellacci F. Technological Paradigms, Regimes and Trajectories: Manufacturing and Service Industries in a New Taxonomy of Sectoral Patterns of Innovation [J]. Research policy, 2008, 37 (6 – 7): 978 – 994.

[277] Caves R E. International Corporations: The Industrial Economics of Foreign Investment [J]. Economica, 1971, 38 (149): 1 – 27.

[278] Center for Automotive Research. Automotive Product Development Cycles and the Need for Balance with the Regulatory Environment [EB/OL]. 2017, https://www.cargroup.org/automotive – product – development – cycles – and – the – need – for – balance – with – the – regulatory – environment/.

[279] Chesbrough H, Rosenbloom R. The Role of the Business Model in Capturing Value from Innovation: Evidence from Xerox Corporation's Technology Spinoff Companies [J]. Industrial and Corporate Change, 2002, 11 (3): 529 – 555.

[280] Choi H, Kim S, Jung T. The Role of Innovation in Upgrading in Global Value Chains [J]. Global Economic Review, 2019, 48 (3): 273 – 283.

[281] Christensen C M. The Innovator's Dilemma [M]. Boston: Harvard Business School Press, 1997.

[282] Christensen C, Suarez F, Utterback J. Strategies for Survival in Fast Changing Industries [J]. Management Science, 1999, 44 (12), S207 – S220.

[283] Christensen M C, McDonald R, Altman J E. Disruptive Innovation: An Intellectual History and Directions for Future Research [J]. Journal of Management Studies, 2018, 55 (7): 1043 – 1078.

[284] Cirera X, Maloney W F. The Innovation Paradox: Developing – Country Capabilities and the Unrealized Promise of Technological Catch – Up [R]. Washington, DC: The World Bank, 2017.

[285] Clayton M. Christensen, Rory McDonald, Elizabeth J. Altman. Disruptive Innovation: An Intellectual History and Directions for Future Research [J]. Journal of Management Studies, 2018, 55 (7): 1043 – 1078.

[286] Coe N M, Dicken P, Hess M. Global Production Networks: Realizing the Potential [J]. Journal of Economic Geography, 2008, 8 (3): 271 – 295.

[287] Cohen W M, Levinthal D A. Chapter 3 – Absorptive Capacity: A New Perspective on Learning and Innovation [J]. Administrative Science Quarterly, 1990, 35 (1): 128 – 153.

[288] Contractor F J. The world economy will need even more globalization in the post-pandemic 2021 decade [J]. Journal of International Business Studies, 2022, 53 (1): 156 – 171.

[289] Cuervo – Cazurra A, Doz Y, Gaur A. Skepticism of Globalization and Global Strategy: Increasing Regulations and Countervailing Strategies [J]. Global Strategy Journal, 2020 (10): 3 – 31.

[290] Cusolito A P, Safadi R, Tagioni D. Inclusive Global Value Chains – Policy Options for Small and Medium Enterprises and Low – Income Countries [R]. OECD/World Bank, 2016.

[291] Daron Acemoglu, Simon Johnson, James A Robinson. The Colonial Origins of Comparative Development: An Empirical Investigation [J]. American Economic Review, 2001, 91 (5).

[292] De Marchi V, Di Maria E, Gereffi G. (Eds.). Local Clusters in Global Value Chains: Linking Actors and Territories through Manufacturing and Innovation [M]. Routledge, 2017: 230.

[293] De Marchi V, Giuliani E, Rabellotti R. Local Innovation and Global Value Chains in Developing Countries [R]. Working Paper, 2016, Industrial Development Report 2016: IDR 2016 WP 1.

[294] Dietzenbacher E, Romero Luna I, Bosma N S. Using Average Propagation Lengths to Identify Production Chains in the Andalusian Economy/Empleando Longitudes Medias de Propagación para identificar Cadenas Productivas en la

Economía Andaluza [J]. Estudios de Economia Aplicada, 2005, 23 (2): 405 – 422.

[295] Ding K, Hioki S. The Role of a Technological Platform in Facilitating Innovation in The Global Value Chain: A Case Study of China's Mobile Phone Industry [Z]. Working paper, 2018, IDE Discussion Paper Series No. 692. Institute of Developing Economies, JETRO.

[296] Donald A N, Roberto Verganti. Incremental and Radical Innovation: Design Research vs. Technology and Meaning Change [J]. Design Issues, 2014, 30 (1): 78 – 96.

[297] Ernst D, Kim L. Global Production Networks, Knowledge Diffusion, and Local Capability Formation [J]. Research Policy, 2002, 31 (8 – 9): 1417 – 1429.

[298] Estevadeordal A, Blyde J, Harris J, et al. Global value chains and rules of origin [J]. Development Challenges and Policy Options, Proposals and Analysis, 2013: 45.

[299] Fagerberg J, Srholec M. Innovation Systems, Technology and Development: Unpacking the Relationships [A]. In: B. A. Lundvall, K. J. Joseph, C. Chaminade and J. Vang (Eds.) Handbook of Innovation Systems and Developing Countries: Building Domestic Capabilities in a Global Context [M]. Cheltenham: Edward Elgar, 2009: 83 – 115.

[300] Fagerberg J, Srholec M. National Innovation Systems, Capabilities and Economic Development [J]. Research Policy, 2008, 37 (9): 1417 – 1435.

[301] Fally T, Bergstrand J, Chen Y, et al. Production Staging: Measurement and Facts [J]. University of Colorado-boulder, 2012.

[302] Felipe J. Convergence, Catch-up and Growth Sustainability in Asia: Some Pitfalls [J]. Oxford Development Studies, 2010, 28 (1): 51 – 69.

[303] Feng Wan, Peter J. Williamson, Eden Yin. Antecedents and Implications of Disruptive Innovation: Evidence from China [J]. Technovation, 2015, 39 – 40, 94 – 104.

[304] Ferrier W J, Smith K G, Grimm C M. The Role of Competitive Action in Market Share Erosion and Industry Dethronement: A Study of Industry Leaders and Challengers [J]. Academy of Management Journal, 1999, 42 (4): 372 – 388.

［305］ Fischer M M, Scherngell T, Jansenberger E. Geographic localisation of knowledge spillovers: evidence from high-tech patent citations in Europe ［J］. The Annals of Regional Science, 2009, 43: 839 – 858.

［306］ Foster R. Creative Destruction Whips through Corporate America ［J］. Innosight Executive Briefing, 2012, 10 (1): 1 – 6.

［307］ Fritsch U, Görg H. Outsourcing, Importing and Innovation: Evidence from Firm-level Data for Emerging Economies ［J］. Review of International Economics, 2015, 23 (4): 687 – 714.

［308］ Fujifilm. The History of Fujifilm is a History of Valuable Innovation ［EB/OL］. 2019, https://www. fujifilm. com/.

［309］ Gehl Sampath P, Vallejo B. Trade, Global Value Chains and Upgrading: What, When and How? ［J］. The European Journal of Development Research, 2018, 30 (3): 481 – 504.

［310］ Gereffi G, Frederick S. The Global Apparel Value Chain, Trade and the Crisis: Challenges and Opportunities for Developing Countries ［A］. In Cattaneo, O., G. Gereffi and C. Staritz (Eds), Global Value Chains in a Post crisis World: A Development Perspective ［M］. Washington, D. C.: The World Bank, 2010: 157 – 208.

［311］ Gereffi G. Global Value Chains in a Post – Washington Consensus World ［J］. Review of International Political Economy, 2014, 21 (1): 9 – 37.

［312］ Gereffi G, Humphrey J, Sturgeon T. The Governance of Global Value Chains ［J］. Review of International Political Economy, 2005, 12 (1): 78 – 104.

［313］ Gereffi G. International Trade and Industrial Upgrading in the Apparel Commodity Chain ［J］. Journal of International Economics, 1999, 48 (1): 37 – 70.

［314］ Gereffi G, Sturgeon T. Global Value Chain – Oriented Industrial Policy: The Role of Emerging Economies ［A］. In D. K. Elms and P. Low (Eds.), Global Value Chains in a Changing World ［R］. Geneva: World Trade Organization, 2013: 329 – 360.

［315］ Gereffi G. The Organisation of Buyer – Driven Global Commodity Chains: How U. S. Retailers Shape Overseas Production Networks ［C］. In: Gereffi G, Korzeniewicz M. (Eds.), Commodity Clains and Global Capitalism

[M]. 1994, Praeger, Westport, 95 – 122.

[316] Gereffi G. What Does the COVID – 19 Pandemic Teach Us about Global Value Chains? The Case of Medical Supplies [J]. Journal of International Business Policy, 2020, 3 (4): 287 – 301.

[317] Gibbon P, Ponte S. Trading Down: Africa, Value Chains, and the Global Economy [M]. Philadelphia: Temple University Press, 2005.

[318] Giles H, Ballard D, McCann R M. Perceptions of intergenerational communication across Cultures: An Italian Case [J]. Perceptual and Motor Skills, 2002, 95 (2): 583 – 591.

[319] Giuliani E. Network Dynamics in Regional Clusters: Evidence from Chile [J]. Research Policy, 2013, 42 (8): 1406 – 1419.

[320] Giuliani E, Pietrobelli C, Rabellotti R. Upgrading in Global Value Chains: Lessons from Latin American Clusters [J]. World Development, 2005, 33 (4): 549 – 573.

[321] Govindarajan V, Trimble C. Reverse Innovation: Create away from Home, Win Everywhere [M]. MA: Harvard Business Review Press, 2012.

[322] Griffith R, Lee S, Van Reenen J. Is distance dying at last? Falling home bias in fixed-effects models of patent citations [J]. Quantitative economics, 2011, 2 (2): 211 – 249.

[323] Hall B H, Lotti F, Mairesse J. Evidence on the impact of R&D and ICT investments on innovation and productivity in Italian firms [J]. Economics of Innovation and New Technology, 2013, 22 (3): 300 – 328.

[324] Hall B H, Trajtenberg M. Uncovering GPTs with Patent Data [J]. National Graduate Institute for Policy Studies, 2004.

[325] Henderson R M, Clark B K. Architectural Innovation: The Reconfiguration of Existing Product Technologies and the Failure of Established Firms [J]. Administrative Science Quarterly, 1990, 35 (1): 9 – 30.

[326] He S et al. Towards a New Wave in Internationalization of Innovation? The Rise of China's Innovative MNEs, Strategic Coupling, and Global Economic Organization [J]. Canadian Journal of Administrative Sciences, 2017, 35 (3): 45 – 78.

[327] Hobday M. East Asian Latecomer Firms: Learning the Technology of Elec-

tronics [J]. World Development, 1995, 23 (7), 1171 – 1193.

[328] Hopkins T K, Wallerstein I. Commodity Chains in the World – Economy Prior to 1800 [J]. Review, 1986, 10 (1), 157 – 170.

[329] Hu A G Z, Jaffe A B. Patent citations and international knowledge flow: the cases of Korea and Taiwan [J]. International journal of industrial organization, 2003, 21 (6): 849 – 880.

[330] Hummels D, Ishii J, Yi K M. The Nature and Growth of Vertical Specialization in World Trade [J]. Journal of International Economics, 2001, 54 (1): 75 – 96.

[331] Humphrey J, Schmitz H. Governance and Upgrading: Linking Industrial Cluster and Global Value Chain Research [R]. Brighton: Institute of Development Studies, 2000.

[332] Humphrey J, Schmitz H. How Does Insertion in Global Value Chains Affect Upgrading in Industrial Clusters? [J]. Regional Studies, 2002, 36 (9): 1017 – 1027.

[333] Hyelin Choi, Semin Kim, Taehwan Jung. The Role of Innovation in Upgrading in Global Value Chains [J]. Global Economic Review, 2019, 48 (3): 273 – 283.

[334] Ito B, Tomiura E, Wakasugi R. Offshore Outsourcing and Productivity: Evidence from Japanese Firm-level Data Disaggregated by Tasks [J]. Review of International Economics, 2011, 19 (3): 555 – 567.

[335] Jurowetzki R, Lundvall B A, Lema R. Combining the Global Value Chain and the Innovation System Perspectives [R]. Working Paper, 2015. Presented at the DRUID Academy Conference, Denmark: January 21 – 23.

[336] Kadarusman Y, Khalid N. Competitiveness and Technological Upgrading in Global Value Chains: Evidence from the Indonesian Electronics and Garment Sectors [J]. European Planning Studies, 2013, 21 (7): 1007 – 1028.

[337] Kaplinsky R, Morris M. Governance Matters in Value Chains [R]. Developing Alternatives, 2003, 9 (1): 11 – 18.

[338] Kaplinsky R, Terheggen A, Tijaja J. China as a Final Market: The Gabon Timber and Thai Cassava Value Chains [J]. World Development, 2011, 39 (7): 1177 – 1190.

［339］ Keith S, Innovation as a Systemic Phenomenon: Rethinking the Role of Policy [J]. Enterprise and Innovation Management Studies, 2000, 1 (1): 73 – 102.

［340］ Kokko A, Tansini R, Zejan M C. Local Technological Capability and Productivity Spillovers from FDI in The Uruguayan Manufacturing Sector [J]. The Journal of Development Studies, 1996, 32 (4): 602 – 611.

［341］ Koopman R, Powers W M, Wang Z, et al. Give Credit Where Credit is Due: Tracing Value Added in Global Production Chains [R]. National Bureau of Economic Research, 2011.

［342］ Koopman R, Wang Z, Wei S, et al. Tracing Value – Added and Double Counting in Gross Exports [J]. The American Economic Review, 2014, 104 (2): 459 – 494.

［343］ Krugman, Paul. Development, Geography, and Economic Theory [M]. Cambridge MA: The MIT Press, 1995.

［344］ Lambert C. Disruptive Genius [EB/OL]. 2014, https: //harvardmagazine. com/2014/07/disruptive – genius.

［345］ Lee K, Szapiro M, Mao Z. From Global Value Chains to Innovation Systems for Local Value Chains and Knowledge Creation [J]. The European Journal of Development Research, 2018, 30 (3), 424 – 441.

［346］ Lema R, Berger A, Schmitz H. China's Impact on the Global Wind Power Industry [J]. Journal of Current Chinese Affairs, 2013, 42 (1): 37 – 69.

［347］ Levin R C, Klevorick A K, Nelson R R, et al. Appropriating the returns from industrial research and development [J]. Brookings papers on economic activity, 1987, 1987 (3): 783 – 831.

［348］ López R A, Yadav N. Imports of Intermediate Inputs and Spillover Effects: Evidence from Chilean Plants [J]. Journal of Development Studies, 2010, 46 (8): 1385 – 1403.

［349］ Magerman T, Van Looy B, Song X. Data production methods for harmonized patent statistics: Patentee name harmonization [R]. Eurostat Working Paper, 2006.

［350］ Marc J. Melitz. The Impact of Trade on Intra – Industry Reallocations and Aggregate Industry Productivity [J]. Econometrica, 2003, 71 (6), 1695 – 1725.

[351] Meléndez M, Uribe M J. International Product Fragmentation and the Insertion of Latin America and the Caribbean in Global Production Networks: Colombian Case Studies [R]. Inter – American Development Bank working paper, 2012.

[352] Morrison A, Pietrobelli C, Rabelloti R. Global Value Chains and Technological Capabilities: A Framework to Study Learning and Innovation in Developing Countries [J]. Oxford Development Studies, 2008, 36 (1): 39 – 58.

[353] Nambisan S. Digital Entrepreneurship: Toward a Digital Technology Perspective of Entrepreneurship [J]. Entrepreneurship Theory and Practice, 2017, 41 (6): 1029 – 1055.

[354] Netland T H, Frick J. Trends in Manufacturing Strategies: A Longitudinal Investigation of the International Manufacturing Strategy Survey [A]. In A. Chiarini, A. Vecchi & L. Brennan (Eds.), International manufacturing strategy in a time of great flux [M]. Springer, 2016.

[355] Norman A D, Verganti R. Incremental and Radical Innovation: Design Research vs. Technology and Meaning Change [J]. Design Issues, 2014, 30 (1): 78 – 96.

[356] Oxford Martin School. Technology at Work v2.0: The Future is Not What It Used to Be [R]. U. K.: Oxford, 2016.

[357] Peneder M. Technological regimes and the variety of innovation behaviour: Creating integrated taxonomies of firms and sectors [J]. Research Policy, 2010, 39 (3): 323 – 334.

[358] Perez – Aleman P, Sandilands M. Building Value at the Top and the Bottom of the Global Supply Chain: MNC – NGO Partnerships [J]. California Management Review, 2008, 51 (1): 24 – 49.

[359] Pietrobelli C, Rabellotti R. Global Value Chains Meet Innovation Systems: Are There Learning Opportunities for Developing Countries? [J]. World Development, 2011, 39 (7): 1261 – 1269.

[360] Pietrobelli C, Saliola F. Power Relationships along the Value Chain: Multinational Firms, Global Buyers and Performance of Local Suppliers [J]. Working Papers, 2008, 32 (6): 947 – 962.

[361] Poncet S, Felipe S D W. Export Upgrading and Growth: The Prerequisite of

Domestic Embeddedness [J]. World Development, 2013, 51: 104 – 118.

[362] Porter M E. Clusters and New Economics of Competition [J]. Harvard Business Review, 1998, 76 (6): 77 – 90.

[363] Rebecca M. Henderson, Kim B. Clark. Architectural Innovation: The Reconfiguration of Existing Product Technologies and the Failure of Established Firms [J]. Administrative Science Quarterly, 1990, 35 (1): 9 – 30.

[364] Rindova V P, Petkova A P. When is a New Thing a Good Thing? Technological Change, Product Form Design, and Perceptions of Value for Product Innovations [J]. Organization Science, 2007, 18 (2): 217 – 232.

[365] Rogers E M. Diffusion of Innovations (fifth Ed.) [M]. New York: Free Press, 2003.

[366] Sampath P G, Vallejo B. Trade, Global Value Chains and Upgrading: What, When and How? [J]. The European Journal of Development Research, 2018, 30 (3): 481 – 504.

[367] Schmitz H, Knoringa P. Learning from Global Buyers [J]. Journal of Development Studies, 2000, 37 (2): 177 – 205.

[368] Schmitz H. Local Upgrading in Global Chains: Recent Findings [J]. Institute of Development Studies, Sussex, 2004, 1 – 7.

[369] Shankar V, Carpenter G S, Krishnamurthi L. The Advantages of Entry in the Growth Stage of the Product Life Cycle: An Empirical Analysis [J]. Journal of Marketing Research, 1999, 36 (2): 269 – 276.

[370] Storper M, Allen J Scott. Collaboration and Competition in Geographical Context: Pathways to Industrialization and Regional Development [J]. Economic Geography, 1995, 71 (1): 112 – 115.

[371] Sturgeon et al. Value Chains, Networks, and Clusters: Reframing the Global Automotive Industry [J]. Journal of Economic Geography, 2008, 8 (3): 297 – 321.

[372] Taglioni D, Winkler D. Making Global Value Chains Work for Development. Trade and Development [R]. Washington, DC: The World Bank, 2016.

[373] Taylor J E. Three Perspectives on Innovation in Inter – Organizational Networks: Systemic Innovation, Boundary Object Change, and the Alignment

of Innovations and Networks [D]. Stanford University, 2005.

[374] Taylor T. Innovation in East Asia: The Challenge to Japan [J]. E Elgar, 1995, 72 (2): 313 – 325.

[375] Thompson P, Fox – Kean M. Patent citations and the geography of knowledge spillovers: A reassessment [J]. American Economic Review, 2005, 95 (1): 450 – 460.

[376] Veronica S, Manlio D G, Stefano B, Dirk M. Knowledge – driven Preferences in Informal Inbound Open Innovation Modes: An Explorative View on Small to Medium Enterprise [J]. Journal of Knowledge Management, 2017, 21 (3): 640 – 655.

[377] Von Hippel E, De Jong J, Flowers S. Comparing Business and Household Sector Innovation in Consumer Products: Findings from a Representative Study in the United Kingdom [J]. Management Science, 2012, 58 (9): 1669 – 1681.

[378] Wang Z, Wei S J, Zhu K. Quantifying International Production Sharing at the Bilateral and Sector Levels [R]. National Bureau of Economic Research, 2013.

[379] Wang Z, Wei S, Yu X, et al. Characterizing Global Value Chains: Production Length and Upstreamness [R]. National Bureau of Economic Research, 2017a.

[380] Wang Z, Wei S, Yu X, et al. Measures of Participation in Global Value Chains and Global Business Cycles [R]. National Bureau of Economic Research, 2017b.

[381] Wei D, Liefner I, Miao C H. Network Configurations and R&D Activities of the ICT Industry in Suzhou Municipality, China [J]. Geo-forum, 2011, 42 (4): 484 – 495.

[382] Wei S, Xie Z, Zhang X. From "Made in China" to "Innovated in China": Necessity, Prospect, and Challenges [J]. The Journal of Economic Perspectives, 2017, 31 (1): 49 – 70.

[383] World Bank, World Trade Organization. Global Value Chain Development Report 2019: Technological Innovation, Supply Chain Trade, and Workers in a Globalized World (English) [R]. Washington, D. C.: World Bank

Group, 2019.

[384] WTO. World Trade Report 2018: The Future of World Trade, How Digital Technologies are Transforming Global Commerce [R]. Geneva: WTO, 2018.

[385] Xing Y, Detert N. How iPhone widens the US trade deficits with the PRC? [J]. National Graduate Institute for Policy Studies, 2010.

[386] Yang C. State-led Technological Innovation of Domestic Firms in Shenzhen, China: Evidence from Liquid Crystal Display (LCD) Industry [J]. Cities, 2014, 38: 1 – 10.

[387] Yang X K, Borland J. A Microeconomic Mechanism for Economic Growth [J]. Journal of political Economy, 1991, 99 (3): 460 – 822.

[388] Youtie J, Iacopetta M, Graham S. Assessing the Nature of Nanotechnology: Can We Uncover an Emerging General Purpose Technology? [J]. The Journal of Technology Transfer, 2008, 33: 315 – 329.

后　记

　　《创新驱动与中国制造业价值链攀升研究》一书是在承担国家哲学社会科学基金重点项目"创新驱动我国制造业迈向全球价值链中高端研究"（项目批准号：18AJY011）基础上完成的。虽然项目研究成果获得了鉴定评审专家和国家哲学社会科学工作办公室的好评，以优秀等级结题，但是，在结题之后我们又根据专家的评审意见进行了近 10 个月的修改完善。

　　自该项目立项以来，项目组成员进行了大量的调研和访谈，通过参加会议与举办会议相结合的方式，了解和把握最新实践与学术动态。我们一直坚持 45～50 天进行一次课题讨论的做法，邀请专家学者、政府经济管理部门人员、行业管理者、企业家等参加，获益匪浅。在该课题研究过程中，我们又成功申请了国家哲学社会科学基金重大招标项目"'两业'融合推动中国制造业高质量发展研究"（项目批准号：20&ZD083）。这也是我们团队 30 余年坚持深耕"产业组织与企业成长"研究领域获批的又一国家级重大项目。

　　参与本书撰写人员有（按照章节顺序）：总负责杨蕙馨；第 1 章杨蕙馨、焦勇；第 2 章焦勇、杨蕙馨；第 3 章田洪刚、李传超、张红霞；第 4 章冯文娜；第 5 章李传超、陈庆江；第 6 章李传超、陈庆江、王硕；第 7 章杨蕙馨、焦勇；第 8 章焦勇、杨蕙馨。李传超协助我对书稿进行了统稿和编辑校对，最后由我审定定稿。

　　感谢国家哲学社会科学基金多年来对我的支持和厚爱，感谢教育部创新团队发展计划的资助和支持。在承担完成各类课题和研究过程中，得到了社会各界许多专家学者的关心、支持和帮助。在此，一并表示衷心的感谢。

　　感谢中国财经出版传媒集团吕萍女士、经济科学出版社于海汛先生为该书出版所做出的努力。

杨蕙馨

2022 年冬于泉城济南